2009 개정
교육과정에 따른

# 독서토론 가이드북

초등학교

(사)전국독서새물결모임 www.readingkorea.org

# 학교 독서교육의 바람직한 정착을 꿈꾸며

폭넓은 사고력과 창의성이 요구되는 지식정보화 사회인 지금, 독서의 중요성은 더욱 강조되고 있습니다. 지식기반 사회에서 필요한 새로운 지식과 정보를 창출하는 데에는 독서교육이 가장 효율적인 교육 수단이기 때문입니다. 이에 정보화 시대의 사회 환경 변화에 따라 독서진흥 정책이 선진국을 중심으로 세계 각국에서 더욱 강화되고 있습니다.

우리나라도 교육과학기술부에서 '학교 도서관 활성화 종합 방안'을 마련하여 매년 도서관 신축 및 리모델링 사업 등을 통해 학교 현장의 독서교육을 위해 노력해 오고 있습니다. 문화체육관광부에서도 관련 기관을 통해 다양한 형태의 독서운동을 펼치고 있습니다. 이러한 하드웨어의 인프라가 구축된 후에는 학생의 발달 단계에 알맞은 좋은 책을 학교 도서관에서 많이 확보해야 하며, 그 책을 어떻게 읽게 할 것인가 하는 구체적인 독서교육 방법이 마련되어야 합니다.

학교 현장에서 독서교육이 정착되기 위해서는 국어과를 포함한 모든 교과에서 교과와 연계한 독서교육이 실시되어야 합니다. 이를 위해서 우선 교과별 단원에 따른 도서목록의 개발이 필요한데, 우리 법인은 교육부 프로젝트의 일환으로 지난 2003년도 3월에 초·중·고 교과별 추천도서목록을 개발하여 전국 1만여 모든 학교에 무료로 배부한 바 있습니다. 각급 학교에서는 교과와 연계한 독서교육의 필요성을 느끼면서도 적절한 도서목록을 정하지 못해 고심하던 차에 우리 법인의 교과별 목록은 각급 학교의 독서교육과 도서 구입에 큰 영향을 주게 되었습니다. 그런데 1차 교과별 추천도서목록의 발간 이후 각급 학교의 지속적인 요청으로 격년 단위로 발간하여 금년에 우리 법인에서는 제5차 개정본을 〈독서토론 가이드북 II〉 형태로 개발하여 발간하게 되었습니다. 이번에 개정 발간한 〈독서토론 가이드북 II〉은 먼저 모든 교과의 학습 지도에 필요한 책을 엄선하였으며, 선정된 도서로 교과 학습을 실시할 때 실제적인 독서-토론-논술 지도가 가능하도록 편집하였습니다.

이제 우리의 학교교육에서는 단순한 취미와 교양을 위한 소극적인 독서지도가 아니라, 당면 문제의 해결을 위한 적극적인 독서지도를 계획하고 추진해야 합니다. 즉, '교양독서'에서 머물지 말고 '교과독서'로 변화해야 하는 것입니다. 학교는 정규 수업 시간을 통하여 독서교육을 실시하여 학생들의 자율적인 지식습득과 창의성 계발을 유도해야 합니다. 교과 내용만을 가르치는 기존의 학습에서, 배경 지식을 넓혀 사고력과 창의력을 증진할 수 있는 새로운 학습으로 문제 해결 능력을 기르도록 해야 할 것입니다. 이를 위해 모든 교과 수업을 독서와 연계하여 다면적인 사고를 할 수 있도록 이끄는 바람직한 독서교육이 정착되어야 하겠습니다.

이 책이 나오기까지 여러 가지 어려운 여건에도 불구하고 도서목록 수집과 선정에 성심껏 참여해 주신 전국 100여 명의 연구위원과 도서목록의 검토와 선정, 집필, 편집 일체까지 함께 수고해주신 초/중/고교 30여 명의 집필위원 여러분께 깊이 감사드립니다. 끝으로 어려운 출판 현실에도 불구하고 교과별 추천도서목록 개발 사업의 중요성을 인식하고 이 목록집이 나올 수 있도록 도와주신 정인출판사와 관계자 여러분들께도 깊은 감사를 드립니다.

아무쪼록 이 교과별 추천도서 목록집이 학교 현장에서 교과와 연계한 독서교육의 동기를 부여하고 학교 독서교육의 바람직한 실천에 도움이 되어 독서한국의 기틀을 다지는 데 기여하게 되기를 간절히 소망합니다.

2010년 7월, 저자 대표 임영규

# ♣ 일 러 두 기 ♣

이 책은 2002년 교육인적자원부의 '학교 도서관 활성화 종합 방안' 사업과 연계하여, (사)전국독서새물결모임에서 2003년에 초판을 발간한 후 2010년에 제5차로 개정한 초등학교 교과별 추천도서 목록집이며, 이러한 교과별 선정도서를 대상으로 교과연계 독서교육을 위해 독서교육 지도안을 개발한 〈독서토론 가이드북 II〉이다. 이 〈독서토론 가이드북 II〉은 각급 학교 도서관에 양질의 도서 구입을 위한 정보를 제공하고, 학교 현장에서 교과와 연계한 독서교육과 실제적인 독서토론을 실시할 수 있도록 하기 위해 기획하였다. 이를 위해 먼저 2009 개정 새로운 교육과정을 분석하고 교과 단원 학습에 적절한 도서를 선정하였다. 그 후 교과 단원별 도서일람표를 만들고, 선정된 도서의 독서수업 지도안을 만들어 선생님들의 실제 독서교육을 돕도록 편집하였다. 독서수업 지도안은 독서-토론-논술 지도가 가능하도록 하였으며, 특히 학교 현장에서 독서토론 지도를 실시할 수 있도록 개발하였다. 편집 방향, 도서 선정 범위 및 기준, 제작 과정과 활용 방법 등은 다음과 같다.

## ◎ 편집 방향

1. 모든 교과별 단원학습에 알맞은 도서를 엄선하여 교과별 도서목록으로 선정하였고, 실제 모든 교과 수업에서 활용이 가능하도록 집필하였다.
2. 편집 체계는 '학년-교과-단원' 순서로 하였으며, 교과별 맨 첫 장에 교과별 추천도서목록 일람표를 제시하여 교사의 활용 방안을 돕고자 하였다.
3. 모든 교과 단원에 알맞게 선정된 도서로 〈독서수업 지도안〉을 개발하여, 실제 학교 현장에서 교과연계 독서교육을 실시할 수 있도록 집필하였다.
4. 〈독서수업 지도안〉은 2009 새로운 교육과정과 교과 정보를 제시하고, 선정도서를 소개한 뒤에, '다양한 매체로 맛보기', '어떻게 읽을까', '무엇을 토론할까', '무엇을 써 볼까' 등 네 부분으로 구분하여 집필하였다.
5. 책의 앞부분에 독서토론 방법과 그 지도 사례를 넣어 실제 학교 현장에서 독서토론 지도가 가능하도록 집필하였다.

## ◎ 도서 선정 범위

추천 도서는 2009 개정 새로운 교육과정을 반영하여 국어, 사회/도덕, 수학, 과학/실과, 체육, 예술(음악/미술), 영어 등 7개 교과 영역에서, 사회와 도덕은 분리하고 체육과 예술은 예능으로 묶고 영어 과목은 빼어 모두 6개 교과 영역으로 재설정하였고, 교과 및 출판 정도와 비례하여 300 권의 추천 도서를 선정하였다. 다만, 1-2학년은 2009 개정 교육과정의 내용대로 국어, 수학, 바른 생활, 슬기로운 생활, 즐거운 생활 등 5개 영역으로 도서를 선정하였다.

## ◎ 도서 선정 기준

1. 2009 개정 새로운 교육과정에 따른 교과 학습과 관련된 도서
2. 초등학생들의 자아실현 및 소질 계발에 도움을 주는 도서
3. 꿈과 희망을 주는 내용이나 성장의 이야기가 담긴 도서
4. 다양한 지식 습득 및 정서 함양, 건전한 윤리관 정립에 도움이 되는 도서
5. 교과 수행평가 및 체험학습에 활용될 수 있는 도서
6. 사회와 소통하여 새로운 문화를 창조할 수 있는 도서
7. 토의와 토론이 가능한 도서
8. 문학, 인문, 사회, 과학, 예술, 철학 등 다양한 분야의 책을 선정하여 폭 넓고 깊이 있는 사고를 할 수 있는 도서
9. 고대, 중세, 근대 등 선인들의 지혜를 배우고 현대인과 현대 문화에 대한 성찰이 이루어질 수 있도록 시대별로 의미 있는 도서
10. 세계에 대한 인식의 폭을 넓힐 수 있도록 다양한 문화의 특성이 반영되어 있는 도서

## ◎ 편집 및 제작 과정

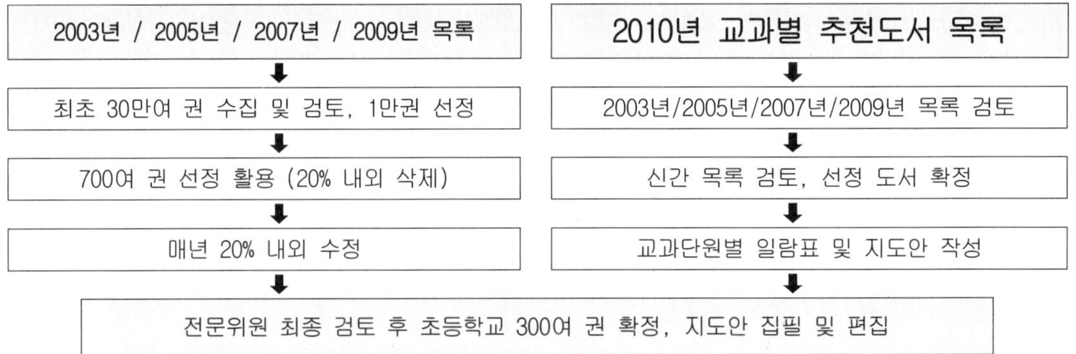

## ◎ 활용 방법 및 기타 참고사항

1. 모든 도서는 교과 단원별 추천도서 목록으로, 교수·학습에 도움이 되도록 대단원과 중단원을 중심으로 선정하였다.

   ※ 도서정보 제시 : 지은이 / 출판사 / 출판년도 / 쪽수 / 가격(원)

   ※ 교과정보 제시 : 과목 / 교과 대단원 / 중단원

   교과 정보는 한국교육학술정보원(KERIS)에서 제시하는 단원주제를 참고하였다.

   ☞ 예시 - 대단원 : 5-1-3. 삶의 향기 / 중단원 : 1. 감동의 울림 (국어)
   (5학년 1학기 3단원)

   ☞ 예시 - 대단원 : 6-12. 현대미술 / 중단원 : 1. 현대미술의 특징 알아보기 (미술)
   (6학년 12단원)

2. 저자명(역자명)은 번역서일 경우 역자명을 밝혔으며 저자가 다수인 경우는 '○○○ 외' 로 표기하였다.

3. 독서 수준 및 지적 수준이 낮은 어린이들과 독서 능력이 우수한 어린이들을 모두 고려하여 선정하였기에 각 학년에 비해 수준이 다소 높거나 낮은 추천도서도 포함되었으며, 원칙적으로 각급 학교 및 교과별 중복을 피하여 선정하였다.

4. 대중 소설의 경우에는 많은 논란이 있었으나, 초·중·고교 모두 책읽기의 동기유발이나 심성 계발에 도움이 되는 책은 목록으로 선정하였다.

5. 교과 영역은 다음과 같은 기준으로 6개 교과로 나누어 추천도서를 선정하였다.
   ① 말하기, 듣기, 읽기, 쓰기의 경우 ⇒ 〈국어〉로 적용
   ② 바른 생활, 도덕의 경우 ⇒ 〈도덕〉 또는 〈바른 생활〉로 적용
   ③ 슬기로운 생활, 사회의 경우 ⇒ 〈사회〉 또는 〈슬기로운 생활〉로 적용
   ④ 슬기로운 생활, 과학, 실과의 경우 ⇒ 〈과학/실과〉 또는 〈슬기로운 생활〉로 적용
   ⑤ 체육, 예술(음악/미술)의 경우 ⇒ 〈예능〉 또는 〈즐거운 생활〉로 적용
   ⑥ 수학의 경우 ⇒ 〈수학〉으로 적용

6. 출판 연도는 재판, 삼판 등으로 출판 연도가 다른 경우 가장 최근의 출판일을 명기하였다.

7. 쪽수와 가격은 매년 변동이 클 것으로 예상되나, 학교에서 도서 구입 예산 책정에 도움 이 될 수 있도록 본 도서목록의 편집일(2010. 5)을 기준으로 기록하였다. 따라서 현장에서 도서 구입을 위해 목록을 작성하는 경우에 가격 변동을 꼭 확인해보아야 한다.

8. 전집물은 각각의 목록을 모두 제시하지 않고 묶어서(예: 태백산맥1-10) 표기하였으며, 출판연도, 쪽수, 가격, 수준은 제1권을 기준으로 작성하였다.

9. 같은 전집이라도 내용이 다른 경우는 각각의 목록을 제시하였다(예: 한국생활사 박물관 (1):선사생활관, 한국생활사 박물관(2):고조선 생활관).

10. 도서 이해를 위해 표지 이미지를 실었으며, 편집 사정으로 실물 이미지를 그대로 살리지 못하고 모두 같은 크기로 실었다.

# 독서토론 지도 방법

독서토론은 독서클럽별로 직접 책을 선정하고, 자율적인 방법으로 책을 읽은 뒤, 그 내용을 바탕으로 일정한 규칙에 따라 토론하는 활동을 뜻한다. 독서토론은 쟁점에 따른 찬/반 형태의 토론만이 아니라, 토의와 협의의 개념을 포함하여 진행하는 것이 좋으며, 효과적인 토론을 위해 구조화된 몇 가지 방법을 적용하는 것이 좋다. 독서클럽 형태로 진행하는 독서토론 활동을 통해 대상 도서를 좀 더 깊이 있게 이해할 수 있으며, 자신의 삶을 되돌아보는 지혜도 얻을 수 있고, 상대방의 의사를 이해하고 논박하는 능력도 키울 수 있다.

## 1. 이야기식 독서토론

### 1) 특징

독서토론 방법 중에서 일반화가 가능하고 초/중/고등학교 모든 학교에서 적용 가능한 독서토론 방법이다. 마치 카페에서 차 한 잔을 놓고 대화를 하는 듯이 편한 분위기에서 토론하는 방법이다. 이러한 이야기식 독서토론은 토의를 포괄하는 독서토론 방법으로, 대상 도서를 읽고 소감도 나누고 대안도 모색해보고 찬/반 토론도 가능한 토론 방법이다.

### 2) 토론 방법

이야기식 독서토론은 다음과 같이 3단계로 구조화하여 체계적으로 진행한다.

① 1단계 : 배경지식과 관련된 발문으로 토론 진행 (20%)

② 2단계 : 대상 도서의 내용과 관련한 발문으로 토론 진행 (30%)

③ 3단계 : 대상 도서와 관련한 인간 삶이나 사회 관련 발문으로 토론 진행 (50%)

### 3) 토론 발문 작성 방법

① 독서토론 발문은 정답을 말하도록 물어서는 안 되며 자신의 생각을 말할 수 있도록 발문을 작성해야 한다. 그리고 발문에 대한 반응이 한 가지만 있도록 묻는 단답형보다는 토론자들이 다양하게 반응할 수 있는 발문을 만들어야 한다.

② 이야기식 독서토론 발문은 1회성 발문이 아니라 연속적인 발문이 가능하도록 발문을 작성해야

한다. 예상 답변을 고려하여 토론자들에게 같은 주제를 심화하거나 확대하는 연속적인 발문을 만들어야 한다. 예를 들면, 1-1) 1-2) 1-3) 이런 식으로 발문을 개발한다.

③ 발문을 잘 만드는 방법

- 1단계(배경지식 관련 발문)에서는 래포 형성 단계로, 대상 도서를 읽지 않아도 토론자들이 쉽게 반응할 수 있는 흥미 있는 발문을 제시한다.
- 2단계(대상 도서의 내용 관련 발문)에서는 대상 도서를 읽었다면 일부러 외우지 않아도 알 수 있는 내용을 중심으로 내용 설명하기, 토론자의 생각은?, 왜 그렇게 생각하는가? 등으로 연속적이고 다양한 측면에서 창의성을 발휘할 수 있도록 발문을 만든다.
- 3단계(대상 도서의 내용과 관련한 인간 삶이나 사회 관련 발문)에서는 실제로 토론이 이루어질 수 있는 발문이어야 하며, 갈등 문제 등으로 찬반이 나뉘거나 다양한 방법 등을 제시할 수 있는 내용이어야 한다.

## 4) 독서토론 진행 시나리오

□ 시간 : 40분

□ 토론 방법 : 이야기식 독서토론

□ 대상 도서 : 〈너 정말 우리말 아니?〉 (이어령, 푸른숲)

| 진행 순서 | 발언 순서 | 시간 | 발문 요령 | 응답 요령 |
|---|---|---|---|---|
| 진행 방법 안내 | 진행자의 안내 | - | 독서토론을 즐기는 마음으로 이끌어야 | 마음 여는 자세 |
| 자기 소개 | 1번-끝번 | - | 웃으며 말하기 (필요시 자기 소개) | 인상 깊게 자신을 자연스럽게 소개하기 |
| 대상 도서 소개 | 대상 도서인 〈너 정말 우리말 아니?〉 간단히 소개 | | | |
| 배경 지식 발문 | 1번-끝번<br>끝번-1번 | 20% | 다양한 배경지식 꺼내기 | 교과 내용, 사회 현실 관련 지식, 다른 독서 내용에서 배경 지식 창의적으로 꺼내기 |
| 텍스트 내용 발문 | 중간-양옆<br>자유 | 30% | 책을 제대로 읽었는지 확인,<br>2단계 질문부터 토론유도 | 책 내용 중심으로 답변 |
| 텍스트 관련 발문<br>(인간 삶과 사회) | 첫 문제는 의견 모두 발표<br>두번째부터는 희망자 중심 발언 | 50% | 토론 중심 진행 | 독서 내용과 인간 삶이나 사회 문제와 연결하여 자신의 생각을 분명하게 나타내기 |
| 독서토론 소감 | 끝번 - 1번 | - | 소감 유도 | 구체적으로 좋은 점과 보완할 점 말하기 |
| 상호 평가 및<br>진행자 평가 | 평가지 활용 | - | 공정한 평가 안내 | 학생인 경우 상호 평가도 가능 |
| 친구 맺기 및<br>마무리 인사 | 친구 맺기 카드 돌리기 | - | 독서로 지속적 관계 맺기 유도 | 자신의 연락처를 서로 알려주기 |

## 5) 독서토론 지도 사례 (진행 발문)

### 〈1단계 : 배경 지식과 관련된 발문〉

1-1) 자, 우리가 오늘 토론할 책은 〈너 정말 우리말 아니?〉라는 책입니다. 만약 여러분에게 누군가 “너 정말 우리말 아니?” 라고 묻는다면 어떻게 대답할 것인가요?

1-2) 여러분은 순우리말에 관심을 가져본 경험이 있나요? 있다면 언제이며 왜 관심을 갖게 되었는지 발표해 보세요.

2-1) 잠깐 동안 말놀이로 긴장된 분위기를 풀어볼까 합니다. 우리가 알고 있는 대표적인 말놀이는

'끝말 이어가기' 라고 할 수 있습니다. 자 누가 먼저 시작할까요? (두음법칙 인정, 외래어는 허용, 외국어는 사용 금지 등 규칙 정하기)

2-2) 끝말 이어가기를 해보았는데 이 놀이의 좋은 점은 무엇이라고 생각하나요?

3-1) 이번에는 말과 관련된 속담을 들어볼까요?

3-2) 우리말에는 말과 관련된 속담이나 관용어가 많습니다. 그 이유는 무엇이라고 생각하나요?

4-1) 언어가 우리에게 어떤 효과가 있을까요?

4-2) 우리 언어에 대해 아는 대로 말을 해 봅시다.

## 〈2단계 : 텍스트의 내용과 관련된 발문〉

1-1) 이 책에서 확인한 우리말의 특징을 말해 봅시다.

1-2) 그 중에서 가장 공감하는 내용이 있다면?

2-1) 우리나라 말에는 다른 나라 말이 많이 끼어 있습니다. 그 이유가 무엇인지 우리 역사 속에서 살펴보세요.

어느 나라 사람이건 울타리를 치고 자기네 영토 안에서만 살지는 않는 것처럼 우리나라 또한 여러 나라와 교류하다 보니 다른 나라 말이 많이 끼게 되었다. 중국과 오랜 세월 문화적으로 정치적으로 교류하다 보니 한자말이 아주 많아졌으며, 일본에게 강제로 점령당한 결과 일본말이 많이 섞이게 되었다. 광복 이후에는 미국 문화의 물결이 거세져 새로운 문물이 들어오면서 영어 이름까지 딸려 들어오게 되었다.

2-2) 다른 나라의 말이 많이 끼어든 우리말을 긍정적으로 보아야 하나요, 부정적으로 보아야 하나요? (찬/반 토론)

3-1) 한국말은 세계 어느 나라 말보다 소리로 감정이나 모양을 잘 나타낼 수 있습니다. 예를 들어서 설명해 보세요.

우리나라 사람들은 머리로 생각하고 따지기보다는 소리나 감각 같은 느낌에 의존하는 경우가 더 많아 의성어와 의태어가 풍부하다. 예를 들어 아기가 우는 것도, '앙앙', '엉엉', '으아앙', '잉잉' 등으로 다양하게 표현한다.

3-2) 우리말에 의성어와 의태어가 발달했다는 것은 어떤 장점과 단점이 있을까요?

장점-감정 표현을 세밀하게 할 수 있다. 우리 민족의 감각이 발달되어 있으며 감수성이 예민하고, 인정이 많다.

단점-합리적으로 분석하고 따지는 데에는 소리나 감각이 때로는 방해가 된다. 외국인이 우리말을 배울 때 매우 힘들다.

4-1) '아' 다르고 '어' 다르다 라는 속담이 있는데, 토씨 하나가 주는 의미를 예를 들어 말해 봅시다.

우리말과 서양말의 가장 큰 차이는 또씨에 있으며, 우리말은 같은 말이라도 토씨 하나만 바꾸면 뜻이 완전히 달라진다. 예를 들어 '밥을 먹는다', '밥만 먹는다', '밥도 먹는다', '밥이나 먹는다', '밥까지 먹는다', '밥은 먹는다'라는 말들은 또씨에 따라서 말의 뜻이 달라진다.

4-2) 지은이는 '나' 에서 '도' 로 토씨를 바꾸어 사용하라고 권합니다. 왜 그럴까요?

'나'는 부정적 의미를 표현할 때, '도'는 긍정적 의미를 표현할 때 사용되는 토씨이기 때문이다. '공부나 해야지'와 '공부도 해야지'의 의미와 분위기는 많이 다르다. '공부나 해야지'는 내키지 않은데 억지로 하는 느낌이고, '공부도 해야지'는 여러 가지 할 일 중에 공부를 포함시켜 신이 나서 열심히 하는 느낌이 든다.

5-1) 위험에 처했을 때 동서양의 언어 습관을 말해 봅시다.

5-2) 이에 대한 자신의 생각을 말해 보세요.

6-1) '어쨌든' 과 '좌우지간' 의 말의 특징을 말해 보자.

어쨌든'은 무엇을 따지다가 상대방을 공격할 때나 자기 주장을 고집할 때 흔히 쓰는 말이고, '좌우지간'은 사람들 생각이 저마다 다를 수밖에 없어서 의견이 갈라지게 마련이므로 그것을 인정하고 서로 양보해서 알맞게 조절하자는 말이다.

6-2) '어쨌든' 은 무서운 말이고, '좌우지간' 은 소중한 말이라고 하는데 여러분은 저자의 이런 논리에 찬성하나요? '어쨌든' 과 '좌우지간' 이 들어가는 다양한 문장을 구사해보고 자신의 주장을 펼쳐 보세요. 찬/반 토론

## 〈3단계 : 텍스트와 관련된 인간 삶이나 사회 관련 발문〉

1-1) 옛날에는 한자 때문에 우리 말이 많이 사라졌고, 요즘에는 영어 때문에 우리 말이 많이 사라지고 있다고 합니다. 우리 말을 지키기 위해서는 어떤 노력이 필요할까요?

1-2) N세대에서 통용되는 말을 일부에서는 '국어 파괴' 의 사례로 지적하지만 N세대는 인터넷이나 휴대폰을 사용할 때 상호 소통을 효율적으로 하기 위해 국어를 새롭게 변형시킨 것으로 받아들이고 있습니다. 여러분은 이에 대해 어떻게 생각하나요? (찬/반 토론)

2-1) 언어가 사고를 낫는다는 말에 대한 자신의 생각을 말해보세요.

2-2) '좌우지간' 이란 말처럼 균형과 중용의 미가 필요하다고 생각하는데, 요즘 우리 사회에서 무엇이 문제라고 생각하는가?

3-1) 홍익인간의 정신에 대해 아는 대로 말해 보세요.

3-2) 이에 대한 자신의 생각은?

3-3) 우리 사회에서 홍익인간의 정신을 적용할 것이 있다면 어떤 것이 있을까요?

4-1) 세계화 시대로 접어들면서 영어를 비롯한 외국어 교육이 더욱 열기를 띠고 있습니다. 여러분은 어떤 언어에 관심이 많으며, 왜 그런지 이유를 밝혀 보세요.

4-2) 영어 교육의 열풍으로 몇 해 전부터 영어 유치원이 생기고 조기 유학이 성행하고 있습니다. 영어 조기 교육에 대해서 어떻게 생각하나요? (찬/반 토론)

5-1) 아름다운 우리말, 조상들의 얼과 정신이 담긴 우리말은 나를 나답게 지키고 가꾸어 준다고 합니다. 또 우리말은 고사성어처럼 유래나 전통을 갖고 있는 경우도 있고, 신선한 맛을 풍기는 신조어도 있습니다. 그런 말을 알고 있다면 소개해 보세요. (예 : 가시나, 시치미떼다, 돌팔이, 미역국 먹다, 노다지, 누리꾼, 댓글 등)

5-2) 세계는 지금 '영어와의 전쟁' 을 벌이며 자국어의 순수성을 지키기 위해 안간힘을 쓰고 있습니다. 프랑스 정부는 영어와 프랑스어가 뒤섞인 프랑글레(Franglais)를 몰아내기 위해 전력을 다하고, 영어식 독어 뎅글리시(Denglisch)가 판치는 독일은 자국어의 소멸을 막기 위해 헌법으로 독일어를 보호해야 한다고 목소리를 높이고 있습니다. 아름답고 소중한 우리말을 가꾸고 되살리기 위해서는 어떤 노력이 필요할까요?

## 2. 교차 질의식 독서토론 (독서새물결 독서토론)

### 1) 특징

교차 질의식 독서토론은 찬성과 반대로 나뉘어 실시하는 팀별 찬반토론 형태이며 판정이 주목적인 독서토론으로, 토너먼트 형태의 독서토론대회에 적합한 독서토론 방법이다. 토론 대형은 서로 마주보는 것이 좋으며, 토론자는 준비한 자료를 활용하여 토론할 수 있고, 필요 시 교차 조사를 실시할 수 있다. 토론 참가 인원은 3명(입론 2명+최종 발언 1명), 4명(입론 3명+최종 발언 1명), 5명(입론 2명+반론 2명+최종 발언 1명) 등 참가자에 따라 조정하여 운영할 수 있다. 관중이 있을 경우 관중석 토론과 상호 자유토론 형태로 변형이 가능한 독서토론 방법이다.

### 2) 토론 방법 (3:3 토론의 경우)

| 발언 순서 | 시간 | 찬성 | | | 반대 | | |
|---|---|---|---|---|---|---|---|
| | | 1 | 2 | 3 | 1 | 2 | 3 |
| 1 | 3 | 발제1 | | | | | |
| 2 | 3 | | | | 교차 질의 및 반론1 | | |
| 3 | 1 | 재반론1 | | | | | |
| 4 | 3 | | | | 발제1 | | |
| 5 | 3 | 교차 질의 및 반론1 | | | | | |
| 6 | 1 | | | | 재반론1 | | |
| | 2 | 전략 협의 시간 | | | | | |
| 7 | 3 | | 발제2 | | | | |
| 8 | 3 | | | | 교차 질의 및 반론2 | | |
| 9 | 1 | | 재반론2 | | | | |
| 10 | 3 | | | | | 발제2 | |
| 11 | 3 | 교차 질의 및 반론2 | | | | | |
| 12 | 1 | | | | | 재반론2 | |
| | 2 | 전략 협의 시간 | | | | | |
| 13 | 2 | | | 최종 발언 | | | |
| 14 | 2 | | | | | | 최종 발언 |
| 계 | 36 | | | | | | |

### 3) 독서토론 진행 시나리오

* 대상 도서 : 〈너 정말 우리말 아니?〉 (이어령, 푸른숲)
* 토론 주제 : 우리말은 다양한 표현이 가능한 언어이다.

♝ 안녕하십니까?

♝ 오늘 사회를 맡은 (　　　)입니다.

♝ 지금부터 (　　　　) 주최한 제10회 대한민국 독서토론대회 결선 1차전(2차전+3차전+최종 결승전)을 시작하겠습니다.

♝ 이번 토론 주제는 (우리말은 다양한 표현이 가능한 언어이다.) 입니다.

♝ 먼저 팀 소개가 있겠습니다. 간단히 찬성팀/반대팀의 순서로 시작하십시오. (소개 끝)

♝ (　　)지역 대표 (　　)팀과 (　　)지역 대표 (　　)팀의 소개를 잘 들었습니다. (서로의 특징을 잘 소개해 주셨습니다.) 감사합니다.

♝ 오늘 토론은 (　) 대항전으로 진행되며, 각자 작성한 토론지와 참고 자료 그리고 대상 도서 등을 지참하여 토론에 참여할 수 있고, 토론 시간은 각각 3분, 팀별 전략 협의 시간은 반대 측 토론자 발언이 끝날 때마다 각 2분씩 2회에 걸쳐 주어집니다.

♝ 토론자 여러분은 토론의 정신을 잘 지켜 공정하고 합리적인 토론이 되도록 노력해 주시기 바랍니다. 특별히 시간을 엄수해주시길 부탁드립니다.

♝ 첫 번째 토론자, 준비 되었습니까? (네)

♝ 토론은 3분입니다. 시작하십시오.

♝ 1분 남았습니다. 30초 남았습니다. (시간 알림 표지판 활용)

♝ 발언 시간이 끝났습니다. (　)분 (　)초 발언하였습니다.

♝ 다음은 반대측의 교차 질의 및 반론이 있겠습니다. 누가 먼저 시작하시겠습니까? (교차 질의 및 반론 진행)

♝ 시간이 (　)분(초) 남았습니다. 더 사용하시겠습니까?
(시간이 되었습니다.)

♝ 그럼 찬성측에서 재반론 하시겠습니다. 시간은 1분입니다.

(반대측도 같이 반복)
(찬성측과 반대측 제2토론자의 발제와 반론도 같음)

♝ 이제 최종 발언을 하는 시간입니다. 찬성측 최종 발언부터 시작하겠습니다. 준비되었습니까? (예)

♝ 잘 들었습니다. 이번에는 반대측 최종 발언 시작하겠습니다. 준비되었습니까? (예)

♝ 이것으로 토론자의 토론이 끝났습니다. 잠시 후 심사 결과 발표가 있겠습니다.

♝ 원만한 진행에 협조해주신 토론자 여러분과 관중 여러분께 감사를 드리면서, (　　) 이 주최한 제10회 대한민국 독서토론대회, 결선 1차전(2, 3, 최종 결승전)을 모두 마치겠습니다.

♝ 오늘의 승리는 (　　)지역 대표 (　　)팀입니다.
(이러이러한 점에서 더 우수하였습니다. - 간단 명료)

## 4-1) 독서토론 지도 사례 (토론지-찬성)

| 대상도서 | 너 정말 우리말 아니 |
|---|---|
| 토론주제 | 우리말은 다양한 표현이 가능한 언어이다. |
| 주장<br>(찬성) | 우리말은 다양한 표현이 가능하다. |
| 주장의 이유<br>(근거) | (정의) 우리말이란 우리나라 사람의 말을 뜻한다. 말 속에는 한 집단과 나라와 민족의 문화와 사상이 담겨있고, 말을 통해서 우리는 선조들의 혼을 배우게 된다. 이처럼 말은 핏줄만큼이나 굳고 단단하게 우리를 한 공동체로 묶어주고 있다. |
| | ① 한 뿌리에서 나온 여러 가지 말로 표현이 가능하다. (본문 39~43쪽)<br>② 소리나 감각 같은 느낌으로 표현할 수 있다. (본문 54~57쪽)<br>③ 우리나라 맛 표현은 표현이 다양하고 풍부하다.<br>④ 우리말은 그 단어가 주는 느낌과 어감만으로도 전달력이 뛰어날 뿐 아니라 적절한 비유와 다채로운 표현 및 아름다운 글쓰기를 가능하게 한다. (김선철, 김원희 -순 우리말 사전) |
| 주장<br>방법<br>(논증) | ① '갈라져 나온 것'이라는 뜻을 가진 '가락'이라는 단어에서 '머리카락', '손가락', '발가락'이라는 말이 갈라져 나왔고, '아지'라는 단어에서는 말의 새끼를 뜻하는 '망아지', 소의 새끼를 뜻하는 '송아지', 개의 새끼를 뜻하는 '강아지' 그리고 '아기'라는 말도 갈라져 나왔다.<br>② 서양 사람들은 잘 때 내는 숨소리를 모두 '주주 zoo zoo' 하나로 표현하는데 반해 우리는 갓난아기가 잠든 숨소리는 '색색', 어린아이가 잠든 숨소리는 '콜콜', 어른들은 '드르렁 드르렁' 등으로 표현을 한다.<br>또한 'ㄹ' 받침은 물처럼 흘러가는 것이나 바퀴처럼 굴러가는 것을 나타내는 소리나 모양을 표현하고, 'ㄱ' 받침은 막히고 끊기는 것을 나타내는 소리나 모양을 표현한다.<br>③ 같은 단어라도 모음 하나를 바꾸거나 자음 하나를 바꿔서 좀 더 세세하고 감각적이 표현이 가능해진다. 이는 우리나라 글자의 음성학적 특징에 기인한 것이기 때문이다. '쓰다'의 경우 '쌉쌀하다 : 조금 쓴맛이 있다. / 씁쓸하다. 씁쓰름하다 : 맛이 제법 씁쓸한 듯하다. / 씁쓰레하다 : 맛이 제법 쓰다.' 로 쓴맛의 강도로 다양한 조합으로 표현한다.<br>④ '나비잠'이라는 단어는 갓난아기가 두 팔을 위로 벌리고 자는 모습을 비유한 것인데, 바로 그 단어에서 마치 그림을 보듯 상황을 알 수 있게 하는 섬세한 우리말이다. 반면, 깊이 들지 못하고 자꾸 놀라 깨는 잠은 '노루잠'으로 표현하고 또 새우처럼 등을 구부리고 자는 잠은 '새우잠', 꼿꼿이 앉은 채로 자는 잠은 '말뚝잠' 등등으로 표현하고 있다. 이처럼 우리말의 표현은 우리 문화의 단면을 잘 드러내고 있는 '풍부한 지식 창고'로서 다채롭고도 섬세한 글쓰기를 통한 전달 매체가 될 뿐 아니라 문학적 상상력을 키우는 보고의 역할을 하고도 남음이 있다. |
| **반론**<br>(교차조사포함)<br>및<br>예상<br>반론 꺾기 | 우리말을 사용하다 보면 헷갈리는 낱말들이 참 많다. 인터넷만 찾아봐도 여러 가지 낱말이 혼용되어 쓰이는 모습들을 쉽게 볼 수 있고, 뜻이 서로 다르지만 헷갈려서 잘못 사용하기 쉬운 말도 있으며 정확한 발음을 몰라서 잘못 사용하고 있는 낱말의 경우 맞춤법에 맞는 낱말과 그 뜻을 정확히 모르는 경우도 있다. (곽지순 - 아 다르고 어 다른 우리말)<br>말하는 상황과 달리 글을 쓰는 상황에서는 어떻게 표현하는가에 따라 전혀 다른 의미로 전달될 수 있다. 즉, 제대로 다양한 표현을 한다고 해도 표현한 사람의 역량이 부족하면 제대로 의사전달이 힘들다.<br>→ 우리말 사용 중에 의사전달이 힘든 경우에는, 그만큼 다양한 우리말이 있으므로 그 부분만 대체하여 사용하면 된다. |
| **정리** | 우리말은 한 뿌리에서 여러 가지 말이 나오기도 하고, 소리나 감각 같은 느낌으로 표현할 수도 있다. 또한 우리나라 맛 표현은 표현이 다양하고 풍부하다. 우리말은 그 단어가 주는 느낌과 어감만으로도 전달력이 뛰어날 뿐 아니라 적절한 비유와 다채로운 표현 및 아름다운 글쓰기를 가능하게 한다.<br>우리말을 다양하게 잘 사용하여 소중하게 생각하는 것이 중요하다. |

## 4-2) 독서토론 지도 사례 (토론지-반대)

| 대상도서 | 너 정말 우리말 아니 |
|---|---|
| 토론주제 | 우리말은 다양한 표현이 가능하다. |
| 주장 **(반대)** | 우리말은 다양한 표현이 가능하지 않다. |
| 주장의 이유 **(근거)** | 우리말이란 우리나라 사람의 말을 뜻한다. 우리말은 순우리말+한자어+외래어로 구성되어있다.<br>① 순우리말+한자어+외래어로 구성되어있다.<br>② 방언 같은 경우 생소한 표현들이 많아 표현하거나 알아듣기 쉽지 않을 때가 많다. (본문 23쪽)<br>③ 표현한 사람의 역량이 부족하면 의사전달이 힘들다. |
| 주장 방법 **(논증)** | ① 우리나라는 오랜 세월 동안 중국으로부터 문화적으로 많은 영향을 받아와서 한자어가 많고, 일제강점기의 영향으로 일본말이 많이 섞여있다. 광복 후에는 미국 문화와 새로운 문물로 인해 외래어가 많이 들어오기도 하였다. (본문 21쪽)<br>우리말은 한자어 비중이 많은 우리말 사용의 오랜 관행과 관련이 있는데, 한자어 중심의 언어생활은 우리 민족의 섬세하고 풍부한 감성을 제대로 표현하기 힘들 뿐 아니라 어린 학생들의 사고력을 키우는 데에도 제약적인 측면이 있다.<br>② 경상도 방언을 쓰는 지역, 특히 남동부 해안지방의 경우 몇몇 복모음(ㅛ, ㅕ, ㅘ 등)을 발음하지 못하는 경우도 있고, 표준어에는 복모음이 아닌 것을 경상도에서만 특이하게 복모음으로 발음하는 예가 있는데, 이러한 생소한 표현들 때문에 소통하기 힘든 경우가 생긴다. 그중에서도 제주도 방언의 경우 긴 표준어 문장을 한 두 마디로 압축해 버리는 경우가 있기 때문에 표현하거나 알아듣기 쉽지 않을 때가 많다고 한다.<br>③ 우리말을 사용하다 보면 헛갈리는 낱말들이 참 많다. 인터넷만 찾아봐도 여러 가지 낱말이 혼용되어 쓰이는 모습들을 쉽게 볼 수 있고, 뜻이 서로 다르지만 헛갈려서 잘못 사용하기 쉬운 말도 있으며 정확한 발음을 몰라서 잘못 사용하고 있는 낱말의 경우 맞춤법에 맞는 낱말과 그 뜻을 정확히 모르는 경우도 있다. (곽지순 - 아 다르고 어 다른 우리말)<br>말하는 상황과 달리 글을 쓰는 상황에서는 어떻게 표현하는가에 따라 전혀 다른 의미로 전달될 수 있다. 즉, 제대로 다양한 표현을 한다고 해도 표현한 사람의 역량이 부족하면 제대로 의사전달이 힘들다. |
| **반론** (교차 조사 포함) 및 예상 반론 꺾기 | ① 어쩔 수  없이 외래어로 밖에 표현이 되지 않거나 우리말로 표현하는데 어려움이 있는 말(빵, 초콜릿, 드라마 등)들은 써야할 수밖에 없다.<br>→ 순우리말로 바꾸어서 사용하게 되면 더 다양한 표현을 할 수 있지만, 그 말을 대체할 수 있는 순 우리말이 없기 때문에 우리말의 다양한 표현이 제한된다.<br>② 한 뿌리에서 갈라져 나와 사람들이 살아가는 모습에 맞춰 새로 만들어지고, 바뀐 말들을 소중하게 생각해야 한다. 또한 방언이 표현을 더욱 다양하게 해주는 경우도 있다.<br>→ 물론 방언도 우리말이므로 소중하게 생각하고 다루어야 하지만, 방언이 우리말의 다양한 표현에 걸림돌이 되기도 한다. 그리고 방언이 표현을 더욱 다양하게 해 주는 경우도 있지만, 많은 사람들이 표준어를 기준으로 사용하기 때문에, 표준어를 사용하는 사람과 방언을 사용하는 사람이 대화를 할 경우에 표현이나 의사소통에 문제가 생긴다.<br>③ 우리말 사용 중에 의사전달이 힘든 경우에는, 그만큼 다양한 우리말이 있으므로 그 부분만 대체하여 사용하면 된다.<br>→ 대체하는 것 또한 말하는 이의 역량이 중요하다. 만약 그 상황에서 대체할 우리말이 떠오르지 않는다거나 한다면, 역시 의사소통에 문제가 생긴다. |
| **정리** | 우리말은 순우리말+한자어+외래어로 구성되어있어, 우리 민족의 섬세하고 풍부한 감성을 제대로 표현하기 힘들 뿐 아니라 어린 학생들의 사고력을 키우는 데에도 제약적이다. 또한 표현을 한다고 해도 각 지방의 방언의 경우 생소한 표현들이 많아 소통하기가 힘들다. 게다가 제대로 표현을 한다고 해도 표현 한사람의 역량이 부족하면 제대로 의사전달이 힘들다.<br>이러한 근거로 우리말은 다양한 표현이 불가능하다는 것을 주장하는 바이다. |

## 5) 교차 질의식 독서토론 판정표

심사위원 : 소속(　　　) 성명(　　　)

| 심 사 항 목 | 토론자1 | | 토론자2 | | 토론자3 | |
|---|---|---|---|---|---|---|
| | 찬성 | 반대 | 찬성 | 반대 | 찬성 | 반대 |
| | | | | | | |
| 1. 배경 지식 활용 능력 (9점) | | | | | | |
| -대상 도서를 이해하고 충분히 활용하고 있는가? | | | | | | |
| -다양한 다른 독서 체험을 충분히 활용하고 있는가? | | | | | | |
| -다양한 일반 사회 현상을 충분히 활용하고 있는가? | | | | | | |
| 2. 논제 해결력 (15점/18점) | | | | | | |
| -주장이 명확하고 설득적인가? | | | | | | |
| -상대방에게 효과적으로 교차 질의 및 반론을 전개하는가? | | | | | | |
| -재반론이 적절하고 설득력이 있는가? | | | | | | |
| - 최종 발언을 통해 상대방의 주장을 효과적으로 논박하는가? | | | | | | |
| - 최종 발언을 통해 자기 팀의 주장을 효과적으로 요약하고 강조하는가? | | | | | | |
| -발상이나 관점을 전환하여 논의하는가? | | | | | | |
| -논거나 접근 방법이 합리적이고 창의적인가? | | | | | | |
| 3. 발표력 (9점) | | | | | | |
| -토론 내용을 메모하며 잘 듣고, 토론에 적극적인가? | | | | | | |
| -표현과 전달(용어, 발음, 시간)을 효과적으로 하는가? | | | | | | |
| -토론을 호감(상대방 존중, 유머, 화합) 있게 잘 이끌어 가는가? | | | | | | |
| 아주 잘함(3) 잘함(2) 보통(1) 못함(0) / 합계 | | | | | | |
| 아주 잘함(3) 잘함(2) 보통(1) 못함(0) / 승패 | | | | | | |
| 판정 방법 | 1. 토론자1(2,3동일)의 찬성자와 반대자의 상대평가로 승패 결정.<br>2. 음영 항목은 지속 반영이며, 이 항목에 따라 최초의 승패가 바뀔 수 있음. | | | | | |

## 3. 독서토론 지도를 잘하는 방법

### 1) 학생들에게 자신감을 심어주고, 교사도 자신감을 갖자

토론은 자칫 말하기를 좋아하거나 말주변이 좋은 몇몇의 학생들에 의해 주도되는 경향이 있으므로 내성적인 학생은 자신의 생각을 다른 사람과 공유하는 데 어려움을 가진다. 토론을 지도하는 교사는 특히 이 점에 신경을 써서 내성적이거나 자신의 생각을 선뜻 잘 드러내지 못하는 학생에게 발언 기회를 주어 토론에 적극적으로 참여하게 한다. 또한 어느 정도 토론에 익숙해질 때까지 토론에 참여하는 모든 학생들에게 이야기할 기회를 충분히 가지게 하는 것이 좋다.

토론은 학교에서 잘 이루어지지 않는 경우가 많아 교사 또한 토론의 필요성을 느끼면서도 어떻게 해야 하는지 구체적인 방법을 몰라서 망설이는 경우가 있다. 토론의 첫걸음은 자신감이므로, 가르치는 교사도, 토론에 임하는 학생도 우선 자신감을 갖는 것이 중요하다. '시작이 반' 이므로 토론 수업에 입맛이 당긴다면 즉시 실행에 옮겨 보라.

〈독서토론 가이드북〉을 펼쳐서 교과와 관련된 도서를 선정한 후, 관련 매체와 관련 도서도 확보할 수 있으면 확보해 보자. 토론할 쟁점을 찾으면서 이러한 자료들을 마주하다 보면 목표가 분명하므로 매체를 효과적으로 활용할 수 있다. 만약 학생들과 교사가 머리를 맞대고 주제를 마련하는데 어려움이 있다면 〈독서토론 가이드북〉의 '무엇을 토론할까' 부분에 나오는 주제를 참고해도 좋겠다. 이 책은 도서를 읽고 토론할만한 핵심적인 주제를 제시하여 쉽게 토론을 할 수 있도록 안내하였으므로 토론을 주저하는 교사와 학생 모두에게 도움이 될 것이다.

### 2) 학생들이 토론할 대상도서를 정독했는지 확인하자

독서토론은 일반적인 토론과는 달리 대상 도서의 내용에 충실하고, 이를 심화 확장하여 적용하는 것이므로 도서의 내용을 정밀 분석하는 작업이 선행되어야 한다. 따라서 본격적인 토론에 들어가기에 앞서 주제와 관련된 도서의 내용을 능동적으로 읽고 질문에 답하는 과정이 필요하다. 그리고 토론을 할 때도 대상도서의 내용을 근거로 들거나 예시로 들어서 주장에 대한 객관적 타당성을 높이는 것이 바람직하다.

게다가 토론을 하기 위해 대상 도서를 정독하는 것은 학교 공부의 가장 기본이 되므로 정독을 습관화하면 성적 향상은 물론이고, 기본을 충실하게 쌓을 수 있어 더 높은 단계의 학습으로 발걸음을 내디딜 때 주저함이 없을 것이다. 대상 도서만이 아니라 관련 도서와 관련 매체를 함께 접한다면 폭넓은 사고력을 기를 수 있으며, 주장에 대한 타당한 근거를 다양하게 설정할 수 있다. 〈독서토론 가이드북〉의 '어떻게 읽을까' 에서는 도서를 읽을 때 특히 어떤 점을 중심으로 읽어야 하는지 구체적인 방법을 안내하고 있으므로 이를 참고한다면 정독을 하는데 도움이 될 것이다.

### 3) 토론을 위한 전 과정에 학생들을 참여시켜라

같은 책을 읽고 함께 이야기를 나누는 것은 퍽 의미 있는 일이다. 그런데 어떤 내용의 이야기를 나누는 것이 좋은지 주제를 선정하는 것이 쉽지 않다. 교사와 학생이 함께 논쟁점을 찾아보고, 주제에 대해 관심을 갖고 그 의미를 파악하게 하여, 이것이 왜 논쟁거리가 되었고 함께 해결해야 할 문제가 무엇인가를 생각하도록 유도해야 한다. 대상도서에서 주제와 관련된 내용을 찾는 과정, 제시할 질문을 선택하는 과정, 토론할 논제를 만드는 과정 등을 학생들이 참여해서 만들게 하면 학생들은 더욱 적극적으로 관심을 갖고 토론 학습에 임하게 될 것이다.

특히 그 주제가 대상 도서 속에서는 어떻게 나타나고 있으며, 우리의 일상생활과 어떤 관계가 있는지, 이론을 탐구해가는 과정에서 그것이 문제 해결과 어떤 의미를 가지고 있는지에 대해 깊이 생각해볼 수 있도록 해야 한다. 더 나아가 주제에 대한 배경이나 관련 학설, 이론, 사례 연구를 개인이나 소집단별로 깊이 탐구할 수 있도록 모둠을 만들게 하거나, 협동 학습을 할 수 있도록 한다면 공동체 속에서의 삶을 소중히 여기는 태도가 길러질 것이다.

실제 토론을 하는 단계에서는 사선에 편성한 모둠끼리 대상 도서 및 관련 매체와 관련 도서의 내용을 분석하여 주장에 대한 근거를 세우고, 자신의 생각을 논리적으로 표현하며 침착하고 정중하게 토론에 임할 수 있도록 한다. 토론은 공동체 학습이라는 점을 명심하고 같은 모둠뿐만 아니라 상대 모둠에도 피해를 주지 않도록 주의해야 한다. 대상 도서의 내용뿐만 아니라 이와 관련된 사회 현상, 다른 도서의 내용 등을 근거로 하여 심층적이며 다각적인 검증을 한다. 토론은 상대팀과의 대립을 전제로 하는 것이기 때문에, 상대팀의 논거와 전략이 무엇인지 파악하기 위해서는 상대방의 이야기를 집중해서 듣고 반론을 준비하는 것이 바람직하다.

### 4) 주제와 관련된 다양한 자료 조사를 요구하라

독서토론은 도서의 내용에서 논쟁점을 찾아 사회 일반 현상과 관련지어 문제 해결력을 기르는 것이 중심이 되므로 너무 쉽게 생각하여 자기가 아는 수준에서 토론에 임하면 토론의 질이 떨어지기 쉬우며, 특히 승패를 가름하는 토론인 경우 낭패를 보기 쉽다. 논제와 관련된 대상 도서의 내용을 면밀히 분석해야 함은 물론, 이와 관련된 다양한 자료를 조사해 문제를 다각적으로 분석하고 비판할 수 있어야 한다. 자료를 조사하는 방법으로 요즘에는 인터넷을 주로 많이 이용하는데, 설문 조사나 현장 조사 같은 방법도 유용하다. 특히 토론 주제가 학교 내의 문제인 경우에는 설문 조사나 인터뷰가 적당하다. 만약 '두발 자율화', '교복 착용', '봉사활동의 점수화' 등에 관한 주제로 토론을 한다면 이러한 것들에 대해 가장 현실적인 문제로 생각하고 있는 학생들을 대상으로 설문 조사를 하거나 인터뷰를 하는 것이 바람직하다.

또한 학교에는 각 교과목을 담당하고 있는 선생님들이 있으므로 자료 조사를 할 때 적극적으로 도움을 요청하는 것도 좋다. 교과목을 담당하고 있는 선생님들은 그 분야에 있어서 전문가이므로 누구보다도 좋은 자료를 제공할 것이며, 잘 모르는 부분은 설명을 곁들여 이해를 도울 수도 있다. 따라서 학생들에게 논제와 관련된 다양한 자료를 여러 가지 방법으로 조사할 것을 요구한다면, 자료를 조사하는 과정에서 지식을 습득할 뿐만 아니라 인간관계를 맺는데도 많은 도움이 될 것이다.

### 5) 토론은 재미있는 단체 게임이라는 점을 강조하라

토론 수업에 익숙지 않은 우리의 교육 현실에서 학생들은 처음에는 토론을 해야 한다는 사실에 걱정이 앞설 것이다. 하지만 모둠이 구성되는 순간, 토론을 준비하는 학생들은 이미 혼자가 아니라는 사실을 주지시켜라. 토론을 준비하기 위해서는 논제를 분석하고, 자료를 찾고, 토론 전략을 짜게 되는데 이러한 과정은 혼자서 하는 것이 아니라 모둠 활동이라는 점을 알려주면 안심을 하고 협력 학습을 하게 된다. 그리고 실제 토론을 하는 과정에서 친구들의 능력을 확인하게 되며, 상대방과 날카로운 공격을 주고받으면서 단합하는 과정에서 깊은 우정을 쌓게 되기도 한다. 학생들은 모둠 활동을 통해서 어려운 문제를 해결해 나가는 길을 찾게 될 뿐만 아니라 토론을 성공적으로 마치고 나면 마치 한 판의 운동 경기를 치룬 듯한 성취감을 맛보기도 한다.

토론을 해보지 않은 학생들은 토론은 텔레비전에서 어른들이 설전을 벌이는 것쯤으로 알고 있는 경우가 많다. 텔레비전 토론에서 다루는 주제는 학생들과 거리가 멀기 때문에 토론이란 재미없고 지루한 것이라는 생각을 갖기 쉬운데 〈독서토론 가이드북〉에서 소개하는 교과와 관련된 도서를 읽고 자신의 눈높이에 맞는 논쟁점을 찾아 토론 주제를 정한다면, 흥미를 갖고 토론에 임하게 될 것이다. 학생들의 현실적인 문제와 관계있는 주제로 토론을 하다보면 서로 호흡이 맞아서 치열한 설전이 오가기도 하는데, 이러한 치열한 논쟁은 단점이 아니라 오히려 학생들이 토론에 대해 관심과 흥미를 가질 수 있게 하는 장점이다. 승패와 상관없이 축구나 농구 등 친선경기를 즐기는 느낌으로 토론을 벌인다면 진리를 추구해나가는 과정 자체를 게임으로 즐길 수 있게 될 것이다.

# 2009 개정 교육과정 초등학교 교과별 추천도서목록

| 학년 | 도서명 | 저자명 (역자명) | 출판사 | 연도 | 교과 |
|---|---|---|---|---|---|
| 초1 | 이르기 대장 1학년 나 최고 | 조성자 | 아이앤북 | 2009 | 우리들은 1학년 |
| 초1 | 백점만점 1학년 : 공부 잘하고 친구와~ | 고정욱 | 글담어린이 | 2009 | 우리들은 1학년 |
| 초1 | 엄마 5분만 | 노경실 | 좋은책어린이 | 2009 | 우리들은 1학년 |
| 초1 | 해잔이의 학교예절배우기 | 몽당연필 | 대교 | 1999 | 우리들은1학년 바생 1-(1) 바생 1-(2) 바생 2-(4) |
| 초1 | 마법의 학교버스 | 고정욱 외 | 웅진주니어 | 2002 | 우리들은 1학년 |
| 초1 | 승희의 특별한 선물 | 이상현 | 기댄돌 | 2009 | 바생 1-(5) 우리들은 |
| 초1 | 형광고양이 | 이더우 하루옴길 | 푸른날개 | 2009 | 바른생활 |
| 초1 | 짝잃은 실내화 | 이완 | 현암사 | 2009 | 바생 2-(5) |
| 초1 | 친구야 난 네가 참 좋아 | 밀야프라그만 | 나무생각 | 2009 | 바생 1-(5) |
| 초1 | 날아라 태극기 | 강정님 | 보물창고 | 2009 | 바생 2-(6) |
| 초1 | 우리 엄마 팔아요 | 바르바라 로제 | 담푸스 | 2009 | 바생 1-(3) 슬생 1-(3) |
| 초1 | 솔이의 추석이야기 | 이억배 | 길벗어린이 | 2006 | 바생 2-(3) 슬생 2-(3) 즐생 2-(3) |
| 초1 | 게으른 게 좋아 | 양혜원 | 스콜라 | 2009 | 바생 1-(1) 슬생 1-(4) |
| 초1 | 까만 나라 노란 추장 | 강무홍 | 웅진 | 2001 | 바생 2-(6) |
| 초1 | 공주도 똥을 눈다 | 윤정 | 해와나무 | 2009 | 바른생활 |
| 초1 | 책 먹는 여우 | 프란치스카 비어만 | 김영사 | 2009 | 바른생활 |
| 초1 | 삼촌이랑 선생님이랑 결혼하면 얼마나 좋을까 | 김옥 | 문학동네 | 2009 | 국어 |
| 초1 | 힘센 동생이 필요해 | 조성자 | 현암사 | 2009 | 국어 |
| 초1 | 내 이름은 열두개 | 손연자 | 보물창고 | 2009 | 국어 |
| 초1 | 하나 동생 두나 | 정일근 | 가교 | 2009 | 국어 |
| 초1 | 따뜻한 꽃 이야기 | 최성수 | 북피아주니어 | 2009 | 국어 읽기 1-(6) 슬생 1-(5) |
| 초1 | 무지개 물고기 | 마르쿠스피스터 | 시공주니어 | 2007 | 국어 듣말 2-(3) |

| 학년 | 도서명 | 저자명 (역자명) | 출판사 | 연도 | 교과 |
|---|---|---|---|---|---|
| 초1 | 고양이는 나만 따라해 | 권윤덕 | 창비 | 2005 | 국어 읽기 2-(1) |
| 초1 | 이모의 결혼식 | 선현경 | 비룡소 | 2004 | 국어 읽기 2-(4) |
| 초1 | 발표하겠습니다 | 군 구미코 | 푸른길 | 2008 | 국어 듣말 1-(1) 재량활동 |
| 초1 | 엄마와 함께 읽는 교과서 전래동화 | 김경희 | 흙마당 | 2006 | 국어 듣말 1-(4), 2-(7) |
| 초1 | 짝꿍 바꿔주세요. | 노경실 | 주니어 랜덤 | 2009 | 국어 듣말 1-(5) 바생 1-(5) |
| 초1 | 틀려도 괜찮아 | 마키타 신지 | 토토북 | 2006 | 국어 읽기 2-(6) 재량활동 |
| 초1 | 맛있게 읽는 독서요리 | 임영규 외 | 정인 | 2008 | 국어 1-(5) |
| 초1 | 선생님은 모르는 게 너무 많아. | 강무홍 | 사계절 | 2001 | 국어 1-(6) 국어 2-(4) |
| 초1 | 잃어버린 단어를 찾아주는 꼬마마법사 | 다니엘 시마르 | 세상모든책 | 2009 | 국어 2-(3) 국어 2-(4) 슬생 1-(3) |
| 초1 | 선생님이랑 결혼할래 | 이금이 | 보물창고 | 2009 | 듣말 1-(2) 즐생 1-(1) |
| 초1 | 생각하는 1 2 3 | 이보나 흐미엘레프스카 | 논장 | 2008 | 수학 전단원 |
| 초1 | 똑딱 똑딱 | 제임스 덴버 | 그린북 | 2005 | 수학 2-(5) |
| 초1 | 수학 마녀의 100점 수학 | 서지원 | 처음주니어 | 2009 | 수학 |
| 초1 | 1학년 수학동화 | 우리기획 | 예림당 | 2002 | 수학전단원 |
| 초1 | 푸른 지구를 만들어요 | 엘렌 사빈 | 문학동네 | 2009 | 슬생 |
| 초1 | 파란 티셔츠의 여행 | 비르기트프라더 | 담푸스 | 2009 | 슬생 |
| 초1 | 손에 잡히는 과학교과서 (사계절동식물) | 김정숙 | 길벗스쿨 | 2007 | 슬생 1-(2), 1-(6) 2-(4), 2-(6) |
| 초1 | 포동포동 소중한 우리몸 | 전미숙 | 아이앤북 | 2009 | 슬생 2-(1) 즐생 2-(1) |
| 초1 | 열두달 자연놀이 | 붉나무 | 보리 | 2009 | 슬생 1-(2), 1-(6) 2-(4), 2-(6) |
| 초1 | 뽀드득 뽀드득 튼튼한 이 | 에드워드 밀러 | 아이세움 | 2009 | 슬생 1-(4) 슬생 2-(2) 바생 2-(1) |
| 초1 | 과학이 재밌어지는 1학년 맞춤과학 | 홍유희 | 거인 | 2009 | 슬생 1-(5) 슬생 2-(5) |

| 학년 | 도서명 | 저자명 (역자명) | 출판사 | 연도 | 교과 |
| --- | --- | --- | --- | --- | --- |
| 초1 | 용구삼촌 | 권정생 | 산하 | 2009 | 슬생 1-(3), 즐생 1-(3) |
| 초1 | 우린 친구야 모두 친구야 | 정일근 | 가교출판 | 2009 | 슬생 1-(2) 슬생 1-(5) 즐생 1-(2) |
| 초1 | 눈으로 보고 손으로 그리는 세계 명화 | 로지 디킨스 | 시공주니어 | 2008 | 즐생 1-(5), 2-(4) 2-(6) |
| 초1 | 달팽이의 옷 | 김영연 옮김 | 큰나 | 2009 | 즐거운생활 |
| 초1 | 아빠도 듣고 자란 교과서 전래동화 | 김경희 | 훍마당 | 2009 | 즐생 1-(4) 즐생 2-(3) 국어 1-(7) |
| 초1 | 까막눈 삼디기 | 원유순 | 웅진 | 2001 | 특별활동 바생 1-(5) |
| 초1 | 거짓말 | 고대영 | 길벗 | 2009 | 재량활동 |
| 초2 | 너랑 놀아 줄게 | 김명희 | 맹앤앵 | 2009 | 바생 2-(1) |
| 초2 | 내 친구 슈 | 윤재웅 | 맹앤앵 | 2009 | 바생 2-(1) |
| 초2 | 세상에서 제일 잘난 나 | 김정신 | 소담주니어 | 2009 | 비생 2-(1) |
| 초2 | 꼴찌가 받은 상 | 김용인 | 알라딘북스 | 2008 | 바생 2-(1) |
| 초2 | 아기 소나무 | 권정생 | 산하 | 2010 | 바생 2-(4), 2-(7) |
| 초2 | 폭탄머리 내짝꿍 | 정설아 | 글고은 | 2009 | 국어 1-(6), 2-(6) |
| 초2 | 아버지의 커다란 장화 | 임길택 외 | 웅진주니어 | 2009 | 국어 2-(3) |
| 초2 | 알사탕 동화 | 이미애 | 가문비어린이 | 2009 | 국어 1-(7) |
| 초2 | 멋진여우씨 | 로알드 달 | 논장 | 2009 | 국어 1-(8) |
| 초2 | 책 읽어 주는 바둑이 | 이상배 | 처음주니어 | 2009 | 국어 2-(1) |
| 초2 | 초대받은 아이들 | 황선미 | 웅진 | 2001 | 국어 2-(2) |
| 초2 | 이솝우화보다 재미있는 세계 100대 우화 | 이상배 | 삼성출판사 | 2004 | 국어 2-(4) |
| 초2 | 으악, 도깨비다 | 손정원 | 느림보 | 2002 | 국어 2-(6) |
| 초2 | 꺼벙이 억수 | 윤수천 | 좋은책 어린이 | 2007 | 국어 2-(6) 특별활동 |
| 초2 | 거꾸로 나라 임금님 | 이준연 | 삼성당 | 2007 | 국어 2-(7) |
| 초2 | 짧은 동화 긴 생각(아동용) | 이규경 | 효리원 | 2005 | 국어 2-(3) 바생 2-(2) |
| 초2 | 팥죽할멈과 호랑이 | 백희나 | 시공주니어 | 2006 | 국어 2-(1) 즐생 2-(6) |
| 초2 | 도도새는 살아있다 | 딕 킹 스미스 | 웅진 | 2003 | 국어 1-(6) 국어 1-(4) 국어 2-(6) |
| 초2 | 구만이는 울었다 | 홍종의 | 디딤돌 | 2009 | 국어 1-(4) 국어 2-(3) 2-(6) |

| 학년 | 도서명 | 저자명 (역자명) | 출판사 | 연도 | 교과 |
|---|---|---|---|---|---|
| 초2 | 비밀이 생겼어요 | 이현 | 채우리 | 2006 | 국어 1-(6) 1-(7) |
| 초2 | 우체부가 사라졌어요 | 클레르 프라네크 | 키다리 | 2008 | 국어 2-(4) 2-(7) 슬생 1-(5) |
| 초2 | 저학년 탈무드 | 마빈 토케이어 | 효리원 | 2004 | 국어 1-(3) 2-(2) 바생 1-(5) 2-(2) |
| 초2 | 동생 따윈 필요없어 | 길지연 | 기댄돌 | 2009 | 국어 1-(3) 2-(1) 바생 1-(5) |
| 초2 | 마법의 설탕 두 조각 | 미카엘 엔데 | 소년한길 | 2001 | 국어 1-(6) 1-(8) 2-(3) 2-(6) |
| 초2 | 완벽한 사람은 없어 | 앨런 번스 | 개암나무 | 2009 | 국어 1-(3) 2-(3) |
| 초2 | 수학아 수학아 나 좀 도와줘 | 조성실 | 삼성당 | 2006 | 수학 전단원 |
| 초2 | 수학이 진짜 웃기다고요 | 김수경 | 한솔수북 | 2006 | 수학전단원 |
| 초2 | 새는 다시 돌아오지 않았다. | 송재찬 | 효리원 | 2009 | 국어 2-(3) |
| 초2 | 선생님 나만 믿어요 | 고정욱 | 글담 어린이 | 2009 | 슬생 1-(2) |
| 초2 | 자연과 함께해요 | 이동렬 | 해피북스 | 2005 | 바생 |
| 초2 | 낮과 밤은 왜 달라? | 로랑사바티에 | 큰북작은북 | 2007 | 슬생 2-(1) |
| 초2 | 너무나도 다정한 점순씨 | 최영희 | 아리샘주니어 | 2009 | 슬생 1-(4) |
| 초2 | 뭐가 다른데? | 이성자 | 문원원 | 2009 | 슬생 1-(5) |
| 초2 | 지렁이가 흙똥을 누었어 | 이성실 | 다섯수레 | 2009 | 슬생 1-(7) |
| 초2 | 개미야, 진딧물은 키워서 뭐 하게? | 장수하늘소 | 밝은미래 | 2009 | 슬생 1-(7) 바생 2-(7) |
| 초2 | 어진이의 농장일기 | 신혜원 | 창비 | 2000 | 슬생 1-(7) 2-(3) 즐생 1-(4) 1-(6) 2-(4) |
| 초2 | 싸움 말리다 금화를 만든 왕 | 디미테르 잉키오브 | 주니어랜덤 | 2007 | 슬생 2-(4) 슬생 2-(5) |
| 초2 | 소곤소곤 꽃이 들려주는 동화 | 최은규 | 문공사 | 2008 | 슬생 1-(7) 국어 1-(2) 국어 1-(5) |
| 초2 | 바다 속은 어떻게 생겼을까? | 가코 사토시 | 청어람미디어 | 2009 | 슬생 1-(7) |
| 초2 | 잔소리 없는 날 | 안네마리 노르덴 | 보물창고 | 2004 | 슬생 1-(2) |
| 초2 | 학교에서 살아가는 곤충들 | 강의영 외 | 일공육사 | 2009 | 슬생 1-(7) |

| 학년 | 도서명 | 저자명 (역자명) | 출판사 | 연도 | 교과 |
|---|---|---|---|---|---|
| 초2 | 숨쉬는 도시 꾸리찌바 | 안순혜 | 파란자전거 | 2004 | 슬생 1-(5) |
| 초2 | 사계절 꽃 이야기 | 박민호 | 자람 | 2007 | 슬생 1-(7) |
| 초2 | 나, 화가가 되고 싶어 | 윤여림 | 웅진주니어 | 2008 | 즐생 1-(5), 2-(5) |
| 초2 | 백석동화시 | 백석 | 느낌표교육 | 2007 | 즐생 2-(1)<br>국어 1-(1) |
| 초2 | 외톨이 보쎄와 미오왕자 | 아스트리드 린드그렌 | 우리교육 | 2006 | 즐생 2-(6)<br>국어 2-(1)<br>슬생 1-(2) |
| 초2 | 모네의 정원에서 | 크리스티나 비외르크 | 미래사 | 1994 | 즐생 1-(2)<br>즐생 2-(4)<br>국어 1-(5) |
| 초2 | 황금박쥐부대 | 장경선 | 청어람주니어 | 2009 | 슬생 1-(5)<br>재량활동 |
| 초2 | 엄마가 사랑하는 공부벌레 | 김현태 | 글담어린이 | 2009 | 1-(1)<br>재량 바생 |
| 초3 | 나는야 열 살 시장님 | 안순혜 | 파란자전거 | 2008 | 도덕 1-(1) |
| 초3 | 아기 제비 번지 점프 하다 | 배다인 | 소년한길 | 2009 | 도덕 1-(4) |
| 초3 | 꿈을 이룬 대통령 오바마 이야기 | 로버타 에드워즈 | 교학사 | 2009 | 도덕 1-(2) |
| 초3 | 아빠가 집에 있어요 | 미카엘 올리비에 | 밝은미래 | 2009 | 도덕 1-(3) |
| 초3 | 지구 환경 챔피언 | 스테판 프리티니 외 | 산하 | 2009 | 도덕 1-(2) |
| 초3 | 고정욱 선생님이 들려주는 방정환 | 고정욱 | 산하 | 2009 | 도덕 1-(5) |
| 초3 | 놀라운 99%를 만들어 낸 1% 가치 | 윤승일 | 명진 | 2008 | 도덕 1-(2) |
| 초3 | 타임머신을 타고 온 선생님 | 원유순 외 | 좋은책어린이 | 2009 | 국어 1-(4) |
| 초3 | 난 원래 공부 못해 | 은이정 | 창비 | 2008 | 국어 1-(8) |
| 초3 | 마마신 손님네 | 이상교 | 한림 | 2008 | 국어 1-(7) |
| 초3 | 우리 집에는 악어가 산다 | 김선희 | 푸른디딤돌 | 2009 | 국어 1-(1) |
| 초3 | 장코의 바나나 | 김하늬 | 바람의 아이들 | 2009 | 국어 1-(6) |
| 초3 | 어린이를 위한 헛소동 | 로이스 버넷 | 찰리북 | 2009 | 국어 1-(1) |
| 초3 | 어린이를 위한 폭풍우 | 세익스피어 | 찰리북 | 2009 | 국어 1-(6) |
| 초3 | 어린이를 위한 맥베스 | 세익스피어 | 찰리북 | 2009 | 국어 1-(7) |
| 초3 | 서울특별시 시골 동네 | 정영애 | 계수나무 | 2009 | 국어 1-(1) |
| 초3 | 꿈꾸는 토르소 맨 | 이소연 | 글담어린이 | 2009 | 국어 1-(3) |
| 초3 | 뭐든지 파는 아저씨 | 고정욱 | 알라딘북스 | 2009 | 국어 1-(1) |
| 초3 | 오바마 아저씨의 10살 수업 | 박성철 | 글담어린이 | 2009 | 국어 1-(2) |
| 초3 | 칼눈이의 꿈 | 한정연 | 가교출판 | 2009 | 국어 1-(3) |
| 초3 | 수학에 번쩍 눈 뜨게 한 비밀 친구들 | 황문숙 | 가나 | 2009 | 수학 1-(1) |
| 초3 | 작은 기적들 | 소중애 | 영림카디널 | 2009 | 국어 1-(4) |

| 학년 | 도서명 | 저자명<br>(역자명) | 출판사 | 연도 | 교과 |
|---|---|---|---|---|---|
| 초3 | 곰아저씨의 딱새 육아일기 | 박남정 | 산하 | 2005 | 과학 1-(3) |
| 초3 | 암스트롱 우주탐험대 | 요아힘<br>레르히 외 | 한겨레아이들 | 2009 | 과학 1-(4) |
| 초3 | 과학귀신 | 황혁기 | 과학동아북스 | 2009 | 과학 전 단원 |
| 초3 | 과학왕의 초간단 실험노트 | 한국과학놀<br>이발명연구<br>회 | 가나출판사 | 2009 | 과학 1-(1) |
| 초3 | 하하호호 공생 티격태격 천적 | 서찬석 | 정인 | 2009 | 과학 1-(3) |
| 초3 | 악기 박물관으로의 여행 | 세계민속악<br>기박물관 | 현암사 | 2009 | 음악 전 단원 |
| 초3 | 대한민국 어린이 건강 프로젝트 | 류은경,<br>허문선 | 명진 | 2009 | 체육 1-(1) |
| 초3 | 땅땅이의 친환경 요리 교실 | 이상희 | 북센스 | 2009 | 체육 1-(5) |
| 초4 | 나누는 커지는 마음 배려 | 서지원 | 좋은책어린이 | 2009 | 도덕 2-(2) |
| 초4 | 엄마 몰래 | 조성자 | 좋은책어린이 | 2008 | 도덕 1-(6) |
| 초4 | 나쁜 어린이표 | 황선미 | 웅진 | 1999 | 도덕 1-(4) |
| 초4 | 행복한 일등 | 김재은 | 아이세움 | 2009 | 도덕 1-(1) |
| 초4 | 오천원은 없다 | 박현숙 | 문공사 | 2008 | 도덕 1-(1) |
| 초4 | 축구 생각 | 김 옥 | 창비 | 2004 | 도덕 1-(3) |
| 초4 | 그림도둑 준모 | 오승희 | 낮은 산 | 2003 | 도덕 1-(1) |
| 초4 | 만화로 보는 국어왕의 단어암기법 | 이희정 | 가나출판사 | 2009 | 국어 1-(4) |
| 초4 | 어린이를 위한 글쓰기 습관 | 어린이동화<br>연구회 | 꿈꾸는사람들 | 2009 | 국어 1-(8) |
| 초4 | 무서운 호랑이들의 가슴 찡한 이야기 | 이미애 | 미래아이 | 2008 | 국어 2-(7) |
| 초4 | 지혜와 덕으로 삼국통일을 이끈 여왕 | 강숙인 | 해와 나무 | 2008 | 국어 1-(2) |
| 초4 | 나는 빼꾸기다 | 김혜연 | 비룡소 | 2009 | 읽기 1-(6) |
| 초4 | 멀쩡한 이유정 | 유은실 | 푸른숲 | 2008 | 듣말쓰 1-(1) |
| 초4 | 아낌없이 주는 나무 | 셸실버스타인 | 시공사 | 2006 | 국어 2-(2) |
| 초4 | 도서관에 가지마 절대로 | 이오인콜퍼 | 국민서관 | 2006 | 듣말쓰 1-(7) |
| 초4 | 프린들 주세요 | 앤드류<br>클레먼츠 | 사계절 | 2008 | 읽기 1-(2) |
| 초4 | 박씨부인 | 정출헌 | 한겨레아이들 | 2009 | 듣말쓰 1-(1) |
| 초4 | 청아청아 눈을 떠라 | 공진하 | 청년사 | 2007 | 읽기 1-(3) |
| 초4 | 성적표 | 앤드류<br>클레먼츠 | 웅진 | 2007 | 읽기 1-(6) |
| 초4 | 조커 학교 가기 싫을 때 쓰는 카드 | 수지<br>모건스턴 | 문학과지성사 | 2006 | 듣말쓰 2-(5) |
| 초4 | 최고의 이야기꾼 구니버드 | 로이스 로리 | 보물창고 | 2007 | 듣말쓰 1-(1) |
| 초4 | 우리 집에 왜 왔니 | 안드레아<br>헨스겐 | 꿈터 | 2009 | 국어 2-(2) |

| 학년 | 도서명 | 저자명 (역자명) | 출판사 | 연도 | 교과 |
|---|---|---|---|---|---|
| 초4 | 비밀시험지 | 안점옥 | 사계절 | 2008 | 듣말쓰 1-(3) |
| 초4 | 판타지 수학원정대 | 서지원 | 미래아이 | 2008 | 수학 1-(2) |
| 초4 | 12개의 황금열쇠 | 김용세 | 주니어김영사 | 2008 | 수학 1-(8) |
| 초4 | 어절씨구 열두 달 일과 놀이 | 김은하 | 길벗어린이 | 2009 | 사회 1-(2) |
| 초4 | 둥글둥글 지구촌 경제이야기 | 석혜원 | 풀빛 | 2009 | 사회 1-(3) |
| 초4 | 쿵덕쿵 우리쌀 이야기 | 박무형 | 혜문서관 | 2009 | 사회 1-(1), (2) |
| 초4 | 만화 사회 교과서 | 신의철 외 | 창비 | 2009 | 사회 2-(3) |
| 초4 | 이 세상에는 공주가 꼭 필요하다 | 공지희 | 낮은산 | 2007 | 사회 1-(3) |
| 초4 | 텃밭 가꾸는 아이 | 고정욱 | 미래아이 | 2008 | 사회 1-(2) |
| 초4 | 아빠 보내기 | 박미라 | 시공주니어 | 2004 | 사회 2-(2) |
| 초4 | 12달 24절기 우리 삶, 우리 세시풍속 농가월령가 | 정학유 | 창해 | 2008 | 사회 2-(2) |
| 초4 | 바빠가족 | 강정연 | 바람의아이들 | 2006 | 사회 1-(2) |
| 초4 | 구멍난 기억 | 자비에 로랑 쁘띠 | 바람의아이들 | 2009 | 사회 2-(2) |
| 초4 | 백성을 위해 나라 글을 만든 큰임금 세종대왕 | 이상배 | 해와 나무 | 2008 | 사회 2-(1) |
| 초4 | 어린이 과학형사대 CSI5 | 고희정 | 가나출판사 | 2009 | 과학 전단원 |
| 초4 | 열려라 양서류나라 | 박시룡 외 | 지성사 | 2009 | 과학 2-(1) |
| 초4 | 휘휘 | 공지희 | 도깨비 | 2006 | 과학 2-(1),(2) |
| 초4 | 아름다운 별자리 30 | 장수하늘소 | 두산동아 | 2001 | 과학 1-(8) |
| 초4 | 공작아 예쁘게 꾸미고 어디 가니? | 햇살과 나무꾼 | 시공주니어 | 2008 | 과학 1-(2) |
| 초4 | 과학귀신 | 황근기 | 동아사이언스 | 2009 | 과학 전단원 |
| 초4 | 안나와 떠나는 미술관 여행 | 비외른 | 주니어김영사 | 2000 | 미술 1-(9) |
| 초4 | 새콤달콤 색깔들 | 밀라보탕 | 비룡소 | 2008 | 미술 2-(1) |
| 초4 | 우리 그림이 신나요 | 이호신 | 현암사 | 2009 | 미술 1-(8) |
| 초4 | 운동장 들어올리는 공 | 이준섭 | 정인출판사 | 2009 | 체육 전단원 |
| 초4 | 긍정습관 | 정미금 | 아이앤북 | 2008 | 특별활동 -자아개념 |
| 초4 | 난 이제부터 남자다 | 이규희 | 새상모든책 | 2002 | 재량 -양성평등 |
| 초4 | 내가 조금 불편하면 세상은 초록이 돼요 | 김소희 | 토토북 | 2009 | 재량 -자원재활용 |
| 초4 | 울지마 샨타 | 공선옥 | 주니어랜덤 | 2008 | 재량 -편견·다문화 |
| 초4 | 알록달록 과자의 비밀 | 여성희 | 현암사 | 2009 | 재량-건강한 식생활 |
| 초5 | 마당을 나온 암탉 | 황선미 | 사계절출판사 | 2002 | 국어 1-(1) |

| 학년 | 도서명 | 저자명 (역자명) | 출판사 | 연도 | 교과 |
|---|---|---|---|---|---|
| 초5 | 맛있게 읽는 독서요리 5 | 독서새물결모임 | 정인출판사 | 2008 | 국어 1-(3) |
| 초5 | 베니스의 상인 | 세익스피어 | 효리원 | 2006 | 국어 2-(4) |
| 초5 | 우리들의 일그러진 영웅 | 이문열 | 다 림 | 1998 | 국어 1-(1), 1-(2) |
| 초5 | 초정리 편지 | 배유안 | 창비 아동문고 | 2006 | 국어 1-(3) |
| 초5 | 너도 하늘말나리야 | 이금이 | 푸른책들 | 2007 | 국어 2-(1) |
| 초5 | 김정호 | 오민석 | 랜덤하우스 코리아 | 2006 | 국어 2-(1) |
| 초5 | 어린이 경제 원론 | 김시래 외 | 교학사 | 2005 | 사회 2-(1) |
| 초5 | 어린이 문화재 박물관 1 | 문화재청 | 사계절출판사 | 2006 | 사회 2-(3) |
| 초5 | 한국사 편지 1 | 박은봉 | 웅진주니어 | 2002 | 사회 2-(3) |
| 초5 | 함정에 빠진 수학 | 권재원 | 김영사 | 2008 | 수학 1-(8), 2-(8) |
| 초5 | 갯벌, 무슨 일이 일어나고 있을까? | 이혜영 | 사계절출판사 | 2004 | 과학 1-(9) |
| 초5 | 최열아저씨의 지구촌 환경이야기 1 | 최열 | 청년사 | 2002 | 과학 1-(9) |
| 초5 | 리틀부자가 꼭 알아야 할 경제 이야기 | 김수경 | 교학사 | 2009 | 실과 2-(6) |
| 초5 | 세상 모든 음악가의 음악 이야기 | 유미선 | 꿈소담이 | 2007 | 음악 전단원 |
| 초5 | 세상 모든 화가들의 그림 이야기 | 장세현 | 꿈소담이 | 2007 | 미술 전단원 |
| 초5 | 반기문 총장님처럼 되고 싶어요! | 신웅진 | 명진출판 | 2007 | 도덕 1-(1) |
| 초5 | 인간의 오랜 친구 미생물 이야기 | 외르크 블레히 | 웅진주니어 | 2007 | 과학 1-(1) |
| 초5 | 마사이족, 아프리카의 신화를 만든 전사 | 안느 와테블 파라기 | 산하 | 2009 | 국어 1-(5) |
| 초5 | 과학귀신2 | 황근기 | 과학동아북스 | 2009 | 과학 |
| 초5 | 내 이름은 미미 | 소중애 | 문원 | 2009 | 도덕 2-(5) |
| 초5 | 할머니의 레시피 | 이미애 | 아이세움 | 2009 | 실과 2-(5) |
| 초5 | 주식회사 6학년 2반 | 석혜원 | 다섯수레 | 2009 | 사회 1-(1) |
| 초5 | 나는 조선의 가수 | 하은경 | 바람의아이들 | 2009 | 국어 1-(1) |
| 초5 | 아틸라와 별난 친구들 | 니콜라 멕올리페 | 현암사 | 2009 | 국어 1-(3) |
| 초5 | 찾아라 세계 최고2 | 허용선 | 씽크하우스 | 2009 | 도덕 2-(10) |
| 초5 | 과학관 사이언스1,2 | 정인경 외 | 아이세움 | 2009 | 과학 |
| 초5 | 우리 신화에는 어떤 비밀이 숨어 있을까? | 최래옥 | 어린이나무생각 | 2009 | 사회 2-(3) |
| 초5 | 내 복에 산다 감은장아기 | 최정원 | 교학사 | 2009 | 국어 1-(1) |
| 초5 | 콜라 마시는 북극곰 | 신형건 | 푸른책들 | 2009 | 국어 1-(1) 2-(1) |
| 초5 | 누구야, 너는? | 남찬숙 | 문학동네 | 2009 | 국어 1-(4) |
| 초5 | 막심의 천재적 학교생활 | 브리지트 스마자 | 밝은미래 | 2009 | 도덕 1-(7) |

| 학년 | 도서명 | 저자명 (역자명) | 출판사 | 연도 | 교과 |
|---|---|---|---|---|---|
| 초5 | 친절한 우리 그림 학교 | 장세현 | 길벗어린이 | 2009 | 미술 (6) |
| 초5 | 꿈 통장 행복 통장 | 김은숙 | ㈜영림카디널 | 2009 | 도덕 (10) |
| 초5 | 패션, 역사를 만나다 | 정해영 | ㈜창비 | 2009 | 미술 (1) |
| 초5 | 미리 알면 행복해지는 돈 | 기무라 다케시 | 주니어랜덤 | 2009 | 사회 2-(1) |
| 초5 | 무너진 교실 | 사이토 에미 | 아이세움 | 2009 | 국어 1-(4) |
| 초5 | 떴다 벼락이 | 홍종의 | 샘터 | 2009 | 국어 2-(3) |
| 초5 | 시야? 노래야? -고전시가 | 서찬석 | 정인출판사 | 2010 | 국어 2-(3) |
| 초5 | 꽃밥 | 김혜연 | 바람의아이들 | 2009 | 국어 |
| 초6 | 수요일의 전쟁 | 게리D 슈미트 | 주니어랜덤 | 2008 | 국어 1-(5) |
| 초6 | 열세살의 논리여행 | 데이비드A 화이트 | 해냄 | 2004 | 국어 2-(4) |
| 초6 | 둥글둥글 지구촌 인권이야기 | 신재일 | 풀빛 | 2009 | 국어 1-(2)<br>도덕 (10) |
| 초6 | 1940년 열두살 동규 | 손연자 | 계수나무 | 2009 | 국어 1-(1)<br>사회 3-(1) |
| 초6 | 나는 진짜 나일까? | 최유정 | 푸른책들 | 2009 | 국어 2-(5) |
| 초6 | 너 정말 우리말 아니? | 이어령 | 푸른숲 | 2009 | 국어 1-(5) |
| 초6 | 누구야, 너는? | 남찬숙 | 문학동네 | 2009 | 국어 1-(4) |
| 초6 | 뉴스 속에 담긴 생각을 찾아라 | 손성진 | 주니어김영사 | 2007 | 국어 1-(4) |
| 초6 | 소나기밥 공주 | 이은정 | 창비 | 2009 | 도덕 1-(1) |
| 초6 | 책과 노니는 집 | 이영서 | 문학동네 | 2009 | 국어 1-(1)<br>사회 2-(2) |
| 초6 | 새를 보면 나도 날고 싶어 | 이상권 | 우리교육 | 2007 | 국어 2-(3) |
| 초6 | 안네의 일기 | 안네 프랑크 | 지경사 | 2008 | 국어 2-(3) |
| 초6 | 자전거 도둑 | 박완서 | 다림 | 1999 | 국어 1-(1) |
| 초6 | 나의 라임 오렌지나무 | 바스콘셀로스 | 동녘 | 2006 | 국어 1-(5) |
| 초6 | 하늘을 만지다 | 크리스티안 비니크 | 산수야 | 2009 | 국어 1-(5) |
| 초6 | 마사코의 질문 | 손연자 | 푸른책들 | 2005 | 국어 1-(1)<br>사회 1-(3) |
| 초6 | 마법사의 조카 | C.S.루이스 | 시공주니어 | 2001 | 국어 1-(1)<br>2-(3) |
| 초6 | 몽실 언니 | 권정생 | 창비 | 2007 | 국어 1-(1)<br>2-(3) |
| 초6 | 꽃들에게 희망을 | 트리나 폴러스 | 소담 | 1991 | 국어 1-(1)<br>2-(1) |
| 초6 | 어린왕자 | 생 텍쥐페리 | 비룡소 | 2005 | 국어 1-(1)<br>2-(3) |

| 학년 | 도서명 | 저자명 (역자명) | 출판사 | 연도 | 교과 |
|---|---|---|---|---|---|
| 초6 | 반대개념으로 배우는 어린이 철학 | 오스카 브르니피에 | 미래아이 | 2008 | 국어 1-(4) 2-(4) |
| 초6 | 난 두렵지 않아요 | 프란체스코 다다모 | 중앙 M&B | 2009 | 국어 2-(1) 사회 2-(1) |
| 초6 | 무기 팔지 마세요 | 위기철 | 청년사 | 2009 | 국어 2-(4) 사회 2-(2) |
| 초6 | 옛날 옛날에 셈돌이가 | 왕규식 | 민들레 | 2008 | 수학 (8) |
| 초6 | 어린이를 위한 우리 겨레 수학이야기 | 안소정 | 산하 | 2005 | 수학 |
| 초6 | 지구를 구하는 경제책 | 강수돌 | 봄나무 | 2005 | 사회 2-(2) |
| 초6 | 한국사 편지 1~5 | 박은봉 | 책과함께어린이 | 2009 | 사회 1학기 전단원 |
| 초6 | 생생 역사유적지 | 김남석 | 주니어랜덤 | 2006 | 사회 1-(1), 1-(3) |
| 초6 | 공간으로 본 민주주의 | 서경석 | 아지북스 | 2008 | 사회 1-(1) |
| 초6 | 더불어 사는 행복한 정치 | 서해경 외 | 청어람주니어 | 2009 | 사회 2-(1) |
| 초6 | 위풍당당 질리 홉킨스 | 캐서린 패터슨 | 비룡소 | 2006 | 사회 2-(1) |
| 초6 | 아픔을 딛고 미래로 향하는 베트남이야기 | 김현아 | 아이세움 | 2009 | 사회 2-(2) |
| 초6 | 한국사 상식 바로잡기 1 | 박은봉 외 | 책과 함께 어린이 | 2008 | 사회 |
| 초6 | 한국의 역사를 바꾼 전투 | 햇살과나무꾼 | 아이세움 | 2009 | 사회 |
| 초6 | 주니어 지식채널e 1 | EBS 지식채널ⓔ (엮은이) | 지식채널e | 2009 | 재량 |
| 초6 | THE NEW 어린이가 지구를 살리는 50가지 방법 | 물병자리 | 물병자리 | 2009 | 과학 2-3 실과 (8) |
| 초6 | 교과서 속 물리 | 초등 과학사랑 | 길벗스쿨 | 2008 | 과학 |
| 초6 | 오늘은 지구 지키는 날 | 마이클 드리스콜 | 미래아이 | 2008 | 과학 1-(3) |
| 초6 | 최열아저씨의 지구온난화이야기 | 최열 | 환경재단도요새 | 2009 | 과학 2-(2,3,4) 실과 (8) |
| 초6 | 바람소리 물소리 자연을 닮은 우리 악기 | 청동말굽 | 문학동네 | 2008 | 음악 |
| 초6 | 그림이 말을 거는 생각미술관 | 박영대 | 길벗어린이 | 2009 | 미술 (1), (12) |
| 초6 | 명화 속의 영웅 이야기 | 안느-카트린비베-레미 | 거인 | 2008 | 미술 (6) |
| 초6 | 신윤복의 풍속화로 배우는 옛 사람들의 풍류 | 최석조 | 아트북스 | 2009 | 미술 |
| 초6 | 세상을 껴안는 영화읽기 | 윤희윤 | 문학동네어린이 | 2009 | 재량 |
| 초6 | 커피우유와 소보로 빵 | 카롤린 필립스 | 푸른숲 | 2006 | 재량 |
| 초6 | 어린이 양성평등 이야기 | 권인숙 | 청년사 | 2008 | 재량 |

# 초등학교 교과별 추천도서로 만든 독서토론 가이드북 Ⅱ

초등학교
교과별
추천도서로
만든

# 1학년

# 2009 개정 교육과정 초등학교 교과별 추천도서목록

| 학년 | 도서명 | 저자명 (역자명) | 출판사 | 연도 | 교과 |
|---|---|---|---|---|---|
| 초1 | 이르기 대장 1학년 나 최고 | 조성자 | 아이앤북 | 2009 | 우리들은 1학년 |
| 초1 | 백점만점 1학년 : 공부 잘하고 친구와~ | 고정욱 | 글담어린이 | 2009 | 우리들은 1학년 |
| 초1 | 엄마 5분만 | 노경실 | 좋은책어린이 | 2009 | 우리들은 1학년 |
| 초1 | 해찬이의 학교예절배우기 | 몽당연필 | 대교 | 1999 | 우리들은1학년 바생 1-(1) 바생 1-(2) 바생 2-(4) |
| 초1 | 마법의 학교버스 | 고정욱 외 | 웅진주니어 | 2002 | 우리들은 1학년 |
| 초1 | 승희의 특별한 선물 | 이상현 | 기댄돌 | 2009 | 바생 1-(5) 우리들은 |
| 초1 | 형광고양이 | 아더우 하루옴길 | 푸른날개 | 2009 | 바른생활 |
| 초1 | 짝잃은 실내화 | 이완 | 현암사 | 2009 | 바생 2-(5) |
| 초1 | 친구야 난 네가 참 좋아 | 밀야프라그만 | 나무생각 | 2009 | 바생 1-(5) |
| 초1 | 날아라 태극기 | 강정님 | 보물창고 | 2009 | 바생 2-(6) |
| 초1 | 우리 엄마 팔아요 | 바르바라 로제 | 담푸스 | 2009 | 바생 1-(3) 슬생 1-(3) |
| 초1 | 솔이의 추석이야기 | 이억배 | 길벗어린이 | 2006 | 바생 2-(3) 슬생 2-(3) 즐생 2-(3) |
| 초1 | 게으른 게 좋아 | 양혜원 | 스콜라 | 2009 | 바생 1-(1) 슬생 1-(4) |
| 초1 | 까만 나라 노란 추장 | 강무홍 | 웅진 | 2001 | 바생 2-(6) |
| 초1 | 공주도 똥을 눈다 | 윤정 | 해와나무 | 2009 | 바른생활 |
| 초1 | 책 먹는 여우 | 프란치스카 비어만 | 김영사 | 2009 | 바른생활 |
| 초1 | 삼촌이랑 선생님이랑 결혼하면 얼마나 좋을까 | 김옥 | 문학동네 | 2009 | 국어 |
| 초1 | 힘센 동생이 필요해 | 조성자 | 현암사 | 2009 | 국어 |
| 초1 | 내 이름은 열두개 | 손연자 | 보물창고 | 2009 | 국어 |
| 초1 | 하나 동생 두나 | 정일근 | 가교 | 2009 | 국어 |
| 초1 | 따뜻한 꽃 이야기 | 최성수 | 북피아주니어 | 2009 | 국어 읽기 1-(6) 슬생 1-(5) |
| 초1 | 무지개 물고기 | 마르쿠스피스터 | 시공주니어 | 2007 | 국어 듣말 2-(3) |

| 학년 | 도서명 | 저자명 (역자명) | 출판사 | 연도 | 교과 |
|---|---|---|---|---|---|
| 초1 | 고양이는 나만 따라해 | 권윤덕 | 창비 | 2005 | 국어 읽기 2-(1) |
| 초1 | 이모의 결혼식 | 선현경 | 비룡소 | 2004 | 국어 읽기 2-(4) |
| 초1 | 발표하겠습니다 | 군 구미코 | 푸른길 | 2008 | 국어 듣말 1-(1) 재량활동 |
| 초1 | 엄마와 함께 읽는 교과서 전래동화 | 김경희 | 흙마당 | 2006 | 국어 듣말 1-(4), 2-(7) |
| 초1 | 짝꿍 바꿔주세요. | 노경실 | 주니어 랜덤 | 2009 | 국어 듣말 1-(5) 바생 1-(5) |
| 초1 | 틀려도 괜찮아 | 마키타 신지 | 토토북 | 2006 | 국어 읽기 2-(6) 재량활동 |
| 초1 | 맛있게 읽는 독서요리 | 임영규 외 | 정인 | 2008 | 국어 1-(5) |
| 초1 | 선생님은 모르는 게 너무 많아. | 강무홍 | 사계절 | 2001 | 국어 1-(6) 국어 2-(4) |
| 초1 | 잃어버린 단어를 찾아주는 꼬마마법사 | 다니엘 시마르 | 세상모든책 | 2009 | 국어 2-(3) 국어 2-(4) 슬생 1-(3) |
| 초1 | 선생님이랑 결혼할래 | 이금이 | 보물창고 | 2009 | 듣말 1-(2) 즐생 1-(1) |
| 초1 | 생각하는 1 2 3 | 이보나 흐미엘레프스카 | 논장 | 2008 | 수학 전단원 |
| 초1 | 똑딱 똑딱 | 제임스 덴버 | 그린북 | 2005 | 수학 2-(5) |
| 초1 | 수학 마녀의 100점 수학 | 서지원 | 처음주니어 | 2009 | 수학 |
| 초1 | 1학년 수학동화 | 우리기획 | 예림당 | 2002 | 수학전단원 |
| 초1 | 푸른 지구를 만들어요 | 엘렌 사빈 | 문학동네 | 2009 | 슬생 |
| 초1 | 파란 티셔츠의 여행 | 비르기트프라더 | 담푸스 | 2009 | 슬생 |
| 초1 | 손에 잡히는 과학교과서 (사계절동식물) | 김정숙 | 길벗스쿨 | 2007 | 슬생 1-(2), 1-(6) 2-(4), 2-(6) |
| 초1 | 포동포동 소중한 우리몸 | 전미숙 | 아이앤북 | 2009 | 슬생 2-(1) 즐생 2-(1) |
| 초1 | 열두달 자연놀이 | 붉나무 | 보리 | 2009 | 슬생 1-(2), 1-(6) 2-(4), 2-(6) |
| 초1 | 뽀드득 뽀드득 튼튼한 이 | 에드워드 밀러 | 아이세움 | 2009 | 슬생 1-(4) 슬생 2-(2) 바생 2-(1) |
| 초1 | 과학이 재밌어지는 1학년 맞춤과학 | 홍유희 | 거인 | 2009 | 슬생 1-(5) 슬생 2-(5) |
| 초1 | 용구삼촌 | 권정생 | 산하 | 2009 | 슬생 1-(3), 즐생 1-(3) |

| 학년 | 도서명 | 저자명<br>(역자명) | 출판사 | 연도 | 교과 |
|---|---|---|---|---|---|
| 초1 | 우린 친구야 모두 친구야 | 정일근 | 가교출판 | 2009 | 슬생 1-(2)<br>슬생 1-(5)<br>즐생 1-(2) |
| 초1 | 눈으로 보고 손으로 그리는 세계 명화 | 로지 디킨스 | 시공주니어 | 2008 | 즐생 1-(5),<br>2-(4) 2-(6) |
| 초1 | 달팽이의 옷 | 김영연 옮김 | 큰나 | 2009 | 즐거운생활 |
| 초1 | 아빠도 듣고 자란 교과서 전래동화 | 김경희 | 훍마당 | 2009 | 즐생 1-(4)<br>즐생 2-(3)<br>국어 1-(7) |
| 초1 | 까막눈 삼디기 | 원유순 | 웅진 | 2001 | 특별활동 바생<br>1-(5) |
| 초1 | 거짓말 | 고대영 | 길벗 | 2009 | 재량활동 |

# 이르기 대장 1학년 나최고

조성자

| 도 서 명 | 이르기 대장 1학년 나최고 | |
|---|---|---|
| 도서정보 | 조성자 / 아이앤북 / 2009년 / 61쪽 / 8,000원 | |
| 분 류 | 목적(사회적상호작용) / 분야(인문) / 시대(현대) / 지역(한국) | |
| 관련 교과/<br>관련 교육과정 | 우리들은 1학년 | 새로운 친구 사귀기 |
| | 바른생활 | 1학년 1-(5) 사이좋은 친구 |
| 어떤 책일까 | 『이르기 대장 1학년 나최고』는 친구들의 단점을 한 순간의 고민도 없이 손을 번쩍 들고 선생님에게 고자질 하는 이르기 대장 '나최고'의 이야기입니다. 어떤 일에서든 최고가 되라는 뜻의 '나최고'는 이르기 대장입니다. 친구가 색종이를 가져오지 않거나, 여자 친구가 자신을 때리려고 한다거나, 누나가 학교에서 벌을 서는 날이면 어김없이 선생님과 엄마에게 달려가 고자질을 합니다.<br>최고는 친구들의 마음 따위 생각해 보지 않습니다. 왜냐하면 난 '최고!'이니까요. 그러던 어느 날부터... | |
| 다양한 매체로<br>맛보기 | 관련 도서 : 『누가 박석모를 고자질했나』 / 소중애 / 청개구리 | |
| 어떻게 읽을까 | 1. 친구의 잘못보다 칭찬거리를 찾는 것이 좋은 이유를 생각하며 읽어 봅시다.<br>2. 나최고가 나를 이른다고 상상하며 읽어 봅시다.<br>3. 이르기가 꼭 필요한 때가 언제인지 생각하며 읽어 봅시다. | |
| 무엇을 토론할까 | 1. 이르는 것은 나쁜 것인가요?<br>2. 선생님께서는 지수에게 사탕 한 봉지를 사오라고 하고 오히려 최고를 혼내셨습니다. 지수와 최고 중에 누가 더 잘못했나요?<br>3. 최고가 경준이와 싸울 때 준철이가 경준이 편을 들은 이유는 무엇인가요? | |
| 무엇을 써 볼까 | 1. 친구들의 잘못을 일러바치는 친구를 왜 싫어하는지 이유를 써 봅시다.<br>2. 내가 만약 나무 뒤에서 소변을 누는 최고를 본다면 어떻게 할 것인지 써 봅시다.<br>3. 이르는 것과 고자질은 어떤 차이가 있는지 경험에 비추어 써 봅시다. | |

# 백점만점 1학년

고정욱

| 도 서 명 | 백점만점 1학년 | |
|---|---|---|
| 도서정보 | 고정욱 / 글담어린이 / 2009년 / 86쪽 / 9,500원 | |
| 분　류 | 목적(사회적 상호작용) / 분야(인문) / 시대(현대) / 지역(한국) | |
| 관련 교과/<br>관련 교육과정 | 우리들은 1학년 | 친숙한 학교생활, 즐거운 학교생활 |
| 어떤 책일까 | 학교는 유치원과 많이 다릅니다. 공부하는 시간도 많이 다르고 책도 다릅니다. 민우는 학교에 가기 싫어합니다. 선생님은 과연 도깨비처럼 무서울까요? 급식은 다 먹어야 할까요? 숙제도 있다는데 어떻게 하지요? 민우는 유치원 친구와 헤어지기도 싫고 공부를 잘할 수 있을지도 몰라 고민입니다.<br>이 책은 어떻게 읽느냐 하는 것보다 언제 읽느냐 하는 것이 중요합니다. 1학년 처음 들어가기 전 2월부터 우리들은 1학년을 배우는 3월까지 읽는 것이 좋습니다. 학부모님과 같이 읽거나 엄마가 읽어주면 더 좋습니다. 1학년 아이를 둔 학부모님을 위한 책이라고 볼 수도 있습니다. | |
| 다양한 매체로<br>맛보기 | 관련 도서 : 『축하해요, 1학년!』 / 이상교 / 효리원<br>『곱슬머리 내 짝꿍』 / 조성자 / 대교출판 | |
| 어떻게 읽을까 | 1. 부모님이 학교 다닐 때는 어떠했는지 함께 이야기를 나누며 읽어 봅시다.<br>2. 여러분의 고민과 민우의 고민을 견주어보며 읽어 봅시다.<br>3. 학교 다니면서 고민이 생기면 부모님이나 선생님과 고민을 나누며 읽어 봅시다. | |
| 무엇을 토론할까 | 1. 민우는 학교에 가기 싫어졌어요. 선생님이 뿔 달린 도깨비가 아닐까 하는 생각이 들었기 때문이에요. 왜 이런 생각이 들었을까요?<br>2. 급식은 영양사선생님이 필요한 영양소를 계산해서 음식을 만드시죠. 건강을 생각해서 먹기 싫은 것까지 다 먹는 것이 좋을까요? 먹기 싫은 것 억지로 먹으면 탈이 날 수도 있으니 남기는 것이 좋을까요?<br>3. 민우는 선생님께서 주신 스티커를 태식이에게 주었어요. 선생님이 주는 것이기 때문에 민우는 주면 안 되나요? 아니면 선생님께서 민우에게 준 것이니까 민우 마음대로 주어도 되나요? | |
| 무엇을 써 볼까 | 1. 학교에서 나는 어떤 모습으로 생활하고 있을지 상상해봅시다. 앞에 앉을까요? 짝은 누구일까요? 선생님은 남자일까 여자일까? 잘 생각해보고 글이나 그림으로 표현해 봅시다.<br>2. 동생들이 학교에서 가장 중요한 것이 무엇이냐고 물어보면 어떤 것을 말해주고 싶은가요? 이유를 들어 말해 봅시다.<br>3. 여러분은 1학년을 마치며 어떤 일이 기억날까요? 기억하고 싶은 추억을 적어 봅시다. | |

# 엄마~ 5분만~

노경실

| 도 서 명 | 엄마~ 5분만~ | |
|---|---|---|
| 도서정보 | 노경실 / 좋은책 어린이 / 2009년 / 65쪽 / 8,000원 | |
| 분 류 | 목적(사회적상호작용) / 분야(인문) / 시대(현대) / 지역(한국) | |
| 관련 교과/<br>관련 교육과정 | 우리들은 1학년 | 스스로 하기 |
| | 바른생활 | 1학년 1-(2) 스스로 잘해요. |
| 어떤 책일까 | "엄마, 오 분만……."소문난 지각 대장 현호는 아침마다 이 말과 함께 엄마와 실랑이를 벌입니다. 엄마는 현호의 지각에 겁도 줘 보고, 각종 신기한 알람 시계도 동원해 보지만, 현호의 지각 버릇을 고치는 데는 번번이 실패하고 맙니다. 더 큰 문제는 현호가 선생님과 친구들에게 갖은 거짓말로 지각한 핑계를 댑니다. 하지만 현호는 엄마나 선생님이 왜 그렇게 지각 때문에 야단인지 이해할 수 없습니다. 자신은 숙제도 꼬박꼬박 하고, 장차 세계적인 로봇 박사가 될 꿈도 가지고 있는 꽤 괜찮은 초등학생인데 말이지요. 그러던 현호가 "다시는 지각 안 해!"하고 외치게 됩니다. | |
| 다양한 매체로 맛보기 | 관련 매체 : KBS 특집다큐 2부작 '습관'<br>관련 도서 : 『지각대장 존』 / 존버닝햄 / 비룡소 | |
| 어떻게 읽을까 | 1. 지각한 경험을 생각하며 읽어 봅시다.<br>2. 나의 꿈을 실현하기 위해 노력해야 할 일이 무엇인지 생각하며 읽어 봅시다.<br>3. 내가 세운 목표를 생각하며 읽어 봅시다. | |
| 무엇을 토론할까 | 1. 지각한 것 중에서 제일 당당하게 지각한 경험을 이야기해 봅시다.<br>2. 엄마가 무엇을 제안하면 아침에 벌떡 일어나 세수하고 밥 먹고 가방 매고 학교로 갈까요?<br>3. 왜 엄마는 항상 나를 깨우실까요? 엄마는 피곤하지 않으신가요?<br>4. 왜 엄마는 내가 마침 딱 하려고 하는 그 순간에 잔소리를 할까요? | |
| 무엇을 써 볼까 | 1. 아침에 엄마가 나를 어떻게 깨울 때에 기분 좋게 일어났는지 그리고 그 이유는 무엇인지 써 봅시다.<br>2. 현호는 꼭 이루고 싶은 멋진 꿈이 생기면서 지각이 싫어졌습니다. 내가 이루고 싶은 꿈과 그 꿈에 방해가 되는 습관을 써 봅시다.<br>3. '작심삼일'은 단단히 먹은 마음이 사흘을 가지 못한다는 뜻 입니다. 매번 계획을 세우고 새롭게 다짐하지만 작심삼일이 되는 경우가 많습니다. 좋은 습관이 되기 위해서 필요한 것은 무엇인지 써 봅시다. | |

# 해찬이의 학교예절 배우기

몽당연필

<table>
<tr><td>도 서 명</td><td colspan="2">해찬이의 학교예절 배우기</td></tr>
<tr><td>도서정보</td><td colspan="2">몽당연필 / 대교출판 / 1999년 / 96쪽 / 6,000원</td></tr>
<tr><td>분 류</td><td colspan="2">목적(설득) / 분야(사회) / 시대(현대) / 지역(한국)</td></tr>
<tr><td rowspan="2">관련 교과/<br>관련 교육과정</td><td>우리들은 1학년</td><td>시설물 사용하기, 스스로 하기, 바르게 인사하기, 더불어 생활하기, 바른 자세로 듣기</td></tr>
<tr><td>바른생활</td><td>1학년 1-(1) 즐거운 학교생활, 1-(2) 스스로 잘해요.<br>1학년 2-(4) 함께 쓰는 물건</td></tr>
<tr><td>어떤 책일까</td><td colspan="2">초등학교에 입학하면 전혀 다른 세상에 온 것 같습니다. 커다란 건물에 교실이 많고 사람도 아주 많습니다. 화장실도 미로처럼 찾아다녀야 하고 규칙도 많아집니다. 내가 가야 하는 반도 정해져 있습니다. 친구들도 얼마나 많은지 이름을 기억하는데도 한참 걸리죠. 그래서 1학년은 한 달 동안 친구를 사귀고 학교에 적응하는공부에 공부를 합니다. '우리들은 1학년'이라고 부르는데 이때 배우는 내용 중에 가장 중요한 것이 바로 학교 예절입니다. 학교에는 함께 지내는 사람이 많기 때문에 자기 마음대로 행동하면 안 된답니다.<br>이 책은 학교에서 어떻게 행동해야 바른지 알려줍니다. 선생님께, 친구들에게, 학교시설을 이용할 때 어떻게 해야 할까요?</td></tr>
<tr><td>다양한 매체로<br>맛보기</td><td colspan="2">관련 도서 : 『1학년은 신기한 게 많아』 / 왕수편 / 예림당</td></tr>
<tr><td>어떻게 읽을까</td><td colspan="2">1. 학교에서 나는 어떻게 지내는지 생각하며 읽어 봅시다.<br>2. 책에 나온 아이들 중에 우리반 친구과 비슷한 친구를 찾아보며 읽어 봅시다.<br>3. 쉬지 말고 끝까지 한 번에 읽어 봅시다.</td></tr>
<tr><td>무엇을 토론할까</td><td colspan="2">1. 왜 인사를 해야 하는지 말해 봅시다.<br>2. 담임선생님이나 친한 친구를 소개해 봅시다.<br>3. 책에 나오지 않는 학교 예절을 이야기해 봅시다.</td></tr>
<tr><td>무엇을 써 볼까</td><td colspan="2">1. 해찬이에게 하고 싶은 말을 써 봅시다.<br>2. 학교에서 꼭 지켜야 하는 예절 5개를 적어 봅시다.<br>3. 학교예절이 없다면 어떻게 될지 예상해서 적어 봅시다.</td></tr>
</table>

# 마법의 학교버스

고정욱 외

| 도 서 명 | 마법의 학교버스 | |
|---|---|---|
| 도서정보 | 고정욱 외 / 웅진주니어 / 2002년 / 131쪽 / 8,000원 | |
| 분　류 | 목적(사회적 상호작용) / 분야(인문) / 시대(현대) / 지역(한국) | |
| 관련 교과/<br>관련 교육과정 | 우리들은 1학년 | 친숙한 학교 생활 |
| 어떤 책일까 | 이 책은 2002년 출간되었던 「행복한 학교」의 개정판이다.<br>『마법의 학교버스』는 아동문학 작가 12명의 작품을 엮은 동화집으로 짤막하지만 우정과 용기, 정의와 사랑 등 따뜻한 주제가 가득 담긴 작품들 입니다. 각자 색다른 기법과 독특한 상상력으로 쓰여 졌습니다. 이 책의 매력은 다양한 소재와 개성을 하나로 아울러 주는 따뜻한 메시지 입니다. | |
| 다양한 매체로<br>맛보기 | 관련 도서 : 『학교 가기 정말 싫어』 / 울프 스타르크 / 보물창고 | |
| 어떻게 읽을까 | 1. "나보다는 상대방을 생각하는 우정은 어떠한 어려움도 뚫고 나간다." 라고 합니다. 친구와의 우정을 생각하며 읽어 봅시다.<br>2. 새 것보다 오래된 것이 좋을 때는 언제인지 생각하며 읽어 봅시다.<br>3. 욕심 많이 부려서 좋은 기회를 놓쳐버린 경험을 생각하며 읽어 봅시다. | |
| 무엇을 토론할까 | 1. 학교 버스가 어떤 모습이었으면 좋은가요? 그리고 어떤 기능이 있었으면 좋은가요?<br>2. 친구가 예쁜 물건을 가지고 오면 갖고 싶다는 생각이 드는데 친구가 가진 물건 중에 부러운 것은 어떤 것이 있나요?<br>3. 심술쟁이 늑대에게 벌을 준다면 어떤 벌을 주어야 할까요? | |
| 무엇을 써 볼까 | 1. 언제 제일 학교 가기 싫은가요? 그리고 그 이유는 무엇인지 써 봅시다.<br>2. '카네이션 꽃 임자'에서 힘찬이는 할머니께도 꽃을 드리고 싶었습니다. 선물을 주고 싶은 사람은 많은데 가진 것이 없어서 곤란했던 경험을 써 봅시다.<br>3. 오래된 나무의자는 아기 들쥐에게 어떤 옛날 이야기를 들려주었을지 써 봅시다. | |

# 승희의 특별한 선물

이상현

<table>
<tr><td>도 서 명</td><td colspan="2">승희의 특별한 선물</td></tr>
<tr><td>도서정보</td><td colspan="2">이상현/ 아리샘 주니어/ 2009년 / 100쪽 / 8,800원</td></tr>
<tr><td>분 류</td><td colspan="2">목적(정서표현) / 분야(인문) / 시대(현대) / 지역(한국)</td></tr>
<tr><td rowspan="2">관련 교과/<br>관련 교육과정</td><td>우리들은 1학년</td><td>새로운 친구 사귀기</td></tr>
<tr><td>바른생활</td><td>1학년 1-(5) 사이좋은 친구</td></tr>
<tr><td>어떤 책일까</td><td colspan="2">집안 형편이 안 좋아 친구 생일 선물도 살 돈이 없는 승희, 친구들이 부러워할 만큼 잘 사는 유나! 잘 어울릴 것 같지 않은 이 둘은 둘도 없는 절친한 친구랍니다. 승희와 유나에게는 부자와 가난이라는 조건은 중요하지 않아요. 친구의 아픔을 함께 하고 친구의 행복을 축하해 줄 수 있는 것만으로도 행복한 아이들이니까요.<br>누가 더 잘하고 못하고를 따지고 비교하는 친구가 아니라 기쁨과 슬픔을 함께 나눌 수 있는 진정한 우정 이야기를 이 책을 통해 만날 수 있답니다. 승희와 유나같은 우정의 친구가 나의 옆에 있는지 생각하며 읽어 봅시다.</td></tr>
<tr><td>다양한 매체로<br>맛보기</td><td colspan="2">관련 도서 : 『친구가 더 소중해』 / 제랄드스테르 / 교학사 /<br>『짝꿍 바꿔 주세요』 / 노경실 / 주니어랜덤 /</td></tr>
<tr><td>어떻게 읽을까</td><td colspan="2">1. 유나를 바라보는 승희의 마음을 생각하며 읽어 봅시다.<br>2. 내가 도와주어야 할 친구를 떠올리며 읽어 봅시다.<br>3. 승희와 유나의 행복과 불행을 살펴보고 나는 어떠한지 생각하며 읽어 봅시다.</td></tr>
<tr><td>무엇을 토론할까</td><td colspan="2">1. 종이학 외에 유나에게 줄 선물이 없다고 유나 생일에 가지 않은 승희의 행동은 옳은가? 친구의 생일에는 꼭 비싼 선물을 주어야 하나요?<br>2. 가난은 부끄러운 것인가요?<br>3. '다리가 불편한 유나에게 마음을 열고 보면 휠체어 목다리도 똑같은 다리야.'라고 말하며 유나를 달리기 시합에 나가라고 한 승희의 행동은 어떠한가요?</td></tr>
<tr><td>무엇을 써 볼까</td><td colspan="2">1. 승희가 되어 유나에게 힘을 주는 격려편지를 써 봅시다.<br>2. 유나와 승희 서로가 서로를 칭찬하는 상장을 만들어 봅시다.<br>3. 유나는 자신이 죽음 앞에서도 승희에게 장학금을 주라는 부탁을 하며 떠났다. 그 뒷 이야기는 어떠할지 예상 해서 써 봅시다.</td></tr>
</table>

# 형광 고양이

아더우

| 도 서 명 | 형광 고양이 | |
|---|---|---|
| 도서정보 | 아더우 / 푸른날개 / 2009년 / 73쪽 / 8,500원 | |
| 분 류 | 목적(사회적 상호작용) / 분야(인문) / 시대(현대) / 지역(대만) | |
| 관련 교과/<br>관련 교육과정 | 바른생활 | 1학년 1-(5) 사이좋은 친구 |
| 어떤 책일까 | 마을 고양이들과 달리 온몸이 새빨간 고양이가 있었습니다. 이런 이유 때문에 빨간 고양이는 자유롭게 나가 놀 수도 없었고, 마을 고양이들이 가까이 하지 않았습니다. 아무도 없는 밤에나 살며시 밖으로 나오곤 했습니다. 마을 안의 다른 고양이들은 빨간 고양이가 괴상한 고양이일 거라고 생각하고 가까이 하지 않았습니다. 하지만 어느 날, 빨간 고양이는 페인트를 뒤집어 쓰는 바람에 번쩍번쩍 빛나는 형광 고양이가 되었습니다. 그 뒤엔 어떤 일이 일어났을까요? | |
| 다양한 매체로 맛보기 | 관련 도서 : 『알몸으로 학교 간 날』 / 타이 마르크 르탄<br>아름다운 사람들 | |
| 어떻게 읽을까 | 1. 좋은 소문과 나쁜 소문은 무엇인지 생각하며 읽어 봅시다.<br>2. 진정한 아름다움이 무엇인지 생각하며 읽어 봅시다. | |
| 무엇을 토론할까 | 1. 아주 착한 마음씨를 가진 빨간 고양이는 단지 다른 고양이들과 색깔이 조금 다를 뿐이었는데, 왜 다른 고양이들은 빨간 고양이를 그렇게 싫어했을까요?<br>2. 만약 내가 빨간 고양이라면 어떤 방법으로 마을의 고양이들과 친해질까요?<br>3. 고양이들은 헛소문을 만들어 빨간 고양이의 마음을 아프게 했습니다. 만약 내가 그 고양이들 중 하나였다면 용감하게 나서서 빨간 고양이를 도와줄 수 있었을까요?<br>4. 나에 대한 소문을 낸다면 어떤 소문을 내고 싶은가요? | |
| 무엇을 써 볼까 | 1. 내가 만약 빨간 고양이라면 마을의 고양이들에게 하고 싶은 이야기를 써 봅시다.<br>2. 이제 마을 안의 고양이들은 겉모습만으로 친구를 말하지 않게 되었어요. 나도 친구들의 생김새만으로 마음대로 생각하고 말한 것은 없는지 앞으로 어떻게 할 것인지 써 봅시다.<br>3. 어떤 시선으로 친구를 대하고 있나요? 어떤 친구가 좋은 친구인지를 구별하려고 합니다. 친구를 판단하는 기준은 무엇인지 써 봅시다. | |

# 짝잃은 실내화

이완

| 도 서 명 | 짝잃은 실내화 | |
|---|---|---|
| 도서정보 | 이완 / 현암사 / 2009년 / 48쪽 / 7,000원 | |
| 분 류 | 목적(설득) / 분야(사회) / 시대(현대) / 지역(한국) | |
| 관련 교과/ 관련 교육과정 | 바른생활 | 1학년 2-(5) 환경이 웃어요 |
| 어떤 책일까 | 마시고 난 음료수 깡통이나 유리병, 새것처럼 깨끗한데도 버려진 연필이나 종이, 간편하다는 이유로 사용되는 일회용 용품 등 생활용품들이 쉽게 버려지고 소비되고 있어요.<br>이 책은 아직 새것인데도 짝을 잃고 버려진 실내화 한 짝, 부러진 연필, 쓰다 만 물감, 그리고 분리 수거되지 않은 우유팩과 음료수 병, 일회용 컵라면 용기 등이 자기의 슬픈 이야기를 하고 있어요. 우리 몸 가까이에서 자주 사용되는 물건들이 쉽게 버려지는 이야기를 통해 물건의 소중함을 느끼고, 재활용이 가능한 물건들의 분리수거를 해야 하는 것을 깨닫게 될 것이에요. 자원을 활용하고 자연을 보호하는 것이 나아가 지구를 살리고 지키는 일이겠죠? | |
| 다양한 매체로 맛보기 | 관련 매체 : 불편한 진실(영화)<br>관련 도서 : 『지구를 살려줘』 / 실비아 비이스만 / 시공주니어<br>『아껴쓰는 아이가 될래요』 / 이규희 / 두산동아 | |
| 어떻게 읽을까 | 1. 쓰레기 처리과정을 살펴보며 읽어 봅시다.<br>2. 버려진 쓰레기, 학용품의 입장과 마음을 살펴보며 읽어 봅시다.<br>3. 재활용과 소각용 쓰레기의 의미를 생각하며 읽어 봅시다. | |
| 무엇을 토론할까 | 1. 일회용품이 재활용되지 않고 쓰레기통에 함부로 버린다면 어떤 일들이 일어날까요?<br>2. 잃어버린 아이들에게 무엇이든 다시 사 주고 물건을 찾지 않아도 꾸중하지 않는 어른들의 태도에 대한 내 생각을 말해 봅시다.<br>3. 아이들이 물건을 찾지 않는 이유는 무엇일까요?<br>4. 나는 물건을 어떻게 사용하나요? 나의 태도를 반성해 봅시다. | |
| 무엇을 써 볼까 | 1. 학교나 집에서 쓰레기를 줄이고 지구를 푸르고 아름답게 보호하기 위해 우리가 실천해야 할 일들을 써 봅시다.<br>2. 편하다는 이유로 일회용품을 마구 사용하는 어른들에게 일회용품 사용하지 말자고 설득하는 글을 써 봅시다.<br>3. 버려진 물건을 재활용해 사용하는 방법을 생각해보고 내가 무엇을 어떻게 활용하여 어떤 용도의 물건으로 사용할 것인지 그림으로 그리고 설명해 봅시다. | |

# 친구야 난 네가 참 좋아

밀야프라그만

| 도 서 명 | 친구야 난 네가 참 좋아 | |
|---|---|---|
| 도서정보 | 밀야프라그만(이태영) / 나무생각 / 2009년 / 26쪽 / 9,000원 | |
| 분　　류 | 목적(사회적 상호작용) / 분야(인문) / 시대(현대) / 지역(네덜란드) | |
| 관련 교과/<br>관련 교육과정 | 바른생활 | 1학년 1-(5) 사이좋은 친구 |
| 어떤 책일까 | 빨간 주사위에 살고 있는 레이디는 일곱 개의 점무늬가 있는 무당벌레에요. 어느 날 레이디는 단짝친구 보르와 함께 놀다가 보르에게는 점무늬가 없는 것을 깨달았어요. 보르는 초록색 딱정벌레이니까요. 보르는 슬퍼졌지요. 점무늬가 없어서 더 이상 레이디가 자신을 좋아하지 않는다고 생각했거든요. 슬퍼한 보르, 친구를 기쁘게 해주고 싶어 한 레이디! 둘 사이에는 무슨 일이 벌어질까요?<br>친구를 생각하는 따뜻한 마음과 함께 책 전반에 걸쳐 있는 색색의 점무늬는 여러분의 상상력을 높여 줄 것이에요. 이 책을 읽은 사람은 보르와 레이디처럼 나와 친구의 있는 그대로의 모습을 사랑하는 사람이 될 수 있을 것이에요. | |
| 다양한 매체로<br>맛보기 | 관련 도서 : 『친구랑 싸웠어』 / 시바타 아이코 / 시공주니어<br>『종이봉지 공주』 / 로버트 문치 / 비룡소 | |
| 어떻게 읽을까 | 1. 친구를 위해 보르와 레이디가 어떤 행동을 했는지 생각하며 읽어 봅시다.<br>2. 딱정벌레 보르가 울기 시작한 까닭이 무엇인지 생각하며 예쁜 외모가 필요한지 생각하며 읽어 봅시다.<br>3. 나에게도 보르와 레이디 같은 친구가 있는지 생각하며 읽어 봅시다. | |
| 무엇을 토론할까 | 1. 친구와 나의 모습이 다르고 외모가 예쁘지 않다고 속상해 하는 보르의 행동은 옳은가요?<br>2. "난 그대로의 네가 좋아."라고 레이디의 말의 의미는 무엇일까요?<br>3. 나와 모습이 다른 친구를 위해 보르와 레이디는 상대방처럼 분장했는데 그 행동에 대한 여러분의 생각은 어떠한가요? | |
| 무엇을 써 볼까 | 1. 내 친구만이 가지고 있는 특별하고 좋은 점을 5가지 적어 봅시다.<br>2. 앞으로 레이디와 보르의 관계는 어떻게 될까? 빗물로 씻겨진 뒤 다시 자기 모습으로 돌아온 뒤에 일어날 일을 상상해서 써 봅시다.<br>3. 화려하지 않는 외모 때문에 슬퍼하는 보르를 위해 초록색으로 칠하고 나타난 레이디에게 칭찬편지를 써 봅시다. | |

# 날아라 태극기

강정님

| 도 서 명 | 날아라 태극기 | |
|---|---|---|
| 도서정보 | 강정님 / 보물창고 / 2009년 / 56쪽 / 6,800원 | |
| 분 류 | 목적(사회적 상호작용) / 분야(사회) / 시대(현대) / 지역(한국) | |
| 관련 교과/<br>관련 교육과정 | 바른생활 | 1학년 2-(6) 사랑해요 우리나라 |
| 어떤 책일까 | 태극기는 무엇인가요? 바로 우리 나라의 국기이죠. 지금은 어디서나 볼 수 있지만 옛날 특히 일본에게 나라를 빼앗겼을 때는 태극기를 드러내고 사용할 수 없었어요. 이 책은 태극기를 통해 힘든 일제시대를 이겨낸 우리 조상들의 슬픈 이야기에요. 소중한 태극기를 지키고 빼앗긴 나라를 되찾기 위해 힘쓴 우리 조상들의 힘겨운 노력들을 느껴 봅시다. 태극기를 그려 관공서에 걸어 놓았다고 붙잡힌 작은 아버지, 태극기를 그린 작은 아버지를 숨겨주었다고 감옥에 갇힌 할아버지! 태극기와 나라를 사랑하는 마음과 지켜내려는 이 분들의 노력 때문에 지금 우리가 독립된 대한민국에서 행복하게 살고 있는 것이에요. 광복이 되고, 읍내의 학교 운동장에서 울려 퍼지는 "대한 독립 만세!" 소리 사이로 하늘을 매운 태극기들이 펄럭이는 모습과 독립을 위해 힘쓴 조상들의 마음을 생각하며 이 책을 읽어 봅시다. | |
| 다양한 매체로<br>맛보기 | 관련 매체 : 태극기(ebs 지식채널)<br>관련 도서 : 『얘들아, 태극기이야기 좀 들어보렴』 / 송명 / 세손교육 | |
| 어떻게 읽을까 | 1. 우리나라를 상징하는 것들을 생각하며 읽어 본다.<br>2. 어려운 낱말의 뜻을 생각하며 읽어 본다.<br>3. 일제시대에 일본군이 빼앗은 것들이 무엇이 있는지 살펴보며 읽어 봅시다. | |
| 무엇을 토론할까 | 1. 동생 덕이는 태극이 무엇이냐고 묻자 호랑이고 무섭다고 했다. 이 태극의 의미는 무엇일까요?<br>2. 일제 시대와 오늘날 사람들의 생활 모습이 어떻게 다른지 비교해 봅시다.<br>3. 1936년 베를린 올림픽 마라톤 부문에서 금메달을 딴 손기정 선수의 가슴에는 태극기 대신 일장기가 달려 있었다. 왜 그러했을까요? 그 때 손기정 선수와 응원하던 우리들의 마음은 어떠했을까요? | |
| 무엇을 써 볼까 | 1. 태극기를 바르게 그려 봅시다.<br>2. 독립을 위해 애쓰신 독립운동가를 조사해서 정리해 봅시다.<br>3. 태극기의 소중함을 알고, 외국사람에게 태극기를 소개하는 글을 써 봅시다.<br>4. 태극기에 관련된 이야기들을 정리해 봅시다. | |

# 우리 엄마 팔아요

바르바라 로제

| 도 서 명 | 우리 엄마 팔아요 | |
|---|---|---|
| 도서정보 | 바르바라 로제 / 담푸스 / 2009년 / 24쪽 / 9,000원 | |
| 분 류 | 목적(정서표현) / 분야(인문) / 시대(현대) / 지역(독일) | |
| 관련 교과/<br>관련 교육과정 | 바른생활 | 1학년 1-(3) 가족은 소중해요 |
| | 슬기로운 생활 | 1학년 1-(3) 가족은 소중해요 |
| 어떤 책일까 | "엄마를 팝니다" 이 글을 보고 엄마를 팔고 싶은 친구들은 모두 앞으로 나오세요. 이 책을 읽고 나면 다시는 엄마를 팔지 않을 것이라고 자신있게 말할 수 있을 것이에요. 이 책의 주인공 파울리네는 순간순간 엄마와의 해결되지 못하는 갈등으로 인해 다른 엄마가 있었으면 좋겠다고 생각했지요. 하지만 새로 산 엄마는 파울리네의 마음도 몰라주고 진짜 파울리네 엄마처럼 파울리네를 사랑해 주지 못하죠? 결국 파울리네는 엄마를 다시 돌려달라고 가게로 갔지만 엄마는 다른 사람에게 팔렸다고 하네요. 파울리네의 엄마는 어디로 갔을까요? 파울리네 엄마를 사간 사람은 바로 파울리네 아빠였어요. 다시 엄마를 찾게 된 파울리네의 마음은 어떠했을까요? 너무 행복했고 다시는 엄마를 팔지 않을 것이라고 다짐했을 것이에요. 이 세상에서 여러분을 가장 사랑하는 사람은 바로 여러분의 부모님이세요. 이 책을 읽고 나면 엄마를 더 사랑하게 될 것이에요. 이 세상에서 제일 사랑하는 엄마와 함께 책을 읽어 봅시다. | |
| 다양한 매체로 맛보기 | 관련 매체 : 나 홀로 집에(영화)<br>관련 도서 : 『우리 엄마 』 / 앤서니 브라운/ 웅진주니어<br>『우리 엄마 맞아요』 / 고토류지/ 웅진주니어<br>『 엄마가 정말 원하는 것』 /오트프리트 프로이슬러 / 미래 M&B | |
| 어떻게 읽을까 | 1. 엄마를 팔기 위해 파울리네가 찾아간 장소가 어디였는지 생각하며 읽어 봅시다.<br>2. 새엄마와 파울리네 진짜 엄마를 비교하며 읽어 봅시다.<br>3. 파울리네는 왜 엄마를 바꾸고 싶었는지 까닭을 생각하며 읽어 봅시다. | |
| 무엇을 토론할까 | 1. 엄마를 팔고 새 엄마를 산 파울리네의 행동은 올바른 행동인가요?<br>2. 내 눈에 비친 우리 엄마는 어떤 엄마인가요?<br>3. 엄마가 마음에 들지 않을 때는 언제이고 그때 문제를 어떻게 해결했는가? | |
| 무엇을 써 볼까 | 1. 부모님께 드리는 감사와 부탁의 편지를 써 봅시다.<br>2. 엄마를 위해 효도쿠폰을 만들고 효도를 실천해 봅시다.<br>3. 엄마, 아빠 역할극을 해보고 그때의 마음을 생각하며 동시를 써 봅시다. | |

# 솔이의 추석이야기

이억배

| 도 서 명 | 솔이의 추석이야기 | |
|---|---|---|
| 도서정보 | 이억배 / 길벗어린이 / 2006년 / 38쪽 / 8,500원 | |
| 분 류 | 목적(정보전달) / 분야(사회) / 시대(현대) / 지역(한국) | |
| 관련 교과/<br>관련 교육과정 | 바른생활 | 1학년 2-(3) 함께 하는 한가위 |
| | 슬기로운 생활 | 1학년 2-(3) 함께 하는 한가위 |
| | 즐거운 생활 | 1학년 2-(3) 함께 하는 한가위 |
| 어떤 책일까 | 추석에 솔이네는 살던 도시를 떠나 할머니 집으로 가야 해요. 도시에 사는 솔이는 추석에 시골에 내려가 제사도 지내고 성묘도 다녀오지요. 이 책은 시골의 추석 풍경이 잘 담겨 있고 잊혀져 가는 우리 나라 명절 문화를 잘 느끼게 해주는 책이랍니다. 여러분도 솔이네처럼 가족의 사랑을 확인하고 즐거운 시간을 보낼 수 있어요. 그 방법은 이 책에 다 나와 있답니다. 시골에 가기 전 설레임과 시골에 가는 과정의 고속도로 모습, 시골 할머니 집의 정겨운 모습들을 떠올리며 이 책을 읽어 봅시다. | |
| 다양한 매체로<br>맛보기 | 관련 도서 : 『신나는 열 두달 명절 이야기』 / 우리누리 / 주니어랜덤 | |
| 어떻게 읽을까 | 1. 추석날 경험을 생각하며 읽어 봅시다.<br>2. 추석에 만나는 사람들을 생각하며 읽어 봅시다.<br>3. 추석의 의미에 대해 생각하며 읽어 봅시다. | |
| 무엇을 토론할까 | 1. 우리 나라의 중요한 명절들은 무엇이 있으며, 이런 명절들은 왜 생겨 났을까요?<br>2. 추석날 아침 우리가 조상님께 차례를 지내고 성묘를 가는 이유는 무엇일까요?<br>3. 할머니 댁에 가는 솔이네는 차가 막혀 고생을 많이 했다. 그렇게 힘든데도 왜 할머니 댁에 내려가는 것일까요? | |
| 무엇을 써 볼까 | 1. 추석 때 만났던 친척들의 모습을 떠올리며 우리 집 가족나무를 만들어 봅시다.<br>2. '추석을 보내고'란 제목으로 일기를 써 봅시다.<br>3. 보름달에게 빌고 싶은 소원은 3가지 적어 봅시다. | |

# 게으른 게 좋아

양혜원

<table>
<tr><td>도 서 명</td><td colspan="2">게으른 게 좋아</td></tr>
<tr><td>도서정보</td><td colspan="2">양혜원 / 스콜라 / 2009년 / 88쪽 / 8,500원</td></tr>
<tr><td>분 류</td><td colspan="2">목적(설득) / 분야(사회) / 시대(현대) / 지역(한국)</td></tr>
<tr><td rowspan="2">관련 교과/<br>관련 교육과정</td><td>바른생활</td><td>1학년 1-(2) 스스로 잘해요.<br>1학년 2-(1) 나의 몸</td></tr>
<tr><td>슬기로운 생활</td><td>1학년 1-(4) 건강하게 생활해요</td></tr>
<tr><td>어떤 책일까</td><td colspan="2">학교에 가면 해야할 일이 참 많습니다. 유치원과는 다르죠. 제시간에 가야 하고 공부가 다 끝나야 돌아올 수 있습니다. 숙제도 있고 친구들과 약속도 생깁니다. 게으름을 피우면 해야할 일이 점점 늘어나게 됩니다. 은결이는 게으름뱅이 중에서도 대장 게으름뱅입니다. 늦게 일어나고 숙제도 안 하죠. 뒹굴거리며 텔레비전 보면서 과자 먹는 건 잘하지만 방을 치우거나 동생을 데리러 가는 건 못합니다. 하기 싫어서가 아니라 게으름이 습관이 되어서 그렇습니다.<br>세 살 버릇이 여든까지 간다는 속담이 있습니다. 한 번 습관을 잘못 들이면 바꾸기 어렵습니다. 은결이 생활모습을 보고 여러분 습관은 어떤지 살펴볼 수 있는 책입니다.</td></tr>
<tr><td>다양한 매체로<br>맛보기</td><td colspan="2">관련 도서 : 『혼자서도 할 수 있어요』 / 노성두 / 사계절</td></tr>
<tr><td>어떻게 읽을까</td><td colspan="2">1. 은결이 대신 내가 주인공이라면 책 이야기는 어떻게 될지 생각하며 읽어 봅시다.<br>2. 책 뒤에 나오는 게으름테스트를 해보고 게으름을 물리치는 법을 실행하며 읽어 봅시다.<br>3. 바른 자세로 읽어 좋은 독서 습관을 길러 봅시다.</td></tr>
<tr><td>무엇을 토론할까</td><td colspan="2">1. 은결이 대신 내가 주인공이라면 책 이야기는 어떻게 될지 이야기해 봅시다.<br>2. 게으름하면 생각나는 여러분의 경험을 이야기해 봅시다.<br>3. ‘게으름’ 은결이의 게으름을 고치는데 도움을 주는 좋은 방법을 소개해 봅시다.</td></tr>
<tr><td>무엇을 써 볼까</td><td colspan="2">1. 게으름을 피워 힘들었던 경험을 적어 봅시다.<br>2. 하루 동안 내가 가진 나쁜 습관을 이겨내는 노력을 하고 일기를 써 봅시다.<br>3. 게으름을 글감으로 삼아 시를 써 봅시다.</td></tr>
</table>

# 까만 나라 노란 추장

강무홍

<table>
<tr><td>도 서 명</td><td colspan="2">까만 나라 노란 추장</td></tr>
<tr><td>도서정보</td><td colspan="2">강무홍 / 웅진주니어 / 2001년 / 40쪽 / 7,500원</td></tr>
<tr><td>분 류</td><td colspan="2">목적(사회적 상호작용) / 분야(사회) / 시대(현대) / 지역(아프리카)</td></tr>
<tr><td>관련 교과/<br>관련 교육과정</td><td>바른생활</td><td>1학년 2-(6) 사랑해요 우리나라</td></tr>
<tr><td>어떤 책일까</td><td colspan="2">한상기 선생님이 아프리카에서 봉사한 이야기입니다. 이런 책을 이라고 합니다. 선생님은 말도 안 통하는 아프리카에 가서 카사바라는 농작물을 기릅니다. 카사바를 갉아먹는 면충이라는 벌레를 없애는 방법도 찾아냅니다. 우리나라 사람으로 아프리카를 위해 헌신한 아주 훌륭한 분입니다. 한상기 선생님을 아는 아프리카 사람들은 한국을 축복할 것입니다.<br>더운 아프리카에서 아는 사람 한 명도 없는데 박사님은 왜 거길 가셨을까? 힘든 일은 얼마나 많았을까? 병원도 없고 김치도 없을텐데 말입니다. 다른 사람을 도와주기 위해 내가 힘든 일을 이겨내야 한다는 걸 배울 수 있는 좋은 책입니다.</td></tr>
<tr><td>다양한 매체로<br>맛보기</td><td colspan="2">관련 도서 : 『선생님 바보 의사 선생님』 / 이상희 / 웅진주니어<br>『나 화가가 되고 싶어』 / 윤여림 / 웅진주니어</td></tr>
<tr><td>어떻게 읽을까</td><td colspan="2">1. 아프리카가 어떤 곳인지, 날씨는 어떤지, 사람들은 어떻게 사는지 찾아가며 읽어 봅시다.<br>2. 아프리카 사람을 사랑하는 선생님 마음을 느껴 보며 읽어 봅시다.<br>3. 우장춘 박사님이나 김순권 할아버지 이야기도 함께 읽어 봅시다.</td></tr>
<tr><td>무엇을 토론할까</td><td colspan="2">1. 나쁜 벌레를 없애기 위해 약을 뿌리는 게 좋은 방법인가요?<br>2. 우리 주변에서 우리가 도와줄 수 있는 사람은 누가 있을까요?<br>3. 우리 주위에 도움이 꼭 필요한 곳을 소개해 봅시다.</td></tr>
<tr><td>무엇을 써 볼까</td><td colspan="2">1. 아프리카 친구에게 한국을 소개하는 글을 써 봅시다.<br>2. 다른 사람을 돕고 봉사활동 일기를 써 봅시다.<br>3. 가장 도움이 필요한 사람이 누구인지 생각해보고 그 사람을 도와달라고 방송국에 편지를 써 봅시다.</td></tr>
</table>

# 공주도 똥을 눈다

윤정

| 도 서 명 | 공주도 똥을 눈다 | |
|---|---|---|
| 도서정보 | 윤정 / 해와나무 / 2009년 / 83쪽 / 7,000원 | |
| 분　류 | 목적(사회적 상호작용) / 분야(인문) / 시대(현대) / 지역(한국) | |
| 관련 교과/<br>관련 교육과정 | 바른생활 | 1학년 1-(5) 사이좋은 친구 |
| 어떤 책일까 | 슬기와 '사귄다'는 말에 민감하게 반응하는 만수, 그리고 만수가 다른 친구들과 친하게 지내는 모습을 보며 질투심을 느끼는 슬기의 심리를 잘 표현하고 있다.<br>남자아이들과 여자아이들이 따로 놀려고 하는 모습, 공주처럼 예쁜 현정이를 좋아하는 만수, 말괄량이인 자신과는 사뭇 다른 모습의 현정이가 슬기는 못마땅합니다. 현정과 만수를 통해 남녀의 차이를 보여주고 이성에게 호기심을 느끼기 시작하는 아이들의 모습을 보여줍니다. | |
| 다양한 매체로<br>맛보기 | 관련 도서 : 『먼저 손을 내밀어 봐』 / 정민지 / 소담주니어 | |
| 어떻게 읽을까 | 1. 내가 좋아하는 이성 친구가 있다면 그 친구를 생각하며 읽어 봅시다.<br>2. 내가 했던 행동 중에 부끄러웠던 일을 생각하며 읽어 봅시다.<br>3. 내 단짝 친구와 나누었던 비밀 이야기를 생각하며 읽어 봅시다. | |
| 무엇을 토론할까 | 1. 내가 좋아하는 이성 친구는 "어른스러워서 좋다.", "귀여워서 좋다." 아니면 다른 이유가 있나요?<br>2. 나하고 단짝인 친구가 다른 친구와 친하게 지내면 어떤 생각이 드나요?<br>3. 친구와 다툰다면 누구와 상의하는 것이 좋은가요? | |
| 무엇을 써 볼까 | 1. 내가 만약 현정이라면 슬기네 집에서 변기가 막힌 사건 후, 슬기에게 어떤 말을 했을지 써 봅시다.<br>2. 좋아하는 이성 친구에게는 어떻게 해야 하는지 써 봅시다.<br>3. 동성 친구도 좋지만, 이성 친구가 필요하다고 느낄 때는 언제인지 써 봅시다. | |

# 책 먹는 여우

프란치스카 비어만

<table>
<tr><td>도 서 명</td><td colspan="2">책 먹는 여우</td></tr>
<tr><td>도서정보</td><td colspan="2">프란치스카 비어만 / 주니어김영사 / 2001년 / 89쪽 / 8,500원</td></tr>
<tr><td>분　류</td><td colspan="2">목적(설득) / 분야(인문) / 시대(현대) / 지역(독일)</td></tr>
<tr><td>관련 교과/<br>관련 교육과정</td><td>바른생활</td><td>1학년 1-(1) 즐거운 학교생활 - 도서실에서 지켜야 할 규칙</td></tr>
<tr><td>어떤 책일까</td><td colspan="2">책을 지극히도 좋아하는 여우 아저씨는 책을 다 읽은 후엔 소금과 후추를 뿌려 먹어치움으로써 교양에 대한 욕구뿐만 아니라 식욕도 해결한다. 하지만 비싼 책값과 더욱 왕성해지는 식욕 때문에 도서관을 발견하게 되고, 이 천국 같은 곳에서 신나게 양껏 책을 읽고 먹는다. 결국 사서에게 들킨 여우 아저씨는 폐지 수집함을 뒤지면서 연명을 하게 된다. 견디다 못해 동네 서점을 털다 감옥에 보내진 여우 아저씨는 '독서금지'라는 가옥한 처벌을 받게 됩니다. 절망의 나날을 보내다 자기가 직접 글을 쓰게 되고, 교도관을 감동시키게 되고, 마침내 교도관은 출판사를 차려 여우를 소설가로 성공시키게 됩니다. 여우가 가장 좋아하는 식사로 바로 자기자신이 쓴 책을 먹게 됩니다. 이 책은 소동을 통해 독서의 의미와 방법에 대해 말한 우화이다.</td></tr>
<tr><td>다양한 매체로<br>맛보기</td><td colspan="2">관련 도서 : 『도서관에 간 사자』 / 미셸 누드슨 / 웅진주니어<br>『도서관』 / 사라 스튜어트 / 시공주니어</td></tr>
<tr><td>어떻게 읽을까</td><td colspan="2">1. 좋은 독서습관은 어떤 습관인지 생각해봅시다.<br>2. 좋은 책을 읽어야 하는 이유는 무엇인지 생각하며 읽어 봅시다.<br>3. ‘책은 마음의 양식이다.’는 어떤 뜻인지 생각하며 읽어 봅시다.</td></tr>
<tr><td>무엇을 토론할까</td><td colspan="2">1. '책을 먹는다'는 것을 책의 내용을 완전히 소화한다는 것으로 본다면, 책을 완전히 이해하고 자신의 것으로 만들려면 어떻게 해야 하나요?<br>2. 책 먹는 여우처럼 책을 좋아하는 친구를 보면 어떤 생각이 떠오르나요?<br>3. 옛날 인심 좋던 시절, 우리나라엔 '책 도둑은 도둑이 아니다'라는 말이 있었다. 책 도둑은 도둑이 아닌가요?<br>4. 책 먹는 여우는 책을 먹을 때 소금과 후추를 쳐서 맛있게 먹어요. 어떻게 읽어야 재미있게 읽을 수 있는지 자신만의 방법을 이야기해봅시다.</td></tr>
<tr><td>무엇을 써 볼까</td><td colspan="2">1. 자신만의 좋은 책을 고르는 방법을 세 가지 정도 써 봅시다.<br>2. 읽어도 도움이 되지 않는 책을 먹은 책 먹는 여우는 마침내 소화불량까지 걸립니다. 좋지 않은 책이란 어떤 책을 말하나요?<br>3. 문학평론가 이어령은 “독서란 한마디로 산소”, 한비야는 “육체가 매일매일 밥을 먹듯이 책은 정신의 에너지를 제공해준다”고 독서에 대해 말하였다. 내가 생각하는 독서를 써 봅시다.</td></tr>
</table>

# 삼촌이랑 선생님이랑 결혼하면 얼마나 좋을까?

김옥

| 도 서 명 | 삼촌이랑 선생님이랑 결혼하면 얼마나 좋을까? | |
|---|---|---|
| 도서정보 | 김옥 / 문학동네 / 2009년 / 124쪽 / 8,800원 | |
| 분 류 | 목적(사회적 상호 작용) / 분야(사회) / 시대(현대) / 지역(한국) | |
| 관련 교과/<br>관련 교육과정 | 국 어 | 1학년 2-(3) 생각을 전해요. |
| 어떤 책일까 | 물고기초등학교 1학년 기백이는 방에서 함께 살고 있는 너무 지저분하고 괴팍한 하루 종일 빈둥거리는 백수 삼촌이 가장 부럽습니다. 열두 시가 넘어 일어나도 마음껏 텔레비전을 보고 라면을 먹고 며칠 동안 머리가 덕지덕지 엉켜 있어도 문제될 게 없지만 저러다 장가라도 갈 수 있을지 걱정이 듭니다. 삼촌과 김소명 선생님은 그다지 사이가 좋아보이지 않지만 기백이는 선생님이 마음에 쏙 들어 삼촌이랑 선생님이 결혼하면 참 좋겠다는 생각을 합니다. | |
| 다양한 매체로<br>맛보기 | 관련 도서 : 『선생님이랑 결혼할래』 / 이금이 / 보물창고 | |
| 어떻게 읽을까 | 1. 선생님이 우리집 빈방에서 같이 살게 되면 무슨 일이 생길지 생각하며 읽어 봅시다.<br>2. 삼촌 혹은 고모, 이모와 즐겁게 지냈던 기억을 생각하며 읽어 봅시다.<br>3. 내가 하고 싶은 직업이 무엇일까 생각하며 읽어 봅시다. | |
| 무엇을 토론할까 | 1. 시골이나 할머니, 할아버지 댁에서 느꼈던 아름다운 풍경과 소박하고 정겨우며 즐거웠던 기억을 이야기해 봅시다.<br>2. 우리 가족 중에 취직을 하지 못한 사람이 있다면 어떤 도움을 주고 싶은가요?<br>3. 만약에 같은 반 친구 중에 외국인이 엄마인 친구가 있다면 어떻게 해야 하나요? | |
| 무엇을 써 볼까 | 1. 볼 수 없게 되어서 더 보고 싶은 선생님께 편지를 써 봅시다.<br>2. 취직이 되고나서 첫 월급을 타면 제일 먼저 하고 싶은 것은 무엇인지 써 봅시다.<br>3. 김소명 선생님은 고향을 지키는 사람이 되고 싶어 하지만 사람들은 도시로 모여듭니다. 사람들이 도시로 모여드는 이유는 무엇인지 써 봅시다. | |

# 힘센 동생이 필요해

조성자

| 도 서 명 | 힘센 동생이 필요해 | |
|---|---|---|
| 도서정보 | 조성자 / 현암사 / 2009년 / 72쪽 / 8,000원 | |
| 분 류 | 목적(정서표현) / 분야(기타) / 시대(현대) / 지역(한국) | |
| 관련 교과/<br>관련 교육과정 | 국어 | 1학년 2-(5) 생각을 펼쳐요. |
| 어떤 책일까 | 점차 출산율이 저하되고 한 가구 한 자녀로 형제 없이 홀로 자라는 아이들이 많은 요즘, 아옹다옹 다투면서도 그 존재만으로도 힘이 되는 형제의 존재는 부러움의 대상이 되기도 한다.<br>이 책은 이렇게 홀로 자라는 아이들이 갖는 형제에 대한 동경과 동생이 생겼을 때 겪게 되는 형제에 대한 질투심, 형제간의 우애 등 아이들의 심리를 현실감 있고 따뜻하게 그리고 있다. 또한 이를 '위탁아'라는 소재를 통해 풀어나감으로써 해외 입양 문제까지 다시 한 번 생각해 보게 해 준다. | |
| 다양한 매체로 맛보기 | 관련 매체 : 마이 시스터즈 키퍼, 수잔 브링크의 아리랑<br>관련 도서 : 『내 동생 싸게 팔아요』 / 임정자 / 아이세움 | |
| 어떻게 읽을까 | 1. 힘센 동생이 생기면 편리해진다는 것 말고 동생이 생기면 형 또는 누나로서 어떤 일이 생길 것인지 생각하며 읽어 봅시다.<br>2. 엄마가 동생이나 형제자매를 더 사랑스럽게 대하는 모습을 떠올리며 읽어 봅시다.<br>3. 우리나라에 살지 못하고 해외로 입양을 가는 아이들을 생각하며 읽어 봅시다. | |
| 무엇을 토론할까 | 1. 혼자 부모님의 사랑을 받고 자라는 것이 좋은가요? 형제자매가 있어 든든한 내 편이 있다는 것이 좋은가요?<br>2. 친척들이 모여 내가 동생들을 돌봐야할 때 동생들은 내 말을 잘 듣나요? 그리고 기분은 어떤가요?<br>3. 만약 해외로 입양을 가는 동생이 우리 집에 잠시 머문다면 어떠한 따뜻한 가족의 사랑을 맛보게 해주고 싶은가요? | |
| 무엇을 써 볼까 | 1. 형제자매가 있는 경우에 이제는 말할 수 있다. 이럴 때 첫째(둘째, 셋째)인 것이 싫다.<br>2. 내가 원하는 동생은 어떤 동생인지 써 봅시다.<br>3. 동생이 생기면 해주고 싶은 것은 무엇인지 써 봅시다. | |

# 내 이름은 열두 개

손연자

<table>
<tr><td>도 서 명</td><td colspan="2">내 이름은 열두 개</td></tr>
<tr><td>도서정보</td><td colspan="2">손연자 / 푸른책들 / 2002년 / 92쪽 / 7,000원</td></tr>
<tr><td>분　류</td><td colspan="2">목적(사회적 상호작용) / 분야(인문) / 시대(현대) / 지역(한국)</td></tr>
<tr><td>관련 교과/<br>관련 교육과정</td><td>국어</td><td>1학년 2-(7) 상상의 날개를 펴고</td></tr>
<tr><td>어떤 책일까</td><td colspan="2">첫 번째 이야기는 앞을 볼 수 없는 시각장애인 아저씨가 토끼 구름과 빨간 장미, 심지어 바다에 있는 갈매기와 돛단배까지 본다고 한다. 두 번째 이야기는 날마다 대가족의 심부름을 하느라 바쁜 완이가 '내 손이 열 개였으면 좋겠다.'고 투덜대자 아기도깨비가 나타나 완이의 소원을 들어 준다. 세 번째 이야기는 나보다 더 좋아하는 아빠의 디지털 카메라를 이층 능금나무 가지에 걸어 놓고 마지막 이야기는 마음씨 좋은 덕이네가 새 자동차를 산다.</td></tr>
<tr><td>다양한 매체로<br>맛보기</td><td colspan="2">관련 도서 : 『뭐하니? 뭉치도깨비야요』 / 서화숙 / 웅진주니어</td></tr>
<tr><td>어떻게 읽을까</td><td colspan="2">1. 나를 사랑해주는 가족을 생각하며 읽어 봅시다.<br>2. 난초 향기 나는 사람은 어떤 사람인지 생각하며 읽어 봅시다.<br>3. 우리나라 말의 재미있는 표현을 익히며 읽어 봅시다.</td></tr>
<tr><td>무엇을 토론할까</td><td colspan="2">1. 아저씨의 눈이 닫힌 걸 아시고는 하느님께서 마음으로 보는 눈을 주셨는데 '마음으로 보는 눈'은 무엇을 보는 눈인가요?<br>2. 손이 열 개가 되어 힘든 완이에게 알려줄 좋은 의견은 무엇인가요?<br>3. 내 사진 중에서 어떤 사진을 가장 좋아하나요? 그 이유는 무엇인가요?</td></tr>
<tr><td>무엇을 써 볼까</td><td colspan="2">1. 누리는 착한 일을 하고 아이스크림을 선물로 받았습니다. 내가 한 착한 일은 무엇이고 착한 일을 하고 난 후 어떤 기분이었는지 써 봅시다.<br>2. 날마다 바뀌는 이름 중에서 '이놈아'라는 이름을 제일 좋아합니다. 내 이름과 이름의 뜻이 무엇인지 써 봅시다.(별명이 있다면 별명으로 해도 좋습니다.)<br>3. 내가 멋지다고 생각할 때는 언제, 무엇을 할 때인지 써 봅시다.</td></tr>
</table>

# 하나 동생 두나

정일근

<table>
<tr><td>도 서 명</td><td colspan="2">하나 동생 두나</td></tr>
<tr><td>도서정보</td><td colspan="2">정일근 / 가교출판 / 2009년 / 84쪽 / 9,800원</td></tr>
<tr><td>분　류</td><td colspan="2">목적(정서표현) / 분야(기타) / 시대(현대) / 지역(한국)</td></tr>
<tr><td>관련 교과/<br>관련 교육과정</td><td>국 어</td><td>1학년 2-(1) 즐거운 마음으로</td></tr>
<tr><td>어떤 책일까</td><td colspan="2">정일근 시인이 5년간 다듬어 세상에 처음 내놓은 연작동화로, 우리가 살아가는 소소한 일상의 이야기에 담긴 소중한 가치를 따뜻하게 그린 동화이다. 서정시 같은 운율감이 살아있어 낭독하기 좋으며, 말의 오류를 최대한 없애 아이들이 바른 우리말을 접하도록 다듬었다. 가족, 생명, 자연의 소중함을 발견하는 멋진 기쁨을 알게 될 것이다.<br>〈하나 동생 두나〉는 하나라는 여자 아이와 아기강아지 두나와의 만남을 통해 서로 이해하고 보듬는 진정한 하나의 가족이 되어가는 따스한 이야기이다.</td></tr>
<tr><td>다양한 매체로<br>맛보기</td><td colspan="2">관련 매체 : 국악과 함께하는 애기똥풀 (연극)</td></tr>
<tr><td>어떻게 읽을까</td><td colspan="2">1. 큰 소리로 낭독하며 바른 우리 말의 리듬감을 느끼며 읽어 봅시다.<br>2. 생명의 소중함을 배우고, 자연의 신비를 느껴며 읽어 봅시다.<br>3. 자연과 가족, 친구에 대해 생각해 보며 읽어 봅시다.</td></tr>
<tr><td>무엇을 토론할까</td><td colspan="2">1. 두나는 어미개가 그리워 예쁜 집을 만들어주고, 달걀 죽까지 쑤어주어도 절대 입에 대지 않았습니다. 엄마가 그리웠던 경험을 이야기해 봅시다.<br>2. 강아지도, 마당 가에 새로 심은 목련나무도 모두 가족이 될 수 있습니다. 내가 가족으로 만들고 싶은 것은 어떤 것이 있는지 이야기해 봅시다.<br>3. 호기심으로 애완동물을 키우기 시작했다가 병들고, 경제적으로 어렵다는 이유로 버려지는 경우가 있습니다. 애완동물과 행복하게 살아가려면 어떻게 해야 하는지 이야기해 봅시다.</td></tr>
<tr><td>무엇을 써 볼까</td><td colspan="2">1. 『하나 동생 두나』를 읽다보면 귓가에 들리는 아름다운 노래 같다. 우리말을 아름답게 사용하면 좋은 점은 무엇인지 써 봅시다.<br>2. 자연의 냄새, 향긋한 참나무냄새와 잘 마른 낙엽냄새, 엄마의 냄새 등 기억에 남는 좋은 냄새를 써 봅시다.<br>3. 내가 아플 때 "아프지 마"라며 나를 진심으로 걱정하고 쓰다듬어 주는 가족의 손길을 써 봅시다.</td></tr>
</table>

# 따뜻한 꽃 이야기

최성수

| 도 서 명 | 따뜻한 꽃 이야기 | |
|---|---|---|
| 도서정보 | 최성수 / 북피아주니어 / 2009년 / 274쪽 / 11,000원 | |
| 분 류 | 목적(정보전달) / 분야(인문) / 시대(현대) / 지역(한국) | |
| 관련 교과/ 관련 교육과정 | 국어 | 1학년 1-(6) 느낌이 솔솔(교과서 수록 지문) |
| | 슬기로운 생활 | 1학년 1-(5) 자연과 함께해요 |
| 어떤 책일까 | 세상 모든 것이 각자의 이름을 갖고 있듯이 우리 주변의 모든 꽃에는 이름이 있고 이름과 관련된 많은 이야기가 있어요. 이 책에는 엄마를 그리워 하다가 지쳐 쓰러진 찔레꽃의 슬픈 이야기도 있고, 선덕여왕의 지혜를 담은 모란꽃 이야기들이 담겨 있어요. 또 도깨비를 물리치는 통쾌한 이야기도 있지요. 이 꽃의 이름은 무엇일까요? 도깨비를 이긴 사랑의 꽃 황매화에요. 꽃에 담긴 이름과 재미있는 이야기를 알고 있다면 늘 보던 꽃도 새롭게 보이겠죠?<br>이 책의 내용은 1학년 교과서에도 수록되어 있는데 미리 읽어보면 수업 시간이 더 재미있어 질 것이에요. 교과서에 수록된 금강산 도라지 이야기부터 먼저 읽어 봅시다. 도라지꽃은 어떻게 붙여진 이름일까요? | |
| 다양한 매체로 맛보기 | 관련 도서 : 『꽃이 들려주는 동화』 / 최은규 / 문공사<br>『두더지 아가씨네 꽃밭』 / 우리누리 / 대교 | |
| 어떻게 읽을까 | 1. 책 속의 꽃 사진을 살펴보며 읽어 봅시다.<br>2. 꽃과 관련된 재미있는 이야기를 상상하며 읽어 봅시다.<br>3. 어떤 일이 일어났는지를 생각하며 이야기를 읽어 봅시다. | |
| 무엇을 토론할까 | 1. 가장 감명깊은 이야기는 무엇이고 그 이유는 무엇인가요?<br>2. 책 속에 나오는 꽃 이야기 중 새로운 이름으로 바꾸어 주고 싶은 것은 무엇인가? 어떤 이름을 지어주고 싶은가요?<br>3. 책 속에 나오는 인물들의 행동에 대해 옳은지 그른지 토론해 봅시다. | |
| 무엇을 써 볼까 | 1. 책에 없는 새로운 꽃 이야기를 상상하여 써 봅시다.<br>2. 책 속에 있는 꽃 중의 하나를 골라 광고를 만들어 봅시다.<br>3. 책 속의 있는 꽃 이야기를 읽고 마음에 드는 이름을 골라 삼행시를 지어 봅시다. | |

# 무지개 물고기

마르쿠스피스터

<table>
<tr><td>도 서 명</td><td colspan="2">무지개 물고기</td></tr>
<tr><td>도서정보</td><td colspan="2">마르쿠스피스터 / 시공주니어 / 2007년 / 28쪽 /11,000원</td></tr>
<tr><td>분 류</td><td colspan="2">목적(정서표현) / 분야(인문) / 시대(현대) / 지역(없음)</td></tr>
<tr><td>관련 교과/<br>관련 교육과정</td><td>국어</td><td>1학년 2-(3) 생각을 전해요(교과서 수록 지문)</td></tr>
<tr><td>어떤 책일까</td><td colspan="2">몸에 반짝이 비늘이 많은 물고기는 예쁜 것을 뽐내고 잘난 체하다가 친구를 모두 잃고 외로워져요. 이 책은 자신의 잘못을 깨닫게 된 무지개 물고기가 반짝이 비늘을 친구들에게 하나씩 나눠 주고, 그로 인해 모두가 행복해진다는 이야기에요. 자기보다 못난 이웃을 깔보고 좋은 것을 혼자만 독차지하면 자기도 괴롭게 된다는 것과 나누면 더 큰 행복을 누릴 수 있음을 알려주고 있지요. 지금 내가 가진 것을 자랑하며 친구를 무시하고 깔보는 친구들에게 권하는 책! 나누면 나눌수록 더 큰 행복의 주인공이 되는 책이 바로 무지개 물고기에요.</td></tr>
<tr><td>다양한 매체로<br>맛보기</td><td colspan="2">관련 도서 : 『으뜸 헤엄이』 / 레오 리오니 / 마루벌<br>『무지개 물고기 시리즈 1-6권』 / 마르쿠스피스터 / 시공주니어</td></tr>
<tr><td>어떻게 읽을까</td><td colspan="2">1. 무지개 물고기의 마음이 어떻게 변해갔는지 생각하며 읽어 봅시다.<br>2. 재미있는 부분, 감동적 부분을 생각하며 읽어 봅시다.<br>3. 이야기에 나타난 상황을 생각하며 읽어 봅시다.</td></tr>
<tr><td>무엇을 토론할까</td><td colspan="2">1. 무지개 물고기에게 마음이 상한 파란 물고기는 자신의 일을 친구들에게 말해버린다. 그 뒤에 아무도 무지개 물고기와 놀지 않게 되었는데 친구와의 둘만의 일을 다른 사람에게 말하는 행동은 옳은가요?<br>2. 예쁜 비늘을 가졌다고 잘난 체하며 함께 놀자는 친구들의 부탁을 거절한 무지개 물고기의 행동에 대한 내 생각을 말해 봅시다.<br>3. 자신의 소중한 비늘을 나눠준 무지개 물고기는 아름다운 물고기가 되지는 못했지만 행복한 물고기가 되었다. 왜 그럴까요?</td></tr>
<tr><td>무엇을 써 볼까</td><td colspan="2">1. 책을 읽고 느낀 점을 시나 그림으로 표현해 봅시다.<br>2. 무지개 물고기가 되어 자신의 행동을 반성하고 사과편지를 써 봅시다.<br>3. 무지개 물고기처럼 좋은 것을 혼자만 차지하려다 괴로운 일이 있었으면 적어 봅시다.</td></tr>
</table>

# 고양이는 나만 따라해

권윤덕

| 도 서 명 | 고양이는 나만 따라해 | |
|---|---|---|
| 도서정보 | 권윤덕 / 창비 / 2005년 / 3쪽 / 9,500원 | |
| 분 류 | 목적(정서표현) / 분야(인문) / 시대(현대) / 지역(한국) | |
| 관련 교과/<br>관련 교육과정 | 국 어 | 1학년 2-(1) 즐거운 마음으로(교과서 수록 지문) |
| 어떤 책일까 | 고양이는 늘 아이만 따라해요. 깜깜한 밤이 무서워 이불을 뒤집어쓰는 것, 엄마의 발걸음 소리를 기다리며 현관문 앞에서 앉아서 기다리는 것도 모두 고양이는 아이를 따라하죠. 아이 역시 친구를 따라하듯 고양이를 따라 높은 책장 위에 올라가고 어둠 속을 응시하기도 해요. 고양이를 통해 아이는 새로운 세상으로 들어가게 되는 것이에요. 고양이는 아이의 쓸쓸함을 달래주는 친구인 동시에 더 큰 세상으로 인도하는 인도자이기도 하죠. 나의 어떤 동작들을 고양이가 따라 할 수 있을지, 나라면 고양이의 어떤 동작을 따라하고 싶은 지를 생각하며 책 속으로 들어가 봐요. | |
| 다양한 매체로<br>맛보기 | 관련 매체 : 캣우먼(영화)<br>관련 도서 : 『고양이』 / 현덕 / 길벗 | |
| 어떻게 읽을까 | 1. 고양이가 주인공을 따라하는 동작과 행동을 생각하며 읽어 봅시다.<br>2. 주인공이 고양이를 따라하는 동작과 행동을 생각하며 읽어 봅시다.<br>3. 주인공과 고양이의 마음을 생각하며 읽어 봅시다. | |
| 무엇을 토론할까 | 1. 누가 내 모습을 똑같이 따라한다면 어떤 일이 생길까요?<br>2. 나는 심심하고 외로울 때 무엇을 할까요?<br>3. 고양이랑만 놀던 주인공은 함께 밖으로 나가 무엇을 했을까요? | |
| 무엇을 써 볼까 | 1. 친구나 가족의 동작과 행동을 따라해 보고 어떤 동작인지 맞추어 봅시다.<br>2. 고양이와 둘이서 집에서 있을 때와 밖으로 나가 친구들과 어울릴 때 주인공의 마음을 비교하여 써 봅시다.<br>3. 책을 읽고 고양이의 별명을 지어 봅시다. | |

# 이모의 결혼식

선현경

| 도 서 명 | 이모의 결혼식 | |
|---|---|---|
| 도서정보 | 선현경 / 비룡소 / 2004년 / 28쪽 / 9,000원 | |
| 분 류 | 목적(정서표현) / 분야(인문) / 시대(현대) / 지역(한국, 그리스) | |
| 관련 교과/<br>관련 교육과정 | 국어 | 1학년 2-(4) 다정하게 지내요(교과서 수록 지문) |
| 어떤 책일까  | 따르릉, 따르릉! 이모한테 전화가 왔어요. 그리스 섬의 작은 마을에서 결혼식을 하는데 나보고 들러리를 서라고 하시네요. 예쁜 드레스를 입을 생각에 신난 주인공은 비행기, 버스를 타고 마을에 도착했어요. 그런데 이모부가 한국 사람이 아니네요. 말도 통하지 않고 눈도 파랗고, 배도 나와서 많이 실망했어요. 그러나 바닷가에서 맛있는 것도 먹고 춤도 추면서 이모부가 좋아지고 가족처럼 느끼게 되었어요. 한국에 오기 전까지는 기쁠 때도 눈물이 난다는 말을 이해할 수 없었는데……. 한국에 놀러 온 이모와 이모부를 보고 얼마나 반가운지 이모부한테 뽀뽀를 하고 자기도 모르게 눈물까지 흘리고 말았어요. 주인공은 그제서야 기쁠 때도 눈물이 난다는 것을 알고 말았지요. 여러분도 기쁨의 눈물을 흘린 적이 있나요? 이 책은 교과서에도 수록되어 있고 책의 작가가 직접 그리스를 여행한 뒤에 쓴 글이에요. 만화처럼 표현되어 있는 책! 인종을 넘어선 따뜻한 가족의 사랑을 느껴볼 수 있는 재미있는 책이랍니다. | |
| 다양한 매체로 맛보기 | 관련 도서 : 『우리 가족이야』 / 윤여림 / 토토북 | |
| 어떻게 읽을까 | 1. 나는 언제 눈물이 나는지 떠올리며 읽어 봅시다.<br>2. 결혼식 장면을 상상하며 읽어 봅시다.<br>3. 글의 배경인 그리스의 모습을 상상하며 읽어 봅시다. | |
| 무엇을 토론할까 | 1. 주인공은 들러리를 서기 위해서는 꽃이 필요했다. 그런데 시골이라 꽃을 파는 가게가 없어서 꽃을 꺾어 꽃다발을 만들었다. 주인공의 행동은 올바른가요?<br>2. 기쁠 때도 눈물이 날 수 있을까요?<br>3. 나에게 외국인 가족이 생긴다면 좋은 점은 무엇이고 불편한 점은 무엇일까요? | |
| 무엇을 써 볼까 | 1. 책의 장면을 떠올리며 주인공이 그리스에서 결혼식 들러리를 서는 장면을 그려보고 설명을 적어 봅시다.<br>2. 그리스 전통춤과 우리 나라의 춤을 찾아 비교해서 적어 봅시다.<br>3. 처음에는 낯설었지만 이모부를 좋아하게 된 주인공의 입장이 되어 이모부에게 마음이 잘 드러나게 편지를 써 봅시다. | |

# 발표하겠습니다

군 구미코

<table>
<tr><td>도 서 명</td><td colspan="2">발표하겠습니다</td></tr>
<tr><td>도서정보</td><td colspan="2">군 구미코 / 푸른길 / 2008년 / 64쪽 / 9,000원</td></tr>
<tr><td>분 류</td><td colspan="2">목적(사회적 상호작용) / 분야(사회) / 시대(현대) / 지역(일본)</td></tr>
<tr><td rowspan="2">관련 교과/<br>관련 교육과정</td><td>국어</td><td>1학년 1-(1) 배우는 기쁨</td></tr>
<tr><td>재량활동</td><td>발표 연습</td></tr>
<tr><td>어떤 책일까</td><td colspan="2">이 책은 교실에서 흔히 벌어지는 발표 시간을 배경으로 한 이야기에요. 여러 사람 앞에서 자신의 의견을 말하는 것도 익숙지 않지만 남보다 돋보이고 싶고 자랑하고 싶은 마음으로 가득찬 아이들! 열심히 발표할 것을 준비해 가지만 굉장한 것을 발표하는 다른 친구에게 금방 기가 죽고 마는 주인공! 그것보다 더 놀라운 것이라야만 마음에 찰 것 같지만 놀라운 것은 언제나 우리 곁에 있으며 그것을 바라보는 방법은 여러 가지라는 것을 이 책은 이야기해 주고 있어요.<br>돋보기를 통해서 보는 세상은 지금까지 우리가 보아 왔던 세상과 다른 모습을 보여 줘요. 주인공처럼 우리 주변의 사소한 것부터 남과 다른 눈으로 바라본다면 흥미진진한 세상이 펼쳐질 것이에요. 내 주변에서 발표 거리를 찾아 봅시다. 이 책을 읽고 나면 발표하는 것이 두렵지 않을 것이에요.</td></tr>
<tr><td>다양한 매체로<br>맛보기</td><td colspan="2">관련 도서 : 『틀려도 괜찮아』 / 마키타 신지 / 토토북<br>『칠판 앞에 나가기 싫어』 / 다니엘 포세트/비룡소</td></tr>
<tr><td>어떻게 읽을까</td><td colspan="2">1. 친구의 발표 중 기억에 남는 내용을 생각하며 읽어 봅시다.<br>2. 발표를 하기 전 내 마음 상태를 생각하며 읽어 봅시다.<br>3. 책 속 주인공처럼 남이 생각하지 못한 아이디어로 친구들이나 선생님을 깜짝 놀라게 했던 경험을 생각하며 읽어 봅시다.</td></tr>
<tr><td>무엇을 토론할까</td><td colspan="2">1. 아침 발표시간에 내가 말하고 싶은 것을 무엇일까? 친구들 앞에서 발표해 봅시다.<br>2. 친구들이 우~아! 라고 놀랄만한 이야기만을 발표해야 할까? 발표 내용은 어떤 것을 하는 것이 좋을까요?<br>3. 요네다는 도마뱀 박사님이다. 나는 어떤 분야의 박사님이 되고 싶은가요?</td></tr>
<tr><td>무엇을 써 볼까</td><td colspan="2">1. 선생님은 돋보기로 도마뱀을 관찰하고 발표거리를 생각한 주인공을 칭찬하셨다. 주인공에게 주는 칭찬상장을 만들어 봅시다.<br>2. 내가 발표를 하려면 발표 주제에 관해 정확히 알아야 한다. 발표할 주제를 정하고 그 내용을 잘 정리하여 봅시다.<br>3. 물건을 돋보기로 확대해 보고 확대 전, 후의 모습을 비교하여 자세하게 정리하여 봅시다.</td></tr>
</table>

# 엄마와 함께 읽는 교과서 전래동화

김경희

| 도 서 명 | 엄마와 함께 읽는 교과서 전래동화 | |
|---|---|---|
| 도서정보 | 김경희 / 흙마당 / 2006년 / 107쪽 / 12,000원 | |
| 분 류 | 목적(정서표현) / 분야(인문) / 시대(고대-중세) / 지역(한국) | |
| 관련 교과/<br>관련 교육과정 | 국어 | 1학년 1-(4) 아, 재미있구나<br>1학년 2-(7) 상상의 날개를 펴고 |
| 어떤 책일까 | 우리 조상님들은 참 재치가 있고 이야기도 잘 하셨지요. 온갖 동물이 등장하는 재미있는 이야기도 아주 많이 만드셨어요. 호랑이와 두꺼비와 시합을 하기도 하고 꿩이 은혜를 갚기도 했으며, 욕심꾸러기를 재미있게 혼내주고, 심술 많은 사또가 어린 아이에게 혼이 나기도 했어요. 또 못된 괴물도 한 사람을 이기지 못하고 재주 많은 삼형제는 많은 병사들을 물리치기도 해요. 정말 재미있겠죠? 책에는 재미있는 전래동화 12편이 실려있어요. 교과서에는 재미있는 전래동화가 꼭 나오죠? 이 책은 1-6학년 교과서에 나온 동화 12편을 모아놓았어요 1학년이 읽기 편하게 다시 써 놓았기 때문에 6학년 글이라고 해도 어렵지는 않을 것이에요. 특히 떡시루 잡기, 재주 많은 삼형제, 해치와 괴물 4형제는 1학년 교과서에 수록된 작품이니 더 집중하여 읽어보면 수업 시간에 선생님이 질문에 답하고 싶은 것이 많아질 것이에요. | |
| 다양한 매체로<br>맛보기 | 관련 도서 : 『교과서 전래동화』 / 조동호 / 거인<br>『아빠도 읽고 자란 교과서 전래동화』 / 김경희 / 흙마당 | |
| 어떻게 읽을까 | 1. 그림을 잘 보며 내용을 상상하며 읽어 봅시다.<br>2. 이야기에 나오는 동물이나 사람이 어떤 마음으로 어떤 행동을 했을지 상상하며 읽어 봅시다.<br>3. 우리 조상님들은 왜 이런 이야기를 만들었는지 상상하며 읽어 봅시다. | |
| 무엇을 토론할까 | 1. 이야기 하나를 골라 무엇을 배울 수 있는지 이야기해 봅시다.<br>2. 여러분에게 가장 도움이 되는 이야기는 무엇인가? 어떻게 도움이 되는 지 말해 봅시다.<br>3. 한 가지 이야기를 골라 이야기에 나오는 인물의 행동이 옳은지 그른지 토론해 봅시다. | |
| 무엇을 써 볼까 | 1. 가장 마음에 드는 등장인물을 소개하는 글로 써 봅시다.<br>2. 뒷이야기를 상상할 수 있는 동화를 하나 골라 뒷이야기를 상상하여 써 봅시다.<br>3. 등장인물의 성격을 바꾸어서 같은 제목의 새로운 이야기를 만들어 봅시다. | |

# 짝꿍 바꿔주세요

노경실

| 도 서 명 | 짝꿍 바꿔주세요 | |
|---|---|---|
| 도서정보 | 노경실 / 주니어랜덤 / 2009년 / 70쪽 / 8,500원 | |
| 분　류 | 목적(사회적 상호작용) / 분야(인문) / 시대(현대) / 지역(한국) | |
| 관련 교과/ 관련 교육과정 | 국어 | 1학년 1-(5) 생각을 펼쳐요 |
| | 바른생활 | 1학년 1-(5) 사이좋은 친구 |
| 어떤 책일까 | 짝궁 좀 바꿔주세요. '아니, 도대체 왜 김준수 같은 아이가 내 짝꿍이 된 것일까요?' 이제 막 2학년이 된, 주인공 경지는 정말 속이 상했어요. 1학년 짝궁 효돌이는 친절하고 착하고 깔끔하고 용감한 아주 완벽한 짝이었는데 2학년 짝궁 김준수는 코를 파고, 고함치듯 말하고, 지저분해서 너무 싫어요. 짝꿍 때문에 학교에 가기가 싫어진 경지는 짝꿍을 바꾸기로 마음 먹고 작전을 펼쳤어요. 친구들에게 짝꿍을 비꾸자고 얘기도 해 보고, 선생님께 준수가 자기를 싫어한다고 거짓말도 해 보고 엄마에게 전학 보내달라고 떼를 써 보았지만 짝꿍 바꾸기는 너무나 어려워요. 어느 날, 경지네 집에 뜻밖의 손님이 찾아왔어요. 준수 엄마였지요. 준수 엄마의 이야기를 들으면서 경지는 마음이 아프고 준수를 이해할 수 있었어요. 그래서 경지는 이제 준수를 자신의 짝꿍으로 인정하기로 마음 먹었지요. 준수가 '절대 헤어지지 않는 약'을 발명하려는 이유를 이제는 알 수 있으니까요 이 책은 짝꿍이 너무나 싫은 경지가 짝꿍이 왜 그런 행동을 하는지 알게 되면서 짝꿍을 이해해 가는 이야기에요. 친구의 겉모습이나 행동만 보고 친구를 싫어하기 보다는 친구의 속마음이나 형편을 이해하려고 노력해야 것을 알려주는 감동적이고 재미있는 책이랍니다. | |
| 다양한 매체로 맛보기 | 관련 도서 : 『짝꿍』 / 이상현 / 삼성당<br>『짝꿍 바꿔 주세요』 / 다케다 미호 / 웅진주니어<br>『내 짝꿍 최영대』 / 채인선 / 재미마주 | |
| 어떻게 읽을까 | 1. 준수가 소리를 지르고 지저분하게 하고 다니는 이유를 생각하며 읽어 봅시다.<br>2. 주인공 경지의 짝꿍 바꾸기 작전이 무엇인지 살펴보며 읽어 봅시다.<br>3. 경지의 1학년 짝꿍 효돌이와 2학년 짝꿍 준수의 모습을 비교하며 읽어 봅시다. | |
| 무엇을 토론할까 | 1. 마음에 들지 않던 짝꿍이 있었다면 왜 마음에 들지 않았나요?<br>2. 새 아빠와 사이가 좋지 않은 준수가 사랑을 더 받고 싶어 소리를 지르고 지저분하게 다니는 것에 대한 여러분의 생각은 어떠한가요?<br>3. 겉모습이 지저분하고 꽥꽥 소리를 지르며 말하는 짝꿍이 싫어 짝꿍 바꾸기 작전을 펼치는 경지의 행동은 옳은가요? | |
| 무엇을 써 볼까 | 1. 내 짝꿍에게 좋은 짝꿍이 되려면 어떻게 해야 할까? 짝꿍과 사이좋게 지내는 방법을 3가지 적어 봅시다.<br>2. 경지의 마음이 되어 짝꿍 준수에게 편지를 써 봅시다.<br>3. 준수는 '절대 헤어지지 않는 약'을 발명하고 싶다고 하였는데 내가 발명하고 싶은 약과 그 이유를 적어 봅시다. | |

# 틀려도 괜찮아

마키타 신지

<table>
<tr><td>도 서 명</td><td colspan="2">틀려도 괜찮아</td></tr>
<tr><td>도서정보</td><td colspan="2">마카타 신지 / 토토북 / 2006년 / 32쪽 / 8,500원</td></tr>
<tr><td>분 류</td><td colspan="2">목적(사회적 상호작용) / 분야(사회) / 시대(현대) / 지역(한국)</td></tr>
<tr><td rowspan="2">관련 교과/<br>관련 교육과정</td><td>재량활동</td><td>자신감 기르기, 발표 연습</td></tr>
<tr><td>국어</td><td>1학년 2-(6) 이렇게 해보아요</td></tr>
<tr><td>어떤 책일까</td><td colspan="2">1학년, 처음으로 학교에 가면 마음이 두근두근하죠! 선생님이 물어보실 때 번쩍 손을 들고 말을 하면 좋겠지만 '틀리면 어떻게 하지' 하는 생각이 들 때도 있어요. 한 번, 두 번 그런 생각을 하면 점점 손을 들고 발표하기가 어려워져요. 이 책은 '틀려도 괜찮다'고 그래요. 틀리면 친구들이 고쳐주고 선생님이 가르쳐주면 되지요. 자신감을 갖고 절대 기 죽지 말자고 그래요. 스스로 고치면 되니까요. 그렇죠!<br>자신감이 없어서 공부 시간마다 마음이 두근거리는 친구가 있다면 꼭 읽어 봅시다. 그리고 결심하세요. '틀려도 괜찮아!' 여러분이 자신감이 넘쳐서 발표도 잘 하고 선생님과 친구들에게 말을 잘 한다면 축하해요. 잘 못하는 친구 마음을 이해하기 위해 이 책을 읽어 봅시다. 발표와 말을 잘 못한다면 이 책을 읽고 용기를 내봅시다. 이 책은 그런 책이에요.</td></tr>
<tr><td>다양한 매체로<br>맛보기</td><td colspan="2">관련 도서 : 『발표하겠습니다』/ 군 구미코/ 푸른길<br>『칠판 앞에 나가기 싫어』/ 다니엘 포세트/ 비룡소</td></tr>
<tr><td>어떻게 읽을까</td><td colspan="2">1. 왜 틀려도 괜찮은지 이유를 찾으며 읽어 봅시다.<br>2. 내가 발표할 때와 책 속의 친구가 서로 비슷한지 다른지 견주어보며 읽어 봅시다.<br>3. 친구가 틀렸을 때 내 태도를 돌아보며 읽어 봅시다.</td></tr>
<tr><td>무엇을 토론할까</td><td colspan="2">1. 자신감이 없어 발표를 못하는 친구를 어떻게 도와줄 수 있을까요?<br>2. 답을 모를 때 틀린 답이라도 말하는 게 좋을까? 모른다고 대답해야 좋을까요?<br>3. 친구가 틀렸는데 웃거나 화를 내는 친구들에게는 무엇이라 말해주는 것이 좋을까요?</td></tr>
<tr><td>무엇을 써 볼까</td><td colspan="2">1. 내가 처음 발표했을 때의 모습과 그 때의 마음이 잘 드러나게 글을 써 봅시다.<br>2. 친구들이 발표하는 모습을 관찰해서 기록문을 써 봅시다.<br>3. 발표와 관련지어 내가 생각하는 멋진 교실은 어떤 곳인지 적어 봅시다.</td></tr>
</table>

# 맛있게 읽는 독서요리 1,2

임영규 외

<table>
<tr><td>도 서 명</td><td colspan="2">맛있게 읽는 독서요리 1,2</td></tr>
<tr><td>도서정보</td><td colspan="2">임영규 외 / 정인 / 2008년 / 144쪽 / 9,800원</td></tr>
<tr><td>분 류</td><td colspan="2">목적(정보전달) / 분야(인문) / 시대(현대) / 지역(한국)</td></tr>
<tr><td>관련 교과/<br>관련 교육과정</td><td>국어</td><td>1학년 1-(5) 생각을 펼쳐요.<br>1학년 2학기 전단원</td></tr>
<tr><td>어떤 책일까</td><td colspan="2">독서-토론-논술을 돕는 책입니다. 1단계는 1학년에, 2단계는 2학년에 알맞은 책 7권을 읽고 공부할 수 있도록 안내하고 있습니다. 7권의 대상 도서를 4단계로 공부합니다. '미리 맛을 보아요' 단계에서는 도서 내용과 관련된 경험을 발표하거나 배경지식을 알아봅니다. '깊은 맛을 느껴요'에서는 책에 나온 낱말과 내용을 바탕으로 상상과 추론을 묻는 문제를 해결합니다. '함께 맛을 나누어요'에서는 책을 읽고 토론할 수 있는 문제가 나옵니다. '내 손으로 요리해요'는 토의와 토론을 바탕으로 독서논술문을 작성합니다.<br>학년에 맞는 교과관련 도서를 읽으면서 각 권을 집중해서 공부할 수 있습니다. 독서전후 활동을 어떻게 할까 고민하는 분들에게 필요한 책입니다.</td></tr>
<tr><td>다양한 매체로<br>맛보기</td><td colspan="2">관련 도서 : 『마법의 설탕 두 조각』 / 미하엘 엔데 / 소년한길<br>『까막눈 삼디기』 / 원유순 / 웅진닷컴<br>『가방 들어주는 아이』 / 고정욱 / 사계절</td></tr>
<tr><td>어떻게 읽을까</td><td colspan="2">1. 독서요리를 위해 필요한 재료인 7권의 책을 함께 봅시다.<br>2. 책을 한 권씩 읽고 직접 문제를 풀어 봅시다.<br>3. 문제집이 아니므로 시간을 정해놓고 조금씩 꾸준히 읽어 봅시다.</td></tr>
<tr><td>무엇을 토론할까</td><td colspan="2">1. '함께 맛을 나누어요' 단계에서는 친구나 부모님과 이야기를 나누어 봅시다.<br>2. 공부한 뒤 가장 마음에 와닿는 책을 여러 사람 앞에서 소개해 봅시다<br>3. 책에 나온 독서토론 중에 하나를 골라 친구들과 토론해 봅시다</td></tr>
<tr><td>무엇을 써 볼까</td><td colspan="2">1. 책에 나온 문제에 충실하게 답을 써 봅시다.<br>2. 책에 나온 독서토론을 하기 전에 근거를 잘 찾아 써 봅시다.<br>3. 가장 마음에 드는 책을 소개하는 글을 써 봅시다.</td></tr>
</table>

# 선생님은 모르는 게 너무 많아

강무홍

<table>
<tr><td>도 서 명</td><td colspan="2">선생님은 모르는 게 너무 많아</td></tr>
<tr><td>도서정보</td><td colspan="2">강무홍 / 사계절 / 2001년 / 116쪽 / 6,500원</td></tr>
<tr><td>분 류</td><td colspan="2">목적(사회적상호작용) / 분야(사회) / 시대(현대) / 지역(한국)</td></tr>
<tr><td>관련 교과/<br>관련 교육과정</td><td>국어</td><td>1학년 1-(6) 느낌이 솔솔<br>1학년 2-(4) 다정하게 지내요</td></tr>
<tr><td>어떤 책일까</td><td colspan="2">초등학생이 되면 선생님을 만납니다. 유치원 때 선생님과 다르시죠. 교실도 만납니다. 유치원 때처럼 우리 집 같은 방이 아니라 내 책상, 내 의자, 내 사물함이 있는 곳입니다. 화장실에는 쉬는 시간에 다녀와야 하고 선생님이 내 말을 안 들어주기도 합니다. 이런 저런 이유로 학교에 가기 싫어하는 친구들이 생길 수도 있습니다. 가끔 우는 친구도 있답니다.<br>지은이 강무홍 선생님 곁에도 학교에 가기 싫어하는 어린 동무가 있습니다. 선생님께 혼이 난 뒤에 학교에 가기 싫어하는 걸 보고 선생님이 편지를 써주셨답니다. 그건 바로 '선생님은 모르는 게 너무 많아'서 어린 동무가 도와드려야 한다는 겁니다. 선생님이 무얼 모르실까요? 1학년 친구들은 무얼 가르쳐 드려야 할까요?</td></tr>
<tr><td>다양한 매체로<br>맛보기</td><td colspan="2">관련 도서 : 『선생님, 우리 선생님』 / 패트리샤 폴라코 / 시공주니어</td></tr>
<tr><td>어떻게 읽을까</td><td colspan="2">1. 내가 겪은 일과 견주어 보며 읽어 봅시다.<br>2. 친구에게 들려줄 수 있도록 줄거리를 기억하며 읽어 봅시다.<br>3. 흉내내는 말을 찾아가며 읽어 봅시다.</td></tr>
<tr><td>무엇을 토론할까</td><td colspan="2">1. 선생님이 잘못 알고 혼내실 때는 어떻게 해야할지 말해 봅시다.<br>2. 길을 가는데 친구가 갑자기 아프다고 하면 어떻게 도와줄 수 있을지 말해 봅시다.<br>3. 여러분이 선생님이라면 동희와 해우에게 어떻게 하겠습니까?</td></tr>
<tr><td>무엇을 써 볼까</td><td colspan="2">1. 우리 선생님이 모르는 걸 한 가지 소개해 봅시다.<br>2. 책에서 흉내내는 말을 골라 짧은 글을 지어봅시다.<br>3. 강무홍선생님께 '이런 내용을 소개해주세요.' 부탁하는 글을 써 봅시다.</td></tr>
</table>

# 잃어버린 단어를 찾아주는 꼬마 마법사

다니엘 시마르

| 도 서 명 | 잃어버린 단어를 찾아주는 꼬마 마법사 | |
|---|---|---|
| 도서정보 | 다니엘 시마르 / 세상모든책 / 2009년 / 32쪽 / 9,500원 | |
| 분 류 | 목적(사회적상호작용) / 분야(사회) / 시대(현대) / 지역(캐나다) | |
| 관련 교과/<br>관련 교육과정 | 국어 | 1학년 2-(3) 생각을 전해요<br>1학년 2-(4) 다정하게 지내요 |
| | 슬기로운 생활 | 1-(3) 가족은 소중해요 |
| 어떤 책일까 | 할아버지, 할머니가 되면 기억이 어디로 사라지나봅니다. 금방 물어보고 또 물어봅니다. 얼마 전부터 엘리즈의 할머니도 단어가 기억나지 않아 '그거'라고만 말합니다. 주위에 있는 사람들이 '그게' 뭔지 빨리 찾지 않으면 할머니는 화를 내거나 슬퍼하십니다. 정말 '그게' 생각나지 않나 봅니다. 할머니는 왜 자꾸 낱말을 잃어버릴까요?<br>도대체 할머니의 낱말들은 어디로 사라진 걸까요? 예전에는 할머니도 많이 알고 계셨는데요. 엘리즈는 할머니가 단어를 너무 많이 써서 지친 단어들이 조금씩 사라지는 거라고 생각합니다. 하지만 나중에는 이렇게 생각합니다. '할머니는 단어를 나한테 주신 거야! 할머니는 나한테 단어를 다 주시고도 아무렇지도 않나봐!' | |
| 다양한 매체로<br>맛보기 | 관련 도서 : 『할머니의 조각보』 / 패트리샤 폴라코 / 시공주니어 | |
| 어떻게 읽을까 | 1. 듣는 사람 기분을 좋게 하는 말을 찾아 봅시다.<br>2. 여러분의 할머니, 할아버지를 생각하며 읽어 봅시다.<br>3. 할아버지, 할머니나 부모님께 책을 읽어드립시다. | |
| 무엇을 토론할까 | 1. 나이가 들면 왜 기억력이 줄어드는지 이유를 이야기해 봅시다.<br>2. 엘리즈를 칭찬하는 말을 해봅시다.<br>3. 가족을 기분 좋게 하는 방법을 이야기해 봅시다. | |
| 무엇을 써 볼까 | 1. 책에 나오는 중요한 낱말 5개를 사용해서 짧은 글을 지어 봅시다.<br>2. 가족과 함께 칭찬이어가기를 해봅시다. (종이에 내가 먼저 가족 중 한 명을 칭찬하는 글을 쓰면 그 사람이 다른 사람을 칭찬하는 글을 이어쓰고 다음 사람이 또 씁니다.)<br>3. 여러분이 소중하다고 생각하는 사람에게 편지를 써 봅시다. | |

# 선생님이랑 결혼할래

이금이

| 도 서 명 | 선생님이랑 결혼할래 | |
|---|---|---|
| 도서정보 | 이금이 / 보물창고 / 2009년 / 55쪽 / 9,500원 | |
| 분 류 | 목적(정서표현) / 분야(인문) / 시대(현대) / 지역(한국) | |
| 관련 교과/<br>관련 교육과정 | 국어 | 1학년 1-(2) 이렇게 생각해요. |
| | 즐거운 생활 | 1학년 1-(1) 즐거운 학교생활 |
| 어떤 책일까 | 엄마 말씀을 잘 들으면 좋겠지만 마음대로 되지 않을 때가 있습니다. 내가 생각하는 게 선생님 생각과 너무 달라서 꾸중을 들을 때도 있습니다. 친구들에게 심술 부리고 장난치는 친구가 왜 그런지 알면 이해할 수 있지만 그렇지 못할 때도 있습니다. 이 책에는 여러분과 똑같은 친구들이 나옵니다. 햄스터를 사지 말아야 하지만 너무 귀여워 사기도 하고 친구가 아프다고 119 구급대를 부르기도 합니다. 상민이는 선생님이랑 결혼하고 싶어 사랑의 편지도 보냅니다. 엄마 가방을 선물로 보내는데 과연 선생님이 받아주실까요?<br>이 글을 쓰신 이금이 선생님은 재미있고 감동을 주는 책을 많이 쓰셨습니다. 이 책은 1학년에게 딱 어울리는 책입니다. | |
| 다양한 매체로 맛보기 | 관련 도서 : 『우리 선생님이 최고야』 / 케빈 행크스 / 비룡소<br>『선생님은 모르는 게 너무 많아』 / 강무홍 / 사계절<br>『선생님, 우리 선생님』 / 페트리샤 폴라코 / 시공주니어 | |
| 어떻게 읽을까 | 1. 네 가지 글에 나오는 주인공의 행동이 올바른지 생각하며 읽어 봅시다.<br>2. 내가 주인공이라면 어떻게 행동할지 생각하며 읽어 봅시다.<br>3. 우리반에 비슷한 행동을 하는 친구를 찾아보며 읽어 봅시다. | |
| 무엇을 토론할까 | 1. 은채가 햄스터를 산 건 잘한 행동일까요?<br>2. 용준이 같은 친구를 어떻게 대해 주어야 할까요?<br>3. 상민이가 선생님과 결혼하는 것이 가능할까요? | |
| 무엇을 써 볼까 | 1. 햄스터를 들고 우는 은채에게 엄마는 어떤 말을 했을지 써 봅시다.<br>2. 네 가지 이야기 중에서 하나를 골라 자신이 겪은 일이라고 생각하며 일기를 써 봅시다.<br>3. 선생님이 상민이에게 답장을 쓴다면 어떻게 쓸지 상상해서 써 봅시다. | |

# 생각하는 1 2 3

이보나 흐미엘레프스카

| 도 서 명 | 생각하는 1 2 3 | |
|---|---|---|
| 도서정보 | 이보나 흐미엘레프스카 / 논장 / 2008년 /52쪽 / 13,000원 | |
| 분 류 | 목적(정보전달) / 분야(과학) / 시대(현대) / 지역(없음) | |
| 관련 교과/<br>관련 교육과정 | 수학 | 1학년 수학 전 단원 |
| 어떤 책일까 | 이제 막 수의 세계로 들어가야 하는 어린이들은 '숫자'하면 공부이고 어렵다라고 떠올리게 되지요? 이 책은 처음부터 즐겁게 숫자를 바라볼 수 있게 하는 그림책이에요. 어디에나 존재하는 숫자는 어떤 이야기를 담고 있을까요? 1번부터 12번 섬까지 숫자 여행을 떠나 봐요.<br>개수 세기에서 벗어나 봐요! 이 책을 통해 새로운 눈으로 숫자를 바라 봅시다. 불가사리의 다섯 개의 팔다리, 6각형 벌집, 8모양으로 생긴 안경, 10센티미터 자 등을 찾다 보면 어느새 주변 사물에 존재하는 숫자의 존재를 느낄 수 있을 거예요. 우리 주위에 숫자가 얼마나 많이 있는지, 그리고 얼마나 유용하며 꼭 필요한지 자연스럽게 알게 될 것이에요. 지금까지 지나쳤던 숫자의 매력에 한번 빠져들어 봅시다. 책을 다 읽고 나면 주변의 숫자들이 전과는 다르게 보이지 않을까요? | |
| 다양한 매체로<br>맛보기 | 관련 도서 : 『놀이수학』 / 안노미쯔마사 / 한림출판사 | |
| 어떻게 읽을까 | 1. 책에 나와 있는 수학놀이를 해보며 읽어 봅시다.<br>2. 숫자가 우리 생활에 주는 유용함을 생각하며 읽어 봅시다.<br>3. 각 숫자에 해당하는 내용과 모습을 생각하며 읽어 봅시다. | |
| 무엇을 토론할까 | 1. 시계에 바늘이 하나만 있다면 어떻게 될까? 젓가락 한 짝으로 음식을 먹는다면 어떻게 될까요?<br>2. 이 세상에서 제일 필요하고 훌륭한 숫자는 존재할까요?<br>3. 꿀벌은 왜 6각형 모양의 집을 만들까요? | |
| 무엇을 써 볼까 | 1. 숫자 모습을 사물과 관련지어 예쁘게 디자인해 봅시다.<br>2. 일곱 개 진주가 달린 왕관을 쓴 공주(책 내용 7) 이야기를 상상하여 써 봅시다.<br>3. 1-12까지의 숫자와 관련된 또 다른 물건과 내용을 찾아 써 봅시다. | |

# 똑딱똑딱

제임스덴버

| 도 서 명 | 똑딱똑딱 | |
|---|---|---|
| 도서정보 | 제임스덴버 / 그린북 / 2005년 /31쪽 / 8,000원 | |
| 분 류 | 목적(정보전달) / 분야(과학) / 시대(현대) / 지역(지구) | |
| 관련 교과/<br>관련 교육과정 | 수학 | 1학년 2-(5) 시계 |
| 어떤 책일까 | 다음은 무엇일까요?<br>우리와 함께 살아가요. 우리보다 훨씬 먼저 있었죠. 우리보다 훨씬 오래 있을 수 있어요. 생일이 며칠 남았는지 알려줘요.<br>네, 정답은 바로 시간이지요? 이 책은 시간에 관한 책이에요. 시간을 어떻게 잴까요? 1초는 얼마나 될까요? 1분 동안에 어떤 일이 일어날까요? 달팽이가 책 한 쪽은 1분 안에 지나갈 수 있을까요? 그럼 한 시간, 하루, 한 주, 한 달, 1년은 어떨까요?<br>이런 시간 동안 어떤 일이 일어나는지 여러 가지 예를 통해 알려주는 책으로 시간을 설명하기 위해 우리가 겪는 일과 주변에서 일어나는 일을 소개하는 흥미진진한 책이에요. 그래서 참 재미있어요. 책에서 알려주는 사실을 확인하면서 차근차근 읽어 보도록 하세요. | |
| 다양한 매체로<br>맛보기 | 관련 도서 : 『놀다보면 수학을 발견해요』 / 재니스 반클리프 / 미래 M&B | |
| 어떻게 읽을까 | 1. 시간과 관련된 흥미로운 사실들이 많다. 정해진 시간에 어떤 일이 일어날까 살펴보며 읽어 봅시다.<br>2. 1분, 2분 정도의 시간 동안 할 수 있는 일을 직접 해보며 읽어 봅시다.<br>3. 길이나 시간의 단위, 거리와 무게의 단위를 살펴보며 읽어 봅시다. | |
| 무엇을 토론할까 | 1. 사람마다 시간을 다르게 계산한다면 어떤 일이 생길까? 왜 시계가 시간을 재는 가장 좋은 방법이 될까요?<br>2. 시간을 보람있게 보내려면 어떻게 해야 할까요?<br>3. 이 세상이 심장박동만으로 시간을 재야한다면 어떤 일이 생길까요? | |
| 무엇을 써 볼까 | 1. 눈을 감고 1분 재기, 한 발로 1분 서 있기, 책을 머리에 이고 1분 견디기 등의 놀이를 해보고 일기를 써 봅시다.<br>2. 1초, 1분, 1일, 1달, 1년을 그림으로 그려서 비교해 봅시다.<br>3. 새로운 모양의 시계를 디자인해 봅시다. | |

# 수학마녀의 백점 수학

서지원

| 도 서 명 | 수학마녀의 백점 수학 | |
|---|---|---|
| 도서정보 | 서지원 / 처음주니어 / 2009년 / 127쪽 / 9,000원 | |
| 분 류 | 목적(정보전달) / 분야(과학) / 시대(현대) / 지역(한국) | |
| 관련 교과/<br>관련 교육과정 | 수학 | 1학년 2-(3) 10을 가르기와 모으기 |
| | 수학 | 1학년 2-(5) 시계 |
| 어떤 책일까 | 초등학교에 입학한 어린이들은 더하기, 빼기조차 어렵다. 이러한 아이들이 수학에 흥미를 갖고 재미있게 느낄 수 있도록 나나와 함께 하는 설레고 즐거운 모험 이야기를 그리고 있다. 초등 수학 교과 내용을 표기해 교과와 어떻게 연관되는지 쉽게 파악하도록 하였다.<br>수학 점수 때문에 엄마한테 야단을 맞아 눈물을 흘리고, 수학이 싫어 수학 책을 뜯어 먹는 나나는 곰 인형 하로와 고양이 심바에 의해 마법의 세계인 '오르골'로 안내된다. 오르골에는 모르는 것도 없고, 못 하는 것도 없는 치오나 마녀가 살고 있는데 치오나 마녀는 나나가 수학을 하나씩 배울 때마다 신기한 마법 도구를 선물로 주는데, 돼지 코 괴물에게 쫓기고, 외눈박이 나라에 가고, 거인 할아버지를 만난 나나는 어떻게 할까요? | |
| 다양한 매체로<br>맛보기 | 관련 도서 : 『1학년 수학 동화』 / 우리기획 /예림당 | |
| 어떻게 읽을까 | 1. 수학교과서와 비교하며 읽어 봅시다.<br>2. 문제를 풀어가며 읽어 봅시다.<br>3. 문제 해결에 필요한 사고 과정을 생각하며 읽어 봅시다. | |
| 무엇을 토론할까 | 1. 계산(암산)을 잘 할 수 있는 나만의 방법을 이야기해 봅시다.<br>2. 수학에 문제를 읽고 식을 세워 답을 구하기가 어렵거나 문제의 이해가 잘 안 될 경우에는 미리 그 문제의 답을 추측하여 얼마라고 예상해 보고 결과를 확인하면 좋은 점은 무엇인지 이야기해 봅시다.<br>3. 왜 어려운 수학을 공부해야 하나요? | |
| 무엇을 써 볼까 | 1. 수학 마녀에게 하고 싶은 이야기를 글이나 그림으로 그려 봅시다.<br>2. 친구들이 어려워하는 문제를 친구에게 설명하듯이 풀이 방법을 써 봅시다.<br>3. 일상생활에서 수학적인 생각을 하고 규칙 찾고 말하기, 규칙 찾고 글로 나타내어 봅시다. | |

# 1학년 수학동화

우리기획

| 도 서 명 | 1학년 수학동화 | |
|---|---|---|
| 도서정보 | 우리기획 / 예림당 / 2002년 / 160쪽 / 7,000원 | |
| 분 류 | 목적(정보전달) / 분야(수학) / 시대(현대) / 지역(한국) | |
| 관련 교과/<br>관련 교육과정 | 수학 | 1학년 수학 전단원 |
| 어떤 책일까 | 수학은 조금만 알면 참 재미있지만 원리를 잠시만 놓치면 무척 어렵습니다. 계산이 쉬운 듯 하지만 엉뚱하게 틀리기도 합니다. 원리를 알면 쉽다고 하지만 원리가 잘 생각나지 않을 때도 있습니다. 재미있는 이야기라면 기억하기 쉽겠지요.<br>이 책은 1학년 교과서에 나오는 12가지 수학 원리를 설명합니다. 수학문제집이나 교과서와 다르게 동물들이 나오는 이야기로 설명해서 이해하기 쉽습니다. 생쥐가 모양에 따라 물건을 순서대로 나르거나 당나귀 형제가 홍당무를 나눠먹습니다. 아기공룡를 디노는 이빨을 뽑고, 동물 왕국 체육대회도 열립니다. 이런 이야기를 수학 원리와 연결해서 소개하는 책입니다. | |
| 다양한 매체로<br>맛보기 | 관련 도서 : 『똑딱똑딱 원더와이즈』 / 제임스 덴버 / 그린북<br>『1학년 수학동화』 / 우리기획 / 예림당 | |
| 어떻게 읽을까 | 1. 수학 원리에 관한 내용을 기억하며 읽어 봅시다.<br>2. 수학교과서와 익힘책에 비슷한 내용이 나오는 곳을 함께 찾아 읽어 봅시다.<br>3. 각각의 이야기에 어떤 수학원리가 들어있는지 확인하며 읽어 봅시다. | |
| 무엇을 토론할까 | 1. 숫자 1과 관련된 일을 찾아 말해 봅시다.<br>2. 눈 감고 1분 맞추기를 해보고 느낌을 말해 봅시다.<br>3. 수학규칙이 사람마다 다르다면 어떤 일이 일어날까 토론해 봅시다. | |
| 무엇을 써 볼까 | 1. 책에 나온 이야기를 골라 알맞은 문제를 하나 만들어 봅시다.<br>2. 눈 감고 1분 맞추기를 해보고 느낌을 적어 봅시다.<br>3. 이야기 하나를 골라 간단하게 요약해 봅시다. | |

# 푸른 지구를 만들어요

엘런 사빈

| 도 서 명 | 푸른 지구를 만들어요(세상을 바꾸는 어린이 1) | |
|---|---|---|
| 도서정보 | 엘렌 사빈 지음/ 정지현 옮김 / 문학동네 / 2009년 / 71쪽 / 7000원 | |
| 분 류 | 목적(사회적 상호 작용) / 분야(사회) / 시대(현대) / 지역(전세계) | |
| 관련 교과/ 관련 교육과정 | 슬기로운 생활 | 1학년 1-(5) 자연과 함께해요. |
| | 바른 생활 | 1학년 2-(5) 환경이 웃어요 |
| 어떤 책일까 | 지구의 모든 생물은 사슬처럼 얽혀 깊은 관계를 맺고 있으며, 지구는 모든 생명체가 살아가는 데 필요한 선물을 준다는 사실, 지구 또한 다치기도 하고 큰 병에 걸리기 때문에 아끼고 잘 보호해야 함을 이야기한다.<br>우리의 작은 행동 하나하나가 지구에 영향을 준다는 것을 상기시키며 지구를 지킬 수 있는 다양한 실천 방법을 제시한다. 어린이들의 눈높이에 맞춘 접근 방식과 구성으로, 자연스럽게 '공존'을 이해하고 생명을 존중하는 마음을 갖도록 도와준다. | |
| 다양한 매체로 맛보기 | 관련 매체 : 북극의 눈물, DMZ의 고라니, 사토야마 물의 정원,<br>관련 도서 : 최열아저씨의 지구촌 환경이야기 | |
| 어떻게 읽을까 | 1. 가정이나 학교에서 에너지를 절약할 수 있는 여러 방법을 생각해 봅시다.<br>2. 책에 나와 있는 활동 외에도 환경을 위해 할 수 있는 일이 무엇인지 생각해 봅시다.<br>3. 환경을 지키기 위해 노력한 인물에 대해 찾아 봅시다. | |
| 무엇을 토론할까 | 1. 내가 게임기를 사는데, 고릴라가 왜 죽어? 게임기 칩에 쓸 광석을 얻기 위해 고릴라가 사는 숲을 베어 내기 때문입니다. 앞으로 살아갈 지구를 위해 어떤 일을 해야 하나요?<br>2. 살아있는 지구에서 함부로 쓰면 영원히 사라져 버리는 것은 무엇인가요?<br>3. 지구환경과 지구에 살고 있는 생명들을 위협하고 파괴하는 것은 무엇인가요? | |
| 무엇을 써 볼까 | 1. 지구를 건강하고 튼튼하게 지키기 위해 우리가 할 수 있는 일들은 무엇이 있는지 써 봅시다.<br>2. 내 몸에 열이 많이 나고 많이 아팠을 때를 생각하며 지구에게 위로의 편지를 써 봅시다.<br>3. 지구를 살리는 작은 실천 중에서 내가 지금 실천하고 있는 것은 어떤 것이 있는지 써 봅시다. | |

# 파란 티셔츠의 여행

비르기트 프라더

| 도 서 명 | 파란 티셔츠의 여행 | |
|---|---|---|
| 도서정보 | 비르기트 프라더 글 / 엄혜숙 옮김 / 담푸스 / 2009년 / 36쪽 / 9,000원 | |
| 분 류 | 목적(정보전달) / 분야(사회) / 시대(현대) / 지역(독일) | |
| 관련 교과/<br>관련 교육과정 | 국어 | 1학년 1-(5) 생각을 펼쳐요 |
| 어떤 책일까 | 공정무역을 소재로 한 그림동화로, 인도에서 자란 목화가 실이 되고, 옷감이 되고, 그 옷감으로 만든 '파란 티셔츠' 한 벌이 되기까지의 과정을 통해 단순히 옷이 만들어지는 과정에 대한 지식 뿐만 아니라 좋은 재료를 쓰고, 옷을 만드는 사람들의 이야기를 통해 공정무역과 함께 나누는 의미를 알려줍니다. 밭과 공장에서 일하는 사람들의 모습과 열심히 일하지만 그 대가로 정당한 값을 받지 못하고 있다는 현실과 착한 거래 방식인 공정무역 개념을 어렵지 않게 따뜻한 글과 그림으로 어린이 눈에 맞춰 풀어내고 있다. | |
| 다양한 매체로<br>맛보기 | 관련 매체 : MBC 특집다큐 '아름다운 거래', 블랙 골드(영화)<br>관련 도서 : 『내가 라면을 먹을 때』 / 공정무역, 희망무역 | |
| 어떻게 읽을까 | 1. 우리가 입고 있는 옷이 어떤 과정을 통해 만들어지는가를 생각하며 읽어 봅시다.<br>2. 공정무역의 좋은 점을 생각하며 읽어 봅시다.<br>3. 인도의 문화를 살펴보며 읽어 봅시다. | |
| 무엇을 토론할까 | 1. 공정무역은 누구를 위한 것인가요?<br>2. 공정무역은 싸고 좋은 물건이 아니라 제 값에 팔고 사는 좋은 물건입니다. 싸고 좋은 물건은 어떤 문제가 있나요?<br>3. 내가 만약 하루 동안 일을 한다면 얼마만큼의 대가를 받아야 하나요? | |
| 무엇을 써 볼까 | 1. 많은 사람들이 정성과 노력으로 만들어진 공정무역의 제품을 사용하면 어떤 느낌을 느낄 수 있는지 써 봅시다.<br>2. 우리가 사용하는 물건 중에 우리 몸을 해롭게 하는 재료를 사용해서 만든 물건에는 어떤 것들이 있으며 해로운 물건을 만드는 사람에게 하고 싶은 말을 써 봅시다.<br>3. 내가 생각하는 "공정하다"는 어떤 뜻인지 써 봅시다. | |

# 손에 잡히는 과학 교과서(사계절동식물)

김정숙

| 도 서 명 | 손에 잡히는 과학 교과서(사계절동식물) |
|---|---|
| 도서정보 | 김정숙/ 길벗스쿨 / 2007년 / 174쪽 / 9,800원 |
| 분 류 | 목적(정보전달) / 분야(과학) / 시대(현대) / 지역(한국) |
| 관련 교과/<br>관련 교육과정 | 슬기로운 생활<br>1학년 1-(2) 봄이 왔어요<br>1학년 1-(6) 와! 여름이다<br>1학년 2-(4) 가을의 산과 들<br>1학년 2-(6) 우리의 겨울맞이 |
| 어떤 책일까 | 과학은 어렵죠? 그러나 이 책을 보면 과학이 그리 어렵지 않다는 것을 알게 될 것이에요. 이 책은 1학년 6학년까지 주제별로 꼭 알아야 할 내용을 잘 정리해 놓았어요. 공부를 하다가 모르는 것이 나오면 이 책을 펼쳐보면 많은 도움이 될 것이에요. 1학년 교과서에서 여리분을 무엇을 배우나요? 답은 사계절이랍니다.<br>봄, 여름, 가을, 겨울의 사계절이 있는 우리나라는 계절의 변화가 있어 참 살기 좋은 곳은 곳이지요. 봄에는 새싹이 나오고 여름에는 푸른 나무로 가득 차고 가을에는 열매들이 열리고 온 세상이 알록달록 해서 너무 예뻐요. 또 겨울에는 앙상한 나무 가지를 드러낸 나무, 겨울잠을 자는 동물들을 볼 수 있어요. 이 책은 봄, 여름, 가을, 겨울 여러분이 알아야 할 동물, 식물에 관한 이야기를 알려 주고 있어요. 교과서 옆에 두고 교과서와 함께 읽어 봅시다. |
| 다양한 매체로 맛보기 | 관련 매체 : 낙엽(ebs 지식채널)<br>관련 도서 : 『개구리가 알을 낳았어』 / 이성철 / 다섯수레<br>『계절이 바뀌어요』 / 믹매닝 / 그린북<br>『사계절』 /존 버닝햄 / 시공주니어 |
| 어떻게 읽을까 | 1. 책 속의 그림과 삽화를 살펴보며 읽어 봅시다.<br>2. 각 계절의 특징을 살펴보며 읽어 봅시다.<br>3. 교과서를 펼쳐 해당 내용을 자세히 살펴보며 읽어 봅시다. |
| 무엇을 토론할까 | 1. 사계절이 사라진다면 우리나라의 모습은 어떻게 될까요?<br>2. 수세미는 설거지할 때 쓰이는 수세미, 기침약, 치약 등으로 다양하게 이용되는데 우리 생활에 먹는 것 이외에 다양하게 사용되는 동, 식물은 또 무엇이 있을까요?<br>3. 책을 읽고 새롭게 알게 된 내용을 이야기해 봅시다. |
| 무엇을 써 볼까 | 1. '사계절'이라는 제목으로 대본을 써서 역할극으로 표현해 봅시다.<br>2. 마음에 드는 계절을 골라 계절의 특징과 동식물에 관해 소개하는 글을 써 봅시다.<br>3. 계절에 관한 퀴즈를 만들어 가족들과 독서퀴즈를 풀어 봅시다. |

# 포동포동 소중한 우리 몸

전미숙

<table>
<tr><td>도 서 명</td><td colspan="2">포동포동 소중한 우리 몸</td></tr>
<tr><td>도서정보</td><td colspan="2">전미숙 / 아이앤북/ 2003년 / 59쪽 / 9,000원</td></tr>
<tr><td>분 류</td><td colspan="2">목적(정보전달) / 분야(과학) / 시대(현대) / 지역(한국)</td></tr>
<tr><td rowspan="2">관련 교과/<br>관련 교육과정</td><td>슬기로운 생활</td><td>1학년 2-(1) 나의 몸</td></tr>
<tr><td>즐거운 생활</td><td>1학년 2-(1) 나의 몸</td></tr>
<tr><td>어떤 책일까</td><td colspan="2">우리 몸의 한 부분이라도 고장이 난다면 어떤 일이 생길까요? 이 책은 지금도 계속 움직이고 있는 우리 몸의 각 부분들이 어떤 활동을 하고 있는지를 자세히 알려주고 있어요. 예쁜 아기는 어디서 태어나는 걸까요? 배가 고프면 왜 배에서 꼬르륵 소리가 나는 걸까요? 등 우리가 흔히 하는 질문에 대한 답이 이 책에 있어요. 이 책은 우리 몸의 각 부분들이 하는 일을 알기 쉽게 재미있는 그림과 함께 잘 설명하고 있어요. 평상시 내가 궁금하던 질문들을 생각하며 이 책에서 그 답을 찾아 봅시다.</td></tr>
<tr><td>다양한 매체로<br>맛보기</td><td colspan="2">관련 도서 : 『어린 과학자를 위한 몸 이야기』 / 권오길 / 봄나무<br>『손에 잡히는 과학 교과서7(인체)』 /권오길 / 길벗스쿨<br>『몸은 정말 놀라워 / 필립아다/ 주니어 김영사</td></tr>
<tr><td>어떻게 읽을까</td><td colspan="2">1. 우리 몸의 각각의 부분이 하는 일과 특징을 살펴보며 읽어 봅시다.<br>2. 우리 몸과 관련된 재미있는 이야기를 상상하며 읽어 봅시다.<br>3. 책 속의 새로운 과학용어의 의미를 생각하며 읽어 봅시다.<br>4. 평상시 우리 몸에 관해 궁금했던 점을 생각하며 읽어 봅시다.</td></tr>
<tr><td>무엇을 토론할까</td><td colspan="2">1. 우리 몸에서 가장 소중한 부분은 어디라고 생각하는가?<br>2. 건강을 지킬 수 있는 방법은 무엇일까?<br>3. 우리 몸의 부분들은 각자 역할을 하며 계속 움직이고 있다. 이 중 하나라도 고장이 난다면 어떤 일이 생길까?<br>4. 눈곱, 코딱지, 귀지 등은 더러워서 억지로 없애거나 떼어야 할까?</td></tr>
<tr><td>무엇을 써 볼까</td><td colspan="2">1. ‘내 몸이 제일 소중해’라는 제목으로 대본을 써서 역할극을 해 봅시다.<br>2. 사람의 모습(인체도)를 그려 몸의 각 부분들이 하는 일을 간단히 정리해 봅시다.<br>3. 뇌에게 많은 운동을 시키면 머리가 좋아진다. 머리가 좋아지는 방법을 적어 봅시다.</td></tr>
</table>

# 열두달 자연놀이

붉나무

| 도 서 명 | 열두달 자연놀이 | |
|---|---|---|
| 도서정보 | 붉나무 / 보리 / 2009년 / 220쪽 / 16,000원 | |
| 분 류 | 목적(정보전달) / 분야(예술) / 시대(현대) / 지역(한국) | |
| 관련 교과/<br>관련 교육과정 | 슬기로운 생활 | 1학년 1-(2) 봄이 왔어요<br>1학년 1-(6) 와! 여름이다<br>1학년 2-(4) 가을의 산과 들<br>1학년 2-(6) 우리의 겨울맞이 |
| 어떤 책일까 | 이 책은 어린이 잡지 「개똥이네 놀이터」에서 2년 동안 연재했던 꼭지를 한 권으로 엮은 책이에요.<br>책 속에는 언제, 어디서나, 누구나, 손쉽게 하는 자연놀이 365가지가 담겨 있답니다. 여러분에게 자연은 멀리 가야만 볼 수 있는 것이죠? 그러나 문 밖에 나가기만 어디서나 만날 수 있는 곳이 자연이랍니다. 집 밖으로 나가 봅시다. 돌멩이, 꽃, 공원에 떨어진 낙엽 이런 것들은 모두 여러분의 놀이거리가 될 수 있어요. 이런 것들은 만져보고 만들어 보면서 여러분은 자연과 함께 자랄 수 있는 것이랍니다. 낙엽을 주워 무엇을 만들까요? 진달래꽃을 꺾어 무엇을 만들까요? 이 책에 정답이 나와 있어요. 신나게 놀다보면 동식물의 이름, 그리기, 만들기는 저절로 알 수 있게 되겠죠? 이 책은 누구나 할 수 있게 자세하게 설명되어 있으니 책을 읽고 자연놀이를 하러 밖으로 나가서 신나게 놀아 봐요. | |
| 다양한 매체로<br>맛보기 | 관련 도서 : 『으랏차차 신나는 놀이마당』 / 원동은 / 재미마주<br>『꼬물꼬물 일과 놀이사전』 / 윤구병 / 보리 | |
| 어떻게 읽을까 | 1. 계절별로 할 수 있는 놀이를 어떻게 설명했는지 살펴보며 읽어 봅시다.<br>2. 내가 아는 놀이 방법과 무엇이 비슷하며 어디가 다른지 찾아보며 읽어 봅시다.<br>3. 직접 해보고 싶은 것을 찾아 놀아 보며 읽어 봅시다. | |
| 무엇을 토론할까 | 1. 조상들의 놀이와 우리 놀이의 장점과 단점을 토론해 봅시다.<br>2. 친구들과 함께 해보고 싶은 놀이를 정해 봅시다.<br>3. 자연과 함께 하는 놀이가 많은데 컴퓨터나 돈으로 할 수 있는 놀이와 자연과 함께 하는 놀이의 차이를 비교해 봅시다. | |
| 무엇을 써 볼까 | 1. 옛날 사람들이 모르는 놀이를 하나 골라 놀이방법을 설명해 봅시다.<br>2. 놀이를 하나 해보고 경험한 내용을 생활문으로 적어 봅시다.<br>3. 한 달에 하나씩 달별 놀이계획표를 세워 놀이해 봅시다. | |

# 뽀드득 뽀드득 튼튼한 이

에드워드 밀러

<table>
<tr><td>도 서 명</td><td colspan="2">뽀드득 뽀드득 튼튼한 이</td></tr>
<tr><td>도서정보</td><td colspan="2">에드워드 밀러 / 아이세움 / 2009년 / 32쪽 / 9,000원</td></tr>
<tr><td>분 류</td><td colspan="2">목적(정보전달) / 분야(과학) / 시대(현대) / 지역(한국)</td></tr>
<tr><td rowspan="2">관련 교과/<br>관련 교육과정</td><td>슬기로운 생활</td><td>1학년 1-(4) 건강하게 생활해요<br>1학년 2-(2) 병원놀이</td></tr>
<tr><td>바른생활</td><td>1학년 2-(1) 나의 몸</td></tr>
<tr><td>어떤 책일까</td><td colspan="2">1학년 나이가 되면 이가 빠집니다. 공부 중에도 빠지고 길을 걷다가 빠지기도 합니다. 빠지면 다시 나오기 때문에 걱정하지 않아도 됩니다. 하지만 이를 잘 닦지 않거나 단 음식을 자주 먹으면 충치가 생기죠. 충치가 자주 생기는 뒤어금니는 빠지면 다시 나지 않습니다. 그래서 충치가 생기지 않게 해야 합니다.<br>이 책은 이를 설명하고 있어요. 이가 왜 빠지는지, 충치는 어떻게 생기는지, 이를 튼튼하게 하려면 어떻게 해야 하는지 알려줍니다. 이와 관련된 다른 나라 이야기도 함께 알려줘서 더 재미있답니다.</td></tr>
<tr><td>다양한 매체로<br>맛보기</td><td colspan="2">관련 도서 : 『이닦기 대장이야』 / 이윤정 / 웅진주니어<br>『이가 아파요』 / 토르뵤른 에그네드/ 가교</td></tr>
<tr><td>어떻게 읽을까</td><td colspan="2">1. 자신이 겪은 경험을 떠올리며 읽어 봅시다.<br>2. 정보를 전해주는 책이므로 새로운 내용을 적거나 기억하며 읽어 봅시다.<br>3. 이 건강을 위해 무엇을 해야 하는지 생각하며 읽어 봅시다.</td></tr>
<tr><td>무엇을 토론할까</td><td colspan="2">1. 이를 상하게 하는 행동을 이야기해 봅시다.<br>2. 치과에 간 경험을 친구들과 함께 이야기해 봅시다.<br>3. 이와 관련된 재미있는 이야기를 찾아 이야기해 봅시다.</td></tr>
<tr><td>무엇을 써 볼까</td><td colspan="2">1. 덧니, 치실, 유치, 간니, 영구치와 같은 낱말을 넣어 짧은 글을 지어 봅시다.<br>2. 이를 건강하게 만들기 위한 광고를 만들 때 알맞은 광고내용을 지어 봅시다.<br>3. 거울에 이를 비춰보고 보이는 모습을 설명해 봅시다.</td></tr>
</table>

# 과학이 재밌어지는 1학년 맞춤과학

홍윤희

| 도 서 명 | 과학이 재밌어지는 1학년 맞춤과학 | |
|---|---|---|
| 도서정보 | 홍윤희 / 거인 / 2009년 / 128쪽 / 9,000원 | |
| 분 류 | 목적(정보전달) / 분야(과학) / 시대(현대) / 지역(한국) | |
| 관련 교과/<br>관련 교육과정 | 슬기로운 생활 | 1학년 1-(5) 자연과 함께해요.<br>2-(5) 생각하여 만들기 |
| 어떤 책일까 | 아침에 일어나 스위치를 누르면 불이 켜집니다. 밥솥에는 밥이 익고 냉장고는 음식을 시원하게 유지하고 있습니다. 해는 어김없이 뜨고 우리 눈에는 여러 가지 색깔이 보입니다. 보이지 않는 공기가 있어 숨을 쉬고, 나무는 우리가 내뱉은 이산화탄소를 마십니다. 어떻게 이런 일이 일어날 수 있을까요? 나무와 꽃이 자라고 머리로 생각을 하고 비가 오고 애벌레가 나비가 되고……<br>이 모든 게 과학입니다. 과학으로 설명하고 과학으로 발전을 시키죠. 이 책은 우리가 쉽게 만날 수 있는 30가지를 과학으로 설명하고 있습니다. 이야기를 곁들여서 재미있고 이해하기도 쉽습니다. | |
| 다양한 매체로<br>맛보기 | 관련 도서 : 『과학을 꿀꺽 해버린 동화 1,2학년』 / 홍윤희 / 대교 | |
| 어떻게 읽을까 | 1. 과학과 관련된 낱말을 기억하며 읽어 봅시다.<br>2. 과학이 우리 생활에 어떤 도움을 주는지 찾아 보며 읽어 봅시다.<br>3. 내가 알고 있는 과학상식을 확인하며 읽어 봅시다. | |
| 무엇을 토론할까 | 1. 풍선을 함부로 많이 띄우면 안 되는 이유를 말해 봅시다.<br>2. 가장 신기한 과학 이야기를 친구들에게 소개해 봅시다.<br>3. 식물이 잘 자라려면 어떻게 해주어야 하는지 말해 봅시다. | |
| 무엇을 써 볼까 | 1. 알고 있는 과학원리 하나를 소개해 봅시다.<br>2. 과학자에게 물어 보고 싶은 궁금한 점 3가지를 적어 봅시다.<br>3. 과학이 발달해서 편리해진 생활모습 3가지를 적어 봅시다. | |

# 용구삼촌

권정생

| 도 서 명 | 용구삼촌 | |
|---|---|---|
| 도서정보 | 권정생 / 산하 / 2009년 / 40쪽 / 9,500원 | |
| 분 류 | 목적(정서표현) / 분야(인문) / 시대(현대) / 지역(한국) | |
| 관련 교과/<br>관련 교육과정 | 슬기로운 생활 | 1학년 1-(3) 가족은 소중해요 |
| | 즐거운 생활 | 1학년 1-(3) 가족은 소중해요 |
| 어떤 책일까 | 용구삼촌은 서른 살이 넘었지만 모든 게 서툴렀습니다. 보통사람과 다른 세상을 살았습니다. 보통 사람들 눈에는 이상하게 보여 어쩌면 장애인이라고 부를 수도 있겠네요. 집안 사람들은 삼촌 때문에 마음을 놓지 못합니다. 다섯 살배기보다도 더 어린애 같은 바보로 보였습니다. 하지만 마음은 천사여서 조카들에게 맛있는 걸 먼저 주었고 자기는 나중에 찌꺼기만 먹었습니다. 그러고도 항상 웃는 깨끗한 마음을 갖고 있었지요.<br>그런데 삼촌이 소를 몰고 나갔다가 돌아오지 않습니다. 삼촌이 없을 때는 몰랐는데 막상 삼촌이 사라지자 나는 삼촌이 너무나 보고 싶습니다. 삼촌을 찾을 수 있을까요? | |
| 다양한 매체로 맛보기 | 관련 도서 : 『우리 엄마 데려다줘』 / 김옥 / 파랑새어린이<br>『엄마 없는 날』 / 이원수 / 웅진닷컴 | |
| 어떻게 읽을까 | 1. 다른 사람에게 이야기해주듯 또박또박 읽어 봅시다.<br>2. 장소를 설명하는 말을 잘 기억하며 읽어 봅시다.<br>3. 권정생 선생님은 따뜻한 마음을 가진 작가입니다. 선생님이 쓴 다른 책도 찾아 읽어 봅시다. | |
| 무엇을 토론할까 | 1. 용구삼촌과 같은 사람을 주변에서 찾아 소개해봅시다.<br>2. 책을 읽고 어떤 생각을 하게 되었는지 말해 봅시다.<br>3. 나에게 가장 소중한 사람이 누구인지 이야기해봅시다. | |
| 무엇을 써 볼까 | 1. 장소를 나타낸 말을 찾아 짧은 글을 지어 봅시다.<br>2. 용구삼촌처럼 나한테 잘해준 분에게 편지를 써 봅시다.<br>3. 늘 곁에 있기 때문에 소중하다고 생각하지 못하는 물건이나 사람이 무엇인지 찾아 써 봅시다. | |

# 우린 친구야 모두 친구야

정일근

<table>
<tr><td>도 서 명</td><td colspan="2">우린 친구야 모두 친구야</td></tr>
<tr><td>도서정보</td><td colspan="2">정일근 / 가교출판 / 2009년 / 80쪽 / 9,800원</td></tr>
<tr><td>분 류</td><td colspan="2">목적(정서표현, 과학) / 분야(인문) / 시대(현대) / 지역(한국)</td></tr>
<tr><td rowspan="2">관련 교과/<br>관련 교육과정</td><td>슬기로운 생활</td><td>1학년 1-(2) 봄이 왔어요.<br>1학년 1-(5) 자연과 함께해요.</td></tr>
<tr><td>즐거운 생활</td><td>1학년 1-(2) 봄이 왔어요</td></tr>
<tr><td>어떤 책일까</td><td colspan="2">채송화, 은방울꽃, 애기 원추리, 붓꽃, 애기똥풀을 알고 있나요? 모두 화창한 5월쯤에 피는 꽃입니다. 이름도 예쁜 우리나라 이름이죠. 책에 나오는 꽃들은 서로 이야기를 나눠요. 책을 쓴 정일근 시인은 ‘마음의 귀’를 갖고 있는 사람은 꽃들이 나누는 이야기를 들을 수 있다고 해요. 그런 귀를 가진 사람은 꽃을 아주 많이 사랑하겠지요. 여러분은 꽃을 어떻게 대하나요? 사랑하는 친구도 있지만 함부로 다루는 친구도 있을 거예요. 이 책을 읽으면 꽃의 마음을 느낄 수 있어요. 애기똥풀이 놀림 받아 슬퍼하는 마음은 우리가 놀림 받을 때 마음이랑 똑같지요. 마음의 귀를 열고 읽어야 하는 책이에요.</td></tr>
<tr><td>다양한 매체로<br>맛보기</td><td colspan="2">관련 도서 : 『두더지 아가씨네 꽃밭』 / 우리누리 / 대교<br>『꽃이 들려주는 동화』 / 유영소(확인) / 문공사</td></tr>
<tr><td>어떻게 읽을까</td><td colspan="2">1. 꽃 이름과 그림이 어울리는지 생각하며 읽어 봅시다.<br>2. 시인이 쓴 책이어서 시처럼 적었어요. 시를 낭송하듯 읽어 봅시다.<br>3. 각각의 꽃과 관련된 설명을 잘 기억하며 읽어 봅시다.</td></tr>
<tr><td>무엇을 토론할까</td><td colspan="2">1. 내가 가장 좋아하는 꽃을 소개해 봅시다.<br>2. 이름이 예쁜 꽃을 조사해서 발표해 봅시다.<br>3. 꽃과 친구가 되려면 어떻게 해야 하는지 토의해 봅시다.</td></tr>
<tr><td>무엇을 써 볼까</td><td colspan="2">1. 지은이가 쓴 것처럼 꽃이름을 잘 설명하는 시를 써 봅시다.<br>2. 주변에 있는 꽃을 하나 골라 소개하는 글을 써 봅시다.<br>3. 나는 어떤 꽃과 많이 닮았는지 써 봅시다.</td></tr>
</table>

# 눈으로 보고 손으로 그리는 세계 명화

로지 디킨스

| 도 서 명 | 눈으로 보고 손으로 그리는 세계 명화 | |
|---|---|---|
| 도서정보 | 김용규 외 / 시공주니어 / 2008년 / 64쪽 / 12,000원 | |
| 분 류 | 목적(정보전달) / 분야(예술) / 시대(현대) / 지역(프랑스) | |
| 관련 교과/<br>관련 교육과정 | 즐거운 생활 | 1학년 1-(5) 흔들흔들<br>1학년 2-(4) 숲속 나라 잔치<br>1학년 2-(6) 흐름결을 느껴요 |
| 어떤 책일까 | 피카소, 반 고흐, 앤디 워홀의 공통점은 무엇일까요? 바로 멋진 미술작품을 그리고 만든 유명한 미술가라는 것이에요. 이 책은 유명한 미술 작품들을 감상하고, 작품에 쓰인 기법을 따라 여러분이 직접 자기만의 작품을 만들어 보도록 꾸며져 있어요. 주변에서 쉽게 구할 수 있는 헌 잡지, 색종이, 물감 같은 일반적인 재료로 엄마의 도움 없이 혼자서도 쉽게 따라 할 수 있는 활동들이에요. 물감을 흩뿌리고, 스펀지로 물감을 찍어 본다면 여러분도 고흐와 같이 강하고 멋진 해바라기를 만들 수 있을 거예요. 이 책은 미술작품을 보다 깊이 이해하기도 하지만 화가들의 기발한 상상력과 기법을 배워 응용할 수 있다는 장점이 있어요. 붓에 물감을 묻혀 그리는 기본적인 미술 활동부터 직접 색종이를 오려 붙이고, 종이를 엮어 나만의 작품을 만드는 다양한 과정을 통해 자기만의 상상력과 표현력을 마음껏 발휘해 봅시다. | |
| 다양한 매체로<br>맛보기 | 관련 도서 : 『행복한 미술관』 / 앤서니 브라운 / 웅진주니어<br>『색채의 마술사 마티스』 / 비쥬 르 토르드 / 토마토하우스 | |
| 어떻게 읽을까 | 1. 내가 평상시 그림을 감상하면서 궁금했던 것을 생각하면서 읽어 봅시다.<br>2. 그림에 대한 새로운 용어를 이해하면서 읽어 봅시다.<br>3. 같은 주제와 제목이지만 다양한 방법으로 다르게 그려진 그림을 감상하며 읽어 봅시다. | |
| 무엇을 토론할까 | 1. 여러분이 가장 좋아하는 화가는 누구이며 관련된 이야기나 그림 기법에 대해서 말해 봅시다.<br>2. 모든 미술작품이 기법이나 느낌, 관련된 이야기가 다른데 왜 그럴까? 모든 작품을 그리는 방법은 같아야 하지 않을까?<br>3. 벨라스케스라는 화가는 궁전화가였는데도 왕과 왕비를 작게 그리고 개나 난쟁이 등 우리가 소홀히 하는 동물과 사람들까지 그려 넣었다. 궁전화가는 임금님과 왕비를 크게 그려야 하지 않을까? 화가에 행동에 대한 자신의 생각을 말해 봅시다. | |
| 무엇을 써 볼까 | 1. 책을 읽어보며 마음에 드는 작품을 골라 작품에 나타난 기법을 소개해 봅시다.<br>2. 책에서 배운 기법들을 활용하여 나만의 방법으로 작품을 만들어 봅시다.<br>3. 박물관에 가서 다양한 그림을 관찰하고 감상문을 써 봅시다. | |

# 달팽이의 옷

하디스 라자르 골러미

| 도 서 명 | 달팽이의 옷 | |
|---|---|---|
| 도서정보 | 하디스 라자르 골러미 / 큰나 / 2009년 / 22쪽 / 9,500원 | |
| 분　류 | 목적(정서표현) / 분야(인문) / 시대(현대) / 지역(전세계) | |
| 관련 교과/<br>관련 교육과정 | 즐거운 생활 | 1학년 2-(1) 나의 몸 |
| 어떤 책일까 | 달팽이가 정말 가지고 싶었던 집은 어떤 집일까?<br>등에 지고 있던 헌집을 버리고 새집을 갖고 싶었던 달팽이는 집을 파는 가게를 찾아간다. 달팽이가 다양한 종류의 집들을 둘러보고 있을 때 가게 주인이 다가와 달팽이에게 잘 어울릴 훌륭한 집을 만들어 주겠다고 약속한다. 달팽이는 주인에게 모든 것을 맡기고 돌아가 집이 완성되기 만을 기다린다. 드디어 집이 완성되는 날, 달팽이는 기쁜 마음으로 집을 보러 가게로 찾아간다. | |
| 다양한 매체로<br>맛보기 | 관련 도서 : 『우리 몸 이야기』 / 이지유 / 미래아이 | |
| 어떻게 읽을까 | 1. 나에게 맞는 옷이 무엇인지 생각하며 읽는다.<br>2. 누군가가 나에게 관심을 가져 주어서 고마운 일을 생각하며 읽는다.<br>3. 다른 사람을 이해하는 마음을 가지고 읽는다.<br>4. 멋진 모양을 마음껏 상상하며 읽는다. | |
| 무엇을 토론할까 | 1. 내가 가장 좋아하는 옷은 어떤 옷인가요? 그리고 그 이유는 무엇인가요?<br>2. 내가 옷을 만든다면 어떤 옷을 만들고 싶나요?<br>3. 내가 옷을 만든다면 어떤 기능이 있었으면 좋겠나요?<br>4. 내가 버리고 싶은 것은 무엇인가요? 내가 가지고 있지 않은 것 중에 사고 싶은 것은 무엇인가요? | |
| 무엇을 써 볼까 | 1. 나의 전신 모습을 그려 보세요.<br>2. 내가 만들고 싶은 옷을 그려 보세요.<br>3. 내가 만약 가게 주인이라면 새집을 사려 찾아온 달팽이에게 어떤 집을 추천할지 써 보세요.<br>4. 내가 만약 가게 주인인데 우리 가게에 없는 것을 사고 싶어 하는 손님에게 어떻게 할지 써 보세요. | |

# 아빠도 듣고 자란 교과서 전래동화

김경희

| 도 서 명 | 아빠도 듣고 자란 교과서 전래동화 | |
|---|---|---|
| 도서정보 | 김경희 / 흙마당 / 2009년 / 106쪽 / 12,000원 | |
| 분　류 | 목적(사회적 상호작용) / 분야(인문) / 시대(고대) / 지역(한국 | |
| 관련 교과/<br>관련 교육과정 | 즐거운 생활 | 1학년 1-(4) 누구를 만날까요?<br>1학년 2-(3) 함께하는 한가위 |
| | 국어 | 1학년 1-(7) 상상의 날개를 펴고 |
| 어떤 책일까 | 이 책에는 초등학교 교과서에 실린 적이 있는 12가지 이야기가 나옵니다. 모두 옛날부터 전해 내려오는 이야기이고 부모님도 초등학생일 때 많이 들었습니다. 아니, 지금 아이들보다 더 자주 들었습니다. 지혜로운 우리 조상님들은 재미있는 이야기를 들려주며 가르치셨는데 여기 실린 이야기들도 좋은 가르침을 담고 있습니다.<br>널리 알려진 호랑이와 곶감처럼 재미있게 읽을 수 있는 글도 있고 망주석 재판처럼 지혜를 전해주는 책도 있습니다. 집안이 화목한 비결이나 짧아진 바지 이야기는 화목과 효도를 알려줍니다. 12가지 이야기를 읽으며 여러분도 지혜롭고 남에게 도움을 주는 사람이 되세요. | |
| 다양한 매체로 맛보기 | 관련 도서 : 『호랑이 뱃속에서 고래잡기』 / 김용택 / 푸른숲<br>『엄마와 함께 읽는 교과서 전래동화』 / 김경희 / 흙마당<br>『팥죽 할머니와 호랑이』 / 조대인 / 보림<br>『가슴 뭉클한 옛날 이야기』 / 김장성 / 사계절 | |
| 어떻게 읽을까 | 1. 부모님이 어떤 이야기를 알고 있는지 여쭤보며 읽어 봅시다.<br>2. 각각 이야기를 통해 무엇을 가르쳐주려고 했는지 알아 봅시다.<br>3. 주고받는 말을 실감나게 표현하며 읽어 봅시다. | |
| 무엇을 토론할까 | 1. 어떤 이야기가 가장 기억에 남는지 이야기해 봅시다.<br>2. 사랑 받으려고 이상한 행동을 한 돼지를 팔아버린 건 옳은 일일까요?<br>3. 황새는 올바르게 재판한 걸까요? 황새를 재판한다면 어떻게 될지 이야기해 봅시다. | |
| 무엇을 써 볼까 | 1. 가장 재미있는 이야기를 간단하게 요약해서 써 봅시다.<br>2. 우리 집에서 같이 살고 싶은 등장인물을 골라 이유를 써 봅시다.<br>3. 바꾸고 싶은 이야기를 하나 골라 마음대로 바꿔 써 봅시다. | |

# 까막눈 삼디기

원유순

| 도 서 명 | 까막눈 삼디기 | |
|---|---|---|
| 도서정보 | 원유순 / 웅진주니어 / 2000년 / 94쪽 / 8000원 | |
| 분 류 | 목적(사회적 상호작용) / 분야(사회) / 시대(현대) / 지역(한국) | |
| 관련 교과/<br>관련 교육과정 | 특별활동 | 자치활동, 적응활동 |
| | 바른생활 | 1학년 1-(5) 사이좋은 친구 |
| 어떤 책일까 | 학교에 가도 글을 읽지 못하는 친구가 있습니다. 안 배웠기 때문이죠. 악기를 연주할 줄 모르는 친구도 있습니다. 처음 악기를 연주해봐서 그래요. 운동을 못하는 친구도 있고 그림을 못 그리는 친구도 있습니다. 곁에 있는 친구가 도와주면 배울 수 있을텐데 친구들이 놀리기만 하면 화가 나겠지요. 책에 나온 삼디기도 친구들이 놀려서 화가 났습니다. 보라가 도와주지 않았으면 글도 못 읽고 나쁜 아이가 되었을 것입니다. 보라가 동화책을 빌려주며 읽어줘서 삼디기는 글을 배우게 됩니다.<br>친구가 잘못하는 걸 보고 놀리기 쉽습니다. 도와주는 건 힘든 일입니다. 삼디기 마음이 얼마나 힘들까 생각하는 친구도 별로 없습니다. 이 책은 글씨를 못 읽는 삼대기를 통해 친구 마음을 이해하도록 도와 줍니다. | |
| 다양한 매체로<br>맛보기 | 관련 도서 : 『나무마을 동만이』 / 문학동네/ 『노란 샌들 한 짝』 /카렌 린 윌리엄스/ 『가방 들어주는 아이』 /고정욱/ | |
| 어떻게 읽을까 | 1. 잘 못한다고 놀림 받는 마음이 얼마나 답답할지 생각하며 읽어 봅시다.<br>2. 보라와 같은 친구가 있다면 얼마나 좋을까 생각하며 읽어 봅시다.<br>3. 목소리를 또박또박 내서 읽어 봅시다. | |
| 무엇을 토론할까 | 1. 별명이나 놀리는 일 때문에 마음이 아팠던 이야기를 해봅시다.<br>2. 별명을 부르는 게 좋을까요? 안 부르는 게 좋을까요?<br>3. 보라는 삼디기가 백 점이라고 하는데 백 점이라고 해도 될까요? | |
| 무엇을 써 볼까 | 1. 여러분이 삼디기라면 놀리는 친구들에게 어떤 말을 할까요?<br>2. 보라에게 상장을 만들어 준다면 어떤 상을 줄 수 있을까요?<br>3. 삼디기처럼 받아쓰기를 해볼까요? 주변 어른들에게 책에 나온 말을 읽어달라 하고 써 봅시다. | |

# 거짓말

고대영

| 도 서 명 | 거짓말 | |
|---|---|---|
| 도서정보 | 고대영 / 길벗어린이 / 2009년 / 38쪽 / 9,000원 | |
| 분 류 | 목적(사회적 상호작용) / 분야(인문) / 시대(현대) / 지역(한국) | |
| 관련 교과/<br>관련 교육과정 | 재량활동 | 정직한 생활 |
| 어떤 책일까 | 어 저게 뭐지? 병관이가 길에 떨어진 만원을 주으면서 이야기는 시작되지요. 주인 없는 돈을 주운 병관이는 놀이터와 문방구, 분식점에서 어떤 일이 있었을까요? 뜻하지 않게 돈을 주운 병관이는 처음에는 어떻게 해야 할지 갈등하지만 결국 그 돈을 다 쓰고 맙니다. 그 돈으로 누나와 떡볶이를 먹다가 엄마에게 거짓말을 하게 되고 결국 엄마에게 혼이 나면서 솔직히 말하고 반성하게 됩니다. 우리들도 병관이처럼 돈을 주웠다면 어떠할까요? 우연히 남의 돈을 주웠을 때의 떨리는 마음, 혹시 누가 보지 않았나 싶어 자꾸 주위를 돌아보게 되는 불안한 심정, 그럼에도 불구하고 평소 갖고 싶었던 물건을 사고 마는 욕심은 병관이 뿐만 아니라, 여러 분 모두에게 생길 수 있는 마음일 것이에요. 양심적이지 못한 행동을 하고 거짓말을 했다면 책 속의 병관이가 그랬듯이, 스스로 잘못을 인정하고 바로잡으려고 노력하면 다 해결될 수 있다는 것을 기억하며 이 책을 읽어 보도록 해요. | |
| 다양한 매체로<br>맛보기 | 관련 도서 : 『빵점맞은날』 / 스가와라 카에데 / 그린북<br>『가짜백점』 / 권태문 / 한국독서지도회 | |
| 어떻게 읽을까 | 1. 돈을 주은 병관이가 무엇을 했는지 생각하며 읽어 봅시다.<br>2. 병관이가 거짓말을 하게 된 까닭은 무엇인지 생각하며 읽어 봅시다.<br>3. 내가 돈을 주었다면 어떻게 할 것인지 생각하며 읽어 봅시다. | |
| 무엇을 토론할까 | 1. 내가 돈을 주웠고 주변에 사람이 없었다. 돈의 주인은 누구일까?<br>2. 거짓말은 또 다른 거짓말을 하게 한다. 거짓말을 숨기기 위해 계속 거짓말을 하는 행동에 대한 자신의 생각을 말해 봅시다.<br>3. 엄마는 돈을 돌려주지 않고 장난감을 산 병관이에게 경찰서에 가자고 하셨다. 잘못을 인정하고 용서를 비는 병관이를 경찰서에 데려가려 했던 엄마의 행동은 옳은가? | |
| 무엇을 써 볼까 | 1. 병관이처럼 돈 주인을 찾아주는 벽보를 만들어 봅시다.<br>2. '거짓말'이라는 제목으로 병관이가 되어 반성하고 다짐하는 일기를 써 봅시다.<br>3. 나에게 돈이 많이 생긴다면 무엇을 하고 싶은지 5가지를 적어 봅시다. | |

초등학교
교과별
추천도서로
만든

# 2학년

# 2009 개정 교육과정 초등학교 교과별 추천도서목록

| 학년 | 도서명 | 저자명 (역자명) | 출판사 | 연도 | 교과 |
|---|---|---|---|---|---|
| 초2 | 너랑 놀아 줄게 | 김명희 | 맹앤앵 | 2009 | 바생 2-(1) |
| 초2 | 내 친구 슈 | 윤재웅 | 맹앤앵 | 2009 | 바생 2-(1) |
| 초2 | 세상에서 제일 잘난 나 | 김정신 | 소담주니어 | 2009 | 바생 2-(1) |
| 초2 | 꼴찌가 받은 상 | 김용인 | 알라딘북스 | 2008 | 바생 2-(1) |
| 초2 | 아기 소나무 | 권정생 | 산하 | 2010 | 바생 2-(4), 2-(7) |
| 초2 | 폭탄머리 내짝꿍 | 정설아 | 글고은 | 2009 | 국어 1-(6), 2-(6) |
| 초2 | 아버지의 커다란 장화 | 임길택 외 | 웅진주니어 | 2009 | 국어 2-(3) |
| 초2 | 알사탕 동화 | 이미애 | 가문비어린이 | 2009 | 국어 1-(7) |
| 초2 | 멋진여우씨 | 로알드 달 | 논장 | 2009 | 국어 1-(8) |
| 초2 | 책 읽어 주는 바둑이 | 이상배 | 처음주니어 | 2009 | 국어 2-(1) |
| 초2 | 초대받은 아이들 | 황선미 | 웅진 | 2001 | 국어 2-(2) |
| 초2 | 이솝우화보다 재미있는 세계 100대 우화 | 이상배 | 삼성출판사 | 2004 | 국어 2-(4) |
| 초2 | 으악, 도깨비다 | 손정원 | 느림보 | 2002 | 국어 2-(6) |
| 초2 | 꺼벙이 억수 | 윤수천 | 좋은책 어린이 | 2007 | 국어 2-(6) 특별활동 |
| 초2 | 거꾸로 나라 임금님 | 이준연 | 삼성당 | 2007 | 국어 2-(7) |
| 초2 | 짧은 동화 긴 생각(아동용) | 이규경 | 효리원 | 2005 | 국어 2-(3) 바생 2-(2) |
| 초2 | 팥죽할멈과 호랑이 | 백희나 | 시공주니어 | 2006 | 국어 2-(1) 즐생 2-(6) |
| 초2 | 도도새는 살아있다 | 딕 킹 스미스 | 웅진 | 2003 | 국어 1-(6) 국어 1-(4) 국어 2-(6) |
| 초2 | 구만이는 울었다 | 홍종의 | 디딤돌 | 2009 | 국어 1-(4) 국어 2-(3) 2-(6) |
| 초2 | 비밀이 생겼어요 | 이현 | 채우리 | 2006 | 국어 1-(6) 1-(7) |
| 초2 | 우체부가 사라졌어요 | 클레르 프라네크 | 키다리 | 2008 | 국어 2-(4) 2-(7) 슬생 1-(5) |
| 초2 | 저학년 탈무드 | 마빈 토케이어 | 효리원 | 2004 | 국어 1-(3) 2-(2) 바생 1-(5) 2-(2) |
| 초2 | 동생 따윈 필요없어 | 길지연 | 기댄돌 | 2009 | 국어 1-(3) 2-(1) 바생 1-(5) |
| 초2 | 마법의 설탕 두 조각 | 미카엘 엔데 | 소년한길 | 2001 | 국어 1-(6) 1-(8) 2-(3) 2-(6) |
| 초2 | 어린이를 위한 헛소동 | 윌리엄 세익스피어 | 찰리북 | 2009 | 국어 1-(1) 1-(3) 2-(4) |

| 학년 | 도서명 | 저자명<br>(역자명) | 출판사 | 연도 | 교과 |
|---|---|---|---|---|---|
| 초2 | 완벽한 사람은 없어 | 앨런 번스 | 개암나무 | 2009 | 국어 1-(3)<br>2-(3) |
| 초2 | 수학아 수학아 나 좀 도와줘 | 조성실 | 삼성당 | 2006 | 수학 전단원 |
| 초2 | 수학이 진짜 웃기다고요 | 김수경 | 한솔수북 | 2006 | 수학전단원 |
| 초2 | 새는 다시 돌아오지 않았다. | 송재찬 | 효리원 | 2009 | 국어 2-(3) |
| 초2 | 선생님 나만 믿어요 | 고정욱 | 글담 어린이 | 2009 | 슬생 1-(2) |
| 초2 | 자연과 함께해요 | 이동렬 | 해피북스 | 2005 | 바생 |
| 초2 | 낮과 밤은 왜 달라? | 로랑사바티에 | 큰북작은북 | 2007 | 슬생 2-(1) |
| 초2 | 너무나도 다정한 점순씨 | 최영희 | 아리샘주니어 | 2009 | 슬생 1-(4) |
| 초2 | 뭐가 다른데? | 이성자 | 문원원 | 2009 | 슬생 1-(5) |
| 초2 | 지렁이가 흙똥을 누었어 | 이성실 | 다섯수레 | 2009 | 슬생 1-(7) |
| 초2 | 개미야, 진딧물은 키워서 뭐 하게? | 장수하늘소 | 밝은미래 | 2009 | 슬생 1-(7)<br>바생 2-(7) |
| 초2 | 어진이의 농장일기 | 신혜원 | 창비 | 2000 | 슬생 1-(7)<br>2-(3) 즐생<br>1-(4) 1-(6)<br>2-(4) |
| 초2 | 싸움 말리다 금화를 만든 왕 | 디미테르<br>잉키오브 | 주니어랜덤 | 2007 | 슬생 2-(4)<br>슬생 2-(5) |
| 초2 | 소곤소곤 꽃이 들려주는 동화 | 최은규 | 문공사 | 2008 | 슬생 1-(7)<br>국어 1-(2)<br>국어 1-(5) |
| 초2 | 바다 속은 어떻게 생겼을까? | 가코 사토시 | 청어람미디어 | 2009 | 슬생 1-(7) |
| 초2 | 잔소리 없는 날 | 안네마리<br>노르덴 | 보물창고 | 2004 | 슬생 1-(2) |
| 초2 | 학교에서 살아가는 곤충들 | 강의영 외 | 일공육사 | 2009 | 슬생 1-(7) |
| 초2 | 숨쉬는 도시 꾸리찌바 | 안순혜 | 파란자전거 | 2004 | 슬생 1-(5) |
| 초2 | 사계절 꽃 이야기 | 박민호 | 자람 | 2007 | 슬생 1-(7) |
| 초2 | 나, 화가가 되고 싶어 | 운여림 | 웅진주니어 | 2008 | 즐생 1-(5),<br>2-(5) |
| 초2 | 백석동화시 | 백석 | 느낌표교육 | 2007 | 즐생 2-(1)<br>국어 1-(1) |
| 초2 | 외톨이 보쎄와 미오왕자 | 아스트리드린<br>드그렌 | 우리교육 | 2006 | 즐생 2-(6)<br>국어 2-(1)<br>슬생 1-(2) |
| 초2 | 모네의 정원에서 | 크리스티나비<br>외르크 | 미래사 | 1994 | 즐생 1-(2)<br>즐생 2-(4)<br>국어 1-(5) |
| 초2 | 황금박쥐부대 | 장경선 | 청어람주니어 | 2009 | 슬생 1-(5)<br>재량활동 |
| 초2 | 엄마가 사랑하는 공부벌레 | 김현태 | 글담어린이 | 2009 | 1-(1)<br>재량 바생 |

# 너랑 놀아 줄게

김명희

| 도 서 명 | 너랑 놀아 줄게 | |
|---|---|---|
| 도서정보 | 김명희 / 맹앤앵 / 2009년 / 85쪽 / 8,500원 | |
| 분 류 | 목적(정서표현) / 분야(인문) / 시대(현대) / 지역(한국) | |
| 관련 교과/<br>관련 교육과정 | 바른생활 | 2학년 2-(1) 소중한 약속 |
| 어떤 책일까 | 진성, 연지 두 아이의 이야기입니다. 진성이는 부모님을 잃고 노점상을 하는 할머니와 삽니다. 공부도 잘하고 그림도 잘 그리고, 자신의 처지를 비관하지 않고 최선을 다합니다. 연지는 예쁘고, 공부도 잘하고, 잘 사는 부모님 밑에서 공주처럼 사는 부러울 것이 없습니다.<br>2학년이 된 두 아이는 짝꿍이 되었습니다. 연지는 키도 작고, 옷도 잘 안 갈아입고, 피부도 까맣고, 손톱 밑에 때가 있는 진성이를 정말 싫어합니다. 게다가 생긴 것 같지 않게 공부는 왜 이리 잘하는지 연지는 항상 진성이 밉입니다. 그래서 연지는 진성이가 더 밉습니다. 그러나 진성이는 연지가 너무 좋습니다. 단정하고 공부도 잘하고 깔끔하고, 따뜻한 엄마를 가진 연지가 좋습니다. | |
| 다양한 매체로 맛보기 | 관련 도서 : 『소나기』 / 황순원 / 맑은소리 | |
| 어떻게 읽을까 | 1. 표지에 나오는 주인공들의 얼굴을 찬찬히 들여다보고 표정을 기억하며 읽어 봅시다.<br>2. 서로의 사정을 이해하지 못해서 오해가 생기게 되고 친구에게 미안한 일을 떠올리며 읽어 봅시다.<br>3. 겉모습만 보고 사람을 판단한 경험을 떠올리며 읽어 봅시다. | |
| 무엇을 토론할까 | 1. 지금 아니면 또 못 할 말 꼭 해야만 하는 말이 있다면 누구에게 무슨 말을 하고 싶은가요?<br>2. 진성이는 연지의 집에 바닥을 버릴까 봐 들어갈 수 없다고 합니다. 친구의 집에 놀러 와서 꼴불견인 것은 어떤 것이 있나요?<br>3. “에구, 너희들만 살아 있는 사람이구나.”의 뜻은 무엇인가요?<br>4. 엄마는 왜 시간이 많이 필요할 것 같다는 생각을 하셨을까요? | |
| 무엇을 써 볼까 | 1. ‘후회’는 참 아픕니다. “후회는 아무리 빨라도 늦다.”는 말이 있습니다. 늦어서 참 아프고 후회했던 경험을 써 봅시다.<br>2. “말이라는 건 이상해서 말이 사람을 만든단다.”라고 연지 아버지께서 말씀하십니다. 나를 변화시킨 말은 어떤 말이었습니까? 그리고 그 말을 누구에게 다시 해주고 싶은지 써 봅시다.<br>3. 늘 있던 것이 없으면 허전합니다. “외로움은 누군가를 원하기 때문에 온다고 합니다.”는 뜻이 무엇인지 써 봅시다.<br>4. “하고 싶은 말을 미처 하지 못한 것”, “해야 할 말을 그때 하지 못한 것”, “꼭 전해주고 싶은 것을 전해 주지 못한 것”, “그때 같이 놀아 주지 못한 것” 그리고 내가 미안한 일은 어떤 것이 있는지 써 봅시다. | |

# 내 친구 슈

윤재웅

<table>
<tr><td>도 서 명</td><td colspan="2">내 친구 슈</td></tr>
<tr><td>도서정보</td><td colspan="2">윤재웅 / 맹앤맹 / 2009년 / 108쪽 / 8,500원</td></tr>
<tr><td>분 류</td><td colspan="2">목적(사회적 상호작용) / 분야(인문) / 시대(현대) / 지역(한국)</td></tr>
<tr><td>관련 교과/<br>관련 교육과정</td><td>바른생활</td><td>2학년 2-(1) 소중한 약속</td></tr>
<tr><td>어떤 책일까</td><td colspan="2">다부는 말을 하지 못하는 장애를 가졌습니다. 학교에선 놀림거리가 되기 일쑤고, 친구를 사귀어 본 적도 없고 외롭습니다. 실직 가장인 아버지는 다부가 아픈 것에 마음이 아파 술주정뱅이가 되었습니다. 다부는 학교와 가정에서 너무 외로운 존재입니다. 하지만 다부의 속마음을 깊이 볼 수 있는 이순덕선생님을 만나고 소리 없는 대화를 나누는 병아리 '슈'와 친구가 되면서 점점 자신의 닫힌 마음을 열게 됩니다.</td></tr>
<tr><td>다양한 매체로<br>맛보기</td><td colspan="2">관련 도서 : 『나의 라임 오렌지나무』 / 바스콘셀로스 / 동녘</td></tr>
<tr><td>어떻게 읽을까</td><td colspan="2">1. 어렵고 힘든 친구에게 어떤 도움이 필요할지를 생각하며 읽어 봅시다.<br>2. 부모님의 사랑을 생각하며 읽어 봅시다.<br>3. 나의 이야기를 잘 들어주시는 선생님께 고마운 마음을 가지며 읽어 봅시다.</td></tr>
<tr><td>무엇을 토론할까</td><td colspan="2">1. 주위에 따뜻한 시선이 필요한 곳은 어떤 곳이 있나요? 그리고 어떤 도움이 필요한지 이야기해 봅시다.<br>2. 다부를 다시 소리의 세계인 세상 밖으로 나올 수 있게 해준 것은 무엇인가요? 그리고 그 이유는 무엇인가요?<br>3. 난 사랑받고 있고 행복한 아이인가요? 엄마 아빠의 사랑을 느꼈었던 적은 언제인가요?</td></tr>
<tr><td>무엇을 써 볼까</td><td colspan="2">1. 나는 어떤 비밀 친구를 만들고 싶은가요? 누가 내 이야기를 더 잘 들어줄까요?<br>2. 사랑한다는 소리를 많이 듣고 자라는 아이는 절대로 잘못되지 않는다. 그러면 내가 부모님께 사랑한다고 말하는 때는 언제인지 써 봅시다.<br>3. 아빠가 무섭고 밉다고 생각하던 다부가 아빠도 자기처럼 불쌍하다고 생각하며 아빠를 안아줍니다. 부모님이 힘들어 보일 때는 언제인가요? 힘들어 보이는 부모님께 무엇을 해주고 싶은지 써 봅시다.</td></tr>
</table>

# 세상에서 제일 잘난 나

김정신

| 도 서 명 | 세상에서 제일 잘난 나 | |
|---|---|---|
| 도서정보 | 김정신 / 소담주니어 / 2009년 / 84쪽 / 8,000원 | |
| 분 류 | 목적(정서표현) / 분야(인문) / 시대(현대) / 지역(한국) | |
| 관련 교과/<br>관련 교육과정 | 바른생활 | 2학년 2-(1) 소중한 약속 |
| 어떤 책일까 | 우리 주변에 있을만한 네 명의 친구들이 있다. 친구가 없어서 투명 인간이 되기로 마음먹은 대호, 부끄러움 때문에 발표를 못해서 독서 퀴즈왕을 번번이 영이에게 빼앗기는 민정이, 어느 시골의 밤에 아에들과 이상한 소리가 난다는 집에 가 보기로 약속한 겁쟁이 용우, 그리고 엄마의 나라에서 다섯 살까지 살다 와서 한국말을 제대로 하지 못해 외계인이라고 놀림받는 소라. 이 친구들이 어떻게 자신감을 찾고 단점을 극복하게 되는지 궁금합니다. | |
| 다양한 매체로<br>맛보기 | 관련 도서 : 『어린이를 위한 용기』 / 노경실 / 위즈덤 하우스 | |
| 어떻게 읽을까 | 1. 받아쓰기에서 50점을 받으면 어떤 기분일까 생각하며 읽어 봅시다.<br>2. 자신감과 소심함은 어떤 관계인지 생각하며 읽어 봅시다.<br>3. 내 안에 숨어있는 자신감을 꺼내는 방법을 배운다는 자세로 읽어 봅시다. | |
| 무엇을 토론할까 | 1. 아이들이 좋아하는 이야기의 소재에는 어떤 것들이 있나요? 그리고 친구들에게 재미있게 이야기하는 자신만의 방법을 이야기해 봅시다.<br>2. 나만의 소심함을 극복하고 자신감을 가질 수 있는 방법을 소개해봅시다.(자신감이 생기고 멋져 보인 사건을 이야기해 봅시다.)<br>3. 대호의 엄마는 '공부를 잘해야 친구가 많다' 그러나 대호는 '친구가 있어야 학교에 가고 싶고 공부도 즐거워지는 것' 누구 의견이 맞는지 토론해봅시다. | |
| 무엇을 써 볼까 | 1. "내가 관심을 갖지 않으면 아이들도 나에게 관심을 갖지 않는다는 걸요."라고 해두었다. 친구에게 관심을 가지는 것이 중요한 이유는 무엇인지 써 봅시다.<br>2. 남 앞에 서기 전에 떨리는 건 다른 아이들도 비슷하고 누구나 똑같다. 내가 제일 떨렸었던 순간을 써 봅시다. 그리고 다른 친구들이라면 어땠을지 써 봅시다.<br>3. 소라는 30점이 100점 보다 좋다고 했습니다. 내가 받은 점수 중에 가장 기억에 남는 점수와 그 이유를 써 봅시다. | |

# 꼴찌가 받은 상

김용인

| 도 서 명 | 꼴찌가 받은 상 | |
|---|---|---|
| 도서정보 | 김용인 / 영림카디널 / 2008년 / 135쪽 / 8,500원 | |
| 분 류 | 목적(정서표현) / 분야(인문) / 시대(현대) / 지역(한국) | |
| 관련 교과/<br>관련 교육과정 | 바른생활 | 2학년 2-(1) 소중한 약속 |
| 어떤 책일까 | 모두 여섯 편의 동화 속에 사랑과 우정, 감사와 배려의 소중한 마음들이 숨어 있다. 복만이는 못생긴데다가 몸집만 크고 바보스럽다. 아직 한글도 깨우치지 못하고, 구구단도 외우지 못하는 걸 보면 분명 꼴찌다. 하지만 복만이는 교실과 화장실 청소는 물론이고 몸이 약한 아이들 가방까지 들어 준다. 나는 복만이가 힘들고 궂은일은 혼자 다 하면서도 짜증을 내는 모습을 본 일이 없다. 나는 어렵고 힘들 때, 복만이를 불러 내 마음을 털어놓고 이야기하다 보면 나도 복만이처럼 히죽히죽 웃게 됩니다. | |
| 어떻게 읽을까 | 1. 진정한 아름다움이 무엇인지 생각하며 읽어 봅시다.<br>2. 다른 사람에게 비추어지는 내 모습을 생각하며 읽어 봅시다. | |
| 무엇을 토론할까 | 1. 행복은 성적순인가요? 그 이유는 무엇인가요?<br>2. 5천년 문화를 지켜나가는 사람이 많아지려면 어떻게 해야 하나요? 내가 만약 삼수라면 어떻게 했을까요? | |
| 무엇을 써 볼까 | 1. 준호 아버지처럼 만선으로 집에 돌아오고 싶어 하는 우리 아버지께 고마움의 편지를 써 봅시다.<br>2. 사소하거나 엉뚱한 오해 때문에 마음이 상한 경우를 써 봅시다. 그리고 오해를 한 사람에게 사과의 마음을 전해봅시다.<br>3. 내가 가 본 아름다운 우리 문화제를 다른 친구에게 알려봅시다. | |

# 아기 소나무

권정생

| 도 서 명 | 아기 소나무 | |
|---|---|---|
| 도서정보 | 권정생 글 / 김세현 그림 / 산하 / 2010년 / 84쪽 / 9,000원 | |
| 분　　류 | 목적(정서표현) / 분야(인문) / 시대(현대) / 지역(한국) | |
| 관련 교과/<br>관련 교육과정 | 2학년 2학기<br>바른생활 | 2학년 2-(4) 통일을 향해서<br>2학년 2-(7) 생명의 소중함 |
| 어떤 책일까  | 권정생 선생님의 슬프고도 아름다운 동화들이 정감 있는 그림과 함께 전해지는 책이다. 풀무꽃풀이 불쌍해 먹지 못하는 돌이 토끼, 아이의 무심한 장난으로 죽어 가는 고추짱아, 달님에게 손이 닿도록 쑥쑥 자라고 싶은 아기 소나무……. 짧고 간결하지만, 하나같이 따뜻하고 깊은 울림이 있는 작품들이다.<br>이 책을 읽다 보면 세상에 있는 것은 모두 소중하다는 사실을 새삼 깨닫게 된다. 이름 모를 풀꽃도, 길섶에서 뒹구는 돌멩이도, 하늘에 뜬 달님도 우리와 함께 어우러지며 서로 아껴 주고 힘을 주는 동무들이다. | |
| 다양한 매체로<br>맛보기 | 관련 도서: 『용구 삼촌』 / 권정생 / 산하<br>『길아저씨 손아저씨』 / 권정생 / 국민서관 | |
| 어떻게 읽을까 | 1. 재미있거나 감동적인 부분에 밑줄을 그으면서 읽어 봅시다.<br>2. 이야기를 읽고 재미있었던 부분을 그림으로 표현해 봅시다.<br>3. 이야기 속 주인공에게 해 주고 싶은 말을 생각하며 읽어 봅시다. | |
| 무엇을 토론할까 | 1. 〈하느님의 눈물〉에 나오는 돌이 토끼는 앞으로 어떻게 해야 할까?<br>2. 〈고추짱아〉에 나오는 아이의 행동은 왜 잘못되었는가?<br>3. 〈굴뚝새〉에서 참새들과 굴뚝새들은 앞으로 어떻게 해야 할까? | |
| 무엇을 써 볼까 | 1. 〈두꺼비〉에 나오는 닭에게 해 주고 싶은 말을 편지로 써 봅시다.<br>2. 〈소낙비〉에서 인상 깊은 장면을 동시로 써 봅시다.<br>3. 〈다람쥐 동산〉에 나오는 똘똘이 부모님의 생각에 대해 자기 의견을 써 봅시다. | |

# 폭탄 머리 내 짝꿍

정설아

<table>
<tr><td>도 서 명</td><td colspan="2">폭탄 머리 내 짝꿍</td></tr>
<tr><td>도서정보</td><td colspan="2">정설아 / 글고은 / 2009년 / 87쪽 / 8,000원</td></tr>
<tr><td>분 류</td><td colspan="2">목적(사회적 상호작용) / 분야(인문) / 시대(현대) / 지역(한국)</td></tr>
<tr><td rowspan="2">관련 교과/<br>관련 교육과정</td><td>국어</td><td>2학년 1-(6) 의견이 있어요.</td></tr>
<tr><td>국어</td><td>2학년 2-(6) 하고 싶은 말</td></tr>
<tr><td>어떤 책일까</td><td colspan="2">은주는 남들보다 큰 키가 싫습니다. 항상 자신감도 없고, 자신을 놀리는 친구는 피하고 싶습니다. 그런 은주네 반에 폭탄 머리를 한 머루가 전학을 오고 짝꿍이 되었습니다. 은주와 달리 머루는 자신감이 넘칩니다. 머루를 바라보면서 자신감을 가져보기 시작합니다. 이제는 발표도 잘하고, 꺽다리란 별명도 창피하지 않습니다. 오히려 꺽다리인 자신이 마음에 듭니다.</td></tr>
<tr><td>다양한 매체로<br>맛보기</td><td colspan="2">관련 도서 : 『나의 라임 오렌지나무』 / 바스콘셀로스 / 동녘<br>『좀 다를 뿐이야』 / 이와카와 나오키 / 미래아이</td></tr>
<tr><td>어떻게 읽을까</td><td colspan="2">1. 개성이란 무엇인지 생각하며 읽어 봅시다.<br>2. 나의 강점과 약점이 무엇인지 생각하며 읽어 봅시다.<br>3. 개성이 있는 내가 되려면 무엇이 필요한지 생각하며 읽어 봅시다.</td></tr>
<tr><td>무엇을 토론할까</td><td colspan="2">1. 나 자신만의 생각과 표현은 어떤 가치가 있나요? 내가 무엇을 할 때 멋져보이나요?<br>2. 따라하는 것은 좋은 것인가요? 나쁜 것인가요?<br>3. 우리가 어떻게 하면 다른 점을 인정하고 존중할 수 있을까요?</td></tr>
<tr><td>무엇을 써 볼까</td><td colspan="2">1. 모두 똑같다면, 모두 똑같은 얼굴이면 얼굴은 없는 것과 같아요.(출처: 좀 다를 뿐이야) 내가 다른 친구와 다른 점은 무엇인지 써 봅시다.<br>2. 생각을 바꾸는 순간, 은주의 약점은 개성이 되었습니다. 내가 가진 약점 중에 개성이 될 수 있는 것은 무엇이 있을지 써 봅시다.<br>3. 친구들의 개성중에서 독특함이 지나쳐 친구에게 피해를 주는 경우는 어떤 것이 있는지 써 봅시다.</td></tr>
</table>

# 아버지의 커다란 장화

임길택 외

| 도 서 명 | 아버지의 커다란 장화 | |
|---|---|---|
| 도서정보 | 임길택 외 / 웅진주니어/ 1999년 / 95쪽 / 8,000원 | |
| 분 류 | 목적(정서표현) / 분야(인문) / 시대(현대) / 지역(한국) | |
| 관련 교과/<br>관련 교육과정 | 국어 | 2학년 2-(3) 생각을 나타내요. |
| 어떤 책일까 | 찬바람 윙윙 부는 들판에서 친구를 찾는 심심한 아기 두더지, 한 동네에 사는 가자미와 복어, 욕심장이들의 싸우는 이야기, 유치원 졸업식에 아빠가 와 줬으면 해서 눈바닥에 장화 자국을 찍는 영걸이, 무지개 숲에서 사이좋게 지내던 노랑나라 사람과 파랑나라 사람들이 무지개 숲을 전부 차지하려고 전쟁을 벌이는 바람에 숲이 황무지가 되는 이야기, 강아지 복실이를 끔찍이 아끼는 '복실이 엄마' 혜주. 힘차게 푸른 하늘을 날아다니며 노래 부르고 싶은 아기종달새, 짧지만 따뜻한 열두 편의 이야기들입니다. | |
| 다양한 매체로<br>맛보기 | 관련 매체 : 『아버지의 별나라』 / 김상삼 / 청개구리 | |
| 어떻게 읽을까 | 1. 세상을 따뜻하게 감싸는 마음가짐으로 읽어 봅시다.<br>2. 어려운 현실 속에서도 삶을 향한 소중한 희망을 이해하며 읽어 봅시다. | |
| 무엇을 토론할까 | 1. '보고 싶은 붕어빵 할머니'에서 집이 없어지는 것을 보고 아빠와 영이는 왜 눈물이 날 것만 같은가요?<br>2. '새벽에 만난 얼굴'에서 새벽에는 어떤 분들이 어떤 일을 하실까요?<br>3. '알 게 뭐야'에 나오는 두 운전사에게 어떤 벌을 내리면 될까요? | |
| 무엇을 써 볼까 | 1. 서로 만나기만 하면 놀리면서 싸우는 가자미와 복어에게 편지를 써 봅시다.<br>2. '밤길'에서 좀 멀고 시커먼 여우고개를 넘어가는 석이가 무섭지 않은 이유를 써 봅시다.<br>3. 이웃과 사회에 대한 사랑의 실천에 필요한 것은 무엇인지 써 봅시다. | |

# 알사탕 동화

이미애

| 도 서 명 | 알사탕 동화 | |
|---|---|---|
| 도서정보 | 이미애 / 가문비어린이 / 2009년 / 136쪽 / 8,900원 | |
| 분 류 | 목적(정서표현) / 분야(인문) / 시대() / 지역() | |
| 관련 교과/<br>관련 교육과정 | 국어 | 2학년 1-(7) 따뜻한 눈길로 |
| 어떤 책일까 | 사탕섬의 사탕은 과자도 되고, 아플 땐 약도 되고, 목에 걸면 신비스럽게 그 사람을 지켜준다. 사탕나무 덕분에 사탕섬은 천국 같은 곳이었다. 하지만 기적의 사탕 씨앗을 얻기 위해 파란수염이 호수를 건너오면서 시련은 닥쳐온다. 사탕 씨앗을 빼앗기면 사탕섬은 결국 가라앉게 된다는 '사탕나무 이야기'와 조용하고 쓸쓸했던 나무 인형 부부의 작은 집이 어떻게 행복한 집이 되었는지 알려 주는 '작은 집 이야기'를 비롯한 6편의 크고 작은 이야기가 판타지의 세계로 빠져들게 한다. | |
| 어떻게 읽을까 | 1. 가상적인 공간에서 일어날 상상의 이야기를 상상하며 읽어 봅시다.<br>2. 행복을 만들어 가는 주인공이라고 생각하며 읽어 봅시다. | |
| 흥미로운<br>부분을 만나보자 | '아아, 그래, 바로 이거로구나. 사탕나무의 씨앗, 단 한 번밖에 흘리지 않는다는 사탕의 눈물. 난 이제 소원을 이뤘다.' | |
| 무엇을 토론할까 | 1. 우리 마을에 사탕섬의 사탕나무가 있다면 무엇을 하고 싶은가요?<br>2. 사탕섬의 사탕나무를 지키지 못한 말썽이라면 직접 사탕섬을 구하기 위해 어떻게 했을까요?<br>3. 옛날에는 지나가는 사람도 집에 들어오게 해 밥도 먹게 해주고 잠도 재워주었다. 요즘 아파트에 살면서 다른 사람이 들어오지 못하게 한다. 우리 집에 누군가가 찾아오게 대문을 활짝 열어 놓고 싶은가요? | |
| 무엇을 써 볼까 | 1. 파란수염은 말썽이에게 '사탕섬역사'라는 오래되고 귀한 책을 구해 달라고 한다. 우리 집의 소중한 것을 빌려 달라고 하는 사람에게는 어떻게 해야하는지 써 봅시다.<br>2. 한 번도 눈물을 흘려보지 않은 나무 인형 부부 에겐 슬픈 일도 괴로운 일도 찾아오지 않아, 언제나 잔잔히 미소만 짓습니다. 이 인형 부부는 무엇이 슬픈 일인지 써 봅시다.<br>3. 마리가 잘 살 수 있게 힘든 결정을 한 키가 참 작고 등이 굽은 부부에게 위로의 말을 써 봅시다. | |

# 멋진 여우씨

로알드 달

| 도 서 명 | 멋진 여우씨 | |
|---|---|---|
| 도서정보 | 로알드 달 / 논장 / 2007년 / 126쪽 / 8,000원 | |
| 분 류 | 목적(사회적 상호작용) / 분야(인문) / 시대(현대) / 지역(영국) | |
| 관련 교과/<br>관련 교육과정 | 국어 | 2학년 1-(8) 재미가 새록새록 |
| 어떤 책일까 | 사냥꾼과 여우씨의 전투가 시작되었습니다. 사냥꾼은 여우씨를 잡으려고 하고 여우씨는 살아나려고 도망을 다닙니다. 사냥꾼은 막무가내로 덤비고 여우씨는 꾀를 부리며 달아난답니다. 처음에 여우씨는 총에 맞아 꼬리가 잘리게 되죠! 하지만 곧 도망을 갑니다. 사냥꾼은 굴착기까지 가져와서 여우굴을 파냅니다. 여우는 어떻게 될까요? 사냥꾼은 여우가 굶다가 못 참아서 나올 때까지 기다린다고 하네요. 여우가 과연 잡힐까요?<br>여우는 나쁜 동물이라고 생각하기 쉽죠. 이야기에서도 나쁜 역할을 많이 해요. 하지만 이 책에서는 멋진 여우씨로 나옵니다. 한때는 우리 주변에도 진짜 여우가 많았대요. 하지만 사람들이 여우를 나쁜 동물이라고 생각해서 마구 잡았기 때문에 지금은 거의 볼 수가 없어요. 사람들이 동물에게 얼마나 나쁜 짓을 했는지 사냥꾼의 모습을 보며 느껴봅시다. | |
| 다양한 매체로<br>맛보기 | 관련 도서 : 『함께 살아가기:동물에게 배워요』 / 하니 스스무 / 그린북<br>『춤추는 오리』 / 박상재 / 삼성당 | |
| 어떻게 읽을까 | 1. 여우를 잡으려는 농부와 잡히지 않고 도망가려는 여우씨의 숨바꼭질입니다. 여우가 잡힐지 안 잡힐지 상상하며 읽어 봅시다.<br>2. 대화로 이야기가 이어지기 때문에 긴장감이 넘쳐요. 대화의 통해 긴장감을 느끼며 읽어 봅시다.<br>3. 여우씨 편인가요 농부 편인가요? 한 편을 정해서 응원하는 마음으로 읽어 봅시다. | |
| 무엇을 토론할까 | 1. 사람들에게 죽은 동물을 본 적이 있나요? 몰래 야생동물을 잡는 사람들이 텔레비전에 나온 걸 본 적이 있나요? 어떤 생각이 들었나요?<br>2. 농부는 여우를 잡으려고 하고 여우는 도망다니느라 힘들죠. 여우를 잡는 사냥꾼, 닭을 잡아먹는 여우, 어느 쪽이 옳은가요?<br>3. 사람들 때문에 보금자리를 빼앗기는 동물이 참 많아요. 너무 많이 죽어 멸종된 동물도 있죠. 동물과 사람이 함께 어울려 살아가는 방법은 무엇일까요? | |
| 무엇을 써 볼까 | 1. 사람들은 고기를 먹고 싶어 동물들을 가둬놓고 스트레스를 받게 해요. 그런 고기는 건강에도 좋지않아요. 동물을 어떻게 길러야 할까요?<br>2. 농부들에게 여우를 잡지 말라고 말해볼까요? 여우에게 닭을 잡아먹지 말라고 말해볼까요? 둘 중에 하나를 골라 주장하는 글을 써 봅시다.<br>3. 총과 굴착기까지 사용해서 여우씨를 잡으려고 한 농부들보다 여우가 더 똑똑해서서 잡히지 않아요. 여우씨에게 축하편지를 써 봅시다. | |

# 책 읽어주는 바둑이

이상배

| 도 서 명 | 책 읽어주는 바둑이 | |
|---|---|---|
| 도서정보 | 이상배 / 처음주니어 / 2009년 / 103쪽 / 9,000원 | |
| 분 류 | 목적(정서표현) / 분야(인문) / 시대(현대) / 지역(한국) | |
| 관련 교과/<br>관련 교육과정 | 국어 | 2학년 2-(2) 바르게 알려줘요. |
| 어떤 책일까 | 책을 싫어하고 게임만 좋아하는 철수와 언제 어디서나 책을 읽는 만복이, 그리고 세상에 하나 밖에 없는 '책 읽는' 바둑이의 이야기이다. 게임하고 잠자는 것만 좋아하는 철수는 꿈속에서 이상한 밥집에 들린다. 그러던 어느 일요일, 밥도 안 먹고 게임만 하다 엄마의 화를 돋우고 엄마를 피해 도망가다 어디론가 끌려가게 되는데. 철수와 함께, 엄마 말을 안 듣던 여러 아이들은 망태기에 담겨 망태귀신 집에 도착한다. | |
| 다양한 매체로<br>맛보기 | 관련 도서 : 『책 먹는 여우』/프란치스카 비어만 / 주니어김영사<br>『도서관에 간 사자』 / 미셸누드슨 / 웅진주니어 | |
| 어떻게 읽을까 | 1. 철수가 책을 재미있게 읽게 되는 과정을 생각하며 읽어 봅시다.<br>2. 나의 독서 습관을 떠올리고 더 좋은 방법은 무엇인지 생각하며 읽어 봅시다.<br>3. 옛날의 재미있는 풍습을 생각하며 읽어 봅시다. | |
| 무엇을 토론할까 | 1. 책 읽어 주는 바둑이에게 어떤 것을 물어보고 싶은가요?<br>2. 내가 아는 재미있거나 무서운 귀신이야기(망태기 할아버지)를 해봅시다.<br>3. 망태 할아버지네 집처럼 집에 컴퓨터와 TV가 없다면 무엇을 하고 싶은지 이야기해 봅시다.<br>4. 잘난 체 하는 것과 아는 것이 많은 것은 어떤 차이가 있는지 이야기해 봅시다. | |
| 무엇을 써 볼까 | 1. "책 싫어 이야기 빵"처럼 재미있는 책 제목을 만들어 봅시다.<br>2. 책을 많이 읽어 본받을 위인은 누구이며 어떤 방법으로 책을 읽었나요?<br>3. 어떻게 읽으면 더 잘 읽을 수 있는지 나만의 책 읽는 습관이 있으면 소개해 봅시다. | |

# 초대받은 아이들

황선미

| 도 서 명 | 초대받은 아이들 | |
| --- | --- | --- |
| 도서정보 | 황선미 / 웅진주니어 / 2001년 / 94쪽 / 8,000원 | |
| 분 류 | 목적(사회적 상호작용) / 분야(인문) / 시대(현대) / 지역(한국) | |
| 관련 교과/<br>관련 교육과정 | 국어 | 2학년 2-(4) 마음을 주고 받으며 |
| 어떤 책일까 | 9월 20일은 우리반 반장인 성모 생일입니다. 친구들은 다 초대 받았지만 나는 초대받지 못했습니다. 누군가 나를 초대했지만 성모가 아니라 엄마였습니다. 엄마가 왜 나를 초대했지? 9월 20일은 엄마 생일인데 나는 성모만 생각했습니다. 성모한테 전해준 내 생일 선물로 친구들이 장난치는 바람에 그림이 찢어졌습니다. 모두 들썩들썩 장난치며 웃고 떠드는데 화가 났습니다. 소중하게 그린 그림을 그렇게 찢는다면 누구나 그런 마음이 들겠지요. 이런 마음을 알아주는 사람은 선물을 소중하게 생각하는 사람입니다. 기영이가 그런 친구였죠! | |
| 다양한 매체로<br>맛보기 | 관련 도서 : 『엄마는 하느님인가봐요』 / 남미영 / 세상의 모든책<br>『가방 들어주는 아이 』 / 고정욱 / 사계절 | |
| 어떻게 읽을까 | 1. 여러분은 생일날 어떻게 지냈나요? 성모와 엄마와 여러분의 생일을 견주어보며 읽어 봅시다.<br>2. 내 친구들 중에 기영이 같은 친구는 누구일까 성모랑 닮은 친구는 누구일까 민서는 누구랑 닮았나 생각하며 읽어 봅시다.<br>3. 많이 표현된 민서 마음 사이에 숨겨지고 조금씩만 표현된 엄마 마음을 살펴보며 읽어 봅시다. | |
| 무엇을 토론할까 | 1. 생일잔치를 해봤나요? 생일잔치에 초대 받아 가본 적도 있고 친구를 초대한 적도 있을 거예요. 그때 경험을 이야기해봅시다.<br>2. 민서는 생일 초대해 달라고 말을 못하고 기영이는 선물을 전해주지 못하죠. 이런 성격도 괜찮은가요? 좀 더 활발하게 용기를 내야 하나요?<br>3. 성모가 받고 싶은 선물을 정해서 달라고 해야 하나요? 주는 사람이 성모를 위해 선물을 골라야 하나요? | |
| 무엇을 써 볼까 | 1. 초대할 행사를 정하고 초청장을 만들어 봅시다.<br>2. 친구들과 어울리지 못해서 마음이 아팠던 경험이 있나요? 아니면 어울리지 못하는 친구를 보고도 그냥 두고 여러분들만 놀았던 경험은 없나요? 그때의 마음을 나눠 봅시다.<br>3. 성모는 겉으로 보이는 것을 중요하게 생각하는 친구입니다. 성모에게 친구의 속마음을 알아주라고 설득하는 글을 써 봅시다. | |

# 이솝우화보다 재미있는 세계 100대 우화

이상배

<table>
<tr><td>도 서 명</td><td colspan="2">이솝우화보다 재미있는 세계 100대 우화</td></tr>
<tr><td>도서정보</td><td colspan="2">이상배 / 삼성출판사 / 2004년 / 202쪽 / 9,000원</td></tr>
<tr><td>분 류</td><td colspan="2">목적(정서표현) / 분야(인문) / 시대(현대) / 지역(아시아, 유럽, 아메리카, 아프리카)</td></tr>
<tr><td>관련 교과/<br>관련 교육과정</td><td>국어</td><td>2학년 2-(7) 재미가 솔솔</td></tr>
<tr><td>어떤 책일까</td><td colspan="2">이솝이 쓴 우화 외에 우리 주변에는 많은 이야기가 있어요. 교훈과 재미가 가득한 우화의 세계로 여러분을 초대할게요. 로마, 이탈리아, 프랑스, 독일 등 유럽의 우화와 한국, 일본, 중국, 인도 등 아시아의 우와 그리고 아메리카, 아프리카에 이르기까지 각 나라를 대표하는 100가지 우화가 이 한 권의 책 속에 담겨 있어요. 이솝우화에서 보지 못했던 다양한 이야기들이 많이 있어요. 어느 나라 이야기가 가장 재미있을까요?</td></tr>
<tr><td>다양한 매체로<br>맛보기</td><td colspan="2">관련 도서 : 『이솝우화와 라퐁텐 우화』 / 조동호 / 키다리</td></tr>
<tr><td>어떻게 읽을까</td><td colspan="2">1. 이야기에 나오는 동물은 어떤 사람을 나타내는지 생각하며 읽어 봅시다.<br>2. 여러분이 등장인물 중에 누구를 닮았는지 생각해 보며 읽어 봅시다.<br>3. 왜 이런 이야기를 만들었는지 생각하며 읽어 봅시다.</td></tr>
<tr><td>무엇을 토론할까</td><td colspan="2">1. 이야기에 나오는 동물은 어떤 사람을 나타내는지 생각하며 읽어 봅시다.<br>2. 여러분이 등장인물 중에 누구를 닮았는지 생각해 보며 읽어 봅시다.<br>3. 왜 이런 이야기를 만들었는지 생각하며 읽어 봅시다.</td></tr>
<tr><td>무엇을 써 볼까</td><td colspan="2">1. 책 속의 주인공에게 물어 보고 싶은 것을 편지로 써 봅시다.<br>2. 가장 재미있는 이야기를 골라 소개하는 글을 써 봅시다.<br>3. 책을 읽고 기억에 남는 내용과 느낀점을 동시로 표현해 봅시다.</td></tr>
</table>

# 으악, 도깨비다

손정원

| 도 서 명 | 으악, 도깨비다 | |
|---|---|---|
| 도서정보 | 손정원 / 느림보 / 2002년 / 40쪽 / 9,000원 | |
| 분 류 | 목적(사회적 상호작용) / 분야(인문) / 시대(현대) / 지역(한국) | |
| 관련 교과/<br>관련 교육과정 | 국어 | 2학년 2-(6) 하고 싶은 말(교과서 수록 지문) |
| 어떤 책일까 | 멋쟁이는 누구일까요? 멋쟁이는 장승 마을에서 자신이 제일 잘났다고 생각하는 왕자병 장승이랍니다. 그런데 멋쟁이는 너무 멀리 꼭꼭 숨었다가, 날이 밝은 줄 모른 멋쟁이는 제자리로 돌아오지 못하게 되었지요. 처음에는 친구들이 밤마다 놀러 왔지만 날이 갈수록 친구들의 발길도 뜸해졌어요. 그런데 멋쟁이가 사라졌어요. 왕자병 멋쟁이는 어디에 있는 걸까요? 누군가의 손에 잡혀간 것이 분명해요. 장승 친구들은 자신들도 당하기 전에 빨리 피하자는 쪽과, 멋쟁이를 찾아야 한다는 쪽으로 갈라졌지요. 하지만 키다리의 한 마디로 마음을 하나로 모아 모두가 멋쟁이를 찾았어요. 힘든 시간을 보냈지만 마음을 지키게 되어 더 행복한 한 장승 친구들의 이야기랍니다. 2학년 교과서에도 수록되어 있는 책이니 더 관심을 갖고 읽어 봅시다. 그런데 누가 도깨비라는 얘기지요? 궁금하면 책 속으로 들어가 봅시다. | |
| 다양한 매체로<br>맛보기 | 관련 도서 : 『난 두렵지 않아요』 / 프란체스코 다다모 / 중앙M&B<br>『양성 평등 이야기』 / 권인숙 / 청년사 | |
| 어떻게 읽을까 | 1. 낮과 밤의 장승들의 생활 모습을 살펴보며 읽어 봅시다.<br>2. 장승 친구들이 싸우게 된 까닭을 생각하며 읽어 봅시다.<br>3. 장승 친구들의 멋쟁이 구출 작전을 살펴보며 읽어 봅시다. | |
| 무엇을 토론할까 | 1. 없어진 멋쟁이처럼 잡혀갈지 모른다고 도망가려던 빼덩니 장승의 행동은 옳은가요?<br>2. 날이 새는 줄도 모르고 꼭꼭 숨어있던 장승 멋쟁이는 낮에도 밤에도 절대 움직일 수 없게 되었다. 일부러 그런 것도 아닌데 멋쟁이가 평생 움직이지 못하게 된 것에 대한 내 생각을 말해 봅시다.<br>3. 멋쟁이를 구할 것인지, 두고 갈 것인지 생각이 달랐던 장승 친구들은 결국 싸움을 하게 된다. 의견이 맞지 않는다고 싸우는 친구들의 행동은 옳은가? 의견이 맞지 않으면 어떻게 해결해야 할까요? | |
| 무엇을 써 볼까 | 1. 멋쟁이가 되어 자기를 도와 준 친구들에게 고마운 마음을 전하는 편지를 써 봅시다.<br>2. 우리나라의 장승에 대해 조사해서 외국인에게 소개하는 글을 써 봅시다.<br>3. 장승친구들 중에 마음에 드는 정승이 누구이며 그 이유가 무엇인지 써 봅시다. | |

# 꺼벙이 억수

윤수천

| 도 서 명 | 꺼벙이 억수 | |
|---|---|---|
| 도서정보 | 윤수천 / 좋은책 어린이 / 2007년 / 55쪽 / 7,500원 | |
| 분　류 | 목적(사회적 상호작용) / 분야(사회) / 시대(현대) / 지역(한국) | |
| 관련 교과/<br>관련 교육과정 | 국어 | 2학년 2-(6) 하고 싶은 말(교과서 수록 지문) |
| 어떤 책일까 | 억수는 왜 꺼벙이라는 별명이 붙었을까요? 낡은 옷에 행동도 어리숙해서 친구들이 꺼벙이라고 불렀기 때문이래요. 이 책은 초등학교에 입학한 찬호의 눈을 통해 본 꺼벙이 억수에 대한 이야기입니다. 항상 싸구려 옷만 입고 바보 같아 보이는 억수를 찬호는 아주 싫어하지만, 친구들은 모두들 좋아해요. 왜 그럴까요? 친구들이 왜 억수를 좋아할까 의아해 하던 어느날 학급회의에서 한달에 한번 착한 일을 많이 한 친구에게 주는 학급별을 뽑기로 했어요. 찬호는 학급별에 뽑히기 위해 그 때부터 열심히 착한 일을 하기 시작합니다. 마침내 학급별 선정 투표가 있는 금요일 찬호는 자신이 학급별이 될 거라고 확신했지요. 어떤 결과가 나왔을까요? 과연 찬호는 학급별에 뽑혔을까요? | |
| 다양한 매체로<br>맛보기 | 관련 도서 : 『까막눈 삼디기』 / 원유순 / 웅진주니어 | |
| 어떻게 읽을까 | 1. 억수가 남에게 베풀었던 착한 행동들을 상상하며 읽어 봅시다.<br>2. 재미있고 감동적인 부분을 생각하며 읽어 봅시다.<br>3. 꺼벙이 억수라는 별명이 붙여진 까닭을 생각하며 읽어 봅시다. | |
| 무엇을 토론할까 | 1. 학급별을 따기 위해 그 때부터 착한 일을 시작한 찬호의 행동은 옳은가요?<br>2. 고은이의 생일잔치에서 선물 대신 노래 3곡을 부른 억수를 비웃는 친구들에 행동에 대한 내 생각을 말해 봅시다.<br>3. 친구의 겉모습을 보고 꺼벙이라는 별명을 붙여졌는데 이야기를 읽고 억수에게 붙여주고 싶은 별명은 무엇인가요? | |
| 무엇을 써 볼까 | 1. 억수이야기가 신문에 나왔다. 억수의 착한 행동에 관한 신문기사를 써 봅시다.<br>2. 학급별에 뽑히기 위한 조건 3가지를 써 봅시다.<br>3. 억수가 학급별에 뽑히고 난 이후의 이야기를 상상해서 써 봅시다. | |

# 거꾸로나라 임금님

이준연

| 도 서 명 | 거꾸로나라 임금님 | |
|---|---|---|
| 도서정보 | 이준연 / 삼성당 / 2007년 / 120쪽 / 7,500원 | |
| 분 류 | 목적(설득) / 분야(인문) / 시대(현대) / 지역(한국) | |
| 관련 교과/<br>관련 교육과정 | 국어 | 2학년 2-(7) 재미가 솔솔(교과서 수록 지문) |
| 어떤 책일까 | 6편의 다양한 이야기 중 7차 개정 2학년 국어 교과서에 수록된 '거꾸로나라 임금님'은 무엇이든 거꾸로 하는 것을 좋아하는 영훈이에 관한 이야기랍니다. 영훈이는 신발을 바꿔 신고, 모자도 거꾸로 쓰고, 크레파스까지도 거꾸로 잡는 엉뚱한 아이였어요. 엄마는 이런 영훈이에게 모든 물건을 똑바로 쓰라고 늘 얘기하지만 영훈이는 청개구리처럼 말을 듣지 않습니다.<br>어느 날, 영훈이는 산속을 헤매다가 '거꾸로나라에 가는 길'이라는 이상한 안내판을 발견합니다. 영훈이는 거꾸로나라에 들어가게 되었습니다. 거꾸로나라를 빠져나온 영훈이는 다시는 청개구리가 되지 않겠다고 하네요. 여러분도 이 책을 읽고 나면 절대 거꾸로 대왕처럼 행동하지 않겠다고 할 것이에요. 도대체 영훈이에게 어떤 일들이 있었을까요? | |
| 다양한 매체로<br>맛보기 | 관련 도서 : 『거꾸로나라 이야기』 / 도디 조시 맥도웰 / 생명의 말씀사 | |
| 어떻게 읽을까 | 1. 영훈이처럼 거꾸로 행동할 때를 생각하며 읽어 봅시다.<br>2. 이야기에 나오는 인물들의 마음을 생각하며 읽어 봅시다.<br>3. 거꾸로 나라에서 어떤 일이 일어났는지 생각하며 읽어 봅시다. | |
| 무엇을 토론할까 | 1. 부모님 말씀에 청개구리처럼 늘 거꾸로 하는 영훈이의 행동은 옳은가요?<br>2. 거꾸로 물구나무서서 다니고 발이 손이 된다면 어떤 일이 생기고 어떤 점이 불편할까요?<br>3. 사람들이 말과 행동을 모두 거꾸로만 하게 된다면 어떻게 될까요? | |
| 무엇을 써 볼까 | 1. 영훈이가 발견한 거꾸로나라의 표지판을 소개글과 그림으로 꾸며 봅시다.<br>2. 영훈이는 앞으로 어떻게 되었을까? 뒷이야기를 상상해서 써 봅시다.<br>3. 영훈이의 입장이 되어 엄마에게 사과의 말과 앞으로의 다짐을 편지로 써 봅시다. | |

# 짧은 동화 긴 생각

이규경

<table>
<tr><td>도 서 명</td><td colspan="2">짧은 동화 긴 생각</td></tr>
<tr><td>도서정보</td><td colspan="2">이규경 / 효리원 / 2009년 / 176쪽 / 8,900원</td></tr>
<tr><td>분 류</td><td colspan="2">목적(사회적 상호작용, 정서표현) / 분야(인문) / 시대(현대) / 지역(한국)</td></tr>
<tr><td rowspan="2">관련 교과/<br>관련 교육과정</td><td>국어</td><td>2학년 2-(3) 생각을 나타내요(교과서 수록 지문)</td></tr>
<tr><td>바른생활</td><td>2학년 2-(2) 바른 말 고운 말</td></tr>
<tr><td>어떤 책일까</td><td colspan="2">더불어 사는 이 세상, 나 혼자만 잘 살고 나 혼자만 좋다고 행복해지는 건 아니랍니다. 서로 돕고 의지해야만 행복해질 수 있지요. 이 책 속에는 나보다 남을 먼저 생각하고 남의 아픔과 슬픔, 고통을 진심으로 이해하는 어린이가 될 수 있도록 짧은 이야기 안에 긴 생각을 담고 있습니다. 생각이 열리는 이야기, 마음이 맑아지는 이야기, 지혜를 주는 이야기, 생각이 커지는 이야기들을 짧은 글 안에 모두 담아내 진정으로 행복한 어린이가 될 수 있도록 큰 깨달음을 줄 거에요.<br>이제 컴퓨터가 빼앗아간 ‘책 읽는 습관’과 ‘생각하는 습관’을 되찾으세요. 이 책으로 여러분의 가슴에 ‘생각’이라는 마음의 양식을 가득 채워 봅시다.</td></tr>
<tr><td>다양한 매체로<br>맛보기</td><td colspan="2">관련 매체 : tv 동화 행복한 세상<br>관련 도서 : 『짧은 동화 큰 행복』 / 이규경 / 효리원<br>『생각이 꼬리를 무는 좋은 생각 짧은 동화』 / 이규경 / 처음주니어</td></tr>
<tr><td>어떻게 읽을까</td><td colspan="2">1. 그림을 잘 보며 내용을 상상하며 읽어 봅시다.<br>2. 왜 이런 이야기를 만들었는지를 상상하며 읽어 봅시다.<br>3. 나의 생각과 비슷한 이야기가 무엇인지 생각하며 읽어 봅시다.</td></tr>
<tr><td>무엇을 토론할까</td><td colspan="2">1. 이야기 중 하나를 골라 친구, 가족들과 이야기를 나눠 봅시다.<br>2. 여러분에게 가장 도움이 되는 이야기는 무엇인가? 어떻게 도움이 되는 지 말해 봅시다.<br>3. 한 가지 이야기를 골라 이야기에 나오는 생각이 옳은지 그른지 토론해 봅시다.</td></tr>
<tr><td>무엇을 써 볼까</td><td colspan="2">1. 가장 재미있는 이야기를 골라 소개하는 글을 써 봅시다.<br>2. 같은 제목으로 그림과 글로 새롭게 이야기를 만들어 봅시다.<br>3. 한 가지 이야기를 골라 그 이야기에 대한 자신의 생각을 적어 봅시다.</td></tr>
</table>

# 팥죽할멈과 호랑이

백희나

<table>
<tr><td>도 서 명</td><td colspan="2">팥죽할멈과 호랑이</td></tr>
<tr><td>도서정보</td><td colspan="2">백희나/ 시공주니어 / 2006년 / 28쪽 / 8,500원</td></tr>
<tr><td>분　류</td><td colspan="2">목적(정서표현) / 분야(인문) / 시대(고대-중세) / 지역(한국)</td></tr>
<tr><td rowspan="2">관련 교과/<br>관련 교육과정</td><td>국어</td><td>2학년 2-(1) 느낌을 나누어요</td></tr>
<tr><td>즐거운 생활</td><td>2학년 2-(6) 팥죽할머니와 호랑이</td></tr>
<tr><td>어떤 책일까</td><td colspan="2">맛난 팥죽을 잘 끓이는 팥죽 할멈에게 어느 날, 호랑이가 나타나 잡아 먹겠다고 했어요. 할멈은 동지 팥죽을 쑤어 먹는 날짜까지 기다려 달라며 나중으로 날짜를 미루었지요. 마침내 호랑이와 약속한 날이 되자 할멈은 팥죽을 쑤어 놓고 울기 시작했어요. 그 순간 알밤, 자라, 송곳, 멍석, 지게가 할머니의 딱한 사연을 듣게 되었어요. 그들은 할머니가 끓여 준 팥죽을 맛있게 받아먹고, 모두 힘을 합쳐 호랑이를 통쾌하게 물리쳤어요. 작고 약한 것들이 모여 무서운 호랑이를 혼내주는 아주 재미있는 이야기이며 폴짝폴짝 통통, 엉금엉금 척척 등 흉내내는 말이 글의 재미를 더해주는 책이랍니다. 책의 그림도 인형을 만들어 사진으로 찍어 표현해서 훨씬 더 생동감있게 표현된 책이에요. 책 속의 인형들의 모습도 함께 감상하면서 읽어 봅시다.</td></tr>
<tr><td>다양한 매체로<br>맛보기</td><td colspan="2">관련 도서 : 『호랑이 뱃속에서 고래잡기』 / 김용택 / 푸른숲<br>『가슴 뭉클한 옛날 이야기』 / 김장성 / 사계절</td></tr>
<tr><td>어떻게 읽을까</td><td colspan="2">1. 할머니가 어려움을 겪게 된 원인이 무엇인지 생각하며 읽어 봅시다.<br>2. 할머니를 도와주기 위해 물건들이 사용한 방법을 생각하며 읽어 봅시다.<br>3. 어려운 일이 있을 때 나의 지혜로 잘 해결된 경험을 생각하며 읽어 봅시다.</td></tr>
<tr><td>무엇을 토론할까</td><td colspan="2">1. 어려움을 겪고 있는 사람을 도와주면 어떤 점이 좋을지 생각해 봅시다.<br>2. 알밤, 자라, 송곳, 지게, 멍석이 팥죽을 한 그릇 주면 도와주겠다고 했는데 무엇인가를 받아야 도움을 주는 것인가? 물건들의 행동에 대한 생각을 말해 봅시다.<br>3. 호랑이가 할머니 잡으려고 하자 할머니는 호랑이에게 팥죽을 쑤어 먹을 때까지 기다려 달라고 했다. 호랑이는 약속을 지켜 제 날짜에 찾아왔는데 할머니는 약속을 지키지 않은 것이 아닌가? 자기가 한 약속은 꼭 지켜야 하지 않는가?</td></tr>
<tr><td>무엇을 써 볼까</td><td colspan="2">1. 마음에 드는 물건 가면을 그려 봅시다.<br>2. 호랑이를 물리친 물건들의 행동 중 가장 마음에 드는 방법과 그 이유가 무엇인지 적어 봅시다.<br>3. 누군가를 도와주고 선행일기를 써 봅시다.</td></tr>
</table>

# 도도새는 살아있다

딕 킹 스미스

| 도 서 명 | 도도새는 살아있다 |
|---|---|
| 도서정보 | 딕 킹 스미스 / 웅진닷컴 / 2003년 / 144쪽 / 7,000원 |
| 분 류 | 목적(사회적 상호작용) / 분야(사회) / 시대(근대) / 지역(인도양) |
| 관련 교과/<br>관련 교육과정 | 국어<br>듣말 1-(6) 의견이 있어요<br>쓰기 1-(4) 마음을 담아서<br>읽기 2-(6) 하고 싶은 말 |
| 어떤 책일까 | 도도새를 알고 있나요? 인도양에 있는 섬에 살던 날지 못하는 새입니다. 도도새는 사람을 한 번도 본 적이 없는 섬에 살았기 때문에 사람들이 섬에 왔을 때도 도망가지 않았습니다. 근처를 지나던 선원들은 바보처럼 도망가지 않는 도도새를 잡아 식량으로 썼습니다. 수천 년 내려온 도도새의 역사가 한순간에 사라져 버렸습니다. 어리석게도 사람들이 한 마리도 남지 않고 다 죽였거든요. 이런 동물을 멸종동물이라고 합니다. 공룡은 사람이 죽인 게 아니라 어쩔 수 없지만 사람이 멸종시킨 동물도 많답니다.<br>뛰어난 이야기꾼인 딕 킹 스미스는 꼭 어딘가에서 도도새가 살아있을 거라 생각하고 이 책을 썼습니다. 정말 살아있으면 좋겠습니다. |
| 다양한 매체로 맛보기 | 관련 도서 : 『도도새는 왜 사라졌을까?』 / 앤드루 채언 / 다섯수레 |
| 어떻게 읽을까 | 1. 입말이 이야기를 이끌어갑니다. 입말을 잘 살려 읽어 봅시다.<br>2. 너무 순진해서 아무 것도 모르는 도도새의 특징을 생각하며 읽어 봅시다.<br>3. 멸종한 도도새를 기억하며 읽어 봅시다. |
| 무엇을 토론할까 | 1. 멸종한 다른 동물을 찾아 발표해 봅시다.<br>2. 사람의 욕심을 채우느라 도도새가 멸종했습니다. 그래도 괜찮은지 토론해 봅시다.<br>3. 고통 받는 동물을 위해 우리는 어떤 일을 해야 할까요? |
| 무엇을 써 볼까 | 1. 멸종 위기에 처한 동물을 조사해서 글로 써 봅시다.<br>2. 동물과 더불어 살아갈 수 있는 방법을 써 봅시다.<br>3. 도도새가 우리에게 하고 싶은 말을 적어 봅시다. |

# 구만이는 울었다

홍종의

<table>
<tr><td>도 서 명</td><td colspan="2">구만이는 울었다</td></tr>
<tr><td>도서정보</td><td colspan="2">홍종의 / 디딤돌 / 2009년 / 116쪽 / 9,000원</td></tr>
<tr><td>분 류</td><td colspan="2">목적(정서표현) / 분야(사회) / 시대(현대) / 지역(한국)</td></tr>
<tr><td>관련 교과/<br>관련 교육과정</td><td>국어</td><td>2학년 1-(4) 마음을 담아서<br>2학년 2-(6) 하고 싶은 말<br>2학년 2-(3) 생각을 나타내요</td></tr>
<tr><td>어떤 책일까</td><td colspan="2">얼마 전 마을 옆 고속도로에서 돼지를 실은 트럭이 엎어졌습니다. 도망친 돼지들을 주인이 모두 모아 다시 싣고 갔지만 구만이는 비밀을 압니다. 명식이 형이 한 마리를 감춰서 집에서 기르거든요. 그런데 그 돼지가 곧 새끼를 낳는답니다. 명식이형은 구만이에게 트럭에서 얻어낸 돼지라는 사실을 감추기로 하고 돼지를 한 마리 주기로 합니다. 욕심쟁이 명식이형이 돼지를 줄까요?<br>구만이에게 송이라는 친구가 있습니다. 송이는 눈이 내리기 시작하는 날 서울로 이사를 갑니다. 구만이는 잘 가라는 인사도 못하고 혼자 웁니다. 돼지 얻으려고 명식이형에게 덤빌 정도로 용기가 있는 구만이가 왜 울었을까요? 책을 읽어보면 알게 됩니다.</td></tr>
<tr><td>다양한 매체로<br>맛보기</td><td colspan="2">관련 도서 : 『시집간 깜장돼지 순둥이』 / 김병규 / 샘터사</td></tr>
<tr><td>어떻게 읽을까</td><td colspan="2">1. 부모님들 살던 시절 이야기이므로 부모님들 어릴 적 모습을 듣고 읽어 봅시다.<br>2. 조마조마한 구만이 마음을 느껴봅시다.<br>3. 재미있게 표현된 사투리를 실감나게 읽어 봅시다.</td></tr>
<tr><td>무엇을 토론할까</td><td colspan="2">1. 트럭에서 떨어진 돼지를 몰래 기르는 행동은 옳을까요?<br>2. 처음 가져온 약한 돼지를 길러야 할까요? 나중에 가져온 튼튼한 돼지를 길러야 할까요?<br>3. 구만이가 왜 울었는지 이유를 생각해서 써 봅시다.</td></tr>
<tr><td>무엇을 써 볼까</td><td colspan="2">1. 여러분이 키우고 싶은 동물을 소개해 봅시다.<br>2. 이사간 송이에게 구만이가 쓰는 편지를 써 봅시다.<br>3. 구만이가 돼지를 키워 목장주인이 되기까지 어떤 일이 일어날지 상상해서 적어 봅시다.</td></tr>
</table>

# 비밀이 생겼어요

이현

| 도 서 명 | 비밀이 생겼어요 | |
|---|---|---|
| 도서정보 | 이현 / 채우리 / 2006년 / 96쪽 / 7,000원 | |
| 분 류 | 목적(정서표현) / 분야(인문) / 시대(현대) / 지역(한국) | |
| 관련 교과/<br>관련 교육과정 | 국어 | 2학년 1-(6) 의견이 있어요<br>2학년 1-(7) 따뜻한 눈길로 |
| 어떤 책일까 | 사람 마음은 깊은 바다 같습니다. 얕아 보이는 곳도 들어가 보면 깊습니다. 좋아하는 친구에게 괜히 심술을 내기도 하고 아무 말도 못하게 됩니다. 민혜는 마음 깊은 곳에 준이를 담아두었습니다. 아침마다 준이가 지나가기만 기다리고 준이를 바라보고 준이랑 같이 무엇이든 하고 싶습니다. 하지만 방해꾼 다솔이가 늘 준이 곁에 있지요. 하지만 이상해요. 다솔이는 준이를 너무 편하게 생각합니다. 그러다가 승현이가 나타나면 표정이 바뀝니다. 다솔이는 승현이를 좋아하면서 준이 곁에 있는 걸까요?<br>이 책은 민혜에게 생긴 비밀이야기입니다. 친구들에게 들키지 않고 혼자 좋아하는 민혜 마음을 준이가 알고 있을까요? | |
| 다양한 매체로<br>맛보기 | 관련 도서 : 『종이밥』 / 김중미 / 낮은산 | |
| 어떻게 읽을까 | 1. 꿈을 찾는 술래를 읽을 때 눈을 감고 자기 꿈을 생각해 봅시다.<br>2. 민혜 마음이 되어 읽어 봅시다.<br>3. 작은 따옴표에 들어있는 생각을 느끼며 읽어 봅시다. | |
| 무엇을 토론할까 | 1. 좋아하는 사람에게 직접 표현하는 게 좋을까요 기다리는 게 좋을까요?<br>2. 현장학습 갈 때 어떤 방법으로 짝을 정해야 할까요?<br>3. 꽃집에서 파는 꽃과 직접 접어 만든 꽃 중에 어느 것이 더 좋은 선물일까요 이야기를 나눠 봅시다. | |
| 무엇을 써 볼까 | 1. 꿈을 찾는 술래가 되어 내 꿈을 글로 표현해 봅시다.<br>2. 경태가 왜 말썽꾸러기가 됐는지 추측해서 써 봅시다.<br>3. 준이를 좋아하면서도 말을 못하는 민혜에게 도움이 되는 좋은 방법을 말해 봅시다. | |

# 우체부가 사라졌어요

클레르 프라네크

| 도 서 명 | 우체부가 사라졌어요 | |
|---|---|---|
| 도서정보 | 클레르 프라네크 / 키다리 / 2008년 / 60쪽 / 8,000원 | |
| 분　　류 | 목적(사회적상호작용) / 분야(사회) / 시대(현대) / 지역(프랑스) | |
| 관련 교과/<br>관련 교육과정 | 국어 | 2학년 듣말 2-(7) 재미가 솔솔<br>2학년 읽기 2-(4) 마음을 담아서<br>2학년 쓰기 2-(7) 따뜻한 눈길로 |
| | 슬기로운 생활 | 2학년 1-(5) 함께 사는 우리 |
| 어떤 책일까 | 무똥 마을에 서커스단이 왔습니다. 그런데 서커스곰이 사라집니다. 착한 우체부 프랑스와는 편지를 배달해야 하지만 서커스 단장과 말라깽이 아가씨 부탁을 뿌리치지 못하고 곰을 찾기 위해 숲 속으로 향합니다 두 사람은 프랑스와를 경찰로 오해하고 있지요. 곰이 남겨놓은 흔적을 찾아 숲 속으로 들어가 길을 잃어 며칠 동안 마을에 돌아오지 못합니다. 이 마을에는 우체부라곤 프랑스와 뿐이라 사람들은 편지를 하나도 받지 못하고 기다립니다. 아이들은 우체부가 다시는 오지 않는다는 노래를 지어 부르고 마을 사람들은 우체부를 돌려달라며 시위를 합니다. 우체부가 없는 마을에서 도대체 어떤 일이 일어날까요? | |
| 다양한 매체로 맛보기 | 관련 도서 : 『우체부가 된 세 친구』 / 노경실 / 문원 | |
| 어떻게 읽을까 | 1. 시간이 중요합니다. 시간을 잘 살펴가며 읽어 봅시다.<br>2. 재미있는 그림을 이야기와 연결해서 읽어 봅시다.<br>3. 우체부가 어떤 도움을 주는지 알아 봅시다. | |
| 무엇을 토론할까 | 1. 우체부가 없다면 어떻게 될지 이야기해 봅시다.<br>2. 자기가 우체부라고 말하지 못하고 부탁을 들어준 프랑스와의 행동을 어떻게 생각하는지 말해 봅시다.<br>3. 우리에게 도움을 주는 분들을 골라 소개해 봅시다. | |
| 무엇을 써 볼까 | 1. 우리에게 도움을 주는 직업을 많이 찾아 써 봅시다.<br>2. 프랑스와를 찾는 공고문을 써 봅시다.<br>3. 우리에게 도움을 주는 분에게 편지를 써 봅시다. | |

# 저학년 탈무드

마빈 토케이어

| 도 서 명 | 저학년 탈무드 | |
|---|---|---|
| 도서정보 | 마빈 토케이어 / 효리원 / 2004년 / 200쪽 / 원 | |
| 분 류 | 목적(정서표현) / 분야(인문) / 시대(현대) / 지역(한국) | |
| 관련 교과/<br>관련 교육과정 | 국어 | 2학년 1-(3) 이런 생각이 들어요<br>2학년 2-(2) 바르게 알려줘요 |
| | 바른생활 | 2학년 1-(5) 함께 사는 우리<br>2학년 2-(2) 바른 말 고운 말 |
| 어떤책일까 | 세계에서 가장 책을 많이 읽는 민족이 유대인입니다. 노벨상을 가장 많이 탄 민족도 유대인입니다. 유대인들은 학교 공부보다 성경과 탈무드 공부를 더 먼저 배우고 중요하게 생각합니다. 탈무드는 약 2500년 전부터 1000년 동안 랍비(유대 성경 선생님)들에 의해 쓰여졌습니다. 뛰어난 지혜를 담은 책이라고 합니다.<br>이 책에는 31가지 이야기가 나옵니다. 지혜와 상관없는 보통 이야기 같지만 유대인은 직접 교훈을 가르치기보다 이야기를 통해 생각하는 힘이 길러지도록 가르쳤습니다. 즉, 이야기 속에 지혜를 숨겨놓았습니다. 그래서 유대인들은 문제집을 많이 푸는 것보다 이야기를 많이 나누면서 공부를 한답니다. | |
| 다양한 매체로<br>맛보기 | 관련 도서 : 『톨스토이 동화』 / 톨스토이 / 삼성<br>『이솝우화보다 재미있는 세계 100대 우화』 / 이상배 / 삼성 | |
| 어떻게 읽을까 | 1. 각각의 이야기가 어떤 지혜를 알려주는지 생각해 봅시다.<br>2. 이야기를 읽고 자기 생각을 해설과 견주어 봅시다.<br>3. 가족들에게 들려주면 좋은 이야기를 골라 봅시다. | |
| 무엇을 토론할까 | 1. 진짜 부자 이야기에서 랍비가 자신을 제일 부자라고 말한 까닭을 이야기해 봅시다.<br>2. 자신에게 가장 필요한 이야기가 무엇인지 이유를 들어 말해 봅시다.<br>3. 어떤 사람이 가장 지혜로운지 이야기를 나눠 봅시다. | |
| 무엇을 써 볼까 | 1. 가장 지혜롭다고 생각하는 이야기를 골라 이유를 적어 봅시다.<br>2. 나와 닮은 사람을 골라 자세하게 소개글을 써 봅시다.<br>3. 내가 세상에서 가장 지혜로운 사람이라면 지혜를 어디에 쓸지 적어 봅시다. | |

# 동생 따윈 필요없어

길지연

| 도 서 명 | 동생 따윈 필요없어 | |
|---|---|---|
| 도서정보 | 길지연 / 기댄돌 / 2009년 / 120쪽 / 8,800원 | |
| 분 류 | 목적(정서표현) / 분야(사회) / 시대(현대) / 지역(한국) | |
| 관련 교과/ 관련 교육과정 | 국어 | 이런 생각이 들어요<br>느낌을 나누어요. |
| | 바른생활 | 2학년 1-(5) 함께 사는 우리 |
| 어떤 책일까 | 우리나라에도 외국사람들이 많이 살고 있습니다. 가족으로 함께 사는 '다문화가정'도 늘어나고 있습니다. 고향을 떠나 우리나라에 와서 우리나라 사람이 되려고 하지만 힘든 점이 참 많습니다. 말도 다르고 집, 날씨, 음식도 모두 다릅니다.<br>이 책에 나오는 호아 아줌마와 하롱은 베트남에서 왔습니다. 같이 살게 된 하린이는 두 사람을 미워하지요. 그래도 호아 아줌마와 하롱은 하린이를 감싸줍니다. 나중에는 찬바람만 가득한 하린이 마음에 따뜻한 바람이 불게 됩니다. 다른 사람을 배려하는 마음은 너무나 귀합니다. 이 책은 배려를 가르쳐주는 책입니다. | |
| 다양한 매체로 맛보기 | 관련 도서 : 『뭐가 다른데』 / 이성자 / 문원 | |
| 어떻게 읽을까 | 1. 하린이 마음과 하롱이 마음을 견주어 가며 읽어 봅시다.<br>2. 호아아줌마가 하린이를 미워하지 않는 이유를 찾아 봅시다.<br>3. 베트남 말과 특징을 잘 기억하며 읽어 봅시다. | |
| 무엇을 토론할까 | 1. 내가 친해지기 어려운 친구와 친해지는 방법을 이야기해 봅시다.<br>2. 사랑과 관심이 필요한 사람을 주변에서 찾아 어떻게 도와줄 수 있는지 말해 봅시다.<br>3. 내가 하린이라면 호아 아줌마와 하롱이를 어떻게 대했을까요? | |
| 무엇을 써 볼까 | 1. 하롱에게 한국을 소개하는 글을 써 봅시다.<br>2. 내가 먹어본 외국음식을 소개해 봅시다.<br>3. 친하게 지내지 않은 친구에게 편지를 써 봅시다. | |

# 마법의 설탕 두 조각

미카엘 엔데

<table>
<tr><td>도 서 명</td><td colspan="2">마법의 설탕 두 조각</td></tr>
<tr><td>도서정보</td><td colspan="2">미카엘 엔데 / 소년한길 / 2001년 / 92쪽 / 6,500원</td></tr>
<tr><td>분 류</td><td colspan="2">목적(정서표현) / 분야(인문) / 시대(현대) / 지역(한국)</td></tr>
<tr><td rowspan="2">관련 교과/<br>관련 교육과정</td><td>국어</td><td>2학년 읽기 1-(6) 의견이 있어요<br>2학년 읽기 1-(8) 재미가 새록새록<br>2학년 쓰기 2-(3) 생각을 나타내요<br>2학년 쓰기 2-(6) 하고 싶은 말</td></tr>
<tr><td>바른생활</td><td>2학년 2-(5) 화목한 가정</td></tr>
<tr><td>어떤 책일까</td><td colspan="2">렝켄은 마법요정을 찾아나섰습니다. 자기 말을 도무지 들어주지 않는 엄마와 아빠를 어떻게 해야할지 물어보러 갔습니다. 부모님은 갖가지 이유를 들어 렝켄이 하고 싶은 일을 못 하게 한답니다. 렝켄이 만난 빗물 거리의 요정은 마법의 설탕 두 조각을 줍니다. 이걸 부모님께 먹이면 어떤 일을 벌어지는데 그게 뭘까요?<br>이 책은 '모모'라는 책을 쓴 미하엘 엔데가 썼습니다. 굉장히 뛰어난 작가입니다. 부모님 말씀을 듣기 싫어하는 렝켄이 부모님을 계속 작아지게 만드는 이야기입니다. 나중에는 고양이보다 더 작아지는데 고양이에게 잡아먹히지 않고 다시 어른으로 돌아갈 수 있을까요?</td></tr>
<tr><td>다양한 매체로<br>맛보기</td><td colspan="2">관련 도서 : 『잔소리 없는 날』 / 안네마리 노르덴 / 보물창고</td></tr>
<tr><td>어떻게 읽을까</td><td colspan="2">1. 실제로 이런 일이 일어나면 어떨지 모습을 떠올리며 읽어 봅시다.<br>2. 내가 렝켄이라면 어떻게 했을지 생각하며 읽어 봅시다.<br>3. 부모님의 마음과 생각을 상상하며 읽어 봅시다.</td></tr>
<tr><td>무엇을 토론할까</td><td colspan="2">1. 이 세상에는 요정이 있을까요?<br>2. 부모님께 하고 싶은 말을 어떻게 전해야 들어주실까 이야기해 봅시다.<br>3. 엄마, 아빠를 골탕먹인다고 정말로 렝켄이 행복해질 수 있을까요?</td></tr>
<tr><td>무엇을 써 볼까</td><td colspan="2">1. 내 생각을 담아 부탁하는 말을 써 봅시다.<br>2. 부모님께 주장하고 싶은 내용을 글로 써 봅시다.<br>3. 부모님이 다시 커지지 않았다면 어떤 일이 일어날지 상상해서 써 봅시다.</td></tr>
</table>

# 완벽한 사람은 없어

앨런 플래너건 번스

| 도 서 명 | 완벽한 사람은 없어 | |
|---|---|---|
| 도서정보 | 앨런 번스 / 개암나무 / 2009년 / 80쪽 / 8,500원 | |
| 분 류 | 목적(사회적상호작용) / 분야(인문) / 시대(현대) / 지역(미국) | |
| 관련 교과/<br>관련 교육과정 | 국어 | 2학년 1-(3) 이런 생각이 들어요<br>2학년 2-(3) 생각을 나타내요 |
| 어떤 책일까 | 샐리는 무엇이든 잘하고 싶어합니다. 잘하는 정도가 아니라 완벽하게 해야 한다고 생각합니다. 피아노 발표회에서 사람들이 모두 칭찬을 해도 작은 실수를 한 것 때문에 발표회를 망쳤다고 생각합니다. 일등을 못하면 포기하는 게 낫다고 생각하고 과제는 모두 A를 받으려고 합니다. 그래서 늘 바쁩니다. 다른 아이보다 훨씬 더 완벽하게 할 수 있는 주제를 고르느라 시작조차 못 할 때도 있습니다 완벽하게 하지 않는다면 차라리 안 하는 게 낫다고 생각합니다. 학교선생님이 완벽한 강아지 이야기를, 피아노선생님이 싫증이 난 재빵사 이야기를 해주는데 과연 샐리가 태도를 고칠 수 있을까요? 연극에서 주인공을 못 하게 되더라도 다 함께 열심히 하게 될까요? | |
| 다양한 매체로<br>맛보기 | 관련 도서 : 『틀려도 괜찮아』 / 마키다 신지 / 토트북 | |
| 어떻게 읽을까 | 1. 인물의 마음을 생각하며 실감나게 읽어 봅시다.<br>2. 샐리가 언제 행복을 느끼는지 찾아보며 읽어 봅시다.<br>3. 내 행동과 샐리 행동을 견주어 가며 읽어 봅시다. | |
| 무엇을 토론할까 | 1. 샐리의 태도를 어떻게 생각하는지 이야기해봅시다.<br>2. 완벽하게 해내는 태도가 꼭 필요할 때는 언제입니까?<br>3. 어떤 일을 할 때 성실한 태도와 완벽하게 하려는 태도는 어떻게 다른지 토론해 봅시다. | |
| 무엇을 써 볼까 | 1. 샐리에게 충고할 말을 적어 봅시다.<br>2. 주변에 있는 사람 중에 샐리와 비슷한 사람을 소개해 봅시다.<br>3. 완벽한 강아지, 싫증이 난 재빵사 이야기에 대한 생각을 적어 봅시다. | |

# 수학아 수학아 나 좀 도와줘

조성실

| 도 서 명 | 수학아 수학아 나 좀 도와줘 | |
|---|---|---|
| 도서정보 | 조성실 / 삼성당 / 2006년 / 151쪽 / 8,000원 | |
| 분 류 | 목적(정보전달) / 분야(과학) / 시대(현대) / 지역(한국) | |
| 관련 교과/<br>관련 교육과정 | 수학 | 2학년 수학 전단원 |
| 어떤 책일까 | 수학은 재미있나요? 문제만 지겹게 푼다면 재미가 없다고 할 것이에요. 규칙을 잘 찾아 답을 찾는 것을 좋아하는 친구에게 수학은 재미있는 과목이지만 보통 친구들을 수학을 어렵다고 생각하고 포기하려고 해요. 이 책은 수학을 재미있는 이야기로 풀어 놓았어요. 아람이는 호기심이 많아 여러 가지 실수도 하고 사고도 일으켜서. 혼이 나기도 하지만 아람이의 친구인 말하는 햄스터가 그 실수를 수학으로 풀어줘요. 그것도 재미있는 이야기로 말이에요. 우리가 흔히 알고 있는 글씨가 적고 숫자만 많은 수학책이 아니라 숫자는 아주 조금이고 글씨가 많은 것이 바로 이 책랍니다. 아람이가 신발을 온통 섞어 놓았는데 어떻게 짝을 지어줄까 고민하면 여러분이 아람이에게 대답을 해줘야 해요. 그렇게 하려면 생각을 해야 하죠? 아람이가 고민하는 부분에서는 꼭 여러분이 답을 생각하며 읽어보면 더 도움이 되는 책이에요. 수학이야기니까 그냥 읽으면 안 되는 것 기억하세요. | |
| 다양한 매체로<br>맛보기 | 관련 도서 : 『우리 수학놀이하자』 / 크리스틴 달 / 주니어김영사<br>『놀이수학』 / 안노미쯔마사 / 한림출판사 | |
| 어떻게 읽을까 | 1. 하루에 하나씩 천천히 읽어 봅시다. 12월로 된 책이니 12일 동안 읽어 보는 것도 좋은 방법입니다.<br>2. 원리를 이해하기 위해서 잘 모르는 부분을 다시 생각해 봅시다.<br>3. 가족과 함께 수학놀이를 해보며 읽어 봅시다. | |
| 무엇을 토론할까 | 1. 수학은 약속(규칙)이라고 했다. 사람마다 약속(규칙)이 다르면 어떻게 될까?<br>2. 규칙이 있다는 것을 나를 귀찮게 하나요? 편하게 하나요?<br>3. 사람 손이 10개가 아니라 3개였다면 우리의 수는 어떻게 될까요? 동전 3개가 1,000원이 된다면 어떤 일이 생길까요? | |
| 무엇을 써 볼까 | 1. 책에 나오는 내용을 하나 골라 수학문제를 만들어 봅시다.<br>2. 궁금하게 생각하는 것을 햄스터에게 물어보자. 질문들을 잘 정리하여 써 봅시다.<br>3. 시간은 정해져 있지만 같은 시간이라도 사람이 무엇을 하느냐에 따라 길게 때로는 짧게 느껴진다. 내가 길게 느꼈던 시간, 시간이 부족하다고 느꼈던 적은 언제인지 적어 봅시다. | |

# 수학이 진짜 웃기다고요?

김수경

| 도 서 명 | 수학이 진짜 웃기다고요? | |
|---|---|---|
| 도서정보 | 김수경 / 한솔수북 / 2006년 / 128쪽 / 7,900원 | |
| 분　　류 | 목적(정보전달) / 분야(인문) / 시대(현대) / 지역(한국) | |
| 관련 교과/<br>관련 교육과정 | 수학 | 수학 전단원 |
| 어떤 책일까 | 사람보다 고릴라가 낫다고 생각하는 전사고릴라가 마노한테 도전장을 내밀었습니다. 힘을 겨뤄 누가 이기는지 알아보자고 합니다. 물론, 마노는 전사고릴라를 이길 수 없습니다. 마노는 급한 마음에 수학으로 겨루자고 하긴 했지만 마노도 수학을 잘 모릅니다. 다행히 전사고릴라는 숫자가 무엇인지도 모르기 때문에 마노가 어깨 펴고 가르칠 수 있지요.<br>이 책에는 숫자, 여러 가지 모양, 더하기와 빼기, 길이 재기, 도형, 시간, 덧셈과 뺄셈, 표와 그래프, 곱셈 구구, 도형 모양 바꾸기가 나옵니다. 2학년에게 어려운 내용도 있지만 한 번 읽어보면 나중에 더 잘 이해할 수 있을 것입니다. | |
| 다양한 매체로<br>맛보기 | 관련 도서 : 『수학아 수학아 나 좀 도와줘』 / 조성실 / 삼성당 | |
| 어떻게 읽을까 | 1. 문제를 풀거나 외우려고 하지 말고 편안하게 읽어 봅시다.<br>2. 수학 때문에 우리 생활이 어떻게 편리해지는지 확인해 봅시다.<br>3. 관련된 단위(cm, kg, ch, 분 등)를 잘 살펴 봅시다. | |
| 무엇을 토론할까 | 1. 사람마다 단위를 다르게 쓴다면 어떨지 토의해 봅시다.<br>2. 우리 생활에 수학이 쓰이는 예를 찾아 이야기해 봅시다.<br>3. 눈 감고 1분 서있기, 10m 정확하게 가보기 등 수학과 관련된 놀이를 해 봅시다. | |
| 무엇을 써 볼까 | 1. 도형으로 멋진 집을 그려봅시다.<br>2. 한 시간 동안 할 수 있는 일을 찾아 적어 봅시다.<br>3. 여러분에게 정말 전사고릴라가 있다면 함께 무엇을 할지 써 봅시다. | |

# 새는 다시 돌아오지 않았다

송재찬

| 도 서 명 | 새는 다시 돌아오지 않았다 | |
|---|---|---|
| 도서정보 | 송재찬 / 효리원 / 2009년 / 56쪽 / 8,500원 | |
| 분　류 | 목적(정서표현) / 분야(문학) / 시대(근대) / 지역(한국) | |
| 관련 교과/ 관련 교육과정 | 슬기로운 생활 | 2학년 2-(3) 생각을 나타내요 |
| 어떤 책일까 | 목숨산 느티나무 아래에서 멧돼지 고기를 파는 벙어리 아이에게는 새들의 말을 알아들을 수 있는 신기한 능력이 있었어요. 벙어리는 새들이 전해 주는 이야기를 듣고 사람들이 궁금해하는 것들을 알려 주었고, 차츰 점쟁이로 소문이 났지요. 벙어리는 점점 욕심이 생겨 많은 돈을 가져오는 사람에세만 점을 쳐 주었지요. 그런 벙어리를 새들은 여전히 도와줄까요?<br>순진했던 벙어리 아이가 돈에 대한 욕심을 갖게 되면서 어떻게 변해 갔으며, 결국 어떤 결말을 맞게 되는지 보여 주는 동화예요. 욕심이 사람을 어떻게 변하게 하는지 깨닫게 해 주지요. 지나친 욕심은 결국 가진 것마저 잃게 할 수 있다는 교훈을 얻을 수 있어요. | |
| 다양한 매체로 맛보기 | 관련 매체 : 흥부와 놀부, 피리 부는 사나이<br>관련 도서 : 『욕심쟁이 거인』 / 오스카 와일드 / 길벗어린이 | |
| 어떻게 읽을까 | 1. 욕심이 사람을 어떻게 변하게 하는지 생각하며 읽어 봅시다.<br>2. 임금님이 사는 동네에 돈만 주면 뭐든지 해주는 도깨비는 무엇인지 생각하며 읽어 봅시다.<br>3. 남을 돕고자 하는 순수한 마음이 자신에게 복을 가져다준다는 교훈을 생각하며 읽어 봅시다. | |
| 무엇을 토론할까 | 1. 벙어리가 가진 점치는 신통력은 어디서 나오는 것일까요?<br>2. 예쁜 아내를 맞은 벙어리는 아주 행복했습니다. 예쁜 외모만 중요하게 생각하면 어떻게 될까요?<br>3. 벙어리의 친구인 새들은 왜 다시 돌아오지 않았을까요? | |
| 무엇을 써 볼까 | 1. 지나친 욕심을 부린 벙어리에게 어떤 대가를 치르게 되는지 편지를 써 봅시다.<br>2. 사람이 다르듯 재능도 사람마다 다 다릅니다. 몸이 불편한 사람들이 자신이 가진 재능을 펼치게 할 방법은 무엇인지 써 봅시다.<br>3. 가진 만큼 책임을 진다는 것은 무엇인지 벙어리의 경우를 생각하며 글을 써 봅시다. | |

# 선생님, 나만 믿어요

고정욱

| 도 서 명 | 선생님, 나만 믿어요 | |
|---|---|---|
| 도서정보 | 고정욱 / 글담 어린이/ 2009년 / 80쪽 / 9,000원 | |
| 분　류 | 목적(정보전달) / 분야(인문) / 시대(근대) / 지역(한국) | |
| 관련 교과/ 관련 교육과정 | 슬기로운 생활 | 2학년 1-(2) 이제는 할 수 있어요.(학교에서 할 수 있는 일) |
| | 국어 | 2학년 1-(4) 마음을 담아서 |
| 어떤 책일까 | 선생님은 아이들에게 두려움의 대상이면서도 사랑받고 인정받고 싶은 대상이기도 하다. 그래서 초등학생에게 선생님과의 관계 맺기는 매우 중요한 의미를 갖는다. 선생님과의 관계 맺기에 실패하면 아이는 학교생활에 자신감이 떨어지고 자신에 대한 자존감도 떨어진다. 그런데 아이가 선생님을 대하는 태도는 부모와 선생님이 서로를 대하는 태도에서 비롯되는 경우가 대부분이다. 이 동화는 선생님과 아이의 잘못된 관계 맺기를 꼬집고, 어떻게 하면 진심으로 아이와 선생님이 가까워질 수 있는지에 대해 그리고 있다. | |
| 다양한 매체로 맛보기 | 관련 매체 : '호랑이 선생님', '굿 윌 헌팅' | |
| 어떻게 읽을까 | 1. 선생님께 칭찬받았을 때의 느낌을 생각하며 읽어 봅시다.<br>2. 누구나 겪을 수 있는 생생한 에피소드들을 내 아이, 나와 비교해 가며 읽어 봅시다.<br>3. 선생님과 아이들이 어떻게 올바른 관계를 맺을 수 있는지, 즉 진정한 소통은 어떻게 하는 것인지 의문을 가지며 읽어 봅시다. | |
| 무엇을 토론할까 | 1. 선생님은 어떤 학생을 좋아할까요?<br>2. 선생님에게 잘 보이려 하는 것과 선생님과 친하게 지내는 것은 무엇이 다른가요?<br>3 선생님께서 나만 좋아하는 것이 좋은가요? 우리 반 친구 모두를 좋아하는 것이 좋은가요? | |
| 무엇을 써 볼까 | 1. 우리 선생님의 좋은 점은 무엇인지 써 봅시다.<br>2. 우리를 위해 노력하시는 선생님께 위로와 격려의 편지를 써 봅시다.<br>3. 선생님은 어떤 학생을 대견해하시는지 써 봅시다. | |

# 자연과 함께해요

이동렬

| 도 서 명 | 자연과 함께해요 | |
|---|---|---|
| 도서정보 | 이동렬 / 해피북스 / 2005년 / 104쪽 / 7,000원 | |
| 분 류 | 목적(정서표현) / 분야(과학) / 시대(현대) / 지역(한국) | |
| 관련 교과/<br>관련 교육과정 | 슬기로운 생활 | 2학년 1-(8) 하루를 알차게 |
| | 즐거운 생활 | 2학년 1-(7) 산으로 바다로<br>2학년 1-(8) 신나는 여름 |
| | 바른생활 | 2학년 2-(7) 생명의 소중함 |
| 어떤 책일까 | 농촌에 살면 계절이 어떻게 변해가는지 금세 알게 됩니다. 사람이 일부러 심어놓은 나무와 꽃이 아니라 늘 그 자리에 살아왔던 나무와 풀이 계절에 따라 바뀌어 가는 걸 볼 수 있습니다. 새도 살고 물고기도 살고 뱀과 곤충도 많이 살아갑니다.<br>이 책은 사계절 중에 여름에 일어나는 자연의 변화를 알려주고 있습니다. 책으로만 보면 잘 기억나지 않고 우리 생활과 관련이 적은 것 같지만 실제로 겪어보면 자연은 우리 가까이에 있답니다. 시골 분교 아이들은 여름을 어떻게 보내는지 읽어보면 알게 됩니다. 전교생이 16명뿐인 분교에 과연 어떤 일이 일어날까요? | |
| 다양한 매체로 맛보기 | 관련 도서 : 『어진이의 농장일기』 / 신혜원 / 창비 | |
| 어떻게 읽을까 | 1. 꽃이름, 새이름, 물고기이름을 잘 기억하며 읽어 봅시다.<br>2. 시골에 갔던 경험을 떠올리며 읽어 봅시다.<br>3. 여름철 자연환경의 변화를 기억하며 읽어 봅시다. | |
| 무엇을 토론할까 | 1. 계절의 변화가 없다면 어떨지 이야기해봅시다.<br>2. 영수처럼 친구와 잘 어울리지 않는 아이를 어떻게 도와줄 수 있을까요?<br>3. 시골에서 사는 게 좋을까요 도시에서 사는 게 좋을까요? | |
| 무엇을 써 볼까 | 1. 책에 나온 꽃이나 새, 물고기 중에 하나를 골라 조사해 봅시다.<br>2. 화분에 식물을 심고 자라는 과정을 적어 봅시다.<br>3. 밤에 부모님과 함께 밖에 나가 별을 보고 일기를 써 봅시다. | |

# 낮과 밤은 왜 달라?

로랑사바티에

| 도 서 명 | 낮과 밤은 왜 달라 | |
|---|---|---|
| 도서정보 | 로랑사바티에 / 큰북작은북 / 2007년 / 40쪽 / 8,000원 | |
| 분 류 | 목적(정보전달) / 분야(과학) / 시대(현대) / 지역(한국) | |
| 관련 교과/<br>관련 교육과정 | 슬기로운 생활 | 2학년 2-(1) 낮과 밤이 달라요 |
| 어떤 책일까 | 한참을 신나게 놀다가 깜깜한 밤이 된 것을 아쉬워 하며 집으로 돌아간 적이 있죠? 낮에 열심히 생활하다가 밤이 되면 모두들 집으로 돌아가요, 왜 그럴까요? 아마도 낮은 환하고 밝기 때문에 그 시간에 열심히 공부하고 일하지만 해가 하나도 없는 깜깜한 밤에는 집 안으로 들어가 생활을 하기 때문일 것이에요. 낮과 밤은 왜 생길까요? 지구와 태양이 그 비밀을 알고 있어요. 이 책은 다양한 사진과 그림을 통해 여러분이 궁금해 하는 여러 가지 사실들을 알려주어요.<br>만약 낮이 없고 이세상이 매일 밤이라면 어떠할까요? 그 때는 낮이 무척 그리울 것이에요. 하지만 걱정하지 마세요. 지구가 매일매일 돌기 때문에 오늘 푹 자고 나면 내일 아침 분명 밝은 해가 뜰 테니까요. | |
| 다양한 매체로<br>맛보기 | 관련 도서 : 『어진이의 농장일기』 / 신혜원 / 창비 | |
| 어떻게 읽을까 | 1. 낮과 밤이 생기는 이유를 생각하며 읽어 봅시다.<br>2. 낮과 밤의 모습을 비교하며 읽어 봅시다.<br>3. 지구의 모습을 생각하며 읽어 봅시다. | |
| 무엇을 토론할까 | 1. 멀리 떠 있는 배가 수평선 아래에서 떨어지는 일이 생긴다면 지구의 모습은 어떠할 것 같은가요?<br>2. 지구가 태양 주위를 한 바퀴 회전하면서 낮과 밤이 생긴다고 하였는데 만약 지구가 하루에 두 바퀴 회전한다면 어떤 일이 생기나요?<br>3. 만약 낮과 밤 중 하나를 선택해야 한다면 나는 무엇을 선택할 것이고 그 이유는 무엇인가요? | |
| 무엇을 써 볼까 | 1. 낮과 밤의 모습을 비교해서 정리해 봅시다.<br>2. 옛날부터 전 세계 사람들이 지구를 여행하기 위해 많은 기구들을 만들어 지구의 모습을 보고 싶어 했다. 내가 지구 여행을 한다면 무엇을 가지고 여행을 하고 싶은 지 나의 지구 여행 계획을 세워 봅시다. 우주선, 비행기 말고 여러분이 새로운 발명품을 만들어도 좋다.<br>3. 책을 읽고 퀴즈를 만들어서 가족들과 퀴즈대회를 해봅시다. | |

# 너무나도 다정한 점순씨

최영희

| 도 서 명 | 너무나도 다정한 점순씨 | |
|---|---|---|
| 도서정보 | 최영희 / 아리샘 주니어(기댄돌) / 2009년 / 112쪽 / 8,800원 | |
| 분 류 | 목적(사회적 상호작용) / 분야(사회) / 시대(현대) / 지역(한국) | |
| 관련 교과/<br>관련 교육과정 | 슬기로운 생활 | 2학년 1-(4) 사이좋은 이웃 |
| 어떤 책일까 | 넉넉한 삶을 살지는 않지만 어느 누구보다도 따뜻한 마음을 간직한 점순이 할머니를 통해 사랑과 관심이 필요한 사람에게 따뜻한 마음이 그들에게는 얼마나 큰 힘이 되는지를 보여주는 이야기에요.<br>은서네 집에서 도우미로 일하며 살게 된 점순이 할머니는 회사 일로 바쁜 은서 엄마 대신 집안일을 도맡아 해요. 또, 아식 어린 은서가 학교를 잘 다닐 수 있게 도와주기도 해요. 그런 할머니는 우연히 알게 된 떡볶이 아주머니를 도와 대신 떡볶이도 팔아주고 다 죽어가서 버려진 화분에 따뜻한 정성을 담아 다시 살 수 있게 해요. 우리 주변을 둘러보고 몸이 불편하고 어려움에 처한 사람에게 따뜻한 온정을 베풀어요. 우리 주변의 사람들과 동식물을 그냥 지나치지 않고 사랑과 관심으로 다가간다면 우리는 정말 따뜻한 세상에서 살아갈 수 있을 것이에요. | |
| 다양한 매체로<br>맛보기 | 관련 매체 : 의사 장기려(ebs 지식채널)<br>tv 동화 행복한 세상(돕는것이 행복한 아이)<br>관련 도서 : 『가방들어주는 아이』/고정욱 / 사계절<br>『최고는 내 안에 있어』/이성자 / 은하수<br>『도시락 안 싸간 날』/고정욱 / 여름숲 | |
| 어떻게 읽을까 | 1. 따뜻한 정을 느낄 수 있는 부분은 어디인지 생각하며 읽어 봅시다.<br>2. 점순이 할머니가 이웃들에게 따뜻한 마음들을 어떻게 표현했는지 생각하며 읽어 봅시다.<br>3. 내가 어릴 적 나를 돌봐주신 분이 누구인지 나의 경험을 떠 올리며 읽어 봅시다. | |
| 무엇을 토론할까 | 1. 이야기를 통해 어떤 것을 느꼈나요?<br>2. 어려운 환경의 주변 친구들과 이웃들에게 어떻게 도움을 줄 수 있을까요?<br>3. 은서를 돌보는 일이 할머니 일인데 은서를 혼자 두고 떡볶이 아주머니를 도와드리는 할머니 행동은 옳은가요? | |
| 무엇을 써 볼까 | 1. 점순이 할머니를 칭찬하는 상장을 만들어 봅시다.<br>2. 다른 사람을 도와주고 선행일기를 써 봅시다.<br>3. 책을 읽고 가장 기억에 남는 장면을 그리고 그 이유를 적어 봅시다. | |

# 뭐가 다른데?

이성자

| 도 서 명 | 뭐가 다른데? | |
|---|---|---|
| 도서정보 | 이성자 / 문원 / 2009년 / 96쪽 / 8,000원 | |
| 분 류 | 목적(사회적 상호작용) / 분야(인문) / 시대(현대) / 지역(한국) | |
| 관련 교과/<br>관련 교육과정 | 슬기로운 생활 | 2학년 1-(5) 함께 사는 우리 |
| 어떤 책일까 | 여섯 편의 다양한 이야기 중 〈뭐가 다른데〉는 요즘 늘어가고 있는 다문화 가정의 이야기에요. 한국인 아빠와 필리핀 엄마를 둔 '나'는 얼굴이 까무잡잡한 미리내를 알게 되면서 점점 친해지게 되지요. 사실 처음부터 둘은 친해지지 못했어요. 그러나 차츰 서로에 대해 알게 되면서 진정한 친구의 의미를 다시 한 번 깨닫게 되요.<br>이 이야기들 속에서 나와 다른 친구들을 있는 그대로 인정하고, 약하고 소외받는 이들을 배려하는 마음을 배울 수 있어요.<br>친구가 내 마음에 들지 않고, 도저히 이해가 되지 않을 때는 어떻게 할까요? 서로의 입장이 되어 생각해 보면 이해하고 받아들일 수 있게 될 것이에요. | |
| 다양한 매체로<br>맛보기 | 관련 매체: 깜근이 엄마(TV 드라마)<br>관련 도서: 『최고는 내 안에 있어』/이성자 /은하수<br>『손님』/ 윤재인 / 느림보<br>『가방 들어주는 아이』/고정욱 /사계절 | |
| 어떻게 읽을까 | 1. 배려가 무엇인지 생각해 보고 자신이 남을 배려한 일이 있는지 생각하며 읽어 봅시다.<br>2. 이야기의 친구들처럼 자신도 그런 경험이 있는지 생각해 본 후 내가 친구의 입장이 되어 상상해 보며 읽어 봅시다.<br>3. 다문화 가정의 의미를 생각하며 읽어 봅시다. | |
| 무엇을 토론할까 | 1. 이야기 중 하나를 골라 친구, 가족들과 이야기를 나눠 봅시다.<br>2. 몸과 마음이 불편한 친구는 어떻게 해주어야 할까요?<br>3. 우리와 다문화 가정의 아이들이 다른 점은 무엇이고, 우리가 다문화 가정의 아이들에게 해 줄 배려는 무엇인가요? | |
| 무엇을 써 볼까 | 1. 책 속의 주인공에게 물어보고 싶은 것을 편지로 써 봅시다.<br>2. 가장 감명깊은 이야기 한 편을 골라 소개하는 글을 써 봅시다.<br>3. 이 책을 읽고 배려가 무엇인지 배웠을 것이다. 우리 주변의 이웃과 친구들에게 내가 해줄 수 있는 배려가 무엇인지 생각해 보고 각오문을 적어 봅시다. | |

# 지렁이가 흙똥을 누었어

이성실

| 도 서 명 | 지렁이가 흙똥을 누었어 | |
|---|---|---|
| 도서정보 | 이성실 / 다섯수레 / 2009년 / 30쪽 / 9,500원 | |
| 분 류 | 목적(정보전달) / 분야(과학) / 시대(현대) / 지역(한국) | |
| 관련 교과/<br>관련 교육과정 | 슬기로운 생활 | 2학년 1-(7) 동물과 식물은 내 친구 |
| 어떤 책일까 | 지렁이는 우리 주변에서 흔히 볼 수 있습니다. 평소에는 잘 보이지 않지만 비가 오면 밖에 나와 기어다닙니다. 비가 와서 흙 속에 물이 가득차면 숨을 쉴 수 없기 때문에 나오는 거랍니다. 비가 오지 않으면 대부분 땅 속에서 살아가기 때문에 무엇을 먹고 똥을 어떻게 누며 무슨 일을 하는지 아는 사람이 그리 많지 않습니다.<br>이 책은 지렁이가 사계절 어떤 모습으로 살아가는지 설명하고 있습니다. 점액질로 미끈한 지렁이 피부까지 자연을 그대로 옮겨놓은 듯 생생하게 그려내는 생태화가 이태수님의 세밀화가 돋보입니다. 꾸미지 않은 이야기와 그림을 읽다 보면 자연스레 지렁이가 굴을 파고 다니며 땅을 숨 쉬게 하고 식물이 잘 자라도록 도와주는 땅 속의 농부란 걸 알게 될 것입니다. | |
| 다양한 매체로<br>맛보기 | 관련 도서 : 『땅 속 생물 이야기』 / 오오노 마사오 / 진선<br>『꾸물꾸물 지렁이를 키워봐』 / 손호경 / 대교 | |
| 어떻게 읽을까 | 1. 자연을 그대로 그린 그림을 먼저 살펴 봅시다.<br>2. 입말을 살린 이야기글을 실감나게 읽어 봅시다.<br>3. 지렁이가 하는 일을 잘 기억하며 읽어 봅시다. | |
| 무엇을 토론할까 | 1. 지렁이가 어떤 도움을 주는지 이야기해 봅시다.<br>2. 지렁이가 살아가도록 아스팔트와 콘크리트를 줄이면 어떨지 의논해 봅시다.<br>3. 우리 눈에 잘 보이지 않지만 우리를 도와주는 동식물을 찾아 이야기해 봅시다. | |
| 무엇을 써 볼까 | 1. 지렁이가 4계절 동안 하는 일을 정리해서 적어 봅시다.<br>2. 지렁이는 몸의 일부가 떨어져도 다시 살이 돋습니다. 우리 몸이 이렇게 된다면 어떤 일이 일어날지 상상해서 써 봅시다.<br>3. 지렁이에게 고마움을 표현하는 글을 써 봅시다. | |

# 개미야, 진딧물은 키워서 뭐 하게?

장수하늘소

| 도 서 명 | 개미야, 진딧물은 키워서 뭐 하게? | |
|---|---|---|
| 도서정보 | 장수하늘소 / 밝은미래 / 2009년 / 88쪽 / 9,000원 | |
| 분 류 | 목적(정보전달) / 분야(과학) / 시대(현대) / 지역(한국) | |
| 관련 교과/<br>관련 교육과정 | 슬기로운 생활 | 2학년 1-(7) 동물과 식물은 내 친구 |
| | 바른생활 | 2학년 2-(7) 생명의 소중함 |
| 어떤 책일까 | 곤충은 참 귀엽고 재미있습니다. 개미를 갖고 장난치기도 하고 장수풍뎅이를 기르는 친구도 있습니다. 곤충을 애완동물로 생각합니다. 그렇지만 곤충이 사람처럼 행동한다면 어떨까요? 곤충이 폭탄을 던지고 스스로 집도 짓고 음식을 저장하기 위해 다른 곤충을 기른다는 얘기를 들어보았나요? 춤을 추고 장례도 치러줍니다. 우리가 곤충 세상을 몰라서 그렇지 곤충들 세계에는 신기하고 놀라운 이야기가 가득합니다.<br>이 책에는 폭탄먼지벌레, 거위벌레, 남가뢰, 반딧불이, 송장벌레, 수생곤충들, 개미, 진딧물, 대모벌, 꿀벌이 나옵니다. 저마다 다른 특징을 갖고 있습니다. 어떤 특징이 있는지 알아 봅시다. | |
| 다양한 매체로<br>맛보기 | 관련 도서 : 『개미정원』 / 정성란 / 효리원 | |
| 어떻게 읽을까 | 1. 동물 이름이 저마다의 특성에 알맞은지 확인해 봅시다.<br>2. 이해하기 쉽게 그림을 그려놓았으니 함께 봅시다.<br>3. 생명의 소중함을 생각하며 읽어 봅시다. | |
| 무엇을 토론할까 | 1. 곤충들을 보고 무엇을 본받을 수 있을까요?<br>2. 남가뢰의 행동에 대해 자기 생각을 말해 봅시다.<br>3. 나름대로 살아가기 위해 애쓰는 곤충을 잡아서 애완동물로 팔아도 될까요? | |
| 무엇을 써 볼까 | 1. 곤충 하나를 정해 곤충의 특성이 잘 드러나도록 '곤충이 쓰는 일기'를 써 봅시다.<br>2. 자신이 잘 아는 곤충을 소개해 봅시다.<br>3. 곤충이 사람 사는 모습을 보면 어떤 책을 만들까요? | |

# 어진이의 농장일기

신혜원

| 도 서 명 | 어진이의 농장일기 | |
|---|---|---|
| 도서정보 | 신혜원 / 창비 / 2000년 / 104쪽 / 8,800원 | |
| 분 류 | 목적(정보전달) / 분야(사회) / 시대(현대) / 지역(한국) | |
| 관련 교과/<br>관련 교육과정 | 슬기로운 생활 | 2학년 1-(7) 동물과 식물은 내 친구<br>2학년 2-(3) 아름다운 우리나라 |
| | 즐거운 생활 | 2학년 1-(4) 꽃으로 꾸미는 세상<br>2학년 1-(6) 여름이 오면<br>2학년 2-(4) 열매 맺는 가을 |

| | |
|---|---|
| 어떤 책일까 | 어진이는 주말농장에 다닌답니다. 봄에는 씨앗을 뿌리고 여름에는 김매기를 하고 가을에는 곡식을 거둬들이죠! 도시에선 이렇게 할 수 없어서 주말농장에 갑니다. 도시에서 가까운 곳에서 농사를 지을 수 있도록 땅을 빌려주고 농사를 도와주는 곳이죠. 그곳에서 어진이가 겪은 일을 자세하게 일기로 적은 책입니다.<br>여러분도 주말농장에 가면 더 좋겠지만 그렇지 않더라도 계절에 따라 농장이 어떻게 변하는지 알 수 있답니다. 계절에 따라 농장에서 어떤 일이 일어나는지, 사람들보다 동식물이 계절에 얼마나 더 민감한지 알려주는 책입니다. |
| 다양한 매체로 맛보기 | 관련 도서 : 『화분을 키워주세요』 / 진 자이언 / 웅진주니어<br>『리디아의 정원』 / 사라 스튜어트 / 웅진주니어 |
| 어떻게 읽을까 | 1. 농사와 관련된 낱말 뜻을 이해하며 읽어 봅시다.<br>2. 농장에서 하는 일을 어느 계절에, 무엇을 먼저 하는지 적어가며 읽어 봅시다.<br>3. 어진이의 일기는 여러분이 쓰는 일기와 다른 점이 많을 거예요. 여러분 일기와 견주어보며 읽어 봅시다. |
| 무엇을 토론할까 | 1. 옥상에 텃밭을 만드는 분들이 있어요. 이렇게 하면 곡식과 채소를 얻을 수 있다는 것 외에 어떤 좋은 점이 있을까요?<br>2. 어진이네 식구는 벌레를 잡느라 너무 힘들었어요. 농약을 치면 금방 벌레를 잡을텐데 왜 농약을 치지 않았을까요?<br>3. 4계절이 뚜렷하게 있는 우리나라가 좋을까요? 한두 계절만 계속 있는 곳이 좋을까요? |
| 무엇을 써 볼까 | 1. ‘어진이의 농장일기’는 어진이가 농장에서 일을 하고 쓴 일기입니다. 여러분도 부모님과 함께 일을 하고 이렇게 일기를 써 봅시다.<br>2. 이 책에는 농사 짓는 법, 벌레나 꽃 소개, 곡식 기르는 법이 나오죠. 여러분이 잘 아는 것을 골라 자세하게 설명해 봅시다.<br>3. 어진이네는 왜 가까운 곳에 곡식을 심지 않고 주말농장에 가야 할까요? |

# 싸움 말리다 금화를 만든 왕

디미테르 잉키오브

<table>
<tr><td>도 서 명</td><td colspan="2">싸움 말리다 금화를 만든 왕</td></tr>
<tr><td>도서정보</td><td colspan="2">디미테르 잉키오브 / 주니어랜덤 / 2007년 / 96쪽 / 8,800원</td></tr>
<tr><td>분 류</td><td colspan="2">목적(정보전달) / 분야(사회) / 시대(고대) / 지역(유럽)</td></tr>
<tr><td>관련 교과/<br>관련 교육과정</td><td>슬기로운 생활</td><td>2학년 2-(4) 물건도 여행을 해요<br>2학년 2-(5) 가게에 가요</td></tr>
<tr><td>어떤 책일까</td><td colspan="2">타임머신을 타고 옛날로 돌아간다면 우리와 전혀 다르게 사는 사람들을 만날 겁니다. 컴퓨터도 카드도 없고 가게와 마트도 없습니다. 그곳에서는 물건을 어떻게 살까요? 물건을 구하러 이곳저곳 구하러 다녀야 하기 때문에 다리가 엄청 튼튼해야 할 겁니다. 더구나 자기가 팔아야 하는 물건까지 들고 다녀야 한다면 정말 힘들겠습니다.<br>돈이 있다면 쉽게 해결할 수 있을텐데 말입니다. 우리는 지금 돈에 익숙해져서 당연하게 받아들이지만 돈이나 은행을 처음 만들 때는 엄청난 일이었습니다. 이 책은 이야기를 통해 돈이 어떻게 생겼는지, 은행은 어떤 모습이었고 경제가 어떻게 발전되어 오는지 알려줍니다. 이야기가 재미있어서 금방 빠져들 겁니다.</td></tr>
<tr><td>다양한 매체로<br>맛보기</td><td colspan="2">『부자가 되고 싶을 때 읽는 동화』 / 김민정 / 기탄교육</td></tr>
<tr><td>어떻게 읽을까</td><td colspan="2">1. 경제이야기라고 부담 갖지 말고 편안하게 읽어 봅시다.<br>2. 돈이 어떤 과정으로 발전해왔는지 기억하며 읽어 봅시다.<br>3. 디미트리 잉키오브의 다른 책도 읽어 봅시다.</td></tr>
<tr><td>무엇을 토론할까</td><td colspan="2">1. 돈을 엄청나게 많이 찍어낸 왕이 잘못한 일은 무엇일까요?<br>2. 카드 다음에는 어떤 돈이 개발될까 생각해 봅시다.<br>3. 경제를 위해 우리가 할 수 있는 일을 이야기해 봅시다.</td></tr>
<tr><td>무엇을 써 볼까</td><td colspan="2">1. 돈이 없던 시대에 사냥꾼이 물고기를 사려면 어떻게 해야 하는지 설명해 봅시다.<br>2. 천 원으로 할 수 있는 일을 써 봅시다.<br>3. 자신의 용돈 사용 태도를 돌아보는 글을 써 봅시다.</td></tr>
</table>

# 소곤소곤 꽃이 들려주는 동화

최은규

<table>
<tr><td>도 서 명</td><td colspan="2">소곤소곤 꽃이 들려주는 동화</td></tr>
<tr><td>도서정보</td><td colspan="2">최은규 / 문공사 / 2008년 / 108/ 7.800원</td></tr>
<tr><td>분 류</td><td colspan="2">목적(정보 전달) / 분야(인문) / 시대(고대) / 지역(한국)</td></tr>
<tr><td rowspan="2">관련 교과/<br>관련 교육과정</td><td>슬기로운 생활</td><td>2학년 1-(7) 동물과 식물은 내 친구</td></tr>
<tr><td>국어</td><td>2학년 1-(2) 알고 싶어요<br>2학년 1-(5) 무엇이 중요할까</td></tr>
<tr><td>어떤 책일까</td><td colspan="2">참새는 걷기보다는 통통 튀기를 좋아합니다. 매추라기는 꽁지가 없습니다. 물총새는 모래판에 그림을 그리고 물고기를 잡습니다. 너무 일만 하다 굶어죽은 며느리가 떡국을 먹고 싶어 '떡국떡국'하면서 뻐꾸기가 되었답니다. 새에 얽힌 11가지 이야기 모두 '정말 그렇겠다'하는 말이 나옵니다. 우리 주변에서 볼 수 있는 새에 대해 알 수 있는 이야기 책입니다. 새마다 이름이 다르고 특징이 다릅니다. 이 책을 읽으면 왜 그런지 알 수 있습니다.<br>새의 이름과 관련된 이야기가 있고 새가 가진 특징과 관련된 이야기가 있습니다. 둘을 구분하며 읽어 봅시다. 새의 특징을 잘 안다면 이야기가 더 재미있겠죠! 새의 특징을 찾아보며 읽어 봅시다. 동물원이나 조류원에 가서 직접 보면 좋겠지요. 물론, 산에서 찾을 수 있다면 가장 좋습니다.</td></tr>
<tr><td>다양한 매체로<br>맛보기</td><td colspan="2">관련 도서 : 『재잘재잘 새가 들려주는 동화』 / 유영소 / 문공사<br>『반짝반짝 별이 들려주는 동화』 /유영소 / 문공사</td></tr>
<tr><td>어떻게 읽을까</td><td colspan="2">1. 새가 가진 어떤 특징으로 만든 이야기인지 찾아 봅시다.<br>2. 다양한 특징을 가진 새들이 어떻게 다른지 비교하며 읽어 봅시다.<br>3. 새와 관련된 재미있는 이야기를 만든 조상들의 지혜를 생각하며 읽어 봅시다.</td></tr>
<tr><td>무엇을 토론할까</td><td colspan="2">1. 새 중에 왕을 뽑는데 달리기를 한대요. 그렇게 왕을 뽑는 게 좋은 방법일까요?<br>2. 새가 많이 사는 동네를 만들려면 어떻게 해야 할까요?<br>3. 어떤 새가 좋은 새이고 어떤 새가 나쁜 새일까요?</td></tr>
<tr><td>무엇을 써 볼까</td><td colspan="2">1. 한 종류의 새를 조사해서 소개하는 글을 써 봅시다.<br>2. 여러 마리의 새소리를 표현하는 문장을 만들어 봅시다.<br>3. 새 이름을 많이 찾아 써 봅시다.</td></tr>
</table>

# 바다 속은 어떻게 생겼을까?

가코 사토시

| 도 서 명 | 바다 속은 어떻게 생겼을까? | |
|---|---|---|
| 도서정보 | 가코 사토시 / 청어람미디어 / 2009년 / 39쪽 / 12,000원 | |
| 분 류 | 목적(정보전달) / 분야(과학) / 시대(현대) / 지역(전세계) | |
| 관련 교과/<br>관련 교육과정 | 슬기로운 생활 | 2학년 1-(7) 동물과 식물은 내 친구 |
| 어떤 책일까 | 가깝지만 너무 커서 알지 못했던 바다를 부분이나 각각의 현상이 아닌 전체로 보여준다. 우리나라는 3면이 바다로 둘러싸여 있기 때문에 휴일이나 방학이면 가까운 바다를 경험하는 아이들이 한 번쯤은 가지게 될 궁금증을 그림과 함께 쉽게 설명해 주고 있다. 바다 생물의 먹이사슬이나 생활사, 지리적 조건에 의한 물리나 화학적 변이, 빛과 파도나 수압의 영향 등을 포함한 것 이외에도 시간적 추이를 영화의 저속촬영처럼 보여주고 있다. 이 책에는 700개가 넘는 바다 생물이 기록되어 있다. | |
| 다양한 매체로<br>맛보기 | 관련 매체 : 해저 2만리, EBS '바다생물, 그들이 살아가는 법'<br>국립해양조사원 홈페이지 : http://www.khoa.go.kr/<br>독도, 남극 관련 자료 및 동영상을 볼 수 있다. | |
| 어떻게 읽을까 | 1. 바다에 대한 어렵고 새로운 단어들은 책 뒤편의 해설을 참고하며 읽어 봅시다.<br>2. 바다를 지키기 위해서 어떤 노력이 필요한지 생각하며 읽어 봅시다.<br>3. 바다에 갔었던 경험을 기억해보고 바다의 가치와 중요성을 생각하며 읽어 봅시다. | |
| 무엇을 토론할까 | 1. 내가 경험한 바다의 모습은 어떤 모습인지 친구에게 이야기 해 봅시다.<br>2. 바다 속에 내가 발견한 곳의 이름을 붙인다면 무엇으로 붙이고 싶은지와 그 이유를 이야기 해 봅시다.<br>3. 바다를 더 잘 이용할 아이디어를 이야기 해 봅시다.<br>4. 사람들은 바다를 좋아하지만 바다에 대해서 많이 알고 있지는 않습니다. 바다 시대를 열기 위해 필요한 것이 무엇인지 이야기 해봅시다. | |
| 무엇을 써 볼까 | 1. "바다를 조사하는 것은 바로 지구를 조사하는 것"이라고 해두었습니다. 과학 기술의 발전으로 바다에 대한 신비가 많이 밝혀졌다지만 아직 미지의 세계입니다. 국립해양조사원 홈페이지에서 바다에 대한 더 재미있는 내용을 조사해 봅시다.<br>2. 각자 재미있는 주제를 정해 주제탐구 보고서를 써 봅시다.<br>3. 바다 속에 수중 공원을 만들면 어떤 놀이기구를 만들 것인지 써 봅시다.<br>4. 2007년 12월 서해안의 태안반도에서 기름 유출 사고가 났습니다. 다시는 이런 사고가 일어나지 않게 하기 위한 방법을 써 봅시다. | |

# 잔소리 없는 날

안네마리 노르덴

| 도 서 명 | 잔소리 없는 날 | |
|---|---|---|
| 도서정보 | 안네마리 노르덴 / 보물창고 / 2004년 / 89쪽 / 8,500원 | |
| 분 류 | 목적(설득) / 분야(인문) / 시대(현대) / 지역(독일) | |
| 관련 교과/<br>관련 교육과정 | 슬기로운 생활 | 2학년 1-(2) 이제는 할 수 있어요. |
| 어떤 책일까 | 푸셀은 엄마 아빠의 간섭을 많이 받는다고 생각한다. 그래서 단 하루라도 잔소리 없는 날로 지내고 싶어 한다. 푸셀은 만 하루 동안의 자유를 허락받고 그 동안 하지 못했던 일들을 신나게 펼친다. 멋대로 수업을 빼 먹고 집으로 돌아 온 푸셀에게 엄마는 약속대로 잔소리 한 마디 하지 않는다. 푸셀은 속으로 환호성을 지르며 더 큰 모험을 계획한다. 단짝 올레의 말에 따라 오디오 구입을 시도하기도 하고 갑자기 파티를 열기도 한다. 밤에는 올레와 함께 공원 숲으로 캠핑을 가지만 자꾸만 예상치 못한 난관에 부딪치게 된다. 그러나 엄마 아빠의 자상한 배려 덕분에 모든 모험은 즐겁게 마무리된다. 약속된 밤 12시가 되자 숙제를 못한 푸셀은 엄마에게 선생님께 드릴 편지를 써 줄 것을 요구하지만 엄마는 거절한다. 그러자 푸셀은 엄마 아빠가 보는 앞에서 '오늘은 잔소리 없는 날'이라는 내용의 편지를 직접 쓰기 시작한다. | |
| 다양한 매체로<br>맛보기 | 관련 매체 : The Mom Song (엄마의 잔소리) (윌리엄텔 서곡) (빨간펜 광고)<br>관련 도서 : 나도 엄마에게 잔소리를 하고 싶어요. / 글깨비 / 글뿌리 | |
| 어떻게 읽을까 | 1. 잔소리를 들었을 때 기분은 어떤지 떠올려 봅시다.<br>2. 잔소리는 언제 필요한지 생각해 봅시다.<br>3. 책을 읽으며 부모님의 입장을 생각해 봅시다. | |
| 무엇을 토론할까 | 1. 부모님께 가장 많이 듣는 잔소리는 무엇이고 가장 듣기 싫은 잔소리는 무엇인가요?<br>2. '잔소리 없는 날'이 온다면 무엇을 할까요?<br>3. 왜 부모님들은 자신들이 듣기 싫어했던 잔소리를 그대로 할까요? | |
| 무엇을 써 볼까 | 1. 부모님께 '잔소리 없는 날'을 제안하려면 어떻게 말씀드려야 할지 써 봅시다.<br>2. '잔소리는 엄마의 사랑과 관심의 다른 말이다'에 대해 하고 싶은 말을 써 봅시다.<br>3. 부모님들이 잔소리를 하고 난 후의 느낌은 크게 두 갈래로 나뉘는데 하나는 자신을 반성하고 자녀를 배려하는 '미안하다.'는 감정이고, 또 하나는 반복되는 잔소리에도 나아지지 않는 자녀의 태도에 대한 원망의 감정입니다. 부모님의 마음을 헤아리며 편지를 써 봅시다. | |

# 학교에서 살아가는 곤충들

강의영, 성기수, 표도연

| 도 서 명 | 학교에서 살아가는 곤충들 | |
|---|---|---|
| 도서정보 | 강의영, 성기수, 표도연 / 일공육사 / 2009년 / 91쪽 / 13,000원 | |
| 분 류 | 목적(정보전달) / 분야(과학) / 시대(현대) / 지역(한국) | |
| 관련 교과/<br>관련 교육과정 | 슬기로운 생활 | 2학년 1-(7) 동물과 식물은 내 친구 |
| 어떤 책일까 | 생태 연구자들이 전국의 초등학교를 다니며 아이들과 함께 곤충 생태를 관찰한 내용을 그대로 책에 담겨있다. 깊은 산속이나 강가, 외딴섬에 사는 곤충이 아니라 우리 생활 주변에서 살아가는 곤충들에게 관심을 가지고 아이들에게 친숙한 우리 곤충을 제대로 알려주기 위해 책을 만들었다. 알고 보면 학교는 곤충들이 만들어낸 또 하나의 왕궁이다. | |
| 다양한 매체로<br>맛보기 | 관련 매체 : 도시에서 만난 곤충들 (EBS), 마이크로 코스모스 (영화) | |
| 어떻게 읽을까 | 1. 곤충은 머리로만 외울 대상으로 여기며 읽어 봅시다.<br>2. 곤충은 가까이에서 관찰하고 만지고, 더불어 놀 수 있는 대상으로 삼으며 읽어 봅시다.<br>3. 생활 속에서 곤충들과 친해질 수 있는 안내서로 읽어 봅시다. | |
| 무엇을 토론할까 | 1. 여러 곤충 중에서 좋아하는 곤충은 어느 곤충이며 이유는 무엇인가요?<br>2. 해충이라는 말은 인간의 눈으로 본 곤충입니다. “자연에는 해충이란 없다.”라고 이야기하는 사람도 있습니다. 우리가 집에서 자주 보는 곤충에는 어떤 것이 있나요?<br>3. 해충이라고 하는 집에 사는 곤충들과 같이 살면 어떻게 되나요? | |
| 무엇을 써 볼까 | 1. 곤충들과 친구가 될 수 있는 방법에 대하여 써보세요.<br>2. 곤충에 의한 농작물 피해를 줄이면서 인간과 같이 사는 방법에 대하여 써보세요.<br>3. 1992년 UN환경개발회의 생물다양성협약 체결(대한민국 ’94년 가입)로 생물자원의 보호와 생물 다양성 및 균형 유지를 위해 적극 노력하고 있다. 경제적 가치를 지닌 곤충은 어떤 곤충인가요?<br>4. 지금 지구상에 살고 있는 동물과 식물 중에서 가장 많은 수를 차지하는 종은 곤충입니다. 곤충은 지구에 사는 모든 동물과 식물에게 아주 소중한 존재랍니다. 곤충이 사라지면 어떤 일이 일어날지 상상하며 써보세요. | |

# 숨 쉬는 도시 꾸리찌바

안순혜

<table>
<tr><td>도 서 명</td><td colspan="2">숨 쉬는 도시 꾸리찌바</td></tr>
<tr><td>도서정보</td><td colspan="2">안순혜 / 파란자전거 / 2007년 / 89쪽 / 7,800원</td></tr>
<tr><td>분 류</td><td colspan="2">목적(설득) / 분야(인문) / 시대(현대) / 지역(브라질)</td></tr>
<tr><td>관련 교과/<br>관련 교육과정</td><td>슬기로운 생활</td><td>2학년 1-(5) 함께 사는 우리</td></tr>
<tr><td>어떤 책일까</td><td colspan="2">겨울방학을 맞아 환이는 아빠아 함께 남아메리카 브라질의 꾸리찌바로 여행을 갑니다. 환이는 꾸리찌바에서 사람을 중시하는 '꽃의 거리', 폐품과 음식물을 교환하는 '녹색 교환' 프로그램과 '쓰레기 트럭', 스스로 자연의 소중함을 깨닫게 하는 '나뭇잎 가족 캠페인' 등을 체험하게 됩니다. 그곳에서 생태도시를 만들기 위해 꾸준히 노력하는 사람들의 모습을 보게 됩니다.<br>환이를 따라 브라질의 생태도시 꾸리찌바를 여행하는 동안 생태도시란 무엇인지 또 어떻게 생태도시를 만들고 관리하는지 생태도시를 만들기 위해 어린이 스스로가 어떤 일을 할 수 있는지에 대한 정보도 배울 수 있습니다.</td></tr>
<tr><td>다양한 매체로<br>맛보기</td><td colspan="2">관련 매체 : 『도시에서 생태를 꿈꾼다』 EBS 하나뿐인 지구 937회<br>관련 도서 : 『최열아저씨의 지구촌 환경이야기』 /최열 / 청년사</td></tr>
<tr><td>어떻게 읽을까</td><td colspan="2">1. 아빠와 가족과 함께 즐거웠던 여행을 떠올려봅시다.<br>2. 자연과 사람이 조화롭게 살아야 하는 이유를 생각해봅시다.<br>3. 다음 세대를 위한 지구사랑의 방법을 생각해봅시다.</td></tr>
<tr><td>무엇을 토론할까</td><td colspan="2">1. 꾸리찌바에서는 쓰레기가 쓰레기가 아닙니다. 그 까닭은 무엇인가요?<br>2. 내가 생각하는 생태도시란 무엇인가요? 인간과 자연의 조화를 이루기 위해 우리는 어떻게 해야 하나요?<br>3. 꾸리찌바에서는 환경을 지키기 위해 많은 노력이 이루어지고 있습니다. 우리나라에서 이루어지는 노력에는 어떤 것이 있나요?</td></tr>
<tr><td>무엇을 써 볼까</td><td colspan="2">1. 인간과 자연이 조화를 이룬다는 것은 어떤 의미인가요? 환이에게 편지를 보내 봅시다.<br>2. '나는 우리가 사는 이곳을 꼭 꾸리찌바처럼 만들고 싶단다.'는 환이 아빠의 말의 뜻이 무엇인지 그림으로 그리거나 글로 소개해 봅시다.<br>3. 아래 제시문을 읽고 나의 경험과 비교하여 보고 환경을 보호해야 하는 까닭과 환경 보호를 위해 가져야 할 생활태도는 어떤 것이 있는지 자신의 생각을 써 봅시다.<br><br>꾸리찌바의 나무들은 참 행복합니다. 왜냐구요?<br>꾸리찌바에는 '나무 보호 정책'이라는 것이 있기 때문이지요.<br>꾸리찌바에 본래부터 있던 나무들은 모두 시청에 등록하고, 만약 허가 없이 나무를 벨 경우에는 그 위치와 나무의 종류에 따라 벌금을 부과하는 것이지요. 반면에 꽃이나 나무를 잘 자라게 하는 마을에는 세금을 줄이는 혜택을 주기도 합니다. 가만히 귀 기울여 들어봅시다. 꾸리찌바에선 "하하", "호호" 나무의 행복한 웃음 소리가 들려요.</td></tr>
</table>

# 사계절 꽃 이야기

박민호

<table>
<tr><td>도 서 명</td><td colspan="2">사계절 꽃 이야기</td></tr>
<tr><td>도서정보</td><td colspan="2">박민호 / 자람 / 2007년 / 127쪽 / 8,500원</td></tr>
<tr><td>분 류</td><td colspan="2">목적(정보전달) / 분야(인문) / 시대(고대) / 지역(한국)</td></tr>
<tr><td rowspan="2">관련 교과/<br>관련 교육과정</td><td>슬기로운 생활</td><td>1-(7) 동물과 식물은 내 친구</td></tr>
<tr><td>바른생활</td><td>2-(1) 소중한 약속</td></tr>
<tr><td>어떤 책일까</td><td colspan="2">맑고 고운 꽃내음이 물씬 풍기는, 순수하고 아름다우면서도 애절한 꽃 이야기 열두 편이 담겨 있다. 이 이야기들 속에 등장하는 주인공들은 사랑과 인내로 모든 어려움을 극복합니다. 신분의 차이나 시간과 공간도 뛰어넘어서 어려움을 잘 극복하고 복을 받아서 행복하게 살게 됩니다. 한편으로는 그 뜻을 이루지 못하고 세상을 떠나기도 합니다. 그러나 세상을 떠난 그들은 아름다운 꽃이나 짐승으로 다시 살아나서 그리운 사람과 함께 살게 됩니다.<br>이 책에는 세상에서 착하게 살면 복을 받고, 세상을 떠나서도 다른 생명체로 다시 태어나서 자연의 일부가 된다는 우리 조상들의 긍정적인 생각이 담겨있다.</td></tr>
<tr><td>다양한 매체로 맛보기</td><td colspan="2">관련 도서 : 『소곤소곤 꽃이 들려주는 동화』 / 최은규 / 문공사<br>『소중한 우리꽃 이야기 30 『초등학생이 가장 궁금해하는』 / 장수하늘소/ 하늘을 나는 교실</td></tr>
<tr><td>어떻게 읽을까</td><td colspan="2">1. 우리조상들의 소중한 이야기 속에 숨겨진 해학과 웃음, 번득이는 슬기를 찾아 봅시다.<br>2. 우리 산과 들에 핀 꽃들을 직접 찾아보고 향내도 맡아가면서 읽어 봅시다.<br>3. 꽃을 사랑한 우리조상들의 따뜻하고 긍정적인 생각을 가만히 살펴봅시다.</td></tr>
<tr><td>무엇을 토론할까</td><td colspan="2">1. 활짝 핀 꽃을 보면 저절로 우리 마음까지 환해지는데 어떤 꽃을 가장 좋아하나요?<br>2. 쑥부쟁이는 효성과 사랑이 담겨 있는 꽃이다. 연한 보라색 주머니가 있다면 무엇을 하고 싶나요?</td></tr>
<tr><td>무엇을 써 볼까</td><td colspan="2">1. 나만의 꽃 이야기를 써 봅시다.<br>2. 여러분이 꽃밭을 만드는 사람이라면 어떤 색깔의 꽃으로 어떤 모양을 꾸미고 싶은가요?<br>3. 우리나라의 4500여 종의 식물 중 무심코 지나치는 야생화가 알고 보면 성인병, 암과 같은 각종 질병을 예방하고 치유하는 신비한 효능이 있다고 합니다. 야생화를 잘 보존하려면 어떻게 해야 하나요?</td></tr>
</table>

# 나, 화가가 되고 싶어

윤여림

| 도 서 명 | 나 화가가 되고 싶어 | |
|---|---|---|
| 도서정보 | 윤여림 / 웅진주니어 / 2008년 / 44쪽 / 9,500원 | |
| 분　류 | 목적(사회적 상호작용) / 분야(예술) / 시대(현대) / 지역(한국) | |
| 관련 교과/<br>관련 교육과정 | 즐거운 생활 | 1-(5) 함께 사는 우리<br>2-(5) 낙엽소리 |
| 어떤 책일까 | "나는 그림을 그릴 때가 제일 행복해요." 이 책은 미술 대학을 나오지도 않았고, 그냥 전업주부로 살다가 마흔이 넘어서야 화가가 된 윤석남의 이야기에요. 주인공은 어렸을 때부터 물놀이와 나무타기를 좋아하고, 신기한 거라면 그냥 지나치지 못하는 호기심 많은 아이였답니다. 책 읽기를 좋아하고 글을 무척 잘 썼지만, 무엇보다 그림 그리기를 좋아하여 어릴 적부터 화가의 꿈을 키워왔어요. 그러나 갑작스럽게 아버지가 돌아가셔서 어머니와 동생들을 돌보기 위해 꿈을 접고 직장에 다녀야만 했지요. 후에 대학에 가게 되었지만 결혼을 하게 되어 대학도 그만 두었어요. 살림도 불어나고 부족함 없이 살았지만 주인공은 행복하지 않았대요. 왜 그랬을까요? 마음 속에서 그림을 그리고 싶은 소리가 계속 들렸기 때문이었어요. 주인공은 화실로 달려가 다시 그림을 그리기 시작했답니다. 처음에는 엄마를 그리는 것을 시작으로 그림 속에서 우리 주변의 수많은 여자들의 모습을 그렸지요. 우리에게 꿈이 있다면 꿈은 언제든 이룰 수 있어요. 지금도 늦지 않았어요. 여러분의 마음 속 소리를 들어 봅시다. 꿈을 찾아 그 꿈이 이루어지도록 노력해 봅시다. | |
| 다양한 매체로<br>맛보기 | 관련 매체 : 그림할머니 (ebs 지식채널)<br>관련 도서 : 『까만나라 노란추장』 / 강무홍 / 웅진주니어<br>『선생님 바보 의사 선생님』 / 이상희 / 청년사 | |
| 어떻게 읽을까 | 1. 주인공이 어떻게 화가가 되었는지 그 과정을 살펴보며 읽어 봅시다.<br>2. 주인공이 가장 행복한 때가 언제인지 생각하며 읽어 봅시다.<br>3. 책 속의 그림과 내용을 관련지으며 읽어 봅시다. | |
| 무엇을 토론할까 | 1. 주인공은 보통 화가들과 다르다. 어떤 점이 다른가요?<br>2. 주인공은 그림을 그릴 때가 가장 행복하다고 한다. 나는 무엇을 할 때 가장 행복한가요?<br>3. 주인공은 착한 언니, 동생과 달리 자기 마음가는대로 행동했다. 학교 가는 길에 목화송이를 들여다보다가 지각하고, 학교가 끝난 뒤에는 강둑에 누워 풀과 하늘을 들여다보느라 집에 늦게 들어와 엄마를 걱정시켰다. 주인공의 행동은 옳은 행동인가요? | |
| 무엇을 써 볼까 | 1. 내 마음의 소리를 들어보자. 마음 속에서 들리는 내 꿈은 무엇이고 그 꿈을 위해 어떻게 노력하고 싶은지 써 봅시다.<br>2. 화가 윤석남이 직접 그린 그림들을 살펴보고 책의 이야기와 연관지어 감상문을 써 봅시다.<br>3. 엄마의 꿈은 무엇이었는지 물어보고 엄마가 그 꿈을 이루었는지, 이루지 못했다면 어떻게 도와드릴지 대화하며 인터뷰 형식으로 글을 써 봅시다. | |

# 백석동화시

백석

| 도 서 명 | 백석동화시 | |
|---|---|---|
| 도서정보 | 백석 / 느낌표교육 / 2007년 / 176쪽 / 8,500원 | |
| 분류 | 목적(정서표현) / 분야(인문) / 시대(현대) / 지역(한국) | |
| 관련 교과/ 관련 교육과정 | 즐거운 생활 | 2학년 2-(1) 노래하는 아이들 |
| | 국어 | 2학년 (4) 마음을 주고 받으며 |
| 어떤 책일까 | 초등학교 1,2학년은 모두 시인입니다. 아이들은 태어날 때부터 시인으로 태어납니다. 백석 선생님은 아이들이 시인의 마음을 갖고 있어서 아이들에겐 산문보다 시가 더 잘 어울린다고 생각하셨습니다. 그래서 동화를 시로 쓰셨습니다.<br>이 책에는 11가지 동화시가 실려있습니다. 잘 알려준 개구리네 한솥밥, 가재미와 넙치는 교과서에도 실려있어서 잘 알고 있겠지요. 노래처럼 흥얼거리며 읽기 쉽고, 용기와 상상력을 키워주는 작품입니다. 읽으면서 '아, 그렇구나!' 감탄하게 만드는 흥미로운 내용입니다.<br>선생님은 돌아가셨지만 선생님 작품은 계속 살아 우리들 마음에 감동을 주고 있습니다. | |
| 다양한 매체로 맛보기 | 관련 도서 : 『귀머거리 너구리와 백석 동화나라』 / 백석 / 웅진주니어<br>『달팽이는 지가 집이다』 / 김용택 / 푸른숲주니어 | |
| 어떻게 읽을까 | 1. 노래하듯 흥얼거리며 낭송해 봅시다.<br>2. 옛말의 뜻을 잘 생각하며 읽어 봅시다.<br>3. 동물들 사이에서 일어나는 일이 우리 주변에서는 어떤 일로 바뀔 수 있을지 생각하며 읽어 봅시다. | |
| 무엇을 토론할까 | 1. 집게네 형제 중에 막내만 살아남은 이유를 말해 봅시다.<br>2. 개구리는 다른 친구를 도와주다 늦습니다. 도와주는 게 중요하나요 시간을 지키는 게 중요하나요?<br>3. 메기가 어리석은 욕심을 버리고 강에서 잘 살아가도록 설득해 봅시다. | |
| 무엇을 써 볼까 | 1. 재미난 말이 많이 나옵니다. 재미있는 말을 골라 짧은 글을 지어 봅시다.<br>2. 가장 마음에 드는 동물을 골라 멋지게 그려 봅시다.<br>3. 백석 선생님처럼 멋진 동화시를 써 봅시다. | |

# 외톨이 보쎄와 미오왕자

아스트리드 린드그렌

| 도 서 명 | 외톨이 보쎄와 미오왕자 | |
|---|---|---|
| 도서정보 | 아스트리드 린드그렌 / 우리교육 / 2006년 / 147쪽 / 7,500원 | |
| 분류 | 목적(정서 표현) / 분야(인문) / 시대(중세) / 지역(북유럽) | |
| 관련 교과/ 관련 교육과정 | 즐거운 생활 | 2학년 2-(6) 팥죽 할머니와 호랑이 |
| | 국어 | 2학년 2-(1) 의견을 나누어요 |
| | 슬기로운 생활 | 2학년 1-(2) 이제는 할 수 있어요 |
| 어떤 책일까 | 판타지 동화이면서 연극을 하기 위한 대본입니다. 외로운 고아 소년 보쎄는 잘못 입양되어 구박을 받으며 삽니다. 어느날 병 속에 든 거인을 구해주고 머나먼 나라로 떠납니다. 그곳에서 보쎄는 미오왕자가 되고 왕인 아버지를 만납니다. 왕은 너무 좋은 분이지만 기사 카토 때문에 괴로워 합니다. 그래서 보쎄는 기사 카토를 물리치기 위해 가장 검은 산에 칼을 구하러 갑니다. 도중에 기사 카토에게 잡혀 감옥에 갇히지만 주인공인 미오왕자가 이기겠죠!<br>이 책은 판타지 동극책입니다. 연극을 하기 위해 만든 책이니까 연극을 생각하며 읽어야합니다. 배경에 어울리는 나라를 상상해보고 등장인물이 어떤 옷을 입고 어떻게 말할지 생각해봅시다. 책 내용이 대부분 대사로 되어있으니 실감나게 말하며 읽어야합니다. 가장 좋은 건 직접 연극을 해보는 것입니다. | |
| 다양한 매체로 맛보기 | 관련 도서 : 『삐삐는 언제나 마음대로야』 / 아스트리드 린드르렌 / 우리교육 | |
| 어떻게 읽을까 | 1. 대화에 어울리는 목소리로 실감나게 읽어 봅시다.<br>2. 무대배경과 의상, 조명이 있다고 상상하고 읽어 봅시다.<br>3. 등장인물에 맞는 배역을 정해서 실제로 연극을 해봅시다. | |
| 무엇을 토론할까 | 1. 나쁜 친구가 있을 때 나쁘다고 말해야 하나요 무시해야 하나요?<br>2. 우리 마음에도 미오 왕자와 기사 카토가 있어요.? 미오왕자는 어떤 마음이고 기사 카토는 어떤 마음일까요?<br>3. 책의 한 부분을 정해 연극을 한다면 어떤 준비물이 필요한지 이야기해 봅시다. | |
| 무엇을 써 볼까 | 1. 집이나 학교에서 일어나는 일 중에 한 가지를 정해서 짧게 대화글로 써 봅시다.<br>2. 이 내용을 연극으로 공연하려고 해요. 연극을 홍보하는 홍보문을 만들어 봅시다.<br>3. 한 부분을 골라 직접 연극을 해봅시다. | |

# 모네의 정원에서

크리스티나 비외르크

<table>
<tr><td>도 서 명</td><td colspan="2">모네의 정원에서</td></tr>
<tr><td>도서정보</td><td colspan="2">크리스티나 비외르크 / 미래사 / 1994년 / 52쪽 / 8,000원</td></tr>
<tr><td>분류</td><td colspan="2">목적(정보 전달) / 분야(예술) / 시대(현대) / 지역(프랑스)</td></tr>
<tr><td rowspan="2">관련교과/<br>관련교육과정</td><td>즐거운 생활</td><td>2학년 1-(2) 봄이 오는 길<br>2학년 2-(4) 열매 맺는 가을</td></tr>
<tr><td>국어</td><td>2학년 1-(5) 무엇이 중요할까?</td></tr>
<tr><td>어떤 책일까</td><td colspan="2">모네는 화가입니다. 풍경이나 꽃이 주는 느낌을 잘 살려 그렸습니다. 우리가 보통 생각하는 색깔을 쓰지 않고도 느낌과 특징을 잘 살려서 표현했습니다. 이 책은 나와 블룸 할아버지가 모네를 찾아가는 여행을 적은 것입니다. 모네 그림이 있는 미술관에도 가보고 모네가 그림을 그린 집에도 가봅니다. 모네는 자신이 가꾼 정원에서 그림을 많이 그렸는데 이 책에 그 그림들이 나옵니다. 어떤 그림인지 궁금하죠!<br>이 책은 모네가 어디에서 어떤 그림을 그렸는지 설명해주는 책입니다. 그곳을 여행하면서 그림을 보고 설명을 듣고 책을 썼습니다. 그러니 책에 나오는 주인공이 여러분 자신이라 생각하고 읽으면 모네와 더 친해질 수 있을 것입니다. 모네의 그림을 잘 살펴보는 건 잊지 말아야겠습니다. 모네의 가족 이야기도 나오니까 어떤 가족과 어떻게 살았는지도 알 수 있습니다.</td></tr>
<tr><td>다양한 매체로 맛보기</td><td colspan="2">관련 도서 : 『하늘을 나는 샤갈』 / 김순희 / 꼬마심포니<br>『그림 그리는 아이 김홍도』 / 정하섭 / 보림</td></tr>
<tr><td>어떻게 읽을까</td><td colspan="2">1. 주인공이 여행하면서 본 것과 모네의 그림을 견주어 봅시다.<br>2. 모네의 그림에 있는 색깔이 실제와 비슷한지 살펴보며 읽어 봅시다.<br>3. 느낌(인상)을 그린다는 건 무슨 뜻인지 알아 봅시다.</td></tr>
<tr><td>무엇을 토론할까</td><td colspan="2">1. 진짜와 비슷하게 그린 그림과 느낌을 표현한 그림 중에 어느 것이 잘 그린 걸까요?<br>2. 모네를 이상하게 바라본 이웃 사람들을 어떻게 생각하나요?<br>3. 그림을 잘 그리려면 어떻게 해야 할까요?</td></tr>
<tr><td>무엇을 써 볼까</td><td colspan="2">1. 가장 아름답다고 생각하는 경치(또는 꽃이나 나무, 새 등)를 그림으로 그리거나 글로 소개해 봅시다.<br>2. 주인공처럼 여행을 하고 여행일기를 써 봅시다.<br>3. 모네를 소개하는 글을 써 봅시다.</td></tr>
</table>

# 황금박쥐 부대

장경선

| 도 서 명 | 황금박쥐 부대 | |
|---|---|---|
| 도서정보 | 장경선 글 / 청어람주니어 / 2009년 / 96쪽 / 9,000원 | |
| 분류 | 목적(사회적 상호작용) / 분야(사회) / 시대(현대) / 지역(한국) | |
| 관련 교과/<br>관련 교육과정 | 재량활동 | 우정, 학급단합 |
| | 슬기로운생활 | 2학년 1-(5) 함께 사는 우리 |
| 어떤 책일까 | 2학년 1반에서는 지금 무슨 일이 벌어졌을까요? 전쟁이 일어났어요. 총과 칼을 가지고 어른들이 싸우는 그런 전쟁일까? 아니에요. 2반과의 축구시합을 앞두고 성준이와 혜연이를 앞세운 남자 부대와 여자 부대의 전쟁이 일어난 것이에요. 이제 2학년 1반은 남자는 남자끼리, 여자는 여자끼리만 이야기하고 놀 수 있어요. 만약 남자와 여자친구와 이야기 하게 되면 어쩌죠? 당연히 각자의 부대에서 쫓겨나야죠. 쫓겨난 친구들은 박쥐같은 처지가 되었다고 해서 황금박쥐 부대를 만들었지요. 처음에 황금박쥐 부대는 2명밖에 없었지만 시간이 흐를수록 남자, 여자 부대에서 쫓겨난 친구들이 모여 마음을 나누기 시작했어요. 이렇게 남자 부대와 여자 부대의 전쟁이 심해져 가고 있는데 2학년 1반 친구들은 아이들은 큰 문제가 닥쳤음을 알게 되었어요. 2반과의 축구시합에서 이기기 위해 2학년 1반 친구들이 어떻게 했을까요? 황금박쥐 부대는 무엇을 했을까요? 1반은 2반과의 축구시합을 승리로 이끌었을까요? 그 답을 책을 보면 알 수 있어요. 재미있는 1반의 이야기를 함께 읽어 보아요. | |
| 다양한 매체로 맛보기 | 관련 매체 : 우리들의 일그러진 영웅(영화)<br>관련 도서 : 『짜장 짬뽕 탕수육』 / 김영주 / 재미마주 | |
| 어떻게 읽을까 | 1. 남자 부대와 여자 부대가 서로 다투는 이유가 무엇인지 생각하며 읽어 봅시다.<br>2. 지대, 지은이는 왜 박쥐신세가 되었고 그 말의 의미는 무엇인지 생각하며 읽어 봅시다.<br>3. 남자 부대와 여자 부대가 축구 시합을 앞두고 황금박쥐 부대의 힘이 필요했던 이유가 무엇인지 생각하며 읽어 봅시다. | |
| 무엇을 토론할까 | 1. 남자, 여자로 편을 나누고 싸우는 남자 부대, 여자 부대의 행동은 올바른 행동인가요?<br>2. 교실에서 남자 부대, 여자 부대를 만들고 싶을 정도로 남자, 여자 사이가 좋지 않을 때는 어떻게 해결하는 것이 좋을까요?<br>3. 남자 부대, 여자 부대로 나눠졌을 때 지대는 서로 편을 나누지 말자고 했다가 어느 팀에서 속할 수 없었다. 이 때 나라면 어떻게 했을지 생각해 봅시다. | |
| 무엇을 써 볼까 | 1. 남자 부대, 여자 부대, 황금박쥐 부대 중 내가 들어가고 싶은 부대는 어디이고 그 이유는 무엇인지 써 봅시다.<br>2. 선생님이 되어 황금박쥐 부대를 칭찬하는 글을 써 봅시다.<br>3. 2반과의 축구시합이 끝나고 1반 교실의 모습이 어떠할지 뒷이야기를 상상하여 써 봅시다. | |

# 엄마가 사랑하는 공부벌레

김현태

| 도 서 명 | 엄마가 사랑하는 공부벌레 |
|---|---|
| 도서정보 | 김현태 / 글담 어린이/ 2009년 / 112쪽 / 9,000원 |
| 분류 | 목적(정보전달) / 분야(인문) / 시대(현대) / 지역(한국) |
| 관련 교과/ 관련 교육과정 | 재량활동: 공부의 의미와 재미<br>바른생활: 2학년 1-(1) 스스로 할 수 있어요 |
| 어떤 책일까 | 이 책은 공부를 싫어하는 개구쟁이 진호가 좌충우돌 조금씩 공부의 재미를 느끼며 공부벌레가 되어 가는 이야기에요.<br>반 대항 퀴즈대회에 나가 한 문제도 맞추지 못했던 천방지축 놀기대장 진호는 어떻게 공부벌레가 될 수 있었을까요? 공부 잘 하는 형을 졸졸 따라다니던 진호가 드디어 공부의 재미를 알았다고 하는데……. 그 비법은 무엇일까요?<br>진호의 형은 공부는 엉덩이라고 하네요. 무슨 말인지 이해가 되지 않죠? 처음에는 진호도 그 말이 무슨 말인지 몰랐어요. 하지만 진호는 그 말의 의미를 알게 되었고 공부의 재미도 느끼게 되었어요. 이 책을 읽어보면 여러분도 알 수 있을 것이에요. 그리고 나면 공부가 재미있어질 것이에요. '공부는 왜 해야 할까요?' 라는 질문 대신 '공부가 너무 재미있어요.' 라고 말할 수 있는 여러분이 되길 바래요. |
| 다양한 매체로 맛보기 | 관련 매체 : 공부의 신 (KBS 드라마)<br>관련 도서 : 『처음 공부습관』 / 4차원/ 개똥이책<br>『피튜니아 공부를 시작하다』 / 로저 뒤바젱 / 시공주니어 |
| 어떻게 읽을까 | 1. 재미있는 그림을 통해 생생하게 그려 낸 주인공의 행동을 상상하며 읽어 봅시다.<br>2. 매일 놀기만 하는 주인공이 어떻게 공부벌레가 되어 가는지 그 방법을 찾아보며 읽어 봅시다.<br>3. 공부는 왜 하는 것인지 주인공의 형을 통해 생각해 보며 읽어 봅시다. |
| 무엇을 토론할까 | 1. 좋아하는 tv프로그램과 수호형을 따라 공부하는 것 때문에 진호는 고민하다가 형을 따라 공부하러 갔다. 나라면 그 때 어떻게 했을까요?<br>2. 미나는 쉬는 시간이 전 시간에 배운 것을 복습하고 다음 시간에 배울 것을 예습하는 시간이라고 했다. 여러분은 쉬는 시간은 무엇이라 생각하는가?<br>3. 공부를 못한다고 진호를 무시하는 미나는 태도는 올바른가요? |
| 무엇을 써 볼까 | 1. 진호형 수호는 자신의 꿈(요리사)을 이루기 위해 공부를 하겠다고 했다. 여러분은 공부를 왜 해야 하는지 그 이유를 적어 봅시다.<br>2. 내가 커서 이루고 싶은 것은 무엇이고 어떻게 할 것인지 인생 계획표를 만들어 봅시다.<br>3. 수호처럼 여러분도 자신만의 공부비법을 갖고 있는가? 나만의 공부비법을 적어 봅시다. |

초등학교
교과별
추천도서로
만든

3학년

# 2009 개정 교육과정 초등학교 교과별 추천도서목록

| 학년 | 도서명 | 저자명 (역자명) | 출판사 | 연도 | 교과 |
|---|---|---|---|---|---|
| 초3 | 나는야 열 살 시장님 | 안순혜 | 파란자전거 | 2008 | 도덕 1-(1) |
| 초3 | 아기 제비 번지 점프 하다 | 배다인 | 소년한길 | 2009 | 도덕 1-(4) |
| 초3 | 꿈을 이룬 대통령 오바마 이야기 | 로버타 에드워즈 | 교학사 | 2009 | 도덕 1-(2) |
| 초3 | 아빠가 집에 있어요 | 미카엘 올리비에 | 밝은미래 | 2009 | 도덕 1-(3) |
| 초3 | 지구 환경 챔피언 | 스테판 프리티니 외 | 산하 | 2009 | 도덕 1-(2) |
| 초3 | 고정욱 선생님이 들려주는 방정환 | 고정욱 | 산하 | 2009 | 도덕 1-(5) |
| 초3 | 놀라운 99%를 만들어 낸 1% 가치 | 윤승일 | 명진 | 2008 | 도덕 1-(2) |
| 초3 | 타임머신을 타고 온 선생님 | 원유순 외 | 좋은책어린이 | 2009 | 국어 1-(4) |
| 초3 | 난 원래 공부 못해 | 은이정 | 창비 | 2008 | 국어 1-(8) |
| 초3 | 마마신 손님네 | 이상교 | 한림 | 2008 | 국어 1-(7) |
| 초3 | 우리 집에는 악어가 산다 | 김선희 | 푸른디딤돌 | 2009 | 국어 1-(1) |
| 초3 | 장코의 바나나 | 김하늬 | 바람의 아이들 | 2009 | 국어 1-(6) |
| 초3 | 어린이를 위한 헛소동 | 로이스 버넷 | 찰리북 | 2009 | 국어 1-(1) |
| 초3 | 어린이를 위한 폭풍우 | 세익스피어 | 찰리북 | 2009 | 국어 1-(6) |
| 초3 | 어린이를 위한 맥베스 | 세익스피어 | 찰리북 | 2009 | 국어 1-(7) |
| 초3 | 서울특별시 시골 동네 | 정영애 | 계수나무 | 2009 | 국어 1-(1) |
| 초3 | 꿈꾸는 토르소 맨 | 이소연 | 글담어린이 | 2009 | 국어 1-(3) |
| 초3 | 뭐든지 파는 아저씨 | 고정욱 | 알라딘북스 | 2009 | 국어 1-(1) |
| 초3 | 오바마 아저씨의 10살 수업 | 박성철 | 글담어린이 | 2009 | 국어 1-(2) |
| 초3 | 칼눈이의 꿈 | 한정연 | 가교출판 | 2009 | 국어 1-(3) |
| 초3 | 수학에 번쩍 눈 뜨게 한 비밀 친구들 | 황문숙 | 가나 | 2009 | 수학 1-(1) |
| 초3 | 작은 기적들 | 소중애 | 영림카디널 | 2009 | 국어 1-(4) |
| 초3 | 곰아저씨의 딱새 육아일기 | 박남정 | 산하 | 2005 | 과학 1-(3) |
| 초3 | 암스트롱 우주탐험대 | 요아힘 레르히 외 | 한겨레아이들 | 2009 | 과학 1-(4) |
| 초3 | 과학귀신 | 황혁기 | 과학동아북스 | 2009 | 과학 전 단원 |
| 초3 | 과학왕의 초간단 실험노트 | 한국과학놀이발명연구회 | 가나출판사 | 2009 | 과학 1-(1) |
| 초3 | 하하호호 공생 티격태격 천적 | 서찬석 | 정인 | 2009 | 과학 1-(3) |
| 초3 | 악기 박물관으로의 여행 | 세계민속악기박물관 | 현암사 | 2009 | 음악 전 단원 |
| 초3 | 대한민국 어린이 건강 프로젝트 | 류은경, 허문선 | 명진 | 2009 | 체육 1-(1) |
| 초3 | 땅땅이의 친환경 요리 교실 | 이상희 | 북센스 | 2009 | 체육 1-(5) |

# 나는야 열 살 시장님!

안순혜

| 도 서 명 | 나는야 열 살 시장님! | |
|---|---|---|
| 도서정보 | 안순혜 / 파란자전거 / 2008년 / 120쪽 / 8,900원 | |
| 분 류 | 목적(사회적 상호작용) / 분야(사회) /시대(현대) /지역(한국) | |
| 관련 교과/<br>관련 교육과정 | 도덕 | 3학년 1-(1) 도덕공부, 이렇게 해요. |
| 어떤 책일까 | 초등학교 3학년인 성우는 책을 통해 알게 된, 어린이가 만든 나라 '벤포스타'를 직접 찾아가게 됩니다. 어른들의 잔소리도 없고, 귀찮게 따라다니는 동생도 없고, 자유를 누릴 수 있는 곳이라는 생각에 기대가 부풀어 오릅니다. 그러나 방문한 벤포스타의 모습은 성우의 기대처럼 무엇이든지 마음대로 할 수 있는 나라가 아니었습니다. 실망한 성우는 일행을 따라 이곳저곳을 구경하다가 혼자 숲 속 오솔길 탐험에 나서게 됩니다. 그 과정 가운데, 서로 사랑하고 돕는 어린이 나라의 아이들을 보면서 진정으로 새로운 세상이 어떤 곳인지, 진정한 사랑이 무엇인지 깨닫게 됩니다. 진정한 '어린이 나라'라는 것은 어른들의 잔소리가 듣기 싫어 아이들이 마음대로 하고 사는 나라가 아니라, 자유로운 질서가 살아있는 나라라는 '벤포스타'의 의미를 깨닫게 됩니다. | |
| 다양한 매체로 맛보기 | 『지구마을 어린이 리포트』, 김현숙, 한겨레아이들 | |
| 어떻게 읽을까 | 1. 어린이 나라, '벤포스타'는 어떤 나라인지 알아 봅시다.<br>2. 성우가 '벤포스타'를 보며 어떠한 점을 느끼었는지 알아 봅시다.<br>3. 벤포스타가 만들어 나갈 세상을 보여준다는 서커스를 보고, 성우가 느낀 점은 무엇인지 알아 봅시다. | |
| 무엇을 토론할까 | 1. 진정한 자유는 무엇인지 친구들과 의견을 나누어 봅시다.<br>2. '어린이 나라'를 만들기 위해 필요한 것은 무엇인지 말해 봅시다.<br>3. 내가 만약 시장이라면 시민들에게 '자유'를 강조할지, '책임'을 강조할지 의견을 나누어 봅시다. | |
| 무엇을 써 볼까 | 1. 성우가 '벤포스타'에서 만난 어린이들의 모습을 글로 써 봅시다.<br>2. 자신이 만들고 싶은 '나라'가 있다면 어떠한 나라이고, 그러한 나라를 만들고 싶은 이유를 적어 봅시다.<br>3. 3학년 성우에게 하고 싶은 말을 편지로 써 봅시다. | |

# 아기 제비 번지 점프 하다

배다인

| 도 서 명 | 아기 제비 번지 점프 하다 | |
|---|---|---|
| 도서정보 | 배다인 / 소년한길 / 2009년 / 128쪽 / 8,500원 | |
| 분 류 | 목적(정서표현) / 분야(인문) / 시대(현대) / 지역(한국) | |
| 관련 교과/<br>관련 교육과정 | 도덕 | 3학년 1-(4) ‘너희가 있어 행복해’ |
| 어떤 책일까 | 『아기제비 번지점프 하다』는 세 편의 창작 동화가 실려 있습니다. 이 책에 실린 세 편의 이야기에서 주인공들은 낯설고 새로운 환경, 자기를 이해하지 못하는 친구와 가족, 생각대로 행동하지 못하는 자신 때문에 힘들어 합니다. 그러나 처음에 겁먹고 주눅 들었던 아이들은 마음을 다잡고 당당히 문제에 맞섭니다. 이 책에서는 여러 가지 상황에 처한 아이들의 심리 변화를 섬세하게 표현하고, 자기 안에만 갇혀 있던 아이들이 생각을 키워 나가 성큼 도약하는 순간을 생생하게 그려냅니다. 특히 이 책의 제목인 ‘아기제비 번지점프 하다’ 첫 번째 이야기는 전학 간 수정이의 이야기입니다. 수정이는 새로운 반 친구들과 선생님이 서먹하기만 합니다. 학교에서는 겉돌고 집에서는 눈치 보기 바쁜 수정이에게 유일한 친구는 아기제비뿐입니다. 알에서 깬 아기제비들을 키우는 어미제비의 모습을 지켜보던 수정이는 차츰 엄마의 마음을 이해하게 됩니다. 그리고 제일 조그맣고 잘 날지 못하던 막내제비가 힘차게 날아오르는 모습을 보면서 자신도 먼저 마음을 열고 사람들에게 다가가야겠다고 결심합니다. | |
| 다양한 매체로<br>맛보기 | - 『양파의 왕따일기』, 문선이, 주니어파랑새 | |
| 어떻게 읽을까 | 1. 수정이는 어떻게 마음을 열고 사람들에게 다가가야 할지 생각하는지 알아 봅시다.<br>2. 예진이는 학교에서 어떠한 일을 겪는지 알아보며 ‘빛나는 왕따’를 읽어 봅시다.<br>3. 태희는 아빠의 깊은 사랑을 어떻게 알게 되는지 읽어 봅시다. | |
| 무엇을 토론할까 | 1. 어려운 상황이라도 용기와 도전 정신을 가져야 하는 까닭을 토의해 봅시다.<br>2. 승현이를 놀리는 친구들은 왜 승현이를 놀렸는지 말해 봅시다.<br>3. 왕따 문제를 어떻게 해결해야 할지 의견을 나누어 봅시다. | |
| 무엇을 써 볼까 | 1. 전학을 간 수정이에게 용기의 편지를 띄워 봅시다.<br>2. 예진이가 승현이의 편을 들고 싶어도 망설인 까닭은 무엇인지 글로 써 봅시다.<br>3. 태희 아버지가 위험에 처하셨을 때, 나라면 아버지를 어떻게 구했을지 써 봅시다. | |

# 꿈을 이룬 대통령 오바마 이야기

로버타 에드워즈

| 도 서 명 | 꿈을 이룬 대통령 오바마 이야기 | |
|---|---|---|
| 도서정보 | 로버타 에드워즈 / 교학사 / 2009년 / 171쪽 / 8,500원 | |
| 분 류 | 목적(사회적 상호작용) / 분야(인문) / 시대(현대) / 지역(미국) | |
| 관련 교과/<br>관련 교육과정 | 국어 | 3학년 1-(2) '아는 것이 힘' |
| 어떤 책일까 | 아프리카 케냐 출신 흑인 아버지와 미국 캔자스 주 출신 백인 어머니 사이에서 태어난 버락 오바마는 부모의 이혼으로 아버지와 떨어져 살아야 했고, 새아버지와 함께 인도네시아에서, 외할아버지 외할머니와 함께 하와이에서 어린 시절을 보내야 했습니다. 그러나 버락 오바마는 복잡한 가정 환경과 정체성의 혼란을 극복하고 미국 첫 흑인 대통령이라는 새로운 역사를 만들어 냈습니다.<br>가난하고 차별받는 사회적 약자를 돕는 일에서 자신의 사명을 찾은 오바마는 지역 사회 운동가와 인권 변호사로 활동하면서 정치가의 길로 들어섰고, 인종, 성별, 빈부의 차별이 없는 하나의 미국을 만들자며 통합과 조화의 정신을 실현하여 꿈을 이룬 대통령이 되었지요. 이 책은 오바마의 삶 속에 녹아 있는 용기와 도전 정신을 말해주며, 꿈을 이룰 수 있다는 자신감을 갖게 합니다. | |
| 다양한 매체로<br>맛보기 | http://tvpot.daum.net/clip/ClipView.do?cateid=20&clipid=11250650&q=&type=chal<br>(오바마 대통령 당선 연설)<br>『어린이를 위한 오바마 이야기』, 한경아, (주)코리아하우스콘텐츠 | |
| 어떻게 읽을까 | 1. 오바마는 어떠한 어린 시절을 보냈는지 생각하며 읽어 봅시다.<br>2. 오바마는 지역 사회 운동가로 일하며 어떠한 일을 했는지 알아 봅시다.<br>3. 오바마의 정치가의 길은 어떻게 펼쳐졌는지 읽어 봅시다. | |
| 무엇을 토론할까 | 1. 용기와 도전 정신을 갖는다면 무조건 성공할 수 있는지 토론해 봅시다.<br>2. 오바마가 꿈을 이룰 수 없다고 생각했다면 어떻게 되었을지 말해 봅시다.<br>3. 나의 꿈은 무엇이며 그것을 이루기 위해 노력해야 할 점을 말해 봅시다. | |
| 무엇을 써 볼까 | 1. 꿈을 이룬 대통령, 오바마에게 칭찬의 편지를 써 봅시다.<br>2. 내가 이루고 싶은 꿈은 무엇이며, 그 꿈을 위해 내가 갖아야 할 마음가짐에 대해 글을 써 봅시다.<br>3. 모든 사람들은 인종에 따라 차별 할 수 없는 존재입니다. 인종 차별을 없애야 하는 까닭을 써 봅시다. | |

# 아빠가 집에 있어요

미카엘 올리비에,한수진(최연순)

| 도 서 명 | 아빠가 집에 있어요 | |
|---|---|---|
| 도서정보 | 미카엘 올리비에,한수진(최연순) / 밝은미래 / 2009년 / 140쪽 / 9,000원 | |
| 분 류 | 목적(정서표현) / 분야(기타) / 시대(현대) / 지역(프랑스) | |
| 관련 교과/<br>관련 교육과정 | 도덕 | 3학년 1-(3) '사랑이 가득한 우리 집' |
| 어떤 책일까 | 아빠가 직장을 잃었다면 어떤 일들이 생길까요? 〈아빠가 집에 있어요〉라는 책은 직장을 잃은 아빠가 집안일을 하게 되면서 엘로디 가족이 겪게 되는 갈등과 가족의 사랑을 느끼게 해 주는 내용이 담겨 있어요. 아빠가 직장을 잃었다는 소식을 듣고 엘로디는 가족들에게 어떤 일이 일어날지 무섭기도 하고, 친구들이 이 사실을 알면 자신의 인기가 떨어질까 봐 걱정을 하기도 했지요. 하지만 엘로디는 자신과 가족이 불행해졌다고 생각을 했지만 어느 순간부터 아빠가 집에 있는 것이 나쁜 것만은 아니라는 생각을 하게 되지요<br>어려운 일에 처했을 때 함께 돕고, 위기 상황이 닥치더라도 격려해 주는 것이 가족의 참된 모습이랍니다. 실업이라는 큰 문제를 가족의 사랑으로 이겨낸 따뜻한 이야기를 읽어 봅시다. | |
| 어떻게 읽을까 | 1. 실업의 문제에 대한 엘로디 가족의 마음 변화를 살펴보며 읽어 봅시다.<br>2. 아빠가 어려움을 겪었을 때 그 문제를 해결해 나가기 위해 가족의 역할을 생각하며 읽어 봅시다.<br>3. 실업의 문제 외에 요즘 사회에서 새롭게 볼 수 있는 가족의 형태와 문제점을 생각하며 읽어 봅시다. | |
| 무엇을 토론할까 | 1. 직업이 있다는 것은 행복의 기준이 될 수 있는지 토론해 봅시다.<br>2. 어려운 일을 당했을 때 가정이 더 협력하고 돕는다고 생각하는지 말해 봅시다.<br>3. 실업자의 아버지가 가정 일을 돌보는 것이 부끄러운 일인지 생각하여 봅시다. | |
| 무엇을 써 볼까 | 1. 아버지가 하시는 일에 대하여 자세히 써 봅시다.<br>2. 가족을 위해 애쓰시는 아버지에게 드리는 편지를 적어 봅시다.<br>3. 가족의 소중함을 어느 때 가장 많이 느끼는지 써 봅시다. | |

# 지구 환경 챔피언

스테판 프라티니(외)

<table>
<tr><td>도 서 명</td><td colspan="2">지구 환경 챔피언</td></tr>
<tr><td>도서정보</td><td colspan="2">스테판 프라티니(외) 글 / 답스 그림 / 이효숙 옮김 / 산하 / 2009년 / 96쪽 / 9,000원</td></tr>
<tr><td>분 류</td><td colspan="2">목적(정보전달) / 분야(과학) / 시대(현대) / 지역(세계)</td></tr>
<tr><td>관련 교과/<br>관련 교육과정</td><td>도덕</td><td>3학년 1-(2) '정말 멋있는 내가 되기'</td></tr>
<tr><td>어떤 책일까</td><td colspan="2">요즘 어린이들은 나날이 새롭게 생겨나는 병은 무엇이 있을까요? 우리는 전염병, 아토피나 새집증후군 같은 환경 질환, 더러운 공기, 해로운 불량식품에 둘러싸여 살고 있어요. 이 책은 환경에 대한 구체적이고도 재미있는 정보들을 소개하는 책이랍니다.<br>이 책의 주인공 너구리는 집 안, 가게, 학교, 여행지 등 환경오염의 현장을 종횡무진 누비며 친구처럼 경쾌하게 환경 이야기를 펼쳐 놓아요. 너구리가 소개하는 환경에 대한 정보들을 기억하며 우리가 노력해야 할 것들이 무엇인지를 생각하며 읽어 봅시다.</td></tr>
<tr><td>다양한 매체로<br>맛보기</td><td colspan="2">관련 도서 : 『최열 아저씨의 지구촌 환경 이야기』 / 최열 / 청년사<br>애니메이션 : 월-E<br>사이트 : 어린이 기후변화교실 http://www.gihoo.or.kr/portal/child</td></tr>
<tr><td>어떻게 읽을까</td><td colspan="2">1. 환경을 살리기 위해 내가 평소에 실천했던 것들을 생각하며 읽어 봅시다.<br>2. 환경에 대한 다양한 정보를 정리하며 읽어 봅시다.<br>2. 무분별한 개발로 몸살을 앓고 있는 지구와 그 문제를 해결하는 방법을 정리하며 읽어 봅시다.</td></tr>
<tr><td>무엇을 토론할까</td><td colspan="2">1. 환경보존과 개발 중 어느 것이 더 중요하다고 생각하는지 말해 봅시다.<br>2. 우리 주위에는 환경오염이 심각한 지역이 있는데 환경오염의 원인은 무엇인지 토론해 봅시다.<br>3. 지구온난화 방지를 위해 우리가 할 수 있는 것이 무엇인지 말해 봅시다.</td></tr>
<tr><td>무엇을 써 볼까</td><td colspan="2">1. 지구를 지키기 위해 할 수 있는 실천법을 정리하여 써 봅시다.<br>2. 책에서 소개하는 환경 정보에 관한 독서퀴즈를 만들어 친구들과 독서 골든벨을 해 봅시다.</td></tr>
</table>

# 고정욱 선생님이 들려주는 방정환

고정욱

<table>
<tr><td>도 서 명</td><td colspan="2">고정욱 선생님이 들려주는 방정환</td></tr>
<tr><td>도서정보</td><td colspan="2">고정욱 글 / 양상용 그림 / 산하 / 2009년 / 112쪽 / 9,000원</td></tr>
<tr><td>분 류</td><td colspan="2">목적(정보전달) / 분야(사회) / 시대(현대) / 지역(한국)</td></tr>
<tr><td>관련 교과/<br>관련 교육과정</td><td>도덕</td><td>3학년 1-(5) ‘나라를 사랑하는 마음’</td></tr>
<tr><td>어떤 책일까</td><td colspan="2">5월 5일은 어떤 날입니까? 어린이날입니다. 이 책은 어린이 날을 만들고 어린이를 사랑하신 소파 방정환 선생님의 이야기입니다. 방정환 선생님은 어린이의 마음은 천사와 같다고 하시면서, 일생을 어린이를 위해 어린이들을 사랑하며 살았답니다. 일제 시대의 어려운 현실 속에서 나라의 미래인 어린이들을 위해 길지 않은 일생을 바친 방정환의 일대기를 그림과 함께 자세히 설명되어 있습니다. 방정환 선생님이 어린이들을 위해 어떤 일을 하셨는지 살펴보며 감사하는 마음을 가져보게 하는 책이랍니다. 이 책을 읽고 나면 어린이날을 더 소중하고 감사하게 여기게 될 것입니다.</td></tr>
<tr><td>다양한 매체로<br>맛보기</td><td colspan="2">도서 : 방정환 동화집, 한국방정환재단 편, 처음주니어<br>4월 그믐날 밤과 방정환 동화나라, 방정환, 웅진주니어</td></tr>
<tr><td>어떻게 읽을까</td><td colspan="2">1. 방정환 선생님이 왜 어린이 운동에 뛰어들게 되었는지 살펴보며 읽어 봅시다.<br>2. 방정환 선생님이 어린이를 위해 하신 일들을 정리하며 읽어 봅시다.<br>3. 일제 시대에 애국지사들이 저마다 어떤 방식으로 독립운동을 했는지를 살펴보며 읽어 봅시다.</td></tr>
<tr><td>무엇을 토론할까</td><td colspan="2">1. 꼭 어린이날을 지정해야 하는지 생각해 봅시다.<br>2. 어린이날은 어떻게 보내야 하는지 말해 봅시다.<br>3. 사랑의 매는 필요한지 말해 봅시다.</td></tr>
<tr><td>무엇을 써 볼까</td><td colspan="2">1. 방정환 선생의 ‘어린이 사랑’에 대하여 감동받은 부분을 써 봅시다.<br>2. 어린이는 나라의 기둥이라고 하는데 나라를 위해서 우리가 할 수 있는 것을 써 봅시다.<br>3. 어린이날을 만들어 주신 방정환 선생님에게 감사의 마음을 전하는 글을 써 봅시다.</td></tr>
</table>

# 놀라운 99%를 만들어 낸 1% 가치

윤승일

| 도 서 명 | 놀라운 99%를 만들어 낸 1% 가치 | |
|---|---|---|
| 도서정보 | 윤승일 / 명진출판 / 2009년 / 208쪽 / 9,800원 | |
| 분 류 | 목적(사회적 상호작용) / 분야(인문) / 시대(현대) / 지역(한국) | |
| 관련 교과/<br>관련 교육과정 | 도덕 | 3학년 1-(2) '정말 멋있는 내가 되기' |
| 어떤 책일까 | 우리 꿈을 이뤄주는 것은 무엇입니까? 그것은 작고 보잘 것 없어 보이는 것들입니다. 쥐똥 같이 작은 눈 때문에 놀림 받았지만 작은 옥수수 알갱이에서 커다란 가치를 찾아내어 세계 최고의 옥수수 박사가 된 김순권 박사, 책상 위를 굴러다니다 커다란 이층집이 된 클립의 비밀까지…….<br>우리가 중요하지 않다고 지나쳤던 것들, 흔히 신경 쓰지 않았던 것들을 남다른 시선으로 바라보면 새로운 기적들이 만들어 졌습니다. 이 책에는 작고 보잘 것 없는 것에서 소중한 가치를 찾아내 놀라운 결과를 이뤄낸 17가지 성공 이야기를 담고 있습니다. 여러 분에게 중요하지 않다고 지나쳤던 것들은 무엇이 있습니까? 이 책을 통해 작은 것을 찾아 큰 꿈을 이뤄나가기 바랍니다. | |
| 다양한 매체로<br>맛보기 | 관련 매체 : 라따뚜이<br>관련 도서 : 『어린이를 위한 배려』 / TV동화 행복한 세상 | |
| 어떻게 읽을까 | 1. 평범하고 소박했던 것들이 얼마나 큰 일을 이뤄낼 수 있을지를 살펴보며 읽어 봅시다.<br>2. 이야기의 주인공처럼 나에게 작고 보잘 것 없이 느껴졌던 일들이 무엇인지 생각하며 읽어 봅시다.<br>3. 작고 사소한 것에서 큰 가치를 찾은 사람들의 이야기를 살펴보며 읽어 봅시다. | |
| 무엇을 토론할까 | 1. 책의 이야기처럼 우리 주위에는 하찮고 쓸모없이 보이는 물건이 많은데 이런 물건들이 귀중하게 쓰이는 예들을 더 찾아 봅시다.<br>2. '놀라운 99% 만들어 내는 1% 가치'라는 말처럼 나에게 1% 가치가 될 수 있는 것이 무엇인지 생각해 봅시다.<br>3. 열심히 노력하는 사람이 반드시 성공한다고 할 수 있는지 토론해 보시다. | |
| 무엇을 써 볼까 | 1. 자기의 꿈이 무엇인지 적어보고 그 꿈을 이루지 위한 구체적인 방법을 적어 봅시다.<br>2. 닮고 싶은 책 속에 나오는 주인공을 선택하여 그 사람을 소개하는 글을 써 봅시다.<br>3. 이 책을 읽고 작고 소중한 것이 얼마나 큰 일을 이루어 낼 수 있는지를 중점으로 책 광고문을 만들어 봅시다. | |

# 타임머신을 타고 온 선생님

원유순, 이형진

| 도 서 명 | 타임머신을 타고 온 선생님 | |
|---|---|---|
| 도서정보 | 원유순, 이형진 / 좋은책어린이 / 2009년 / 64쪽 / 8,000원 | |
| 분 류 | 목적(정서 표현) / 분야(인문) / 시대(현대) / 지역(한국) | |
| 관련 교과/<br>관련 교육과정 | 도덕 | 3학년 1-(4) '너희가 있어 행복해' |
| 어떤 책일까 | 새 학년 첫날, 탤런트처럼 예쁜 담임 선생님을 기대한 아이들의 생각은 이정신 선생님의 등장으로 와르르 무너집니다. 이정신 선생님은 새하얀 머리에, 유행이 한참 지난 옷을 입은 할머니 선생님이었던 것입니다. 이 책은 나이가 많은 담임선생님과 아이들이 겪는 일을 이야기로 꾸민 책입니다. 이정신 선생님은 학교가 들썩거릴 만큼 신나는 학교생활을 아이들에게 선물하기 위해 고군분투 노력하는 선생님입니다. 어느날 '하늘기쁨의 집'에 방문해 할머니, 할아버지들과 시간을 보내고 돌아오던 선생님과 아이들은 교통사고를 당하게 됩니다. 아이들은 큰 사고가 없었지만 이정신 선생님은 오래 입원을 하시게 되었습니다. 그러면서 반에는 예쁜 젊은 선생님이 오셨습니다. 아이들이 그토록 원했던 젊고 예쁜 선생님이었지만 아이들은 즐겁지가 않는 일을 경험합니다. 이 책에서 선생님과 아이들의 깊은 사랑을 엿볼 수 있습니다. | |
| 다양한 매체로<br>맛보기 | 『고맙습니다, 선생님』 / 패트리샤 폴라코 / 아이세움<br>진정한 선생님이란? ( http://wideways.org/276 ) | |
| 어떻게 읽을까 | 1. 이정신 선생님은 어떠한 선생님인지 생각하며 글을 읽어 봅시다.<br>2. 이정신 선생님이 병원에 오래 입원하셨을 때, 어떠한 일이 벌어졌는지 알아 봅시다.<br>3. 선생님과 아이들의 관계는 어떻게 변하는지 생각하며 읽어 봅시다. | |
| 무엇을 토론할까 | 1. 좋은 선생님이란 어떤 선생님인지 친구들과 토의해 봅시다.<br>2. 이정신 선생님이 처음 교실에 들어오셨을 때, 어떠한 기분이 드셨을지 생각하며 의견을 나누어 봅시다.<br>3. 엄마들이 선생님은 자격이 없다고 교장실에서 항의할 때, 나라면 어떻게 말했을지 친구들과 말해 봅시다. | |
| 무엇을 써 볼까 | 1. 내가 생각하는 좋은 선생님은 어떤 선생님인지 글로 써 봅시다.<br>2. 이 책의 제목이 왜 '타임머신을 타고 온 선생님'인지 그 까닭을 생각하여 적어 봅시다.<br>3. 나의 담임선생님이 이정신 선생님이라면 어떠한 말씀을 드리고 싶은지 적어 봅시다. | |

# 난 원래 공부 못해

은이정

| 도 서 명 | 난 원래 공부 못해 | |
|---|---|---|
| 도서정보 | 은이정 / 창비 / 2008년 / 183쪽 / 8,500원 | |
| 분 류 | 목적(사회적 상호작용) / 분야(창작동화) / 시대(현대) / 지역(한국) | |
| 관련 교과/<br>관련 교육과정 | 국어 | 3학년 1-(8) '우리끼리 오순도순' |
| 어떤 책일까 | 이 책은 '공부란 과연 어떤 것인지' 생각하게 하는 책입니다. 작은 시골학교의 새 학년 첫날. 4학년 진경이가 교실에 들어서자 초임 선생님이 맞이합니다. 시골학교에 온 초보 여교사와 아이들의 갈등을 그린 책으로 공부를 당당하게 못하는 천진남 찬이와 심하게 잘하는 똑똑녀 진경이. 이 두 개성 넘치는 아이와 선생님이 펼치는 흥미진진한 이야기입니다. 공부할 노력을 전혀 안 하는 찬이와 찬이 삶에 대해 전혀 모르는 선생님을 모두 못마땅하게 지켜보는 진경이의 특이한 어투가 아이들이 이 책의 읽기에 재미를 더하면서, 읽는 이가 '공부'에 대해 지니고 있던 고정관념에 대해 생각해 보고, 그 고정관념을 깰 수 있는 계기를 마련해 주는 책입니다. | |
| 다양한 매체로<br>맛보기 | 『공부는 왜 해야하노』 / 이호철 / 산하어린이<br>『꿈꾸는 공부방』 / 고정욱 / 샘터사 | |
| 어떻게 읽을까 | 1. '공부란 과연 어떤 것일까?' 생각하며 읽어 봅시다.<br>2. 찬이와 진경이의 모습을 비교해 보며 읽어 봅시다.<br>3. 찬이네 집에 찾아간 선생님의 마음은 어떠했을지 생각해 봅시다. | |
| 무엇을 토론할까 | 1. 우리는 무엇을 '공부'라고 하는지 말해 봅시다.<br>2. 공부를 잘한다고 해도 선생님께 예의 바르지 않게 행동하는 것은 옳은 행동인지 의견을 나누어 봅시다.<br>3. 찬이에게 구구단과 알파벳은 얼마나 중요할지 의견을 나누어 봅시다. | |
| 무엇을 써 볼까 | 1. '난 원래 공부 못해!'라고 하는 찬이에게 편지를 써 봅시다.<br>2. 내가 생각하는 '공부'란 무엇인지 써 봅시다.<br>3. 남의 숙제를 베끼는 것은 왜 옳지 않은지 자신의 생각을 글로 써 봅시다. | |

# 마마신 손님네

이상교

| 도 서 명 | 마마신 손님네 | |
|---|---|---|
| 도서정보 | 이상교 / 한림출판사 / 2008년 / 34쪽 / 10,800원 | |
| 분 류 | 목적(정서표현) / 분야(인문) / 시대(과거) / 지역(한국) | |
| 관련 교과/<br>관련 교육과정 | 국어 | 3학년 1-(7) ‘이야기의 세계’ |
| 어떤 책일까 | 이 책은 권선징악을 주제로 우리 삶 속에 찾아오는 좋지 못한 일을 긍정적으로 받아들이는 마음의 자세에 대해 생각해 보게 합니다. 노고할머니와 김장자가 손님네를 맞이하는 모습에 따라 그들의 삶이 다른 방향으로 변화되는 모습은 우리에게 전화위복의 계기가 있음을 발견할 수 있게 합니다. 철원도령은 자기의 의지와는 상관없이 목숨을 잃었지만, 그 후 작은 손님네가 되고자 한 결단은 우리 신화가 전지전능한 '신의 이야기'가 아닌, 그 가치와 의미가 담긴 '인간의 이야기'임을 보여줍니다. 머나먼 곳에서 인간들이 사는 세상으로 갑자기 찾아온 손님네는 질병과 생사를 주관하는 마마신입니다. 손님네는 사람들과의 소통으로 그들의 진실한 마음을 살펴보며, 고통만 주는 존재가 아닌 새로운 삶을 살 수 있도록 계기를 마련해 주는 특별한 손님이라는 것을 이 책을 통해 알 수 있습니다. 손님네 캐릭터가 이야기와 그림이 잘 조화되도록 녹아들어 어린이들이 신화를 쉽게 볼 수 있도록 꾸민 책입니다. | |
| 다양한 매체로<br>맛보기 | 『댕댕이 할멈 바위』 / 손동인외 2인 / 사계절출판사<br>인터넷 전래 동화 ( http://www.kebikids.com ) | |
| 어떻게 읽을까 | 1. 이 책에서 마마신 손님네는 무엇인지 생각하며 읽어 봅시다.<br>2. 노고할머니의 부탁으로 손님네는 어떠한 일을 하였는지 알아 봅시다.<br>3. ‘손님네’를 특별한 손님이라고 할 수 있는 까닭은 무엇인지 알아 봅시다. | |
| 무엇을 토론할까 | 1. 우리 조상들은 질병을 어떻게 받아들였을지 토의해 봅시다.<br>2. ‘신화’란 무엇이고, 신화를 통해서 얻을 수 있는 점은 무엇인지 말해 봅시다.<br>3. 예측 없이 찾아오는 나쁜 일을 어떻게 하면 긍정적인 자세로 생각할 수 있을지 의견을 나누어 봅시다. | |
| 무엇을 써 볼까 | 1. 노고할머니와 김장자가 손님네를 맞이하는 모습을 글로 써 봅시다.<br>2. 이 책을 읽고, 마마신 손님네를 어떻게 생각하게 되었는지 써 봅시다.<br>3. 자기의 의지와 상관없이 목숨을 잃은 철원도령에게 편지를 써 봅시다. | |

# 우리 집에는 악어가 산다

김선희

| 도 서 명 | 우리 집에는 악어가 산다 | |
|---|---|---|
| 도서정보 | 김선희 / 푸른디딤돌 / 2009년 / 120쪽 / 9,000원 | |
| 분 류 | 목적(정서표현) / 분야(예술) / 시대(현대) / 지역(한국) | |
| 관련 교과/<br>관련 교육과정 | 국어 | 3학년 1-(1) '감동의 물결' |
| 어떤 책일까 | 공격성이 강하고 학습 장애를 보이는 말썽꾸러기를 우리는 주위에서 종종 발견합니다. 승민이도 그런 아이입니다. 학교 선생님조차 푸념을 합니다. 오로지 승민이 엄마만이 승민이의 진심을 믿어 줍니다. 그런 엄마가 승민이에게 '악어'를 선물합니다. 엄마는 승민이의 마음속에 따뜻한 사랑이 가득 차 있기에 그 사랑을 악어에게 나눠 줄 수 있으리라 믿습니다.<br>아이들의 삶은 고됩니다. 그들이 한숨 돌릴 수 있는 시간은 학원차를 타고 오가며 손바닥만한 닌텐도를 들여다볼 때가 고작입니다. 그래서인지 자기가 돌보는 악어를 '엄마'라고 부르기로 하는 승민이의 모습은 가슴을 울립니다. 이제 어른들이 아이들의 손을 잡아 주어야 합니다. 승민이가 악어에게 그렇게 했듯이 말입니다. | |
| 다양한 매체로<br>맛보기 | 관련 매체 : 말아톤, 여섯 개의 시선<br>관련 도서 : 『학교 가기 싫어요』 / 고정욱 / 느낌표교육<br>『십시일반』 / 박재동 / 창작과비평 | |
| 어떻게 읽을까 | 1. '장애'나 '차이'를 이유로 차별하고 있는 사례가 있는지 생각하며 읽어 봅시다.<br>2. '장애'를 딛고 이겨낸 사례를 조사하고, 읽어 봅시다.<br>3. '더불어 사는 삶'이란 무엇인지 생각하며 읽어 봅시다. | |
| 무엇을 토론할까 | 1. 차이와 차별을 구별하고 장애를 어디에 기준을 두고 생활해야 하는지 의견을 나누어 봅시다.<br>2. 장애가 있다고 해서 능력에 차이가 있다고 할 수 있는지 말해 봅시다.<br>3. 모든 사람은 어떠한 조건에서든 평등한지 이야기를 나누어 봅시다. | |
| 무엇을 써 볼까 | 1. 장애인을 도운 경험이 있으면 글로 써 봅시다.<br>2. 장애를 가진 경우에도 훌륭한 일을 한 사람이 있다면 그 사람의 이야기를 글로 써 봅시다.<br>3. 장애인의 친구가 있으면 그 친구를 칭찬하는 말과 그의 좋은 점을 남에게 알리는 신문기사를 작성하여 봅시다. | |

# 장코의 바나나

김하늬

| 도 서 명 | 장코의 바나나 | |
|---|---|---|
| 도서정보 | 김하늬 / 바람의 아이들 / 2009년 / 115쪽 / 7,800원 | |
| 분　류 | 목적(정서표현) / 분야(인문) / 시대(현대) / 지역(한국) | |
| 관련 교과/ 관련 교육과정 | 국어 | 3학년 1-(6) '좋은 생각이 있어요' |
| 어떤 책일까 | 옛날 아주 먼 옛날, 원숭이들에게는 바나나보다 더 귀하고 맛있는 것이 있었답니다. 그 참맛 속에 조상님의 지혜와 사랑이 대대로 전해 졌다는데, 고릴라 대왕에게 바나나를 얻어먹는 장코가 전설을 찾아 모험을 떠납니다. 모험을 하는 가운데 장코는 노래를 부르고, 숲속 동물들과 대화를 나눕니다. 그 안에서 장코는 명랑하고 순수한 모험을 떠나며 이 책을 읽는 사람들에게 재미를 줍니다. 장코는 호기심이 많고, 나무 타는 것을 좋아하며 맛있는 것을 좋아합니다. 그러므로 바나나보다 맛있고 귀한 것이 있다는 원숭이 나라의 전설을 듣고 장코는 씩씩하게 그것을 찾아 나섭니다. 이 책 속에서 욕심, 게으른 모습을 버리고 부지런히 우정과 사랑, 배려를 지니고 아름답게 살아가는 것의 소중함을 느끼게 됩니다. | |
| 다양한 매체로 맛보기 | http://tvpot.daum.net/clip/ClipView.do?cateid=20&clipid=11250650&q=&type=chal (남을 배려하는 마음관련 동영상)<br>『어린이를 위한 배려』 / 한상복 / 위즈덤하우스 | |
| 어떻게 읽을까 | 1. 원숭이 나라의 전설은 무엇인지 생각하며 읽어 봅시다.<br>2. 쿵깨라가 고릴라 대왕에게 장코에 대해 무엇이라고 말하는지 찾아 봅시다.<br>3. 장코는 어떠한 성격을 지닌 원숭이인지 생각하며 읽어 봅시다. | |
| 무엇을 토론할까 | 1. 새로운 모험을 떠나기 위해서 필요한 요소는 무엇인지 말해 봅시다.<br>2. 친구들과 우정을 지키기 위해서 갖아야 할 마음가짐은 무엇인지 의견을 나누어 봅시다.<br>3. 게으르지 않고, 부지런한 태도를 지닐 때 얻게 되는 장점을 말해 봅시다. | |
| 무엇을 써 볼까 | 1. 장코의 입장이 되어 고릴라 대왕에게 편지를 써 봅시다.<br>2. 바나나보다 더 귀하고 맛있는 것은 무엇인지 써 봅시다.<br>3. 집을 떠난 지 1년이 다 되어가면서 지치고 힘들어하는 장코에게 힘을 줄 수 있는 편지를 써 봅시다. | |

# 어린이를 위한 헛소동

로이스 버뎃

<table>
<tr><td>도 서 명</td><td colspan="2">어린이를 위한 헛소동</td></tr>
<tr><td>도서정보</td><td colspan="2">로이스 버뎃(강현주)/ 찰리북 / 2009년 / 100쪽 / 9,000원</td></tr>
<tr><td>분 류</td><td colspan="2">목적(정서표현) / 분야(인문) / 시대(중세) / 지역(이탈리아)</td></tr>
<tr><td>관련 교과/<br>관련 교육과정</td><td>국어</td><td>3학년 1-(1) '감동의 물결'</td></tr>
<tr><td>어떤 책일까</td><td colspan="2">셰익스피어의 작품 중에서 가장 유쾌한 희극입니다. 서로 만나기만 하면 불꽃 튀는 입씨름을 벌이는 베네딕과 베아트리스는 유쾌한 속임수에 빠져 서로를 사랑하게 됩니다. 한바탕의 소동 끝에 진실한 사랑을 발견하는 연인들의 이야기가 흥미진진하게 펼쳐집니다. 이 과정 가운데 진실한 사랑이 무엇인지 생각하는 시간을 갖게 됩니다. 30여 년 동안 셰익스피어를 가르쳐 온 선생님이 아이들의 눈높이에 맞춰 새롭게 풀어내고, 햄릿 공립학교 아이들이 상상력 넘치는 글과 그림을 덧붙여 함께 만든 책입니다. 이 책에 나타나 있는 아이들의 글과 그림은 참신함과 그 깊이로 많은 것을 느끼게 합니다. 또한 책을 읽고 나서 그 생각과 느낌을 표현하는 것을 알 수 있습니다. 고전이 어렵다고 생각하는 아이들에게 고전을 읽는 새로운 방법을 제시해 줄 것입니다.</td></tr>
<tr><td>다양한 매체로<br>맛보기</td><td colspan="2">관련 매체 : 영화 헛소동, 셰익스피어 인 러브</td></tr>
<tr><td>어떻게 읽을까</td><td colspan="2">1. 셰익스피어가 살었던 시대를 생각하며 읽어 봅시다.<br>2. 베네딕과 베아트리스는 어떤 입씨름을 벌이는지 알아 봅시다.<br>3. 진실한 사랑은 무엇인지 알아보고, 셰익스피어가 말하고자 하는 주제가 무엇인지 생각해 봅시다.</td></tr>
<tr><td>무엇을 토론할까</td><td colspan="2">1. 친구와 많이 다툴수록 더 정이 든다는 의견에 찬성하는지 말해 봅시다.<br>2. 내가 베네딕이라면 베아트리스와 사랑에 빠졌을지 말해 봅시다.<br>3. 진실한 사랑의 조건에 대해 친구들과 이야기를 나누어 봅시다.</td></tr>
<tr><td>무엇을 써 볼까</td><td colspan="2">1. 책 속에서 셰익스피어의 명대사와 명문장을 찾아 목록을 만들어 써 봅시다.<br>2. 베네딕을 향한 베아트리스의 마음을 글로 써 봅시다.<br>3. 이 책을 만든 아이들처럼 가장 기억에 남는 장면을 그림으로 그려 보거나 글로 써 봅시다.</td></tr>
</table>

# 어린이를 위한 폭풍우

월리암 셰익스피어

| 도 서 명 | 어린이를 위한 폭풍우 | |
|---|---|---|
| 도서정보 | 월리암 셰익스피어(강현주 역) / 찰리북 / 2009년 / 91쪽 / 9,000원 | |
| 분 류 | 목적(정서) / 분야(인문) / 시대(고대) / 지역(영국) | |
| 관련 교과/<br>관련 교육과정 | 국어 | 3학년 1-(6) '좋은 생각이 있어요' |
| 어떤 책일까 | 셰익스피어가 쓴 마지막 희곡으로, 마법의 섬에서 화해와 용서를 그리고 있습니다. 휘몰아치는 강한 폭풍우 속에서 싹트는 사랑과 용서의 힘, 마법의 섬이라는 공간과 요정들이 함께 꾸미는 환상적인 이야기가 아름다운 꿈을 꾸는 듯 행복을 선사합니다.<br>이야기는 바다 한가운데에서 거센 폭풍우가 일면서 시작됩니다. 전 밀라노의 공작이었던 프로스페로는 밀라노에서 쫓겨나 외딴 섬에는 딸 미란다와 함께 살고 있습니다. 그는 자신을 쫓아냈던 사람들에게 복수를 하기 위해 폭풍우를 일으키고, 적들을 외딴 섬으로 불러들입니다. 외딴 섬의 주인으로, 마법으로 모든 것을 만들어내는 프로스페로는 요정 아리엘을 통해 적들을 굴복시키고, 자신의 모습을 드러냈습니다. | |
| 다양한 매체로<br>맛보기 | 관련 매체 : 셰익스피어 관련 영화, 연극, 오페라 (영상 다큐멘터리)<br>관련 도서 : 『어린이를 위한 햄릿』 / 로이스 버뎃 / 찰리북 | |
| 어떻게 읽을까 | 1. 이야기에 나오는 인물, 프로스페로, 아리엘 등을 상상하면서 읽어 봅시다.<br>2. 마법의 세계가 우리에게 주는 힘은 무엇인지 생각하면서 읽어 봅시다.<br>3. 따뜻한 사랑과 용서가 왜 필요한지 생각하면서 읽어 봅시다. | |
| 무엇을 토론할까 | 1. '친한 친구의 배신으로 죽음에 이르렀을 때 용서가 가능한지 토론해 봅시다.<br>2. 손해를 감수하면서도 원칙을 지킬 필요가 있는지 토론해 봅시다.<br>3. 마법의 힘이 과연 존재할지 토론해 봅시다. | |
| 무엇을 써 볼까 | 1. 기억에 남는 장면들을 그림으로 그려 봅시다<br>2. 기자가 되어 프로스페로가 밀라노에서 추방당한 사건과 배가 난파되어 섬으로 오게 된 사건을 보도하는 신문 기사를 써 봅시다.<br>3. 이 책에서 등장인물 하나를 선택하여 그 인물에게 보내는 편지를 쓰고 예쁜 그림도 그려 봅시다. | |

# 어린이를 위한 맥베스

윌리암 셰익스피어

| 도 서 명 | 어린이를 위한 맥베스 | |
|---|---|---|
| 도서정보 | 윌리암 셰익스피어(강현주 역) / 찰리북 / 2009년 / 91쪽 / 9,000원 | |
| 분 류 | 목적(정서) / 분야(인문) / 시대(고개) / 지역(영국) | |
| 관련 교과/<br>관련 교육과정 | 국어 | 3학년 1-(7) '이야기의 세계' |
| 어떤 책일까 | 폭풍이 몰아치는 어두컴컴한 황야에서 마녀들을 만난 맥베스는 마녀들이 들려준 예언이 너무나 믿음이 가고 달콤해서 꼭 이룰 수 있을 것 같은데, 그 대가로 엄청난 것을 내놓아야 했습니다. 맥베스는 예언에 홀려 자신의 양심을 버리고 심장이 이끄는 대로 행동해 왕을 죽이고 자신이 왕이 되지만 그 대가는 엄청났습니다.<br>왕위를 지키기 위해 또다시 예언을 들으러 갑니다. 그때 들은 예언은 ' 엄마 배 속에서 태어난 사람은 맥베스를 죽일 수 없다는 것이다 였습니다. 예언을 듣고 안심한 맥베스 앞에 맥더프가 나섭니다. 맥베스는 맥더프를 비웃지만, 맥더프는 그 예언을 비껴가는 남자였습니다. 결국 맥베스는 쓸쓸히 황야에 쓰러지고 맙니다. | |
| 다양한 매체로<br>맛보기 | 관련 매체 : 셰익스피어 관련 영화, 연극, 오페라 (영상 다큐멘터리)<br>관련 도서 : 『셰익스피어 5대 희극』 / 셰익스피어 / 상서각 | |
| 어떻게 읽을까 | 1. 이 이야기를 연극으로 공연한다면 어떻게 장면을 바꿀지 상상하면서 읽어 봅시다.<br>2. 이 글의 배경이 되는 어두컴컴한 황야의 모습, 살기가 도는 음침한 궁궐의 모습 등을 머리에 떠올리면서 읽어 봅시다.<br>3. 지나친 욕심은 어떠한 결과를 가져다 주는지 인과관계를 파악하면서 읽어 봅시다. | |
| 무엇을 토론할까 | 1. 욕심은 꼭 나쁜 것인지 토론해 봅시다.<br>2. 점이나 예언을 통해 앞으로 일어날 일을 미리 아는 것은 우리 인생에 도움이 되는지, 토론해 봅시다.<br>3. 증오와 탐욕이 없는 삶이 가능한지 말해 봅시다. | |
| 무엇을 써 볼까 | 1. 우리 모두 기자가 되어 볼까요, 책을 읽고 기억에 남는 사건들을 신문기사로 작성해 봅시다.<br>2. 병에 걸린 맥베스 부인이 여러분에게 상담하러 왔습니다. 의사의 입장이 되어서 어떤 말을 해주면 좋을지 그 내용을 글로 써 봅시다.<br>3.마법의 수프를 만들기 위해서는 마법의 주문을 외어야 합니다. 가마솥 주위를 돌면서 외칠 만한 마법의 주문을 글로 써 봅시다. | |

# 서울특별시 시골 동네

정영애

| 도 서 명 | 서울특별시 시골 동네 | |
|---|---|---|
| 도서정보 | 글-정영애 그림-윤문영 / 계수나무 / 2009년 / 128쪽 / 9,000원 | |
| 분　류 | 목적(정서표현) / 분야(사회) / 시대(현대) / 지역(한국) | |
| 관련 교과/<br>관련 교육과정 | 국어 | 3학년 1-(1) '감동의 물결' |
| 어떤 책일까 | '이웃사촌'이라는 말을 들어 보았나요? 요즈음 도시에 살고, 옆집에 누가 사는지 모르기 때문에 '이웃사촌'이란 말의 의미는 점점 사라져 가고 있어요. 이 책은 주인공 하나의 이야기를 통해 우리는'이웃사촌'이란 무엇인지, 다른 사람의 아픔을 이해하며 서로 아끼고 사랑하는 마음을 길러 나갈 수 있는지에 대해 생각해 볼 수 있을 것이에요. 이 책을 읽고나면 '나도 우리 동네를 위해서 무엇을 하면 좋을까?' 생각해보고 다른 사람의 아픔을 이해하려는 마음, 서로 아끼고 사랑하는 마음을 기를 수 있을 것입니다.<br>아파트에 사는 사람들이 '시골 동네'라고 부르는 하나네 동네에는 작지만 소중한 놀이터가 있었어요. 그러던 어느 날, 어른들은 놀이터를 부수고 그 자리에 주민센터를 짓기로 결정되고 하나와 친구들은 놀이터를 지키려 애써 보지만 결국 놀이터는 사라지고 말지요. 놀 곳을 잃은 아이들은 동네 곳곳을 누비며 놀이터를 찾아다니면서 만나게 된 사람들! 이들의 따뜻한 이야기를 읽어 볼까요? | |
| 다양한 매체로<br>맛보기 | 영화 : 1번가의 기적<br>도서 : 『난장이가 쏘아올린 작은 공』 / 조세희 / 이성과 힘 | |
| 어떻게 읽을까 | 1. 이웃과 더불어 사는 것의 중요성에 대해 생각하며 읽어 봅시다.<br>2. 우리 주위에 개발 때문에 사라진 것들을 생각하며 읽어 봅시다.<br>3. 우리 동네를 좀 더 살기 좋은 곳으로 만들기 위해 내가 할 수 있는 일이 무엇인지 생각하며 읽어 봅시다. | |
| 무엇을 토론할까 | 1. 친사촌보다 이웃사촌이 낫다고 하는 말이 있는데 이 말이 타당한지 말해 봅시다.<br>2. 어린이다운 아이와 어른다운 아이라는 말을 종종 사용하는데 여러분은 과연 어떤 어린이로 비추어지는 것을 원하는지 말해 봅시다.<br>3. 동네에 어린이 놀이터를 세우는 일과 주민센터를 세우는 일 중에 어떤 것을 세우는 것이 동네 발전을 위해 유익하다고 생각하는지 말해 봅시다. | |
| 무엇을 써 볼까 | 1. 우리 동네의 놀이터에 관한 이야기를 써 봅시다.<br>2. '이웃사촌'이라는 제목으로 글짓기를 써 봅시다.<br>3. 우리 주변에서 따뜻한 사람들의 이야기를 찾아 정리해 봅시다. | |

# 꿈꾸는 토르소 맨

이소연

<table>
<tr><td>도 서 명</td><td colspan="2">꿈꾸는 토르소 맨</td></tr>
<tr><td>도서정보</td><td colspan="2">이소연 글 / 글담어린이 / 2009년 / 183쪽 / 9,800원</td></tr>
<tr><td>분 류</td><td colspan="2">목적(정서표현) / 분야(인문) / 시대(현대) / 지역(미국)</td></tr>
<tr><td>관련 교과/<br>관련 교육과정</td><td>국어</td><td>3학년 1-(3) '여러 가지 생각'</td></tr>
<tr><td>어떤 책일까</td><td colspan="2">더스틴 카터는 다섯 살 이전까지만 해도 건강하고 천진하게 뛰어놀던 귀여운 꼬마였습니다. 그러던 어느 날 더스틴은 '수막구균혈증'이라는 병을 앓게 되었고, 팔다리를 잘라야 하는 끔찍한 수술을 하게 되었습니다. 팔다리를 잃은 더스틴은 스스로 몸놀림을 터득하게 되고, 힘겨운 노력 끝에 이제는 의족, 의수가 없어도 아무런 불편함 없이 생활하게 되었습니다.<br>기계나 주변 사람에 의지하지 않고 살아가던 더스틴은 드디어 레슬링과 만나게 되었습니다. 팔다리 없는 레슬링 선수, 많은 사람들이 더스틴의 꿈에 놀라워하며 걱정하였습니다. 하지만 더스틴은 혹독한 훈련을 이겨 내고 팔다리가 온전한 평범한 선수들과 대결하여 좋은 성적을 거두게 되었습니다. 몸통만 있다 하여 '토르소 맨'이라 불리는 더스틴은 지금은 넓은 캠퍼스에서 열심히 대학 생활을 하고 있습니다.</td></tr>
<tr><td>다양한 매체로<br>맛보기</td><td colspan="2">관련 도서 : 『루이브라이』 / 마거릿 데이비슨 / 다산기획</td></tr>
<tr><td>어떻게 읽을까</td><td colspan="2">1. 자신의 꿈을 돌아보고, 그 꿈을 성취하기 위해서는 어떻게 노력해야 하는지 생각하면서 읽어 봅시다.<br>2. 우리 사회에서 장애우는 어떤 차별을 받고 있는지, 미국의 경우와 비교하면서 읽어 봅시다.<br>3. 긍정의 힘이 무엇인지 생각하면서 읽어 봅시다.</td></tr>
<tr><td>무엇을 토론할까</td><td colspan="2">1. 장애우와 비장애인이 함께 경기를 벌이는 것은 정당한지 토론해 봅시다.<br>2. 우리의 교육 현실에서 장애우가 일반 학교에 다니는 것과 특수학교에 다니는 것 중 어떤 것이 더 바람직한지 말해 봅시다.<br>3. 현재 우리나라는 장애우를 위한 시설이 충분하다고 생각하는가, 그렇지 않다고 생각하는지 말해 봅시다.</td></tr>
<tr><td>무엇을 써 볼까</td><td colspan="2">1. 여러분의 꿈은 무엇이며 그 꿈을 이루기 위해서는 어떻게 해야 하는지 인생 계획을 세워 봅시다.<br>2. 내가 만약 토로소맨 같은 처지에 있다면 어떤 일을 하며 어떻게 살아가고 했을지 글로 써 봅시다.<br>3. 우리 학교의 장애우를 위한 시설에는 어떤 것이 있는지 살펴보고, 보완해야 할 점이 있다면 무엇인지 논술해 봅시다.</td></tr>
</table>

# 뭐든지 파는 아저씨

고정욱

| 도 서 명 | 뭐든지 파는 아저씨 | |
|---|---|---|
| 도서정보 | 고정욱 글/ 알라딘북스 / 2009년 / 126쪽 / 9,000원 | |
| 분　류 | 목적(정서표현) / 분야(인문) / 시대(현대) / 지역(한국) | |
| 관련 교과/ 관련 교육과정 | 국어 | 3학년 1-(1) '감동의 물결' |
| 어떤 책일까 | 이 이야기에는 장애인을 부당하게 부려먹는 사람과 그것을 막기 위해 애쓰는 사람들이 나옵니다. 주인공 벼리와 벼리 아빠는 우연히 나쁜 일당들에게 이용당하는 뭐든지 파는 아저씨를 알게 되고 힘없고 불쌍한 장애인들을 협박하고 이용하는 나쁜 일당들의 소굴을 찾게 됩니다. 그리고 그 소굴에서 장애인들을 구출하기 위한 작전을 세우게 됩니다. 하지만 장애인들을 구하다가 벼리와 아빠가 납치를 당하게 되는 위험한 상황까지 벌어지고 맙니다. 그러나 행운의 여신은 정의를 위해 위험을 무릅쓴 용감한 벼리와 아빠의 손을 들어 주게 됩니다. 갇혀 있던 벼리와 아빠는 경찰과 뒤늦게 달려 온 사회 복지사 누나의 도움으로 풀려나게 되고 불쌍하게 갇혀 이용당해야 했던 장애인들도 모두 구출됩니다. | |
| 다양한 매체로 맛보기 | 관련 매체 : 『맨발의 기봉이』, 『말아톤』(영화)<br>관련 도서 : 『아주 특별한 우리 형』 / 고정욱 / 대교출판 | |
| 어떻게 읽을까 | 1. 장애우를 도와주려는 사람과 장애우를 이용해 돈을 벌려는 사람의 태도를 비교하면서 읽어 봅시다.<br>2. 내가 장애우의 입장이라면? 또는 내가 벼리와 아빠의 입장이라면 어떻게 행동했을지 상상하면서 읽어 봅시다.<br>3. 편견과 차별이 없는 세상을 만들기 위해서는 어떻게 해야 하는지 생각하면서 읽어 봅시다. | |
| 무엇을 토론할까 | 1. 장애우가 일할 수 있도록 기회를 주는 것은 '평등'에 어긋나는지 말해 봅시다.<br>2. 바른 행동, 착한 일을 하면 언제나 이익이 돌아오는지 말해 봅시다.<br>3. '뭐든지 파는 아저씨'가 자신을 지키기 위한 방법이 있다면 무엇인지 토의해 봅시다. | |
| 무엇을 써 볼까 | 1. 장애인을 도와준 경험이 있으면 글로 써 봅시다.<br>2. 거리에서 장애인을 앞세워서 돈을 버는 일에 대해 자신의 생각을 써 봅시다.<br>3. 장애를 극복하고 훌륭한 일을 하고 있는 사람을 소개하는 글을 써 봅시다. | |

# 오바마 아저씨의 10살 수업

박성철

<table>
<tr><td>도 서 명</td><td colspan="2">오바마 아저씨의 10살 수업</td></tr>
<tr><td>도서정보</td><td colspan="2">박성철 / 글담어린이 / 2009년 / 141쪽 / 9,800원</td></tr>
<tr><td>분 류</td><td colspan="2">목적(정보) / 분야(인문) / 시대(현대) / 지역(한국)</td></tr>
<tr><td>관련 교과/<br>관련 교육과정</td><td>국어</td><td>3학년 1-(2) '아는 것이 힘'</td></tr>
<tr><td>어떤 책일까</td><td colspan="2">오바마 대통령은 세계에서 가장 주목받는 사람입니다. 흑인 아버지와 백인 어머니 사이에서 태어난, 검은 피부를 가진 그가 미국의 대통령이 되었기 때문입니다. 흑인 혼혈로 태어나 어려서부터 정체성에 혼란을 겪고, 피부색 때문에 일찍이 방황을 경험했던 소년, 오바마! 하지만 오바마는 자신의 환경을 불평만 하지 않고, 자신의 꿈을 위해 넘어져도 다시 일어서며 한 단계 한 단계 자신의 능력을 발전시켜 나갑니다.<br>이 책은 그런 오바마가 아이들의 선생님으로 등장합니다. 오바마는 자신이 살아오면서 배우고 발전시킨 10가지 능력들을 어린이의 눈높이에 맞추어 쉽고도 재미있게 설명해 줍니다. 어린이들은 변화 수업 10교시를 마치면 저절로 자신의 꿈을 위해 어떤 능력과 자질을 갖추어야 하는지 깨달을 수 있을 것입니다.</td></tr>
<tr><td>다양한 매체로<br>맛보기</td><td colspan="2">관련 매체 : 『오바마 연설문』 (UCC)<br>관련 도서 : 『지도 없이 떠나는 101일간의 세계 인물 여행』 / 박영수 / 영교출판</td></tr>
<tr><td>어떻게 읽을까</td><td colspan="2">1. 오바마가 가르쳐 주는 10가지 능력에 초점을 맞추어 읽어 봅시다.<br>2. 나의 꿈을 이루기 위해서는 어떤 능력과 자질을 갖추어야 하는지 생각하면서 읽어 봅시다.<br>3. 오바마는 성장 과정에서 어떤 어려움을 겪었으며, 이를 어떻게 극복했는지 살펴보면서 읽어 봅시다.</td></tr>
<tr><td>무엇을 토론할까</td><td colspan="2">1. 피부색이 살아가는데 장애물이 된다고 할 수 있는지 토론해 봅시다.<br>2. 노력하지 않았다고 점수를 덜 준 로저 보시 교수의 태도는 올바른지 말해 봅시다.<br>3. 킹목사가 주장한 차별철폐는 현재 어느 정도나 실천에 옮겨지고 있는지 토론해 봅시다.</td></tr>
<tr><td>무엇을 써 볼까</td><td colspan="2">1. 오바마의 10가지 능력 중에서 한 가지를 선택하여 이를 어떻게 자신의 삶 속에서 실천해야 할지 글로 적어 봅시다.<br>2. 여러분은 어떤 능력이 부족한지 살펴보고, 부족한 능력을 기르는 방법에 대해서 서술해 봅시다.<br>3. 여러분의 꿈을 하나 정하고 그 꿈을 이루기 위해 어떻게 노력할 것인지 자세히 적어 봅시다.</td></tr>
</table>

# 칼눈이의 꿈

한정영

| 도 서 명 | 칼눈이의 꿈(가교 어린이 책 8) | |
|---|---|---|
| 도서정보 | 한정영 글 / 가교출판 / 2009년 / 170쪽 / 9,500원 | |
| 분 류 | 목적(정의) / 분야(인문) / 시대(현대) / 지역(한국) | |
| 관련 교과/<br>관련 교육과정 | 국어 | 3학년 1-(3) '여러 가지 생각' |
| 어떤 책일까 | 한가롭고 평온한 공원에는 많은 비둘기들이 살고 있습니다. 사람들은 비둘기들에게 '평화의 집'이란 둥지도 만들어 주고 맛있는 먹이도 줍니다. 그래서 비둘기들은 힘들지 않게 많은 먹이를 사람들을 통해 얻어먹을 수 있었으며, 그러다보니 비둘기들은 점점 살이 쪄서 뚱뚱해졌습니다. 닭처럼 날지도 못하고 뚱뚱하게 된 비둘기는 '닭둘기'라 불리게 되었습니다. 공원에 사는 대부분의 비둘기들은 불만도 불평도 없이 그렇게 살아가고 있었습니다. 하지만 왼다리를 절뚝거려 '왼다리'로 불리는 예쁜 암컷 비둘기는 스스로 먹이를 구할 수 없는 자신이 너무도 부끄럽고, 사람들이 던져주는 음식이나 주워 먹고 살아가야 한다는 것이 싫었습니다. 왼다리는 마음 깊은 곳에 희망을 품고 용기를 내어 예전의 비둘기처럼 하늘을 훨훨 날기 위해 노력하게 됩니다. | |
| 다양한 매체로<br>맛보기 | 관련 매체 : 『링스 어드벤쳐』 (애니메이션)<br>관련 도서 : 『숲은 어떻게 만들어지는가』 / 윌리엄 재스퍼슨 / 비룡소<br>『마당을 나온 암탉』 / 황선미 / 사계절 | |
| 어떻게 읽을까 | 1. 공원이나 길거리, 한강고수부지 등에서 사람들이 주는 먹이를 먹으며 돌아다니는 비둘기를 떠올리면서 읽어 봅시다.<br>2. '평화의 집'에서 가장 잘 나는 비둘기가 왜 새로운 결심을 하게 되었는지 생각하면서 읽어 봅시다.<br>3. 사람들이 야생동물에게 무심코 주는 먹이가 어떤 해로움을 끼치는지 생각하면서 읽어 봅시다. | |
| 무엇을 토론할까 | 1. 흰꼬리수리로 살아가는 것과 비둘기로 살아가는 것 중 어느 것이 더 좋을지 말해 봅시다.<br>2. 왼다리 비둘기가 자기의 알을 흰꼬리수리 둥지에 알을 놓은 일을 과연 옳은 일인지 말해 봅시다.<br>3. 여러분이 비둘기라면, 스스로 먹이를 구하는 것과 사람들이 주는 먹이를 구하는 것 중 어느 것을 택할 것인지 말해 봅시다. | |
| 무엇을 써 볼까 | 1. 왼다리 비둘기의 모성애와 우리들 어머니의 모성애를 비교하는 글을 써 봅시다.<br>2. 흰꼬리수리는 어떤 혹독한 훈련을 했으며 이것은 어떤 의미가 있는지 써 봅시다.<br>3. 칼눈이의 생활에서 감동 받은 부분을 글로 써 봅시다. | |

# 수학에 번쩍 눈뜨게 한 비밀 친구들 ①

황문숙

<table>
<tr><td>도 서 명</td><td colspan="2">수학에 번쩍 눈뜨게 한 비밀 친구들 ①</td></tr>
<tr><td>도서정보</td><td colspan="2">황문숙 / 가나출판사 / 2009년 / 168쪽 / 10,000원</td></tr>
<tr><td>분 류</td><td colspan="2">목적(정보전달) / 분야(과학) / 시대(현대) / 지역(우리나라)</td></tr>
<tr><td>관련 교과/<br>관련 교육과정</td><td>수학</td><td>3학년 1-(1) '10000까지의 수'</td></tr>
<tr><td>어떤 책일까</td><td colspan="2">조용한 성격에 공부에 별 관심 없고, 특히 수학을 아주 싫어하는 평범한 아이, 백설기. 그러던 어느 날, 백설기는 용돈을 전부 빼앗길 위기에 처합니다. 그때 백설기에게 나타난 구원의 손길은 바로 수학을 잘하는 비밀 친구들이었습니다. 백설기는 비밀 친구들의 도움으로 생활 속에서 부딪치는 어려운 문제들을 수학으로 해결하면서 수학에 점점 관심을 가지게 됩니다.<br>내 친구 같은 백설기가 학교와 집에서 생활하면서 벌어지는 일들과 이를 해결하는 과정 속에서 교과서에서 배우는 수학 원리를 저절로 익히게 됩니다. 이 책은 수학이 우리 가까이 있으며 누구나 쉽고 재미있게 수학의 원리를 깨우칠 수 있다는 것을 보여 주는 수학책입니다.</td></tr>
<tr><td>다양한 매체로<br>맛보기</td><td colspan="2">관렴 매체 : 굿 윌 헌팅, 뷰티풀 마인드<br>관련 도서 : 『수학 귀신』 / 엔젠스베르거 / 비룡소<br>드라마 : 넘버스</td></tr>
<tr><td>어떻게 읽을까</td><td colspan="2">1. 주인공들이 어떻게 문제를 해결하는지 생각하며 읽어 봅시다.<br>2. '콕 집어 주는 수학 원리'에서 사건을 해결하는데 쓰인 수학적 원리에 대하여 알아 봅시다.<br>3. '김수학 아저씨가 들려주는 수학 이야기'에서 수학의 원리와 관련된 흥미로운 일화를 읽으면서 수학의 역사와 더불어 수학의 친근함을 느끼며 읽어 봅시다.</td></tr>
<tr><td>무엇을 토론할까</td><td colspan="2">1. 경우의 수와 확률은 어떻게 다른지 친구들과 토의하여 봅시다.<br>2. 서울시청의 광장에 꽉 차도록 많이 모인 군중들을 어떻게 셀 수 있는지 토의해 봅시다.<br>3. 모집단과 표본과의 차이를 구별해보고 통계에서 왜 표본을 사용하는지 이야기 해 봅시다.</td></tr>
<tr><td>무엇을 써 볼까</td><td colspan="2">1. 탈레스의 피라미드 계산법에 대하여 글로 써 봅시다.<br>2. 대부분 학생들이 수학을 싫어하는데 수학을 재미있게 익히는 방법이 있으면 소개하는 글을 써 봅시다.<br>3. 우리 가정에는 광고전단지가 많이 오는데 '할인판매'에 관한 것을 가지고 수학적인 생각을 글로 써 봅시다.</td></tr>
</table>

# 작은 기적들

소중애

| 도 서 명 | 작은 기적들 | |
|---|---|---|
| 도서정보 | 소중애 글 / 영림카디널 / 2009년 / 168쪽 / 9,000원 | |
| 분 류 | 목적(정서표현) / 분야(인문) / 시대(현대) / 지역(한국) | |
| 관련 교과/<br>관련 교육과정 | 국어 | 3학년 1-(4) '마음을 전해요' |
| 어떤 책일까 | 평범하고 일상적인 것에서 소재를 찾아 섬세한 표현으로 맛깔나게 되살리는 소중애의 특징이 여실히 살아있는 동화집입니다. 이 책은 일상 속에서 흔히 볼 수 있지만 잘 깨달을 수 없는, 아주 작은 기적들에 대한 이야기를 담고 있습니다. 기적은 대단하고 멀기만 한 것이 아니라 우리 가까이에 있는 것이며 내가 지금 당연하게 누리고 있는 사소한 모든 것들이 누군가에게는 손꼽아 기다리는 기적일지도 모릅니다.<br>힘이 세다는 이유로 아이들을 괴롭히고 때리던 〈빅 브라더〉에 맞서 한데 힘을 모으는 아이들의 이야기를 그린 '빅 브라더'와 책을 잘 못 읽어 선생님에겐 골칫거리지만 생계를 위해 돈을 버는 엄마를 대신해 집안일을 도맡아하고 동생도 잘 돌보는 금희의 이야기를 그린 〈금희가 잘하는 것들〉 등 잔잔한 미소를 머금게 하는 동화 7편이 수록되었습니다. | |
| 다양한 매체로<br>맛보기 | 관련 매체 : 『믿음의 승부』 (영화)<br>관련 도서 : 『다섯 시 반에 멈춘 시계』 / 강정규 / 문원 | |
| 어떻게 읽을까 | 1. 자신의 생활을 돌아보고, 기적이 될 만한 일들이 무엇인가 생각해 보면서 읽어 봅시다.<br>2. 이야기 속의 등장인물이 되어 실감나게 읽어 봅시다.<br>3. 7개의 이야기에 담긴 기적은 무엇인지 살펴보면서 읽어 봅시다. | |
| 무엇을 토론할까 | 1. 힘이 센 사람은 우리 사회에서 어떤 역할을 맡아야 하는지 말해 봅시다.<br>2. 금희를 야단치는 학교 선생님의 행동은 정당한 것인지 말해 봅시다.<br>3. 사소하고 일상적인 일을 '기적'이라고 할 수 있는지 말해 봅시다. | |
| 무엇을 써 볼까 | 1. 7편의 이야기 중에서 가장 감명 깊은 이야기를 골라 독후감을 써 봅시다.<br>2. 〈금희가 잘 하는 것들〉의 주인공 금희에게 상을 준다면 어떤 내용이 담긴 상장을 주게 될지 그 내용을 글로 써 봅시다.<br>3. 여러분들이 학교 생활을 하면서 작은 기적이라고 생각하는 내용이 있다면 한 편의 글로 써서 소개해 봅시다. | |

# 곰 아저씨의 딱새 육아일기

박남정

<table>
<tr><th>도 서 명</th><th colspan="2">곰 아저씨의 딱새 육아일기</th></tr>
<tr><td>도서정보</td><td colspan="2">박남정 글 / 이루다 그림 / 산하 / 2005년 / 176쪽 / 9,000원</td></tr>
<tr><td>분 류</td><td colspan="2">목적(정보전달) / 분야(과학) / 시대(현대) / 지역(한국)</td></tr>
<tr><td>관련 교과/<br>관련 교육과정</td><td>과학</td><td>3학년 1-(3) ‘동물의 한살이’</td></tr>
<tr><td>어떤 책일까</td><td colspan="2">어느 날 곰 아저씨의 트럭에 딱새 한 쌍이 둥지를 트는 일이 벌어졌습니다. 곰 아저씨는 고민 끝에 딱새에게 트럭을 빌려주기로 결심합니다. 이 책은 곰 아저씨 이흥기 씨가 ‘자연을 사랑하는 곰 이야기’라는 블로그에 올린 사연을 이야기로 재구성한 책입니다. 곰 아저씨와 딱새의 만남에서부터 딱새를 키워 가는 과정을 이야기의 기본 토대로 삼았습니다.<br>이 책은 단순히 곰 아저씨와 딱새의 이야기만을 담은 책은 아닙니다. 농촌의 현실, 부모 딱새의 자식 사랑, 곰 아저씨가 일을 돕는 헌책방 이야기 등 다양한 이야기들이 책 내용을 더욱 깊이 있고 풍부하게 합니다. 독자들은 이 책을 읽으며 생명과 자연의 소중한 가치를 깨달을 수 있을 것입니다.</td></tr>
<tr><td>다양한 매체로<br>맛보기</td><td colspan="2">블로그: 자연을 사랑하는 곰 이야기<br>(http://blog.empas.com/san0421/)</td></tr>
<tr><td>어떻게 읽을까</td><td colspan="2">1. 곰 아저씨가 딱새에게 트럭을 빌려주기로 한 부분을 읽으며, 나라면 이 상황에서 어떻게 했을지 친구들과 함께 이야기해 봅시다.<br>2. 아기 딱새들이 먹구렁이에게 잡아먹힌 마지막 장면을 읽고, 나라면 어떤 느낌이 들었을지, 어떻게 했을지 생각해 봅시다.<br>3. 아기 딱새들을 소중히 돌보는 곰 아저씨의 마음에서 자연과 생명의 소중함을 느껴 봅시다.</td></tr>
<tr><td>무엇을 토론할까</td><td colspan="2">1. 지금처럼 농사를 짓는 사람들이 계속 줄어들면 어떤 일이 벌어질지 토론해 봅시다.<br>2. 헌책방을 이용하면 어떤 점이 좋을지 말해 봅시다.<br>3. 딱새를 잡아먹은 먹구렁이를 어떻게 하는 게 가장 좋을지 말해 봅시다.</td></tr>
<tr><td>무엇을 써 볼까</td><td colspan="2">1. 책을 끝까지 읽고, 곰 아저씨에게 하고 싶은 말을 편지로 써 봅시다.<br>2. 딱새가 자라난 과정을 간단하게 요약해서 써 봅시다.<br>3. 새끼 딱새들을 잃은 어미 딱새에게 위로의 글을 써 봅시다.</td></tr>
</table>

# 암스트롱 우주탐험대

요아힘 레르히·우테 뢰벤베르크

| 도 서 명 | 암스트롱 우주탐험대:우주과학의 원리를 배우는 21가지 실험 | |
|---|---|---|
| 도서정보 | 요아힘 레르히·우테 뢰벤베르크 / 한겨레아이들 / 2009년 / 93쪽 / 11,000원 | |
| 분 류 | 목적(정보전달) / 분야(과학) / 시대(현대) / 지역(우주) | |
| 관련 교과/<br>관련 교육과정 | 과학 | 3학년 1-(4) '날씨와 우리 생활' |
| 어떤 책일까 | 이 책은 어린이들의 상상력을 자극하면서, 우주를 둘러싼 호기심을 충족시키고, 복잡하게만 여겨졌던 우주 과학의 세계를 알기 쉽게 소개한 책입니다. 이 책에는 세 아이와 할아버지를 주인공으로 하는 이야기가 들어 있습니다. 티모와 누나 알베르티나, 그리고 알베르티나의 친구 슈누페는 여름 방학을 맞아 할아버지 집에서 2주일을 보내기로 합니다. 우주 이야기로 빠져든 아이들은 할아버지의 도움으로 지구의 자전과 공전, 달의 변화에 대해 알게 되고, 태양계의 8개 행성까지 파고든 아이들은 고조된 분위기에 힘입어 우주 탐험대를 결성하기에 이릅니다. 이때 로봇 암스트롱이 나타납니다. 암스트롱은 아이들의 상상 속에만 존재했던 우주여행의 꿈을 현실로 만들어 줍니다. 여러 가지 훈련과 교육을 받은 아이들은 드디어 달을 향해 떠납니다. 로켓은 어떻게 발사되는지, 우주선의 비행 원리는 무엇인지, 우주선 안의 온도는 어떻게 유지하며 우주인이 무중력 상태에서 어떻게 생활하는지가 우주여행 속에 생생히 그려집니다. 우주선 안에 떠다니던 과자 부스러기 때문에 암스트롱이 고장을 일으키면서 잠시 위기를 맞기도 하지만, 네 명의 우주인은 신비로운 달과 아름다운 우주를 가슴에 품은 채 지구로 무사 귀환한다는 이야기입니다. | |
| 다양한 매체로<br>맛보기 | '우주'에 대하여 알아보기<br>( http://user.chol.com/~kemjwg/main.htm )<br>『신비한 우주』, 라루스어린이백과 길벗어린이 편집부 | |
| 어떻게 읽을까 | 1. 우주선은 어떻게 만들어 지는지 알아 봅시다.<br>2. '화성에서 물을 구하는 방법'은 무엇인지 읽어 봅시다.<br>3. 우주여행을 끝내며 낙하산 착륙은 어떻게 하였는지 알아 봅시다. | |
| 무엇을 토론할까 | 1. 사람은 지구 바깥에서 숨 쉴 수 있는지 의견을 나누어 봅시다.<br>2. 우주에서 사는 것에 대해 친구들과 찬성과 반대 의견을 말해 봅시다.<br>3. 우주선은 왜 추락하지 않는지 서로의 의견을 나누어 봅시다. | |
| 무엇을 써 볼까 | 1. 태양계에는 어떤 행성들이 있는지 조사해 보고, 각 행성들의 특징을 정리해서 써 봅시다.<br>2. '우주 탐험대 대원'이 되었다고 생각해 보고, 우주선을 어떻게 만들지 계획서를 써 봅시다.<br>3. 어린이 실험 센터의 우주 탐험 특별 로봇 '암스트롱'에게 감사의 편지를 써 봅시다. | |

# 과학귀신 (①물리·지구과학, ②생물·화학)

황혁기

| 도 서 명 | 과학귀신 (①물리·지구과학, ②생물·화학) | |
|---|---|---|
| 도서정보 | 황혁기 글, 이지후 그림 / 과학동아북스 / 2009년 / 152쪽(1권), 160쪽(2권) / 각권 값 9,000원 | |
| 분 류 | 정보전달 / 과학 / 현대 / 한국 | |
| 관련 교과/<br>관련 교육과정 | 과학 | 4학년 전단원 |
| 어떤 책일까 | 과학 귀신이 나타났습니다. 이 책은 과학을 잘 알고 있는 귀신이 주인공이 되어 펼쳐지는 이야기입니다. 1권은 '귀신이 과학을 배워서 사람을 놀려 주기 위해 과학귀신 학교에 간다'는 이야기 설정으로 물리와 지구과학에 관한 내용을 재미있게 설명해 주고 있습니다. 2권에서는 '과학귀신 학교를 졸업한 과학귀신이 얼렁뚱땅 숲 속 흉가에서 공포영화를 찍는 인간들을 몰아내러 간다'는 이야기 설정으로 생물과 화학에 관한 내용을 다룹니다.<br>《과학귀신》은 과학 원리를 이야기 속에 녹이고, 핵심 원리는 만화처럼 재미있는 그림으로 표현했습니다. 재미있는 주인공과 만화로 자세히 설명이 되어 있으니 과학의 세계에 쉽게 빠져들 수 있을 것입니다. 과학 귀신에게 어떤 일이 벌어졌는지 다 같이 살펴보도록 합시다. | |
| 어떻게 읽을까 | 1. 과학귀신들이 과학귀신 학교 선생님들께 배우게 되는 인간을 놀래키는 비법을 살펴보며 읽어 봅시다.<br>2. 과학귀신과 인간과의 대결에서 드러나는 과학 원리를 살펴보며 읽어 봅시다.<br>3. 〈무표정의 일기〉, 〈눈치귀신의 과학보고서〉에 정리되어 있는 과학 원리를 정리하며 읽어 봅시다. | |
| 무엇을 토론할까 | 1. 우리 주변의 모든 것은 과학의 원리로 설명할 수 있는지 말해 봅시다.<br>2. 과학의 발전이 경제발전에 도움을 준다고 생각하는지 토론해 봅시다.<br>3. 과학의 원리를 알면 어떤 점이 좋을지 말해 봅시다. | |
| 무엇을 써 볼까 | 1. 과학관에 가서 경험한 내용과 알게 과학 원리를 정리해 봅시다.<br>2. 과학원리와 관련지어 새로운 과학 귀신 이야기를 만들어 봅시다.<br>3. 책을 통해 알게 된 과학 원리 중 하나를 골라 우리 생활에서 사용하는 물건과 관련지어 설명하는 글을 써 봅시다. | |

# 과학왕의 초간단 실험 노트1,2

한국과학놀이발명연구회

| 도 서 명 | 과학왕의 초간단 실험 노트 1, 2 | |
|---|---|---|
| 도서정보 | 한국과학놀이발명연구회 / 가나출판사 / 2009년 / 140쪽 / 10,000원 | |
| 분 류 | 목적(정보전달) / 분야(과학) / 시대(현대) / 지역(우리나라) | |
| 관련 교과/<br>관련 교육과정 | 과학 | 3학년 1-1 '우리 생활과 물질' |
| 어떤 책일까 | 이 책은 여러 가지 사건들을 실험으로 해결하는 과정을 통해 자연스럽게 과학 원리를 깨칠 수 있도록 구성된 과학 실험책입니다. 많은 사람들이 과학은 어렵고, 또 특별한 사람들만 하는 것이라고 생각하지만 과학은 가까운 곳에 있습니다. 그런 의미에서 이 책을 통해 생활 속에 숨은 과학 원리를 발견할 수 있습니다. 아울러 이런 과학 원리들이 우리 생활에 어떻게 적용되는지 그 예도 함께 알려주기 때문에 과학이 우리 가까이에 있음을 다시 한 번 일깨워 줍니다.<br>무게 중심, 기압, 소리, 자석 등의 과학 원리는 초등학교 3~6학년 과학 교과서에 맞추어 실험을 하고 원리를 설명하기 때문에 교과 학습에도 많은 도움이 됩니다. | |
| 다양한 매체로<br>맛보기 | 관련 도서:<br>『과학을 꿀꺽 해버린 동화 3, 4학년 / 홍윤희 /대교출판/2002년 | |
| 어떻게 읽을까 | 1. 소리는 어떻게 전달되는지 생각하며 읽어 봅시다.<br>2. 과학은 멀리 있는 것이 아닌, 우리 주변의 것이라는 생각을 가지고 읽어 봅시다.<br>3. 어떻게 하면 즐거운 마음으로 실험을 할 수 있는지 생각하며 읽어 봅시다. | |
| 무엇을 토론할까 | 1. 친구들과 '마찰력'은 무엇인지 의견을 나누어 봅시다.<br>2. 나무젓가락으로 어떻게 하면 집게를 만들 수 있는지 이야기를 나누어 봅시다.<br>3. 유리병 안에 삶은 달걀을 넣는 방법을 토의하여 봅시다. | |
| 무엇을 써 볼까 | 1. 간이 수평 저울을 만드는 방법을 글과 함께 그려 봅시다.<br>2. '과학'이라는 낱말을 들으면 어떤 생각이 떠오르는지 마인드맵을 그려 봅시다.<br>3. 이 책을 읽고 알게 된 실험은 무엇인지 적어 봅시다. | |

# 하하호호 공생 티격태격 천적

서찬석

| 도 서 명 | 하하호호 공생 티격태격 천적 | |
|---|---|---|
| 도서정보 | 서찬석 / 정인출판사 / 2009년 / 237쪽 / 9,800원 | |
| 분 류 | 목적(정보 전달) / 분야(과학) / 시대(현대) / 지역(세계) | |
| 관련 교과/<br>관련 교육과정 | 과학 | 3학년 1-(3) '동물의 한살이' |
| 어떤 책일까 | 지구상의 많은 동식물이 먹고 먹히는 천적 관계 또는 서로 도움을 주고 받는 공생 관계 속에서 살아간다는 것은 이미 잘 알려진 사실입니다. 하지만 나팔고둥이 불가사리를 잡아먹고, 연어가 알을 낳고 죽음으로써 가문비나무가 더 잘 자란다는 사실은 잘 모릅니다. 이 책은 바로 이런 동식물들의 이야기를 짤막한 도화로 재미있게 엮어 놓았습니다. 물론 그 안에는 개미와 진딧물처럼 이미 널리 알려진 유명한 이야기도 포함되어 있습니다. 이 책에는 14편의 공생 이야기와 14편의 천적 이야기 등 모두 28편의 동화가 실려 있습니다. 각 동화의 끝부분에는 동화 속 동식물과 관련된 정보가 있어서 동화를 보다 잘 이해하고 자연 학습을 하는 데 도움을 줍니다.<br>공생·천적 관계는 모든 동식물이 살아가는 가장 기본적인 삶의 모습입니다. 동화를 읽다보면 자연스럽게 동식물의 생태를 알고, 아울러 더불어 살아가는 자연의 법칙을 깨달을 수 있을 것입니다. | |
| 다양한 매체로<br>맛보기 | 관련 매체 : KBS1 〈환경스페셜〉 2008.10. 1. 방송<br>관련 도서 : 『무당벌레 때문에 못살아』 (이상배)/<br>『자연아 자연아 나 좀 도와줘』 (고수산나) | |
| 어떻게 읽을까 | 1. 두 동식물의 관계가 어떠한지 생각하면서 읽어 봅시다.<br>2. 공생/천적 관계의 동식물의 생활모습을 상상하면서 읽어 봅시다.<br>3. 공생/천적 관계에 있는 동식물 생활의 특성을 인간 사회에 빗대어 표현할 것이 있는지 생각하면서 읽어 봅시다. | |
| 무엇을 토론할까 | 1. 주변에서 서로 돕고 사는/잡아먹고 잡아먹히는 관계에 있는 동식물의 예를 들어 말해 봅시다.<br>2. 우리 사람들은 공생과 천적 관계 중 어떤 관계를 더 많이 맺고 사는지 이유를 들어 의견을 말해 봅시다.<br>3. 잡아먹히는 동식물이 불쌍하다고 해서 그 천적을 모조리 없애는 것이 좋은지 말해 봅시다. | |
| 무엇을 써 볼까 | 1. 가장 보기 좋은 공생 관계에 있는 두 동식물 한 쌍을 골라 칭찬하는 말과 그 이유를 써 봅시다.<br>2. 나와 공생 또는 천적 관계에 있는 친구를 한명 생각해서 그 친구와 나 사이에 있었던 일을 예로 들어가며 설명해 봅시다.<br>3. 사람에게 이익이 된다면 모든 천적을 잡아서 목적에 맞게 이용해도 좋은지에 대해서 의견을 써 봅시다. | |

# 악기 박물관으로의 여행

세계민속악기박물관

| 도 서 명 | 악기 박물관으로의 여행 | |
|---|---|---|
| 도서정보 | 세계민속악기박물관 글 / 심승희 그림 / 현암사 / 2009년 / 104쪽 / 9,500원 | |
| 분 류 | 목적(정보전달) / 분야(예술) / 시대(현대) / 지역(세계) | |
| 관련 교과/<br>관련 교육과정 | 음악 | 전 단원 |
| 어떤 책일까 | 낙랑의 자명고 이야기를 알고 있습니까? 이 책은 세계 여러나라의 다양한 악기를 소개하고 악기와 관련된 재미있는 이야기를 소개하고 있습닏어요. 독특한 악기의 재료, 악기의 탄생, 다양한 역할과 종류, 그리고 악기에 얽힌 재미있는 이야기까지, 악기에 관한 모든 것을 서양 오케스트라 악기에 한정 짓지 않고 동남아시아, 아프리카, 오세아니아 등 나라별로 구분하며 설명하고 있습니다..<br>내가 알고 있는 악기 외에 새롭게 알게 된 악기는 무엇입니까? 이 책을 통해 쉽게 접할 수 없던 다양한 나라의 악기를 통해 지구촌의 다양한 문화 속 다양한 민족의 악기들을 접하고 배우게 될 것입니다. | |
| 다양한 매체로 맛보기 | 관련 매체 : 어거스트 러쉬, 피아노의 숲, 호로비츠를 위하여<br>관련 도서 : 『찰리와 롤라 나도 악기 연주할 거야 지금』 / 로렌 차일드 / 국민서관 | |
| 어떻게 읽을까 | 1. 이 책에서 소개하는 악기와 관련된 세계 여러 나라의 다양한 자연환경, 풍습, 문화를 정리하며 읽어 봅시다.<br>2. 새롭게 알게 된 악기 이야기를 정리하며 읽어 봅시다.<br>3. 악기에 대한 자세한 사진과 설명을 살펴보며 읽어 봅시다. | |
| 무엇을 토론할까 | 1. 악기의 생성은 그 지역의 문화와 깊은 관련이 있는데 악기는 왜 필요한지 말해 봅시다.<br>2. 서양악기와 아프리카 악기와의 차이점은 무엇인지 말해 봅시다.<br>3. 낙랑의 자명고가 나오는데 애국과 사랑사이에 어느 것이 중요한지 말해 봅시다. | |
| 무엇을 써 볼까 | 1. 마음에 드는 악기를 골라 그림과 설명이 있는 미니북을 만들어 봅시다.<br>2. 책에 나와 있는 악기 중 하나를 골라 재미있는 악기이야기를 새롭게 만들어 봅시다.<br>3. 이 책의 저자 이영진 관장이 운영하고 있는 '세계민속악기박물관'(파주 헤이리 예술인 마을에 위치)에 견학을 가서 세계의 악기들을 직접 보고 체험하고 보고서를 작성해 봅시다. | |

# 대한민국 어린이 건강 프로젝트

류은경, 허문선

| 도 서 명 | 대한민국 어린이 건강 프로젝트 | |
|---|---|---|
| 도서정보 | 류은경, 허문선 / 명진출판 / 2009년 / 192쪽 / 9,800원 | |
| 분 류 | 목적(정보전달) / 분야(인문) / 시대(현대) / 지역(한국) | |
| 관련 교과/<br>관련 교육과정 | 체육 | 3학년 1-(1) '건강 활동' |
| 어떤 책일까 | 몸짱, 건강짱, 머리짱은 어떻게 될까요? '대한민국 어린이 건강 프로젝트를 읽어 보면 건강한 생활습관을 길러 주고 일상생활 속에서 지켜야 할 건강관리법들이 재미있는 동화를 통해 알려주고 있습니다. 책 속에서'어떻게 생활하면 키가 더 클 수 있을까?, 어떻게 생활하면 더 예뻐지고 균형 잡힌 몸을 만들 수 있을까?'같은 질문의 답을 찾을 수 있습니다. 각 주제 끝에는 어린이들도 할 수 있는 경혈 지압 및 실천 방안도 잘 정리되어 있으니 직접 해보도록 합시다.<br>이 책을 읽은 어린이라면 잘 먹고 잘 자고 잘 싸는 바른 생활 습관을 통해 건강은 기본이고, 모두가 원하는 날씬한 몸매, 훤칠한 키를 만들 수 있다는 것을 알게 될 것입니다. | |
| 다양한 매체로 맛보기 | 관련 도서 : 『비타민 선생님의 위대한 식탁』 / 사춘기 | |
| 어떻게 읽을까 | 1. 건강한 생활습관 개선을 위해 노력해야 할 점을 정리하며 읽어 봅시다.<br>2. 건강한 몸과 마음을 위해 우리 생활 습관을 어떻게 관리해야 하는지 살펴보며 읽어 봅시다.<br>3. 책에 나타난 얼굴로 알아보는 건강, 경혈 지압 등의 건강법을 실천하며 읽어 봅시다. | |
| 무엇을 토론할까 | 1. 건강한 몸에서 건강한 정신이 생긴다는 말은 과연 옳은 말인지 토론해 봅시다.<br>2. 키짱, 몸짱, 머리짱이 될 수 있는 방법은 무엇이 있는지 말해 봅시다.<br>3. 다이어트를 하기 위해 음식을 소식하는 경우가 있는데 이 방법이 옳은지 말해 봅시다. | |
| 무엇을 써 볼까 | 1. 건강을 위해 내가 규칙적으로 실천하고 있는 운동내용과 방법을 적어 봅시다.<br>2. 우리 가족이 건강을 위해 노력하고 있는 일을 소개하여 봅시다.<br>3. 나의 식습관을 점검표를 만들어 보고 이런 식습관이 건강과 어떤 관계가 있는지 적어 봅시다. | |

# 땅땅이의 친환경 요리 교실

이상희

| 도 서 명 | 땅땅이의 친환경 요리 교실 | |
|---|---|---|
| 도서정보 | 이상희 저, 채송미 요리, 김해진 그림 / 북센스 / 2009년 / 212쪽 / 12,000원 | |
| 분 류 | 목적(정보전달) / 분야(기타) / 시대(현대) / 지역(한국) | |
| 관련 교과/<br>관련 교육과정 | 체육 | 3학년 1-(5) '여가 활동' |
| 어떤 책일까 | 하얀 모자와 앞치마를 두르고 맛있는 요리를 뚝딱 만들어내는 사람은 누구일까요? 바로 요리사입니다. 이 책은 요리교실을 진행했던 저자가 요리 교실에서 벌어졌던 에피소드들은 동화와 이야기로 담아냈습니다. 이 책에는 24가지의 요리 방법이 나와 있습니다. 제철음식, 설탕과 어린이 비만, 농약과 화학비료, 정크 푸드, 먹을거리와 지구 온난화, 유전자 조작식품 등 총 8가지의 먹을거리에 대한 정보 학습을 위한 도우미는 여러분에게 올바른 식습관을 스스로 깨닫고 실천하는데 도움이 될 것입니다.<br>이 책을 읽고 건강에 좋은 맛있는 요리를 한 번 만들어 봅시다. | |
| 다양한 매체로<br>맛보기 | 영화 : 〈슈퍼 사이즈 미〉, 모건 스펄록 감독, 2004<br>『고릴라는 핸드폰을 미워해』 / 박경화 저 / 북센스<br>『최열 아저씨의 지구촌 환경 이야기』 / 최열 / 청년사<br>『광용아 햄버거 맛있니』 /다음을 지키는 사람들 저/ 랜덤하우스코리아 | |
| 어떻게 읽을까 | 1. 먹을거리가 사람, 환경, 사회와 어떻게 연관되어 있는지를 살펴보며 읽어 봅시다.<br>2. 건강을 위해 피해야 할 것들은 무엇이 있는지를 생각하며 읽어 봅시다.<br>3. 안전한 먹을거리에는 어떤 것들이 있는지 살펴보며 읽어 봅시다. | |
| 무엇을 토론할까 | 1. 농약과 화약비료를 사용하지 말아야 할지, 건강하고 깨끗한 식물을 얻기 위해서는 어떻게 해야 하는지 말해 봅시다.<br>2. 음식 만들기는 오감을 발달시키는 중요한 프로젝트라고 하는데 왜 오감발달에 도움을 주는 것인지 주변에서 예를 찾아 설명해 봅시다.<br>3. 유전자 조작 식품은 모두 몸에 해로운 것인지, 유전자 조작이 아닌 식품 그대로의 모습만을 지켜내야 하는지 말해 봅시다. | |
| 무엇을 써 볼까 | 1. 책 속에 소개된 요리법 중 마음에 드는 요리를 만들어 보고 요리과정을 자세하게 정리해 봅시다.<br>2. 요리를 하면 어떤 점이 좋은지 정리하여 써 봅시다.<br>3. 친환경 요리집의 요리사라고 생각하고 친환경 요리 광고문을 만들어 봅시다. | |

# 초등학교 교과별 추천도서로 만든

# 4학년

# 2009 개정 교육과정 초등학교 교과별 추천도서목록

| 학년 | 도서명 | 저자명 (역자명) | 출판사 | 연도 | 교과 |
|---|---|---|---|---|---|
| 초4 | 나누는 커지는 마음 배려 | 서지원 | 좋은책어린이 | 2009 | 도덕 2-(2) |
| 초4 | 엄마 몰래 | 조성자 | 좋은책어린이 | 2008 | 도덕 1-(6) |
| 초4 | 나쁜 어린이표 | 황선미 | 웅진 | 1999 | 도덕 1-(4) |
| 초4 | 행복한 일등 | 김재은 | 아이세움 | 2009 | 도덕 1-(1) |
| 초4 | 오천원은 없다 | 박현숙 | 문공사 | 2008 | 도덕 1-(1) |
| 초4 | 축구 생각 | 김 옥 | 창비 | 2004 | 도덕 1-(3) |
| 초4 | 그림도둑 준모 | 오승희 | 낮은 산 | 2003 | 도덕 1-(1) |
| 초4 | 만화로 보는 국어왕의 단어암기법 | 이희정 | 가나출판사 | 2009 | 국어 1-(4) |
| 초4 | 어린이를 위한 글쓰기 습관 | 어린이동화 연구회 | 꿈꾸는사람들 | 2009 | 국어 1-(8) |
| 초4 | 무서운 호랑이들의 가슴 찡한 이야기 | 이미애 | 미래아이 | 2008 | 국어 2-(7) |
| 초4 | 지혜와 덕으로 삼국통일을 이끈 여왕 | 강숙인 | 해와 나무 | 2008 | 국어 1-(2) |
| 초4 | 구만이는 울었다. | 홍종의 | 푸른디딤돌 | 2009 | 국어 2-(2) |
| 초4 | 나는 뻐꾸기다 | 김혜연 | 비룡소 | 2009 | 읽기 1-(6) |
| 초4 | 멀쩡한 이유정 | 유은실 | 푸른숲 | 2008 | 듣말쓰 1-(1) |
| 초4 | 아낌없이 주는 나무 | 셸실버스타인 | 시공사 | 2006 | 국어 2-(2) |
| 초4 | 도서관에 가지마 절대로 | 이오인콜퍼 | 국민서관 | 2006 | 듣말쓰 1-(7) |
| 초4 | 프린들 주세요 | 앤드류 클레먼츠 | 사계절 | 2008 | 읽기 1-(2) |
| 초4 | 박씨부인 | 정출헌 | 한겨레아이들 | 2009 | 듣말쓰 1-(1) |
| 초4 | 청아청아 눈을 떠라 | 공진하 | 청년사 | 2007 | 읽기 1-(3) |
| 초4 | 성적표 | 앤드류 클레먼츠 | 웅진 | 2007 | 읽기 1-(6) |
| 초4 | 조커 학교 가기 싫을 때 쓰는 카드 | 수지 모건스턴 | 문학과지성사 | 2006 | 듣말쓰 2-(5) |
| 초4 | 최고의 이야기꾼 구니버드 | 로이스 로리 | 보물창고 | 2007 | 듣말쓰 1-(1) |
| 초4 | 우리 집에 왜 왔니 | 안드레아 헨스겐 | 꿈터 | 2009 | 국어 2-(2) |
| 초4 | 비밀시험지 | 안점옥 | 사계절 | 2008 | 듣말쓰 1-(3) |
| 초4 | 판타지 수학원정대 | 서지원 | 미래아이 | 2008 | 수학 1-(2) |
| 초4 | 12개의 황금열쇠 | 김용세 | 주니어김영사 | 2008 | 수학 1-(8) |
| 초4 | 어절씨구 열두 달 일과 놀이 | 김은하 | 길벗어린이 | 2009 | 사회 1-(2) |
| 초4 | 둥글둥글 지구촌 경제이야기 | 석혜원 | 풀빛 | 2009 | 사회 1-(3) |
| 초4 | 쿵덕쿵 우리쌀 이야기 | 박무형 | 혜문서관 | 2009 | 사회 1-(1), (2) |
| 초4 | 만화 사회 교과서 | 신의철 외 | 창비 | 2009 | 사회 2-(3) |
| 초4 | 이 세상에는 공주가 꼭 필요하다 | 공지희 | 낮은산 | 2007 | 사회 1-(3) |
| 초4 | 텃밭 가꾸는 아이 | 고정욱 | 미래아이 | 2008 | 사회 1-(2) |
| 초4 | 아빠 보내기 | 박미라 | 시공주니어 | 2004 | 사회 2-(2) |

| 학년 | 도서명 | 저자명 (역자명) | 출판사 | 연도 | 교과 |
|---|---|---|---|---|---|
| 초4 | 12달 24절기 우리 삶, 우리 세시풍속 농가월령가 | 정학유 | 창해 | 2008 | 사회 2-(2) |
| 초4 | 바빠가족 | 강정연 | 바람의아이들 | 2006 | 사회 1-(2) |
| 초4 | 구멍난 기억 | 자비에 로랑 쁘띠 | 바람의아이들 | 2009 | 사회 2-(2) |
| 초4 | 백성을 위해 나라 글을 만든 큰임금 세종대왕 | 이상배 | 해와 나무 | 2008 | 사회 2-(1) |
| 초4 | 어린이 과학형사대 CSI5 | 고희정 | 가나출판사 | 2009 | 과학 전단원 |
| 초4 | 열려라 양서류나라 | 박시룡 외 | 지성사 | 2009 | 과학 2-(1) |
| 초4 | 휘휘 | 공지희 | 도깨비 | 2006 | 과학 2-(1),(2) |
| 초4 | 아름다운 별자리 30 | 장수하늘소 | 두산동아 | 2001 | 과학 1-(8) |
| 초4 | 공작아 예쁘게 꾸미고 어디 가니? | 햇살과 나무꾼 | 시공주니어 | 2008 | 과학 1-(2) |
| 초4 | 과학귀신 | 황근기 | 동아사이언스 | 2009 | 과학 전단원 |
| 초4 | 안나와 떠나는 미술관 여행 | 비외른 | 주니어김영사 | 2000 | 미술 1-(9) |
| 초4 | 새콤달콤 색깔들 | 밀라보탕 | 비룡소 | 2008 | 미술 2-(1) |
| 초4 | 우리 그림이 신나요 | 이호신 | 현암사 | 2009 | 미술 1-(8) |
| 초4 | 운동장 들어올리는 공 | 이준섭 | 정인출판사 | 2009 | 체육 전단원 |
| 초4 | 긍정습관 | 정미금 | 아이앤북 | 2008 | 특별활동 -자아개념 |
| 초4 | 난 이제부터 남자다 | 이규희 | 새상모든책 | 2002 | 재량 -양성평등 |
| 초4 | 내가 조금 불편하면 세상은 초록이 돼요 | 김소희 | 토토북 | 2009 | 재량 -자원재활용 |
| 초4 | 울지마 샨타 | 공선옥 | 주니어랜덤 | 2008 | 재량 -편견·다문화 |
| 초4 | 알록달록 과자의 비밀 | 여성희 | 현암사 | 2009 | 재량-건강한 식생활 |

# 나누면 커지는 마음 배려

서지원

| 도 서 명 | 나누면 커지는 마음 배려 | |
|---|---|---|
| 도서정보 | 서지원 / 좋은책어린이 / 2009년 / 108쪽 / 9,000원 | |
| 분 류 | 목적(사회적 상호작용) / 분야(인문) / 시대(현대) / 지역(한국) | |
| 관련 교과/<br>관련 교육과정 | 도덕 | 4학년 2-(2) '우리 모두를 위하여' |
| 어떤 책일까 | 사회적 관계를 갖는데 바른 인성과 습관을 형성하는 것은 매우 중요합니다. 질서를 지키는 바른 생활, 다른 사람을 도울 줄 아는 행복한 나눔도 모두 '배려'에서 출발합니다. 배려할 줄 모르는 사람은 다른 사람의 격려나 응원도 받을 수 없습니다.<br>초등학교 3학년 주인공 혜지는 칭찬을 받고 싶고, 1등을 하고 싶고, 친구들에게 인기 있는 학생이 되고 싶은 보통 어린이입니다. 외모, 공부 실력, 무엇 하나 자기 상대가 될 수 없는 은서가 친구들의 사랑을 독차지 하는 이유를 혜지는 알 수 없습니다. 혜지는 미니홈피 비밀 게시판에 속상한 마음을 적습니다. 그런데 어느 날, 닉네임 '수호천사'가 혜지에게 일촌 신청을 합니다. 이러한 과정 가운데, 혜지는 '배려'의 소중함을 깨닫게 됩니다. 이 책을 통하여 배려는 왜 필요한지, 다른 사람을 왜 배려해야 하는지 생각 할 수 있습니다. | |
| 다양한 매체로<br>맛보기 | 관련 매체: '지하철에서 배려란 무엇일까?' 동영상 자료<br>(http://vsm.kisti.re.kr/fossil/3/3_08/3_08_02.htm ) | |
| 어떻게 읽을까 | 1. 혜지는 자기 자신을 어떻게 생각하고 있는지 알아 봅시다.<br>2. 혜지의 '칭찬비밀노트'에는 무엇이 적혀 있는지 읽어 봅시다.<br>3. 은서가 친구들의 사랑을 독차지 하는 이유는 무엇인지 생각해 봅시다. | |
| 무엇을 토론할까 | 1. 항상 칭찬 받는 것이 옳은지 토론해 봅시다.<br>2. '칭찬'이란 무엇인지, 칭찬을 받으면 어떠한 기분이 드는지 친구들과 생각을 나누어 봅시다.<br>3. 다른 사람을 배려하면 어떠한 점이 좋은지 말해 봅시다. | |
| 무엇을 써 볼까 | 1. 전학 온 은서에게 반 친구들의 관심이 쏠리자, 혜지는 속상해 합니다. 이러한 혜지에게 편지를 써 봅시다.<br>2. 배려하는 사람이란 어떠한 사람인지 자신의 생각을 써 봅시다.<br>3. 혜지에게 일촌 신청을 한 닉네임 '수호천사'는 누구인지 생각해 보고, '수호천사'에게 혜지의 입장이 되어 편지를 써 봅시다. | |

# 엄마 몰래

조성자

| 도 서 명 | 엄마 몰래 | |
|---|---|---|
| 도서정보 | 조성자 / 좋은책어린이 / 2008년 / 60쪽 / 7,500원 | |
| 분 류 | 목적(정서표현) / 분야(인문) / 시대(현대) / 지역(한국) | |
| 관련 교과/<br>관련 교육과정 | 국어 | 4학년 1-(6) '의견을 나누어요' |
| 어떤 책일까 | 이 책은 엄마 돈을 훔친 은지가 가슴 졸였던 길고 긴 하루를 담은 이야기입니다. 은지의 어린이다운 순수한 모습과 가족들의 사랑을 알 수 있습니다. 은지는 짝꿍 민경이처럼 멋진 학용품이 갖고 싶어 엄마를 졸라 보지만 소용이 없었습니다. 결국 은지는 엄마의 서랍장에서 돈을 훔치고 맙니다. 그러나 그렇게 갖고 싶었던 문구 세트가 두 손에 있어요, 평소 먹고 싶었던 군것질거리를 사 먹어도 생각만큼 행복하지 않습니다. 오히려 가슴이 떨리기만 합니다. 뒤늦게 자기의 잘못을 깨달았지만, 엄마에게 혼이 날 걱정과 사람들이 자신을 손가락질할까 봐 두려운 은지. 걱정과 두려움으로 길었던 하루 해가 저물고, 용기를 내 집으로 돌아간 은지는 따뜻한 가족의 품에 안기게 된다는 이야기입니다.<br>이 책을 읽고 학생들은 올바른 행동은 무엇인지 스스로 생각하고 깨달을 수 있습니다. 주인공 은지의 마음이 잘 나타나 있고, 공감할 수 있는 책입니다. | |
| 다양한 매체로<br>맛보기 | 관련 도서: 『자전거 도둑』 / 박완서 / 한빛문고(다림)<br>『케이크 도둑』 / 테청 킹 / 거인 | |
| 어떻게 읽을까 | 1. 은지는 왜 엄마의 서랍장에서 돈을 훔쳤는지 생각해 봅시다.<br>2. 엄마 돈을 훔친 은지는 어떠한 하루를 보냈는지 알아 봅시다.<br>3. 은지가 집에 돌와왔을 때, 어떠한 일이 있었는지 알아 봅시다. | |
| 무엇을 토론할까 | 1. 내가 은지라면 어떻게 했을지 서로의 생각을 나누어 봅시다.<br>2. 은지가 한 행동은 용서 받을 수 있는지 토의해 봅시다.<br>3. 무슨 상황이든지 '도둑질은 하면 안된다.'고 생각하는지 말해 봅시다. | |
| 무엇을 써 볼까 | 1. 나도 은지처럼 가슴 조리며 긴 하루를 보낸 적이 있는지 글로 써 봅시다.<br>2. 은지 어머니의 입장이 되어 은지에게 편지를 써 봅시다.<br>3. 내가 잘못을 하였는데도 가족들이 따스하게 용서해 준 경험이 있다면 적어 봅시다. | |

# 나쁜 어린이표

황선미

| 도 서 명 | 나쁜 어린이표 | |
|---|---|---|
| 도서정보 | 황선미 / 웅진닷컴 / 1999년 / 93쪽 / 8,000원 | |
| 분 류 | 목적(정서표현) / 분야(인문) / 시대(현대) / 지역(대한민국) | |
| 관련 교과/<br>관련 교육과정 | 도덕 | 4학년 1-(4) 함께 사는 세상<br>* 나의다짐 우리의 약속 |
| 어떤 책일까 | 건우는 '착한 어린이표'를 받으려고 노력하지만, 번번이 '나쁜 어린이표'를 받아서 속이 상합니다. 왜 그런 행동을 했는지 이유를 묻지도 않고 야단만 치시는 선생님이 야속하기도 합니다. 그러던 어느 날, 건우는 홧김에 선생님의 책상 위에 있던 노란 스티커 뭉치를 찢어 화장실에 버립니다. 그러나 그 일은 곧 선생님께 들키고 맙니다. 그러나 건우의 마음을 알게 된 선생님은 건우에게 둘만의 비밀로 간직하자고 제안합니다. 누구나 공감할 수 있는 일로 어린이의 마음을 섬세하게 묘사한 책입니다. 교사와 학생 모두 서로에 대한 이해의 폭을 넓힐 수 있는 기회를 줄 것입니다. | |
| 다양한 매체로<br>맛보기 | 관련 매체 : 홀랜드 오퍼스 (영화)<br>관련 도서 : 『새로운 피노키오2』 / 크리스티네 뇌스틸링거 / 『선비 뱃속으로 들어간 구렁이』 / 최성수 / | |
| 어떻게 읽을까 | 1. 건우의 마음이 어떻게 변화되는지 생각하며 읽어 봅시다.<br>2. 내가 만약 건우라면 각각의 상황에서 어떻게 행동했을지 생각하며 읽어 봅시다.<br>3. 건우와 선생님이 화해하게 되는 과정을 시간의 순서대로 정리하며 읽어 봅시다. | |
| 무엇을 토론할까 | 1. '나쁜 어린이표'와 '착한 어린이표'에 대한 생각을 친구들과 주고받아 봅시다.<br>2. '나쁜 어린이표'와 '착한 어린이표'가 학생들의 바른 생활 습관을 길러주는데 도움이 된다고 생각하는지 의견을 주고받아 봅시다.<br>3. 선생님과 학생 사이에 오해가 생겼을 때 이를 해결하기 위한 방법에는 어떤 것이 있을지 생각을 주고받아 봅시다. | |
| 무엇을 써 볼까 | 1. 억울하다고 생각하는 건우의 처지라 가정하고, 선생님에게 자신의 생각을 조리 있게 설명해 봅시다.<br>2. 공동생활에 필요한 규칙을 어린이들이 잘 지킬 수 있도록 하는데 도움이 되는 좋은 방법을 제안해 봅시다.<br>3. 규칙은 왜 필요할까요? 여러분의 생각을 적어 봅시다. | |

# 행복한 일등

김재은

| 도 서 명 | 행복한 일등 | |
|---|---|---|
| 도서정보 | 김재은/ 아이세움(펴냄) / 2009년 / 200쪽 / 9,000원 | |
| 분　류 | 목적(정서 표현) / 분야(문학) / 시대(현대) / 지역(한국) | |
| 관련 교과/<br>관련 교육과정 | 도덕 | 4학년 도덕 1학기 1단원 '바른 마음 곧은 마음' |
| 어떤 책일까 | 시험에서 일등 하는 것만이 최고라 생각했던 진호가 진짜 행복한 일등이 무엇인지 깨닫는 과정을 그린 동화입니다. 4학년 진호는 무슨 일이든 수단과 방법을 가리지 않고 이기려 듭니다. 결과를 얻기 위해 열심히 노력하거나 친구들과의 조화는 신경 쓰지도 않다 보니 점점 왕따가 되어 가지요. 그 뒤에도 자신의 잘못을 깨닫지 못한 진호는 일등을 해서 친구들에게 과시하려고만 합니다. 진호와 친구들 사이에 오해는 꼬리에 꼬리를 물고 이어지고, 마침내 큰 다툼이 벌어집니다. 이에 선생님은 학예회에 출품할 작품을 함께 만들라는 벌을 내리는데…. 정정당당하게 과정에 최선을 다한다면 순위에 상관없이 모두 다 일등이라는 사실을 일깨워 주는 책입니다. | |
| 다양한 매체로<br>맛보기 | 도서 『아들아, 언제나 일등을 목표로 삼으렴』 2008년/ 157쪽<br>필립 체스터필드 지음/ 베스트스토리엮음/ 아이생각 펴냄 | |
| 어떻게 읽을까 | 1. 정정당당한 경쟁의 의미에 대해 이야기해 봅시다.<br>2. 진정한 일등이란 어떤 것인지 이야기해 봅시다.<br>3. 내가 진호라면 시험을 볼 때, 어떠한 마음이 들었을지 생각하며 읽어 봅시다. | |
| 무엇을 토론할까 | 1. 일등이 우리 사회에서 꼭 필요한 일인지 말해 봅시다.<br>2. 규칙을 어기고 경기에 이긴 친구를 보고 여러 사람 앞에서 충고하는 것이 좋은지, 아니면 조용히 개별적으로 충고하는 것이 좋은지 토의해 봅시다.<br>3. 왕따는 우리 사회에서 영원히 없어질 수 있는지 말해 봅시다. | |
| 무엇을 써 볼까 | 1. 분단학습을 하면서 느낀 점이나 재미있었던 일을 글로 써봅시다.<br>2. 우리 반에서 당번활동을 묵묵히 수행하는 학생이 있으면 그 학생에 대한 특징을 써봅시다.<br>3. 반 대항 시합에서 억울하게 시합에서 져서 기분이 좋지 않았던 경험이 있으면 글로 써봅시다. | |

# 오천원은 없다

박현숙

| 도 서 명 | 오천원은 없다 | |
|---|---|---|
| 도서정보 | 글 박현숙 / 문공사 / 2008년 / 160쪽 / 8,500원 | |
| 분 류 | 목적(정서표현) / 분야(인문) / 시대(현대) / 지역(대한민국) | |
| 관련 교과/<br>관련 교육과정 | 도덕 | 4학년 1-(1) 바른 마음 곧은 마음<br>* 바르고 떳떳한 사람 되기 |
| 어떤 책일까 | 개구쟁이 '김홍도'와 소심한 아이 '소중한'이 위기에 몰려 어쩔 수 없이 거짓말을 하는 이야기입니다. 미술대회 때문에 감정이 상한 홍도는 중한이와 싸우게 되고, 하필이면 새로 다니게 된 영어학원에서 다시 만나게 됩니다. 학원에서 돌아오는 버스에서 둘은 또 다시 싸우게 되고, 둘이 싸웠다는 것을 부모님과 할머니가 알게 되면 혼날까봐 거짓말을 하기 시작합니다. '오천원'이라는 가상인물을 만들어 내어 혼날일만 생기면 오천원 때문이라고 핑계를 댑니다. 거짓말은 더 큰 위기를 불러왔지만 그들은 기발한 아이디어로 위기의 상황을 가까스로 해결해 냅니다. 아이들의 심리가 현실적으로 묘사되어 있고, 홍도의 할머니가 매우 재미있고 매력적인 인물로 재미를 한층 더해 주는 책입니다. | |
| 다양한 매체로<br>맛보기 | 관련 도서 : 『거짓말쟁이 천재』 / 울프 스타르크 / 햇살과 나무꾼<br>『파스칼의 실수』 / 플로랑스 세이보스 / 비룡소 | |
| 어떻게 읽을까 | 1. 등장인물들의 성격에 대하여 파악해 봅시다.<br>2. 일이 일어난 원인과 결과를 생각하며 읽어 봅시다.<br>3. 비슷한 경험이 있었는지 기억을 떠올리며 읽어 봅시다. | |
| 무엇을 토론할까 | 1. 학교 급식을 믿을 수 없다며 반찬을 따로 싸서 보내주시는 중한이 어머니의 행동에 대하여 여러분의 생각을 말해 봅시다.<br>2. 홍도의 할머니는 사랑하는 손자를 괴롭힌 오천원 부모님께 보석 주머니를 만들어 선물합니다. 할머니는 어떤 마음에서 손이 많이 가는 보석 주머니를 만들어 선물한 것일까요?<br>3. 효선이는 홍도와 중한이를 도와주기 위해 중한이 어머니께 거짓말을 하게 됩니다. 혼날까봐 무서워서 한 홍도와 중한이의 거짓말과 친구를 도와주기 위해 한 효선이의 거짓말은 다르게 평가되어야 할까요? 여러분의 생각을 이야기해 봅시다 | |
| 무엇을 써 볼까 | 1. 『거짓말은 더 큰 거짓말을 부른다』라는 말의 의미를 구체적인 사례를 들어 설명해 봅시다.<br>2. 가끔 학교에서 생활하다보면 중한이의 어머니처럼 반 전체 아이들에게 간식을 주시는 어머니들이 계십니다. 이에 대하여 어떻게 생각하는지 글로 표현해 봅시다. | |

# 축구 생각

김옥

| 도 서 명 | 축구 생각 | |
|---|---|---|
| 도서정보 | 글 김옥 / 창작과비평사 / 2004년 / 120쪽 / 8,500원 | |
| 분 류 | 목적(정서표현) / 분야(인문) / 시대(현대) / 지역(대한민국) | |
| 관련 교과/<br>관련 교육과정 | 도덕 | 4학년 1-(3) 새끼 손가락 고리걸고<br>* 현명한 선택 |
| 어떤 책일까 | 학교도 축구 때문에 다니는 축구 소년 대용이에게 선풍기 날개를 부러뜨리고, 수학시험 50점을 맞았다는 이유로 축구금지 조치가 내려집니다. 엄마는 수학을 90점 이상 받아야 축구를 할 수 있다고 하시고, 열심히 공부했지만 야속하게도 대용이는 수학시험에서 딱 세 문제를 알 수가 없습니다. 자기도 모르게 승완이의 시험지를 훔쳐 본 대용이는 90점을 받았지만, 그토록 기다리던 옆 반과의 축구 시합 날 날벼락을 맞게 됩니다. 아이들의 마음과 교실 상황이 매우 사실적으로 그려져 더욱 재미있는 책입니다. | |
| 다양한 매체로<br>맛보기 | 관련 도서: 『쓸만한 아이』 / 이금이 / 푸른책들<br>『엄마가 사랑하는 공부벌레』 / 김현태 / 글담어린이 | |
| 어떻게 읽을까 | 1. 대용이의 마음의 변화를 살피며 읽어 봅시다.<br>2. 책에 나오는 상황과 실제 삶에서의 모습을 비교하며 읽어 봅시다<br>3. 등장인물의 갈등과 갈등 상황에서의 선택을 주의깊게 살펴며 읽어 봅시다. | |
| 무엇을 토론할까 | 1. 대용이의 선생님과 어머니는 대용이가 선풍기 날개를 부러뜨리고, 수학시험 50점을 맞았을 때 축구를 하지 못하게 하는 벌을 내리셨습니다. 선생님과 어머니께서 대용이에게 내린 벌은 합당한 처사였을까요?<br>2. 옆반과의 축구시합 날 승완이는 대용이에게 축구시합을 시켜주지 않으면, 대용이가 자신의 수학시험지 본 것을 선생님에게 이르겠다고 합니다. 승완이의 행동은 나쁜 것일까요? 생각을 주고 받아 봅시다.<br>3. 옆 반과의 축구시합이 있던 날, 남자 아이들은 축구시합에 참여하는 아이들과 그렇지 않은 아이들로 나뉩니다. 또한 여자 아이들은 남자 아이들의 시합을 지켜보며 응원을 합니다. 이러한 수업풍경에 대한 여러분의 생각을 이야기 해 봅시다 | |
| 무엇을 써 볼까 | 1. 축구가 하고 싶은 대용이는 그만 승완이의 시험지를 몰래 보게 됩니다. 대용이의 행동에 대하여 입장을 정하고 여러분의 생각을 글로 표현해 봅시다.<br>2. 「축구응원에만 정신이 팔린 여자 아이들도 그 애들이 무얼 하든 관심이 없었어요. 축구팀을 만들고 난 찌꺼기일 뿐이니까요」라는 부분처럼 간혹 우리는 선발된 사람과 선발되지 않은 사람들에 대한 시각이 다를 때가 있습니다. 이러한 시각이 왜 나쁜 것인지 구체적인 사례나 이유를 들어 써 봅시다 | |

# 그림도둑 준모

오승희

| 도 서 명 | 그림도둑 준모 | |
|---|---|---|
| 도서정보 | 글 오승희 / 낮은 산 / 2003년 / 103쪽 / 7,800원 | |
| 분 류 | 목적(정서표현) / 분야(인문) / 시대(현대) / 지역(대한민국) | |
| 관련 교과/<br>관련 교육과정 | 도덕 | 4학년 1-(1) 바른 마음 곧은 마음<br>* 자신의 실수를 인정하고 정직의 의미 |
| 어떤 책일까 | 언젠가 우연히 조회대에서 '상받기' 놀이를 하는 아이들을 본 적이 있습니다. 받으면 좋지만 정도로 생각했던 '상'이란 것이 늘 받는 아이들은 모르겠지만 그렇지 못한 아이들에게는 꼭 한번쯤은 받고 싶은 그런 것이었었나 봅니다. 이 책의 주인공 준모 역시 상을 받지 못하는 대부분의 아이들 중 하나입니다. 좋아하지는 않지만 나름 수학 문제도 열심히 풀고, 학원에도 꼬박꼬박 다니는 공부도 중간쯤은 하는  평범한 아이입니다. 상을 받아 어머니를 기쁘게 해드리고 위해 노력하는 아이입니다. 하지만 상을 받는 아이들은 언제나 정해져 있기 때문에 평범한 준모에게 상 받는 일은 쉽지가 않습니다.. 그러던 어느 날, 선생님께서 예린이가 그린 그림을 준모의 것이라 착각하는 바람에 준모는 상을 받게 되고, 곧 그 그림이 전시될 것이라는 말을 듣게 됩니다. 본의 아니게 거짓말을 하게 된 준모. 준모는 어떻게 이 상황에서 벗어날 수 있을까요? 준모와 같이 평범한 아이라면 아마도 준모의 생각과 마음의 변화를 함께 겪을 것입니다. 그리고 책을 덮었을 때쯤이면 한뼘은 성장한 나를 발견할 수 있을 것입니다. | |
| 다양한 매체로<br>맛보기 | 관련 매체 : 동요 『화가』 이강산 작사/작곡<br>관련 도서 : 『내 주머니 속의 괴물』 / 그라시엘라 몬테스/ 푸른숲 어린이 문학<br>『동자승의 크리스마스』 / 박관호 / 가교 | |
| 어떻게 읽을까 | 1. 준모는 본의 아니게 거짓말을 한 것이 되고, 그로 인하여 상을 받게 됩니다. 이 과정을 정리하며 읽어 봅시다<br>2. 말과 행동을 통해 등장인물들의 성격을 짐작해 봅시다<br>3. 준모처럼 상을 받고 싶었던 적이 있는지, 그렇다면 나는 왜 그토록 상을 받고 싶었는지 경험을 떠올리며 읽어 봅시다. | |
| 무엇을 토론할까 | 1. 학교에서는 각종 행사를 통해 그 분야에 특별한 아이들에게 상을 줍니다. 그런데 과연 '상'이라는 것은 꼭 필요한 것인지 이야기해 봅시다.<br>2. 선생님이 이름을 착각하셨을 것이라는 것을 짐작하면서도 말하지 못했던 준모의 행동에 대하여 여러분은 어떻게 생각합니까? 함께 이야기해 봅시다.<br>3. 아니라고 하면서도 은근히 상을 바라시는 어머니에 대해서 여러분은 어머니의 마음을 이해할 수 있습니까? 친구들과 생각을 주고 받아 봅시다. | |
| 무엇을 써 볼까 | 1. 나에게 만약 상을 줄 수 있는 권한이 생긴다면 나는 어떤 아이들에게 어떤 상을 주고 싶은지 각자의 생각을 써 봅시다<br>2. 나무위로 올라가는 것 외에 준모에게는 어떤 해결책이 있었을까요? 생각을 서술해 봅시다.<br>3. 준모에게 힘을 줄 수 있는 편지글을 써 봅시다 | |

# 잔소리 없는 날

안네마리 노르덴

<table>
<tr><td>도 서 명</td><td colspan="2">잔소리 없는 날</td></tr>
<tr><td>도서정보</td><td colspan="2">안네마리 노르덴 / 보물창고 / 2004년 / 89쪽 / 8,500원</td></tr>
<tr><td>분 류</td><td colspan="2">목적(사회적 상호작용) / 분야(인문) / 시대(현대) / 지역(미국)</td></tr>
<tr><td>관련 교과/<br>관련 교육과정</td><td>도덕</td><td>4학년 1-(1) 바른 마음 곧은 마음<br>* 올바른 생각과 참다운 자주</td></tr>
<tr><td>어떤 책일까</td><td colspan="2">잔소리가 사라진다면 천국일까요? 엄마 아빠의 간섭이 너무 심하다며 ‘더 이상 못참겠어요’를 외친 푸셀은 드디어 딱 하루지만 잔소리 없는 날을 허락받습니다. 이 닦기와 세수를 하지 않아도, 학교에서 마음대로 조퇴를 하여도, 갑작스런 파티를 열겠다고 하여도 엄마 아빠는 잔소리를 하지 않습니다. 하지만 잔소리 없는 하루가 좋은 것만은 아니었다. 푸셀은 평소에는 결코 할 수 없었던 일들을 실컷 해보며 해방감을 느끼긴 하지만 하루 종일 크고 작은 문제가 끊이질 않았기 때문입니다. 그렇지만 엄마 아빠의 배려 속에서 무사히 하루를 마치게 되지요. 아이들이라면 누구나 꿈꾸는 잔소리 없는 날! 푸셀의 발칙한 쿠데타를 통해 이 책을 읽는 동안 통쾌함과 해방감을 동시에 맛볼 수 있을 것입니다.</td></tr>
<tr><td>다양한 매체로<br>맛보기</td><td colspan="2">관련 도서 : 『심술쟁이 마녀 소동』 / 마리본느 느비아르 / 중앙출판사<br>『에드와르도 세상에서 가장 못된 아이』 / 존버닝햄 / 비룡소</td></tr>
<tr><td>어떻게 읽을까</td><td colspan="2">1. 푸셀이 하루 동안 한 일은 무엇인지 시간의 순서에 따라 정리하며 읽어 봅시다.<br>2. 잔소리에 대한 나의 경험을 떠올리며 읽어 봅시다.<br>3. 등장인물(푸셀과 부모님)의 마음을 생각하며 글을 읽어 봅시다.</td></tr>
<tr><td>무엇을 토론할까</td><td colspan="2">1. 부모님이 하지 말라고 하면 더 하고 싶은 마음이 들기도 합니다. 하지 말라고 하면 더 하고 싶은 이유는 무엇일까요?<br>2. 꼭 필요한 잔소리, 소용없는 잔소리에는 어떤 것이 있을까요?<br>3. 잔소리를 하는 부모를 옹호하는 입장과 잔소리가 듣기 싫은 아이의 입장으로 나누어 잔소리에 대한 찬반 토론을 해봅시다.</td></tr>
<tr><td>무엇을 써 볼까</td><td colspan="2">1. ‘부모의 잔소리는 꼭 필요하다’와 ‘아이들이 스스로 깨달을 수 있도록 기다려주어야 한다’는 두 의견 중 하나를 선택하여 자신의 생각을 글로 표현해 봅시다<br>2. 나에게 잔소리 없는 날이 주어진다면 어떤 일을 하고 싶은지 글로 표현해 봅시다.<br>3. 내가 나중에 부모가 된다면 나는 아이들에게 잔소리를 하게 될까요? 나는 아이들에게 어떤 부모가 되고 싶은지 상상하여 써 봅시다.</td></tr>
</table>

# 만화로 보는 국어왕의 단어 암기법

이희정

| 도 서 명 | 만화로 보는 국어왕의 단어 암기법 | |
|---|---|---|
| 도서정보 | 이희정 / 가나출판사 / 2009년 / 168쪽 / 10,000원 | |
| 분　류 | 목적(정보전달) / 분야(기타) / 시대(현대) / 지역(우리나라) | |
| 관련 교과/<br>관련 교육과정 | 국어 | 4학년 1-(4) '이 말이 어울려요' |
| 어떤 책일까 | 이 책에는 우리가 잘 아는 사오정이 '국어왕'으로 등장합니다. 사오정이 귀가 잘 안 들리는 이유가 사실은 어휘력이 부족하다는 것을 숨기기 위해 일부러 그런 척한 것이며, 이 사실이 들통 나면서 사오정은 열심히 공부해서 비로소 '국어왕'으로 거듭 났다는 기발한 상상력으로 아이들에게 호기심을 줍니다.<br>사오정은 국어를 못하는 남녀 주인공들에게 자기가 효율적으로 공부할 수 있었던 '연상 국어 비법'을 전수해 줍니다. 국어왕 사오정의 '연상 국어 비법'은 한눈에 쏙 들어오는 간단하면서도 재미있는 비법 속에 핵심 내용을 담았기 때문에, 무작정 단어를 외우거나 어려운 맞춤법을 공부하지 않아도 자연스럽게 국어 공부를 할 수 있습니다. | |
| 다양한 매체로<br>맛보기 | TV프로그램: MBC우리말 나들이, KBS우리말 겨루기, KBS바른말 고운말<br>인터넷: 조인스 우리말글 http://news.joins.com/korean/index.html | |
| 어떻게 읽을까 | 1. 교과서에 나와 있는 우리말과 연관 지어 읽어 봅시다.<br>2. 일상생활에서 잘못 쓰고 있는 우리말이 또 없는지 살펴보며 읽어 봅시다.<br>3. 자기가 잘 모르거나 헷갈리는 우리말을 따로 정리해서 공책에 정리하며 읽어 봅시다. | |
| 무엇을 토론할까 | 1. 글과 말 중에서 어느 것이 더 중요하다고 생각하는지 토의하여 봅시다.<br>2. 인터넷 글과 우리가 쓰는 표준말과 좋은 점과 나쁜 점을 발표하여 봅시다.<br>3. 말의 차이를 정확히 익혀서 사용하는 것이 스피드 시대에 어떤 도움을 주는지 그렇지 않다면 왜 도움이 되지 않는지 토의하여 봅시다. | |
| 무엇을 써 볼까 | 1. 쟁이와 장이를 구별하여 글짓기를 해 봅시다.<br>2. 넘어와 너머를 구별하여 글을 써 봅시다.<br>3. 개발과 계발을 구별하여 글짓기를 해 보고, 친구와 바꾸어서 읽어 봅시다. | |

# 어린이를 위한 글쓰기 습관

어린이동화연구회

| 도 서 명 | 어린이를 위한 글쓰기 습관 | |
|---|---|---|
| 도서정보 | 어린이동화연구회(박종연그림) / 꿈꾸는사람들 / 2009년 / 160쪽 / 9,000원 | |
| 분 류 | 목적(설득) / 분야(자기계발동화) / 시대(현대) / 지역(한국) | |
| 관련 교과/ 관련 교육과정 | 국어 | 4학년 1-(8) '같은 말 이라도' |
| 어떤 책일까 | 어느 날, 담임선생님은 창비에게 학교 신문에 글을 한 편 써 줄 것을 부탁합니다. 창비에게는 남모를 글쓰기 고민이 하나 있는데, 그건 바로 창비의 아빠가 소설가라는 사실입니다. 선생님과 친구들은 소설가 아빠를 둔 창비의 글이 보나마나 훌륭할 거라고 생각할지도 모릅니다. 고민하던 창비는 친구들과 함께 글쓰기 모임에 들어가기로 합니다.<br>글쓰기 모임의 친구들은 글쓰기를 하면서 나를 발견하고 다른 사람을 깊게 이해하는 자신을 발견하게 됩니다. 글쓰기란 아주 자연스러운 일상의 하나일 뿐입니다. 글을 쓰는 요령이나 기술을 배우느라 글쓰기 자체를 즐기지 못하는 어린이들을 위해 이 책은 올바른 글쓰기 습관을 알려 줍니다. | |
| 다양한 매체로 맛보기 | 관련 도서 : 『글쓰기가 재미있는 글쓰기 책』, 위베르 벤 케문, 미세기 | |
| 어떻게 읽을까 | 1. 자신에게 글쓰기란 무엇을 의미하는지 생각하며 읽어 봅시다.<br>2. 글쓰기가 나와 다른 사람의 관계에 어떤 영향을 주는지 생각해 봅시다.<br>3. 내가 쓴 글이 다른 사람에게 어떠한 재미와 기쁨을 줄지 생각하며 읽어 봅시다. | |
| 무엇을 토론할까 | 1. '글쓰기는 힘들다.'라는 의견에 반대하는 의견을 말해 봅시다.<br>2. 글쓰기는 특정한 직업을 가진 사람들의 고유한 활동인지 자신의 의견을 말해 봅시다.<br>3. 글쓰기를 하고 나서 기뻤던 경험을 친구들과 나누어 봅시다. | |
| 무엇을 써 볼까 | 1. 생활에서 어떤 글쓰기를 하는지 예를 들어 글을 지어봅시다.<br>2. 좋은 글을 쓰면 어떠한 점이 좋은지 이유를 들어 써 봅시다.<br>3. 글쓰기의 고통에서 벗어나, 글놀이라는 생각을 하며 글을 썼을 때 어떠한 변화가 있는지 써 봅시다. | |

# 무서운 호랑이들의 가슴 찡한 이야기

이미애

| 도 서 명 | 무서운 호랑이들의 가슴 찡한 이야기 | |
|---|---|---|
| 도서정보 | 이미애 / 미래아이 / 2008년 / 112쪽 / 12,000원 | |
| 분 류 | 목적(정서표현) / 분야(전래동화) / 시대(과거) / 지역(한국) | |
| 관련 교과/<br>관련 교육과정 | 국어 | 4학년 1-(7) '넓은 세상 많은 이야기' |
| 어떤 책일까 | 우리에게 익숙하고 친근한 옛이야기를 쓴 전래 그림책입니다. 우리 문화와 의식 속에 깊숙이 뿌리내린 호랑이에 대한 가슴 찡한 전래 동화를 담고 있습니다. 예로부터 '호환'이라는 말이 생길만큼 호랑이는 무섭고 두려운 존재였습니다. 하지만 우리 생활과 의식 속에 친숙하게 자리 잡은 동물 또한 호랑이입니다.<br>잘잘잘 옛이야기마당 첫 권인 『무서운 호랑이들의 가슴 찡한 이야기』는 예로부터 우리 생활 깊숙이 존재감을 가져왔던 호랑이와 관련된 여러 설화와 민담들 중에서 특징 있는 호랑이 이야기 여덟 편을 담고 있습니다. 무섭지만 친숙한 동물, 우리 호랑이를 각기 다른 여덟 이야기로 생각해 볼 수 있습니다. 우리 조상들이 가졌던 호랑이에 관한 다양한 생각을 알 수도 있습니다. 어떤 호랑이는 '의리파'로, 또 다른 호랑이는 인간보다 효심이 지극한 '효도파'로 등장하며 인간보다 더 인간적인 매력을 풍깁니다. 이 책에서는 다양한 모습의 호랑이가 그림과 함께 등장하여 재미를 더합니다. | |
| 다양한 매체로 맛보기 | 전래동화 『살려 줄까 말까?』 / 조은수 / 비룡소<br>전래 동화 및 다양한 동화 읽기<br>http://www.totovil.co.kr/download/dn_donghwa/dn_donghwa_1.asp | |
| 어떻게 읽을까 | 1. '호랑이 형님'에서 돌아가신 어머니를 애통해 하며 울고 있는 호랑이의 모습은 어떠한지 읽어 봅시다.<br>2. 이야기마다 호랑이가 어떻게 다르게 그려지는지 알아 봅시다.<br>3. 여덟 편의 이야기에서 호랑이의 성격은 어떻게 나타나는지 생각해 보며 읽어 봅시다. | |
| 무엇을 토론할까 | 1. 예로부터 우리나라 사람들은 '호랑이'를 어떻게 생각해 왔는지 의견을 나누어 봅시다.<br>2. 내가 알고 있는 호랑이와 관련된 이야기가 있다면 친구들과 나누어 봅시다.<br>3. 호랑이는 무섭고 두려운 존재인지 내 생각을 말해 봅시다. | |
| 무엇을 써 볼까 | 1. '호랑이 처녀의 사랑'에 나오는 호랑이에게 편지를 써 봅시다.<br>2. 호랑이의 모습과 관련된 낱말을 써 보고, 내가 생각하는 호랑이의 모습을 그려 봅시다.<br>3. 이 책에서 누런 갈색에 검은 줄무늬가 있는 평범한 호랑이의 모습과 다르게 그려진 호랑이는 어떠한지 그 모습을 써 봅시다. | |

# 지혜와 덕으로 삼국통일을 이끈 여왕-선덕여왕

강숙인

| 도 서 명 | 지혜아 덕으로 삼국통일을 이끈 여왕-선덕여왕 | |
|---|---|---|
| 도서정보 | 강숙인 / 해와나무 / 2008년 / 178쪽 / 9,500원 | |
| 분 류 | 목적(위인) / 분야(역사) / 시대(과거) / 지역(한국) | |
| 관련 교과/<br>관련 교육과정 | 국어 | 4학년 1-(2) '정보를 찾아서' |
| | 사회 | 4학년 2-(1) '문화재와 박물관' |
| 어떤 책일까 | 이 책은 이웃 나라의 끝없는 침공 속에서도 나라를 온전히 지켜 낸 선덕 여왕의 지혜와 리더십을 여왕의 일생 속에서 잘 보여 줍니다. 선덕 여왕은 신라 제 27대 왕으로 우리나라 최초의 여왕이기도 합니다. 쉰을 넘은 나이에 임금 자리에 오른 여왕은 지혜와 덕으로 신라를 다스려 삼국 통일의 발편을 마련하였습니다. 이 책에서는 총명했던 어린 시절, 지혜와 덕으로 나라를 다스리는 모습, 당나라와 백제 사이에서 치열하게 고민하는 여왕의 모습이 생생하게 담겨 있습니다. 또한 김춘추, 김유신을 비롯한 신라의 유명한 인물, 그리고 신라의 대표 유물인 첨성대와 황룡사지에 관한 정보들이 이야기와 함께 수록되어 있습니다. 생생한 자료를 바탕으로 쓴 책이라서 선덕대왕에 대해 잘 알 수 있고, 본받을 점을 찾을 수 있습니다. | |
| 다양한 매체로<br>맛보기 | 선덕여왕에 대해 알아보기<br>( http://mtcha.com.ne.kr/king/sinra/king27.htm )<br>『선덕여왕-우리나라 최초의 여성 임금 / 대한미디어지음 / 홍진P& | |
| 어떻게 읽을까 | 1. 선덕 여왕의 성격은 어떠한지 생각하며 읽어 봅시다.<br>2. 신라시대, 여성의 지위는 어떠했는지 생각하여 봅시다.<br>3. 선덕 여왕의 업적은 어떠한 것이 있는지 알아 봅시다. | |
| 무엇을 토론할까 | 1. 임금이 갖추어야 할 덕목은 무엇인지 친구들과 토의해 봅시다.<br>2. 나라의 온전히 지켜 온 선덕 여왕의 지혜와 리더십은 무엇인지 말해 봅시다.<br>3. 선덕 여왕의 지혜와 덕을 알 수 있는 사건은 무엇인지 말해 봅시다 | |
| 무엇을 써 볼까 | 1. 선덕 여왕의 리더십을 알 수 있는 사건은 무엇인지 글로 써 봅시다.<br>2. 이 책을 읽고 선덕 여왕을 통해 본받은 점은 무엇인지 써 봅시다.<br>3. 선덕 여왕을 왜 지혜와 덕을 갖춘 여왕이라고 하는지 그 까닭을 생각하여 적어 봅시다. | |

# 나는 빼꾸기다

김혜연

| 도 서 명 | 나는 빼꾸기다 | |
|---|---|---|
| 도서정보 | 글 김혜연 / 비룡소 / 2009년 / 215쪽 / 9,000원 | |
| 분　류 | 목적(정서표현) / 분야(인문) / 시대(현대) / 지역(대한민국) | |
| 관련 교과/<br>관련 교육과정 | 국어(읽기) | 4학년 1-(6) 의견을 나누어요<br>* 등장인물의 행동에 대해 의견 나누기 |
| 어떤 책일까 | 빼꾸기와 기러기, 열한 살 소년과 아저씨, 과연 친구가 될 수 있을까요? 동재가 여섯 살 때 엄마가 외삼촌 집에 동재를 맡기고 떠나는 바람에 동재는 외삼촌댁에 얹혀사는 '빼꾸기' 신세가 되었습니다. 그런 동재에게 어느 날 색다른 친구가 생겼다. 바로 옆집 902호에 새로 이사 온 아저씨입니다. 집 열쇠가 없어 집밖에서 오줌을 싸 버린 동재를 자기 집에 불러 구해 준 이후로, 동재와 아저씨는 친구가 된 것입니다. 아저씨는 부인과 아이들을 모두 미국으로 유학 보낸 일명 기러기입니다. 비슷한 상황 때문일까? 두 사람은 서로에게 위로가 되어줍니다. 친척집에 얹혀 눈치를 보며 살아가야 하는 동재의 상황이 슬프고 불쌍하지만 오히려 동재에게선 힘든 상황을 인정하고 견디어 내는 긍정의 힘이 느껴지는 책입니다. 가족의 해체로 인하여 불안감을 느끼는 아이들이 많은 요즘, 사려 깊고 반듯한 동재를 통해 우리는 마음의 건강을 되찾을 수 있을 것만 같습니다. | |
| 다양한 매체로<br>맛보기 | 관련 도서 : 『아빠가 보고 싶어』 / 김중석 / 보림출판사<br>『열평 아이들』 / 원유순 / 창작과 비평 | |
| 어떻게 읽을까 | 1. 동재와 옆집 아저씨가 우정을 쌓아가는 과정을 살피며 읽어 봅시다.<br>2. 술만 마시며 자신을 돌보지 않는 아저씨와 묵묵히 자신의 상황에 최선을 다하는 동재의 행동을 비교하며 읽어 봅시다.<br>3. "사람들의 삶은 그렇게 간단하지 않아"라는 말의 뜻은 무엇인지 생각 해 봅시다. | |
| 무엇을 토론할까 | 1. 여러분에게도 비밀의 방이 생긴다면 어떨 것 같습니까?<br>2. 외삼촌 집에 동재를 버려두고 오년이나 연락이 없는 엄마의 행동에 대하여 이해할 수 있는지 이야기 해 봅시다.<br>3. 건이형의 행동에 대해 동재는 마음속에 슬픔이 있어서, 아저씨 말처럼 불행해서 그랬던 것이라고 그래서 꼭 안아주고 싶다고 하였는데, 여러분도 동재처럼 나를 괴롭히는 형을 안아줄 수 있을지 이야기 해 봅시다. | |
| 무엇을 써 볼까 | 1. 동재에게서 배울 점이 있다면 무엇인지 나의 경험과 관련지어 글로 써 봅시다.<br>2. 가족이 함께 살면 좋겠지만, 여러 가지 사정으로 함께 살지 못하는 가족들도 많이 있습니다. 가족이 함께 산다는 것의 의미는 무엇인지 그리고 함께 살지 못할 경우 바람직한 가족의 모습이란 무엇일지 자신의 생각을 글로 써 봅시다.<br>3. 동재와 아저씨를 통하여 볼 때 친구의 조건은 무엇일까요? 여러분이 생각하는 친구의 조건을 적어 봅시다. | |

# 멀쩡한 이유정

유은실

| 도 서 명 | 멀쩡한 이유정 | |
|---|---|---|
| 도서정보 | 유은실 / 푸른숲 /4 2008년 / 148쪽 / 8,500원 | |
| 분 류 | 목적(설득) / 분야(인문) / 시대(현대) / 지역(한국) | |
| 관련 교과/<br>관련 교육과정 | 국어 | 4학년 1-(1) 생생한 느낌 그대로<br>* 이야기 속 인물과 나를 관련지어 말하기 |
| 어떤 책일까 | 돌아가신 할아버지가 술주정뱅이였다는 사실을 알고 거짓말하지 않으며 남들 앞에서 창피하지 않을, 나만의 할아버지 숙제 방법을 찾아내는 경수와, 사학년이 되도록 동생을 따라다녀야 하는 길치 유정이, 생활 보호 대상자로 살면서 빈병 팔아 모은 돈으로 '진짜 자장면'과 '진짜 새우'를 먹어 보기 위해 좌충우돌하는 할아버지 이용수와 손자 이기철 등 어딘지 모르게 부족해 보이는 이들이 주인공인 책입니다. 하지만 그렇다고 결코 심각하거나 서글프지 않습니다. 왜냐하면 '남들에게는 있는데 내게는 없는 것', 혹은 '남들은 다 되는데 나는 잘 안 되는 것'에 대해 나만이 아니라 누구나 한 번쯤은 고민한다는 것을 알았기 때문입니다. 혼자만 못난 것 같아 가슴을 앓거나 멀쩡해 보이려 애를 쓰는 것이 세상의 모든 '보통 아이들'이라는 것을 알았기 때문입니다. 이 책은 그렇게 지금 그대로의 삶도 얼마든지 아름답고 멀쩡한 것이라고 말하고 있습니다. | |
| 다양한 매체로<br>맛보기 | 관련 도서 : 『나는 문제없는 문제아』/유효진/대교출판<br>『우리 모두 꼴찌 기러기에게 박수를』 / 한나 요한센 / 시공주니어 | |
| 어떻게 읽을까 | 1. 다섯 편의 동화에 등장하는 주인공들이 가진 고민과 문제가 무엇인지 그리고 그것을 어떻게 넘어서는지 살피며 읽습니다.<br>2. 나의 경험을 떠올려 주인공들의 마음이 어떠했을지 생각하며 읽습니다. | |
| 무엇을 토론할까 | 1. 혼자만 못난 것 같아 가슴앓이 해 본 경험이나 멀쩡해 보이려고 애쓴 적이 있는지 친구들과 이야기 해 봅시다.<br>2. 습관, 성격, 공부, 건망증 등 사람들은 저마다 '문제' 하나쯤은 가지고 삽니다. 그런데 그것이 정말 '문제'일까요? 고치기 위해 노력해야 할 일인지, 있는 그대로 받아들여 인정하면 될 일인지 토론해 봅시다.<br>3. 「그냥」에서는 어머니께서 병원에 입원을 하셔야 하는 상황에 나는 '눈물' 대신 '자유에 대한 기대감'을 갖습니다. 나의 이 같은 마음에 대하여 여러분은 어떻게 생각합니까? | |
| 무엇을 써 볼까 | 1. 완벽해지기 위해 끊임없이 노력하는 삶의 태도와 지금 그대로의 모습에 만족하고 사는 삶의 태도 중 하나를 선택해야 한다면 여러분은 어떤 삶의 태도를 지니겠는지 서술해 봅시다.<br>2. 남보다 부족하다 여겨지기 때문에 생기는 마음속의 고민과 갈등에서 벗어날 수 있는 방법을 경험이나 사례를 들어 서술해 봅시다.<br>3. 이유 없이 마음대로 놀아본 경험이 줄 수 있는 좋은 점은 무엇인지. 규제하려는 어른들을 대상으로 설득하는 글을 써 봅시다. | |

# 아낌없이 주는 나무

셸 실버스타인

| 도 서 명 | 아낌없이 주는 나무 | |
|---|---|---|
| 도서정보 | 글 셸 실버스타인 / 시공사 / 2006년 / 64쪽 / 6,000원 | |
| 분　류 | 목적(정서표현) / 분야(인문) / 시대(현대) / 지역(미국) | |
| 관련 교과/<br>관련 교육과정 | 국어 (읽기) | 4학년 2-(2) 2. 책 속의 길을 따라<br>* 이야기 읽고 주제 말하기 |
| 어떤 책일까 | 옛날에 나무 한 그루가 있었습니다. 소년은 나무를 무척이나 사랑했습니다. 나무도 소년을 사랑하였습니다. 나무는 소년의 놀이터가 되어주기도 하고, 열매와 가지와 줄기를 내주었습니다. 나중에 노인이 되어 찾아온 소년에겐 쉴 수 있도록 밑동을 내어주기도 하였습니다. 나무는 소년이 행복해 하는 모습을 보며 자신이 가진 모든 것을 내어주었습니다.<br>이 책은 오랫동안 전 세계 아이들, 그리고 어른들에게까지 사랑을 받아온 책입니다. 인생의 참된 가치가 무엇인지 생각해보게 하고, 무엇보다 소년을 향한 나무의 무조건적인 사랑이 감동적으로 그려진 책입니다. | |
| 다양한 매체로<br>맛보기 | 관련 매체 : 아낌없이 주는 나무 클래식 애니메이션 (네이버)<br>관련 도서 : 『사랑해 사랑해 사랑해』/버나뎃 로제티 슈스탁 / 보물창고 『동화로 읽는 가시고기 1.2 』 / 조창인 / 파랑새 주니어 | |
| 어떻게 읽을까 | 1. 나무와 소년의 관계에 대하여 생각하며 읽어 봅시다<br>2. 나무는 소년에게 무엇 무엇을 주었는지 살피며 읽어 봅시다<br>3. 이 책을 쓴 작가는 독자에게 어떠한 말을 하고 싶었던 것인지 생각하며 읽어 봅시다. | |
| 무엇을 토론할까 | 1. 이 책의 나무처럼 모든 것을 조건 없이 주기만 하는 나무의 사랑 방법이 과연 옳은 것인지 의견을 주고받아 봅시다.<br>2. 소년을 나무를 사랑하였다고 하지만, 나무에게 많은 것을 요구하였습니다. 과연 소년이 진정 나무를 사랑한 것일까요? 친구들과 이야기 해 봅시다.<br>3. 여러분이 가진 것 중에서 누군가에게 나누어 줄 수 있는 것이 있다면 어떤 것이 있을지 이야기 해 봅시다. | |
| 무엇을 써 볼까 | 1. 자신이 가진 것을 나누어 주는 것에서 행복을 찾는 나무처럼 여러분도 혹시 자신이 가진 것을 나누어 주면서 기쁨을 얻은 경험이 있는지, 있다면 그때의 느낌은 어떠했는지 글로 표현해 봅시다.<br>2. 아낌없이 주는 나무를 통해 떠오른 사람이 있다면 누구인지 그리고 그 이유는 무엇인지 글로 써 봅시다. | |

# 도서관에 가지마, 절대로

이오인콜퍼

| 도 서 명 | 도서관에 가지마, 절대로 | |
|---|---|---|
| 도서정보 | 글 이오인콜퍼 / 국민서관 / 2006년 / 96쪽 / 7,000원 | |
| 분 류 | 목적(정서표현) / 분야(인문) / 시대(현대) / 지역(유럽) | |
| 관련 교과/<br>관련 교육과정 | 국 어 ( 듣 . 말 . 쓰)4-1 | 4학년 1-(7) 넓은 세상 많은 이야기<br>* 도서관에서 책 찾아 읽고 친구에게 소개하기 |
| 어떤 책일까 | 말썽꾸러기 남자 아이들이 다섯이나 되는 집의 엄마 아빠는 아이들의 장난에 지쳐버립니다. 그래서 첫째 윌리엄과 둘째 마틴을 도서관에 보내겠다고 생각합니다. 그러나 억지로 끌려간 도서관에서 아이들은 사서 선생님을 골탕 먹일 궁리만 합니다. 하지만 번번이 선생님에게 들켜 혼나게 되고, 결국 억지로 책 읽는 척을 하던 아이들은 우연히 책에서 재미를 발견하게 됩니다. 이제 아이들은 베리 핀과 함께 광대한 미시시피 강을 여행하고, 로빈후드를 통해 활쏘기를 배우기도 합니다. 그런데 더 이상 읽을 책이 없어진 아이들이 이번엔 몰래 어른들 자료실에서 책을 가져오다 발각이 됩니다. 혼날 줄 알았던 아이들은 이를 계기로 어른자료실에 출입할 수 있는 카드를 받게 됩니다. 말썽꾸러기 두 아이가 책의 재미를 알아가는 과정을 재미있게 그린 책입니다. | |
| 다양한 매체로 맛보기 | 관련 매체 : 국립어린이청소년도서관 http://www.nlcy.go.kr<br>관련 도서 : 『일기 도서관』 / 김유미 / 사계절출판사<br>『맑은 날엔 도서관에 가자』 / 미도리카와 세이지 / 햇살과 나무꾼<br>『도서관이 키운 아이』 /칼라모리스 / 그린북 | |
| 어떻게 읽을까 | 1. 책의 제목을 보고 내용을 먼저 상상해 봅니다.<br>2. 책 읽기 싫어하는 아이들이 어떻게 책의 재미에 빠지게 되는지 그 과정을 살피며 읽습니다.<br>3. 머피 사서 선생님의 생각이 어떻게 변화하는지 생각하며 읽습니다 | |
| 무엇을 토론할까 | 1. 책 읽기 싫어하는 아이들에게 어떻게 하면 책의 재미를 느낄 수 있게 할 수 있을까요? 생각을 주고 받아 봅시다.<br>2. 머피 사서 선생님이 사서로서 가지는 장점과 단점은 무엇인지 이야기해 봅시다. | |
| 무엇을 써 볼까 | 1. 윌리엄과 마틴은 책을 통해 즐거움, 그리고 많은 것들을 배웠습니다. 여러분도 책을 통해 얻은 것이 있다면 어떤 것인지 구체적으로 서술해 봅시다.<br>2. 머피 사서 선생님은 말썽꾸러기 아이들에 대하여 너무나 잘 알고 있기 때문에 아이들의 장난이 통하지 않습니다. 여러분은 이런 머피 선생님을 지독한 선생님이라 생각하는지 아니면 오히려 신뢰할 수 있는지 생각을 적어 봅시다. | |

# 프린들 주세요

앤드루 클레먼츠

| 도 서 명 | 프린들 주세요 | |
|---|---|---|
| 도서정보 | 앤드루 클레먼츠 / 사계절 / 2008년 / 171쪽 / 9,500원 | |
| 분 류 | 목적(정보전달) / 분야(인문) / 시대(현대) / 지역(미국) | |
| 관련 교과/<br>관련 교육과정 | 국어(읽기) | 4학년 1-(2) 정보를 찾아서<br>* 사전에 대하여 알아보기 |
| 어떤 책일까 | 링컨 초등학교에 다니는 닉은 언제나 기발하고 재미있는 생각으로 친구들을 즐겁게 해줍니다. 그런 소년 닉이 이번에는 '펜'이란 말 대신 '프린들'(Frindle)이라는 말을 쓰면서 그레인저 선생님과 유쾌한 '언어 전쟁'을 시작하게 됩니다. 국어사전을 진리라 믿는 그레인저 선생님의 노력에도 불구하고 '프린들'이라는 말은 일파만파 퍼져 결국 사전에까지 오르게 됩니다. 나중에서야 닉은 그레인저 선생님이 방해꾼 아닌 닉을 돕기 위해 악역을 자처했음을 알게 됩니다. 단어는 어떻게 생겨나는 것일까? 라는 호기심을 누구나 한번쯤은 품어보았을 것입니다. 그래서 닉의 행동이 더욱 유쾌하게 느껴지는 책입이다. 또한 창의력이 풍부한 아이를 교실이라는 테두리 안에서 훌륭하게 성장시켜 나가는 선생님에게도 박수를 보내지 않을 수 없게 만드는 책입니다. | |
| 다양한 매체로<br>맛보기 | 관련 매체 : 동영상 〈우리말이 걸어온 길〉 http://hangeulnal.com<br>관련 도서 : 『세상을 바꾼 말 한마디』 / 햇살과 나무꾼 / 아이세움<br>『예쁜 우리말 사전』 / 박남일 / 파란자전거 | |
| 어떻게 읽을까 | 1. 어떻게 하여 낱말이 만들어지는지 생각하며 읽으세요.<br>2. 「프린들」이라는 낱말이 사람들에게 알려지는 과정을 살피며 읽어 봅시다.<br>3. 그레인저 선생님의 역할이 무엇인지 생각하며 읽어 봅시다 | |
| 무엇을 토론할까 | 1. 언어는 사회성과 창조성을 동시에 가지고 있습니다. 언어의 특성을 생각할 때 「프린들」이라는 새로운 말을 만들어 낸 닉의 행동은 옳은 것이었을까요?<br>2. 닉처럼 기발한 생각으로 큰돈을 벌게 된다면 그 돈을 어떻게 쓰고 싶은지 이야기 해 봅시다.<br>3. 사람은 어떤 사람을 만나느냐에 따라 많은 영향을 받는다고 합니다. 닉에게 있어 그레인저 선생님처럼 자신의 삶에 큰 영향을 미친 분이 계시다면 소개해 봅시다. | |
| 무엇을 써 볼까 | 1. 학문은 창조적인 생각에 의해 발전한다는 말의 근거가 될 수 있는 사례를 찾아 글로 써 봅시다.<br>2. 호기심과 창의력이 풍부한 아이는 때론 수업의 방해자가 될 수도 있습니다. 그렇다면 닉과 같이 행동하는 아이에겐 당연히 제재를 가해야 하는 것이 아닐까요? 각자의 입장을 정해 자신의 생각을 논술해 봅시다.<br>3. 펜을 프린들이라 부른 닉처럼 우리 주변에 있는 물건 중 바꾸어 부르고 싶은 것이 있는지, 있다면 왜 그런지 이유를 설명 해 봅시다 | |

# 박씨부인

정출헌

| 도 서 명 | 박씨부인 | |
|---|---|---|
| 도서정보 | 글 정출헌 / 한겨레아이들 / 2009년 / 109쪽 / 8,500원 | |
| 분 류 | 목적(정서표현) / 분야(사회) / 시대(조선) / 지역(대한민국) | |
| 관련 교과/<br>관련 교육과정 | 국어 (듣.말.쓰) | 4학년 1-(1) 생생한 느낌 그대로<br>* 이야기의 인물과 나를 관련지어 말하기 |
| 어떤 책일까 | 병자호란 때 비범한 능력을 발휘한 박씨 부인의 흥미진진한 활약상을 담고 있는 책입니다. 박씨부인은 얼굴이 못생겼다는 이유로 남편과 시어머니를 비롯한 주변 사람들에게 온갖 수모를 당합니다. 하지만 박씨 부인은 자신이 가진 신통력으로 남편을 출세시키고 병자호란 때 위험에 빠진 조선을 구합니다. 박씨 부인은 실존 인물은 아니지만 편견을 이겨낸 여장부의 모습을 통해 용기를 배울 수 있을 것입니다. 또한 역사적 사실을 있는 그대로 담아내지는 않았지만, 나라의 위기에 제대로 대처하지 못한 임금과 신하의 무능함을 꼬집기도 합니다. | |
| 다양한 매체로<br>맛보기 | 관련 매체 : 뮬란 (애니메이션)<br>관련 도서 : 『조선 최초의 여자 어의 대장금』 / 박지은 / 가가M&B | |
| 어떻게 읽을까 | 1. 병자호란의 역사적 배경을 생각하며 읽습니다.<br>2. 박씨 부인의 활약상을 머릿속에 그리면서 읽습니다.<br>3. 등장인물의 말과 행동을 통하여 주제를 생각하며 읽습니다. | |
| 무엇을 토론할까 | 1. 우리 사회에서 사람을 평가할 때 외모는 매우 큰 역할을 합니다. 그래서 그런지 성형 열풍은 점점 거세지기만 합니다. 첫인상을 결정하는 외모, 중요하긴 하지만 사람을 판단하는 하나의 기준으로서 적합하다고 할 수 있을지 이야기 해 봅시다.<br>2. 의사결정 상황에서 우리는 주로 대표자들에 의해 결정을 합니다. 약자(여자, 어린아이, 지위가 낮은 사람)의 의견은 듣는 것이 왜 중요할까요? | |
| 무엇을 써 볼까 | 1. 박씨부인처럼 편견을 딛고 두드러진 활약을 펼친 사람의 예를 알고 있으면 소개해 봅시다.<br>2. 사람을 평가하는 바른 기준을 생각하여 써 봅시다.<br>3. 박씨부인이 남자였다면 사건은 어떻게 전개되었을지 상상하여 써 봅시다. | |

# 청아, 청아 눈을 떠라

공진하

| 도 서 명 | 청아, 청아 눈을 떠라 | |
|---|---|---|
| 도서정보 | 공진하 / 청년사 / 2007년 / 127쪽 / 8,000원 | |
| 분 류 | 목적(정서표현) / 분야(인문) / 시대(고려) / 지역(대한민국) | |
| 관련 교과/<br>관련 교육과정 | 국어 (읽기) | 4학년 1-(3) 이 생각 저 생각<br>* 등장인물에 대한 의견 비교하기 |
| 어떤 책일까 | 우리가 많이 읽었던 심청전은 심청의 효심에 관한 이야기였습니다. 그러나 이 책은 심청이 아닌 심청의 아버지 이야기입니다. 초라하고 볼품없는 심봉사가 아니라 영특하고 기품 있는 심학규의 이야기입니다. 심학규는 심청전에서와 같이 시각장애인이지만 시각장애인이라고 하여 아무것도 할 수 없고 보호받아야 한다는 생각을 가지지는 않았습니다. 오히려 스스로 무언가를 할 수 없을 때 가장 힘들어 하였습니다. 진정 눈을 떠야 할 사람은 시각장애를 가진 심학규가 아니라 장애에 대한 편견을 가진 심청이었다는 것, 그리고 결국 심청이 마음의 눈을 뜨게 되며 이야기가 끝납니다. 생각해 보면 우리는 겉모습으로 사람을 판단하려 하고 또한 겉모습으로 그 사람의 삶을 결정지으려 하는 경향이 있습니다. 그런 의미에서 볼 때 삶을 살아가는데 있어서 중요한 것은 겉모습이 아니라는 것을 심학규를 통해 말하고 있는 이 책은 특별한 의미를 지니고 있다고 할 수 있습니다. | |
| 다양한 매체로<br>맛보기 | 관련 도서 : 심청전』 / 장철문 / 창비<br>『심청이 무슨 효녀야?』 /이경혜 / 바람의 아이들<br>『어두운 눈을 뜨니 온 세상이 장관이라』 /정출헌 / 나랏말 | |
| 어떻게 읽을까 | 1. 심청이 등장하는 이야기는 여러 가지가 있습니다. 등장인물이 같은 다른 이야기와 비교하며 읽어 봅시다.<br>2. 심학규의 생애를 시간의 순서에 따라 정리해 봅시다<br>3. 심청, 심학규, 뺑덕어멈, 스님 등 등장인물의 성격을 파악하며 읽어 봅시다. | |
| 무엇을 토론할까 | 1. 박연은 장애를 가진 사람에게 할 일을 주는 것이 국가적으로도 이익이고, 개인에게도 좋은 일이라고 하였습니다. 이 말이 의미하는 것은 무엇일까요?<br>2. 장애를 가진 사람들이 어려움 없이 사회에 적응하고 자립할 수 있도록 하기 위해서 우리는 어떠한 노력을 기울여야 할지 이야기 해 봅시다. | |
| 무엇을 써 볼까 | 1. 심청은 장애를 가진 아버지를 부끄러워하여 아버지의 반대에도 불구하고 어린 나이에 밖에 나가 온갖 일을 합니다. 이런 심청의 행동에 대하여 어떻게 생각하는지 여러분의 견해를 적어 봅시다.<br>2. 시각장애를 가졌지만 재주를 가진 사람에게 할 일을 주자고 한 박연의 행동에 대하여 어떻게 생각하는지 여러분의 생각을 글로 표현해 봅시다. | |

# 성적표

앤드루 클레먼츠

| 도 서 명 | 성적표 | |
|---|---|---|
| 도서정보 | 글 앤드루 클레먼츠 / 웅진주니어 / 2007년 / 242쪽 / 8,500원 | |
| 분　　류 | 목적(정서표현) / 분야(인문) / 시대(현대) / 지역(대한민국) | |
| 관련 교과/<br>관련 교육과정 | 국어 (읽기) | 4학년 1-(6) 의견을 나누어요<br>* 의견이 적절한지 판단하며 읽기 |
| 어떤 책일까 | 노라는 뛰어난 지능을 타고난 천재 소녀이지만 자신의 천재성을 모든 사람들에게 감추며 살아갑니다. 심지어 가족들에게도. 자신이 남들과 달리 매우 똑똑하다는 것을 알면 다른 사람들에게 끌려 다니느라 자신이 하고 싶은 것을 마음대로 할 수 없게 된다는 것을 알기에 오히려 평범해 보이기 위해 노력하는 것입니다. 그러다 결국 천재성이 발각이 되고, 노라의 천재성을 확인한 가족과 학교 선생님들은 흥분하지만 노라는 자신이 진정 원하는 삶을 살고 싶다고 이야기합니다. 성적이 좋든 나쁘든, 천재이든 천재가 아니든, 누구나 스스로의 삶에 대하여 선택할 권리가 있다는 메시지를 던져주는 책입니다. | |
| 다양한 매체로<br>맛보기 | 관련 도서 : 『성적표 받은 날』 / 진 윌리스 / 내 인생의 책<br>『똑똑하다는 것은 무엇일까?』 / 알베르 자카르 / 다섯 수레<br>『바꿔 버린 성적표』 / 김혜리 / 주니어김영사 | |
| 어떻게 읽을까 | 1. 제목을 보고 어떤 내용일지 먼저 상상해 본 후 읽어 봅시다.<br>2. 노라의 행동을 보며 적절한 행동인지 생각하며 읽어 봅시다. | |
| 무엇을 토론할까 | 1. 노라가 자신의 천재성을 주변 사람들에게 숨긴 일에 대하여 여러분은 어떻게 생각하는지 이야기 해 봅시다.<br>2. 노라는 나쁜 성적을 받았다고 해서 그 아이가 똑똑하지 않거나 좋은 성적을 받았다고 해서 꼭 그 아이가 영리하거나 하는 것은 아니라는 것을 보여주고 싶어했습니다. 이런 노라의 생각에 대하여 이야기를 나누어 봅시다. 그리고 현재 치르는 시험들이 여러분을 제대로 평가하고 있는지에 대해서도 이야기를 나누어 봅시다. | |
| 무엇을 써 볼까 | 1. 노라가 낮은 성적을 보고 부모님께서는 학교로 전화를 하고, 곧 노라를 비롯 부모님과 교장선생님, 생활지도 상담선생님과 로라를 지도한 모든 선생님들이 모여서 회의를 합니다. 우리나라와 비교하면 많이 다른 모습입니다. 이러한 교육방법에 대하여 어떻게 생각하는지 논리적으로 서술해 봅시다.<br>2. 요즘 우리나라는 영재교육 붐이라고 할 정도로 다양한 분야와 시설에서 영재교육을 하고 있습니다. 이러한 사회 현상에 대한 여러분의 견해를 적어 봅시다. | |

# 조커 학교 가기 싫을 때 쓰는 카드

수지 모건스턴

| 도 서 명 | 조커 학교 가기 싫을 때 쓰는 카드 | |
|---|---|---|
| 도서정보 | 수지 모건스턴 / 문학과 지성사 / 2002년 / 73쪽 / 6,000원 | |
| 분 류 | 목적(정서표현) / 분야(인문) / 시대(현대) / 지역(미국) | |
| 관련 교과/<br>관련 교육과정 | 국어(듣말쓰) | 4학년 2-(5) 가슴을 열고<br>* 우리 반에서 있었던 일 과정이 드러나게 말하기 |
| 어떤 책일까 | 운동을 아주 잘할 것 같은 젊은 선생님이 아니라, 주름투성이에 배가 공만하고 흰머리가 사방으로 뻗친 늙은 노엘이라는 선생님이 우리 담임선생님이라고 합니다. 그런데 노엘 선생님은 지금까지의 선생님들과는 다릅니다. 아이들 모두에게 잠자리에서 일어나고 싶지 않을 때 쓰는 조커, 학교에 가고 싶지 않을 때 쓰는 조커, 숙제한 것을 잃어버렸을 때 쓰는 조커 등을 선물하는 것이 아닙니까? 이 외에도 항상 새롭고 기발한 발상으로 아이들을 깜짝 놀라게 하는 선생님의 수업 방식은 아이들에게 학교 오는 즐거움을 선사합니다. 그렇지만 노엘 선생님은 완고하고 꽉막힌 교장선생님의 노여움을 사게 되고 결국 학교를 그만둘 수밖에 없게 되지만, 우리 모두는 노엘 선생님의 가르침을 통해 인생의 값진 선물을 받게 될 것입니다. | |
| 다양한 매체로 맛보기 | 관련 도서 : 『학교에 간 개돌이』 / 김옥 / 창비<br>『선생님, 우리 선생님』 / 페트리샤 폴라코 / 시공주니어<br>『학교야 공 차자』 / 김용택 / 보림 | |
| 어떻게 읽을까 | 1. 노엘 선생님의 선물인 조커, 아이들이 어떻게 조커를 사용하는지 찾아가며 읽어 봅시다.<br>2. 사람이 태어나면서 자동적으로 받게 되는 조커들을 그냥 간직하기 보다는 사용하는 것이 낫다는 말의 의미를 생각하며 읽어봅시다<br>3. 노엘 선생님이 아이들에게 말하고 싶은(가르쳐주고 싶은) 것은 무엇인지 생각하며 읽어 봅시다. | |
| 무엇을 토론할까 | 1. 노엘 선생님 같으신 분이 여러분의 담임선생님이 되신다면 어떨 것 같은지 이야기 해 봅시다.<br>2. 조커를 통해 자유를 얻은 아이들. 그렇지만 때론 그로 인하여 수업이 중단되기도 하고, 다른 반에 피해가 될 것도 같습니다. 조커 사용에 대한 여러분의 생각은 어떠합니까?<br>3. 노엘 선생님이 인생의 시련들이라 부른 수련 수업 꼭 필요한 것일까요? 굳이 미리 체험을 해보아야 좋은 것인지 의견을 주고 받아 봅시다. | |
| 무엇을 써 볼까 | 1. 이 책의 노엘 선생님처럼 조커를 만든다면 여러분은 어떤 조커를 만들어 누구에게 선물하고 싶은지 생각을 글로 써 봅시다.<br>2. 새로운 교육법의 노엘 선생님과 꽉 막힌 교장선생님. 두 선생님의 모습을 통해 이 시대에 진정 필요한 선생님은 어떤 모습이어야 할지 여러분의 생각을 글로 표현해 봅시다.<br>3. 모든 것은 때가 있는 법이다(65쪽)가 의미하는 것은 무엇일지 예들 들어 서술해 봅시다. | |

# 최고의 이야기꾼 구니버드

로이스 로리

| 도 서 명 | 최고의 이야기꾼 구니버드 | |
|---|---|---|
| 도서정보 | 로이스 로리 / 보물창고 / 2007년 / 122쪽 / 8,500원 | |
| 분 류 | 목적(사회적상호작용) / 분야(인문) / 시대(현대) / 지역(미국) | |
| 관련 교과/<br>관련 교육과정 | 국어(듣말쓰) | 4학년 1-(1) 생생한 느낌 그대로<br>* 기억에 남는 이야기를 친구들과 주고받아보기 |
| 어떤 책일까 | 어느 날 주목받는 것을 좋아하는 아이가 전학을 왔습니다. 구니버드 그린. 발랄하고 똑똑하고 조금은 당돌하기도 한 아이. 전학온 날 마침 '재미있는 이야기를 만드는 방법'시간에 친구들의 요청에 따라 구니버드는 자신이 겪은 이야기를 풀어놓게 됩니다. 자신의 이름이 어떻게 생기게 되었는지부터 일상생활에서 자신이 겪은 이야기를 매우 흥미진진하게 때론 손에 땀을 쥐게 하며 이야기를 풀어놓습니다. 독특한 옷차림과 행동으로 구니버드를 이상하게 보던 선생님과 아이들은 차츰 구니버드의 흥미진진한 이야기 세계에 빠지게 되지요. 이 책을 읽다보면 구니버드의 재미있는 이야기도 이야기지만, 이야기 속에 담긴 말놀이의 즐거움에도 흥미를 느끼게 될 것입니다. | |
| 다양한 매체로<br>맛보기 | 관련 도서 : 『그림형제 동화집』 / 그림형제 / 비룡소<br>『어린이 아라비안 나이트』 / 김수연 / 홍진 P&M | |
| 어떻게 읽을까 | 1. 피죤 선생님이 구니버드에게 하는 질문과 아이들에게 하는 조언을 살피며 읽어봅시다<br>2. 이 동화는 말놀이의 재미를 모티브로 하여 이야기를 풀어나가고 있습니다. 여러분도 구니버드처럼 말놀이를 모티브로 한 이야기를 만들어봅시다.<br>3. 이야기를 듣던 아이들의 변화에도 관심을 가지며 읽어 봅시다. | |
| 무엇을 토론할까 | 1. 이 책에서 구니버드가 이야기꾼이라면 아이들과 선생님은 청중이 될 것이다. 이야기가 진행됨에 있어서 이야기 하는 사람 즉, 화자와 청중의 역할은 무엇인지 토론해 봅시다.<br>2. 다른 사람 앞에서 말하기를 잘 한다는 것은 어떤 점에서 유익할까요?(혹은 왜 필요할까요?) 친구들과 이야기 해 봅시다. | |
| 무엇을 써 볼까 | 1. 구니버드는 타고난 이야기꾼 같지만, 가만히 살펴보면 이야기를 재미있게 하기 위해 필요한 요소들을 잘 알고 있었기 때문입니다. 구니버드의 이야기가 아이들에게 흥미를 불러일으킬 수 있었던 것은 구니버드가 어떠한 요소들을 잘 알고 있었기 때문인지 여러분의 생각을 써 봅시다.<br>2. 피죤 선생님의 교육방법에 대한 여러분의 생각을 써 봅시다. | |

# 우리 집에 왜 왔니?

안드레아 헨스겐

| 도 서 명 | 우리 집에 왜 왔니? | |
|---|---|---|
| 도서정보 | 안드레아 헨스겐/ 꿈터 / 2009년 / 117쪽 / 8,500원 | |
| 분 류 | 목적(우정) / 분야(문학) / 시대(근대) / 지역(독일) | |
| 관련 교과/<br>관련 교육과정 | 국어 | 4학년 2-(1) '생각의 열매를 모아' |
| | 과학 | 4학년 2-(1) '동물의 생김새' |
| 어떤 책일까 | 동물과 사람의 따뜻한 우정 이야기를 담은 책입니다. 어느 날 다비드는 숨겨둔 과자를 찾느라 장롱 아래를 더듬거리다 그 아래 숨어 있던 낯선 동물을 발견합니다. 다비드는 그 동물이 웜뱃이라는 것을 알게 됩니다. 그리고 동물원에서 탈출한 웜뱃에게 현상금이 걸렸다는 사실을 알게 됩니다. 다비드의 언어를 배우게 된 웜뱃은 자신이 곧 죽을 거라며 남은 시간을 다비드와 둘이 보내고 싶다고 말합니다. 웜뱃은 자신이 겪은 모험담을 다비드에게 들려주며 소통하는 웜뱃과 다비드의 우정을 통해 관계와 배려에 대해 생각할 기회를 가지게 됩니다.<br>이 책을 통하여 어떻게 하면 친구들을 이해하고 서로 배려하는 마음 가짐을 가질 수 있는지 알게 될 것입니다. | |
| 다양한 매체로<br>맛보기 | 관련 매체 : 하치 이야기, 안녕 쿠로, 듀마<br>관련 도서 : 『동물들이 사는 세상』 / 최종옥 / 아롬주니어 | |
| 어떻게 읽을까 | 1. 웜뱃이라는 동물은 어떤 특징을 가지고 있는지 생각하며 읽어 봅시다.<br>2. 동물과 사람의 우정에 대해 생각하며 읽어 봅시다.<br>3. 서로 소통하면 이해하는 능력을 기를 수 있습니다. 소통하는 능력이란 무엇인지 생각하며 읽어 봅시다. | |
| 무엇을 토론할까 | 1, 동물을 사랑하는 느낌과 사람을 좋아하는 느낌이 다를 수 있는지 토의하여 봅시다.<br>2. 아이들이 동물들을 대부분 사랑하는 까닭은 무엇인지 자신의 의견을 친구들에게 말해 봅시다.<br>3. 동양 아이들과 서양아이들이 좋아하는 동물들이 차이가 있는데 그 차이가 어디에서 온다고 생각하는지 의견을 나누어 봅시다. | |
| 무엇을 써 볼까 | 1. 애완동물과 생활하면서 좋은 점과 느낀 점을 글로 써 봅시다.<br>2. 작은 동물들을 관찰한 것을 관찰일기를 써 봅시다.<br>3. 자신이 사랑하는 동물을 떠올려 보고 편지를 띄워 봅시다. | |

# 비밀시험지

안점옥

| 도 서 명 | 비밀시험지 | |
|---|---|---|
| 도서정보 | 안점옥 / 사계절 / 2008년 / 176쪽 / 8,500원 | |
| 분 류 | 목적(사회적 상호작용) / 분야(사회) / 시대(현대) / 지역(대한민국) | |
| 관련 교과/<br>관련 교육과정 | 국어(듣말쓰) | 4학년 1-(3) 이 생각 저 생각<br>* 서로 다른 의견을 비교하며 토의하기 |
| 어떤 책일까 | 일상생활에서 아이들 마음 깊은 곳에서 벌어지는 일들을 재미있게 그려내고 있습니다. 학교에서 흔히 일어날 수 이야기를 담은 '넌 반장이야'부터 엄마와 아빠의 이혼으로 아빠와 둘이서 사는 수민이 이야기인 '따로따로 가족', 할머니와 손자의 '비밀결사'를 재미있게 다룬 '비밀시험지' 등 총 7편의 동화로 이루어져 있습니다. 이 이야기들에는 아이들만의 엉뚱하고도 솔직한 이야기들이 담겨 있습니다. 그리고 그 엉뚱하고도 솔직한 모습에 많은 친구들이 공감할 수 있을 것입니다. 나만이 아니라 많은 아이들이 나름대로의 심각한 고민들을 가지고 있음을 알게 될 것입니다. 그리고 고민과 어려움을 이겨내며 꿋꿋하게 성장하는 아이들을 통해 우리는 용기와 희망을 얻을 수 있을 것입니다. | |
| 다양한 매체로<br>맛보기 | 관련 매체 : 시험 (한스밴드의 노래)<br>관련 도서 : 『왕언니 망고』 / 송언 / 중앙M&B<br>『따로따로 행복하게』 / 배빗 콜 / 보림 | |
| 어떻게 읽을까 | 1. 등장인물이 처한 상황을 생각하며 읽습니다.<br>2. 각 사건마다 내가 주인공이라면 나는 어떻게 행동했을지 생각하며 읽습니다.<br>3. 각 이야기의 상황과 주제가 비슷한 책을 더 찾아 읽습니다. | |
| 무엇을 토론할까 | 1. '나다움'이란 무엇일까요? 여러분의 생각을 이야기 해 봅시다.<br>2. 요즘에는 부모님의 이혼으로 함께 살지 못하는 가족들도 많습니다. 달라진 여러 형태의 가정생활의 모습에 대하여 이야기 해 봅시다.<br>3. '친구 데려오기 운동'에 대하여 생각을 나누어 보세요. 좋은 점은 무엇이고 나쁜 점은 무엇인가요? | |
| 무엇을 써 볼까 | 1. 누군가의 도움을 받아 숙제를 잘 해가는 것과 못하더라도 스스로 해야 한다 중 어느 한쪽의 입장을 정하고 왜 그렇게 생각하는지 이유를 서술해 봅시다.<br>2. 반장으로서 칠판에 친구들의 이름을 적는 것에 대하여 어떻게 생각하나요? 같은 친구인데 반장이라는 이유로 친구들의 이름을 적을 권리가 있을까요? 여러분의 생각을 적어 봅시다. | |

# 판타지 수학 원정대

서지원

| 도 서 명 | 판타지 수학 원정대 | |
|---|---|---|
| 도서정보 | 서지원 / 미래아이 / 2008년 / 196쪽 / 9,800원 | |
| 분 류 | 목적(정보전달) / 분야(인문) / 시대(현대) / 지역(대한민국) | |
| 관련 교과/<br>관련 교육과정 | 수학 | 4학년 1-(2) 수와 연산 익히기 |
| 어떤 책일까 | 총 3권으로 구성된 판타지 수학 원정대 시리즈를 재미있게 읽다보면 어느새 수학의 원리를 깨닫게 됩니다. 초등학교 수학 교과서에 나오는 수학의 주요한 개념과 원리가 흥미로운 이야기 속에 숨어있기 때문입니다.. 그리고 수학에 대한 두려움을 가지고 있는 사람이 이 책을 읽는다면 수학이 어렵지 않다는 것을 느끼게 될 것입니다. 수학은 그저 단순히 문제를 푸는 것이 아니라 수학도 다른 학문과 마찬가지로 이해하고 생각하는 것이 더 중요합니다. 그런데 우리는 대개 수학을, 생각하고 이해하기에 앞서 문제풀이에 지쳐 수학을 싫어하게 되고, 어렵고 복잡한 학문이라고 생각하곤 합니다. 이 책은 수학적 사고를 위한 좋은 안내서될 수 있기 때문에 자연스럽게 수학의 원리에 접근하고 익힐 수 있도록 도와 줄 것입니다. | |
| 다양한 매체로<br>맛보기 | 관련 매체 : 『꼬마천재 테이트』 (영화)<br>관련 도서 : 『수학 귀신』 / H.M 엔젠스베르거 / 비룡소<br>『수학 대소동』 / 코라리 외 / 다산어린이 | |
| 어떻게 읽을까 | 1. 이 책에 나오는 수학적 개념과 원리가 무엇이 있는지 찾아보며 읽어 봅시다.<br>2. 이 책에 나온 위대한 수학자들에 대해 더 조사해 봅시다.<br>3. 수학과 관련된 역사적 사실을 찾아보며 읽어봅시다 | |
| 무엇을 토론할까 | 1. 아라비아 숫자 중 가장 중요한 숫자는 무엇일까요? 왜 그 숫자가 중요한지 이야기 해 봅시다<br>2-1. '논리적이다'라는 말은 어떤 때에 사용하는 말일까요?<br>2-2. 논리적인 사람이 되기 위해서는 어떠한 요소를 갖추어야 할까요? | |
| 무엇을 써 볼까 | 1. 수학자 중 한 사람을 골라 그 사람이 한 일에 대해 정리하여 써 봅시다.<br>2. 이 책에 나오는 현수와 건우를 비교해 봅시다.<br>3. 어떻게 하면 수학을 좋아하게 될까요? 좋은 방법이 있다면 소개해 봅시다. | |

# 12개의 황금열쇠

김용세

<table>
<tr><td>도 서 명</td><td colspan="2">12개의 황금열쇠</td></tr>
<tr><td>도서정보</td><td colspan="2">글 김용세 / 주니어김영사 / 2008년 / 200쪽 / 11,000원</td></tr>
<tr><td>분 류</td><td colspan="2">목적(정보전달) / 분야(과학) / 시대(현대) / 지역(아프리카)</td></tr>
<tr><td>관련 교과/<br>관련 교육과정</td><td>수학</td><td>4학년 1-(8) 규칙찾기</td></tr>
<tr><td>어떤 책일까</td><td colspan="2">형준이는 만나지움에서 출제되는 수학문제를 풀기 위해 최선을 다합니다. 형준이는 원래 컴퓨터 게임을 좋아해서 이번 여행에도 게임기를 세 개씩이나 챙긴 아이입니다. 반면 수학은 따분하고 어렵기만 한 과목입니다. 하는 수없이 들어간 만나지움에서 어려운 수학 문제를 접했을 때는 온몸에 식은땀이 날 뿐 멍해서 아무것도 할 수 없었습니다. 밤이 되어 어두워지자, 대출 풀고 나가고 싶은 마음이 생겼지만 만나지움 밖에서 기다리고 있을 부족 사람들의 기대를 저버릴 수가 없어서 결국 만나지움의 문제를 무사히 풀게 되어 그곳의 마을 사람들을 구해냅니다. 이 책은 수학에 대한 자심감과 흥미를 잃어버린 아이들에게 수학이 우리 생활과 밀접한 관련이 있음을 보여주고, 다시 한번 수학에 도전해 볼 수 있도록 하는 자신감을 심어 줍니다. 또한 형준이가 되어 열심히 문제를 함께 풀어나가다 보면 조금씩 수학에 대한 흥미를 갖게 될 것입니다.</td></tr>
<tr><td>다양한 매체로<br>맛보기</td><td colspan="2">관련 매체 : http://www.mathwars.co.kr (웹사이트)<br>관련 도서 : 『펭귄 365』 / 장-뤽 프로망탈 / 보림<br>『탈레스 박사와 수학 영재들의 미로게임』 / 김성수 / 주니어김영사</td></tr>
<tr><td>어떻게 읽을까</td><td colspan="2">1. 형준이 일행이 겪은 일의 차례를 생각해 봅니다.<br>2. 형준이가 되어 문제의 해결책을 함께 생각해 보며 읽어 봅시다.<br>3. 수학적 개념과 원리를 생각하며 읽어 봅시다.</td></tr>
<tr><td>무엇을 토론할까</td><td colspan="2">1. 계산기, 컴퓨터 및 여러 가지 기계들이 많은 요즘 세상에 수학 공부가 꼭 필요할까요? 혹시 입시를 위한 학문은 아닐까요? 여러분의 생각은 어떠합니까?<br>2. 우리 생활에서 수학이 필요한 예를 찾아 이야기 해 봅시다<br>3. 수학적 사고를 필요로 하는 문제를 잘 해결하기 위해서는 어떻게 공부해야 할까요? 함께 토론해 봅시다.</td></tr>
<tr><td>무엇을 써 볼까</td><td colspan="2">1. 계산기, 컴퓨터 및 여러 가지 기계들이 많은 요즘 세상에 수학 공부가 꼭 필요할까요? 혹시 입시를 위한 학문은 아닐까요? 여러분의 생각을 서술해 봅시다.<br>2. 우리 생활에서 수학이 필요한 예를 찾아 이야기해 봅시다<br>3. 수학적 사고를 필요로 하는 문제를 잘 해결하기 위해서는 어떻게 공부해야 할까요? 나만의 비법을 소개 해 봅시다.</td></tr>
</table>

# 어절씨구! 열두 달 일과 놀이

김은하

<table>
<tr><td>도 서 명</td><td colspan="2">어절씨구! 열두 달 일과 놀이</td></tr>
<tr><td>도서정보</td><td colspan="2">김은하 / 길벗어린이 / 2009년 / 56쪽 / 13,000원</td></tr>
<tr><td>분 류</td><td colspan="2">목적(정보 전달) / 분야(인문) / 시대(현대) / 지역(한국)</td></tr>
<tr><td>관련 교과/<br>관련 교육과정</td><td>국어</td><td>4학년 1-(2) ‘정보를 찾아서’</td></tr>
<tr><td>어떤 책일까</td><td colspan="2">이 책은 정월령부터 십이월령까지 열두 달의 이야기가 크게 두 부분으로 나뉘어 있습니다. 먼저 계절감을 잘 드러낸 [농가월령가]의 각 달 첫 구절을 따라, 자연의 변화무쌍한 모습과 농촌마을에서 벌어지는 일들이 만화경처럼, 큰 그림으로 볼 수 있습니다. 이 책은 전체적으로 그달의 농사일과 세시풍속, 놀이와 음식 등 아기자기한 생활사를 잘 설명한 글과 그림이 이어집니다.<br>옛사람들이 보여준 자연과 함께 하는 삶, 서로 보듬는 마음, 땀 흘리는 의미를 담고 깨달을 수 있습니다. 또한 아이들은 이 책 속에서 우리 조상들의 생활 모습을 통해 우리의 역사와 문화에 대해서 관심을 갖고 알 수 있는 기회를 맛 볼 수 있습니다.</td></tr>
<tr><td>다양한 매체로<br>맛보기</td><td colspan="2">‘농가 월령가’ 관련 인터넷 자료<br>( http://www.ldskorea.net/nonggaweolga.html )<br>『우리의 세시풍속과 전통놀이 백과사전』 / 허순봉 / 가람어린이</td></tr>
<tr><td>어떻게 읽을까</td><td colspan="2">1. 이 책에서 알 수 있는 ‘농가월령가’는 무엇인지 알아 봅시다.<br>2. 자연과 함께 하는 삶은 무엇인지 생각하며 읽어 봅시다.<br>3. 열 두 달 일과 놀이를 생각하며 책을 읽어 봅시다.</td></tr>
<tr><td>무엇을 토론할까</td><td colspan="2">1. 우리 조상들은 일 년 동안 어떠한 일을 했는지, 그 일을 통해 발휘한 지혜는 무엇인지 말해 봅시다.<br>2. 놀이는 일의 능률을 높이는지 친구들과 의견을 나누어 봅시다.<br>3. 친구들과 함께 즐겁게 하는 전래 놀이에는 무엇이 있는지 그 놀이 방법을 말해 봅시다.</td></tr>
<tr><td>무엇을 써 볼까</td><td colspan="2">1. 열두 달에서, 각 달에 관련된 일과 놀이를 적어 봅시다.<br>2. 우리 나라의 농사일과 세시풍속, 놀이와 음식을 찾아 작은 책을 만들어 봅시다.<br>3. 땀을 흘리고 일하면 어떠한 보람을 느낄 수 있는지 생각해 보고, 땀 흘려 일한 경험을 적어 봅시다.</td></tr>
</table>

# 둥글둥글 지구촌 경제 이야기

석혜원

<table>
<tr><td>도 서 명</td><td colspan="2">둥글둥글 지구촌 경제이야기</td></tr>
<tr><td>도서정보</td><td colspan="2">석혜원 / 풀빛 / 2009년 / 192쪽 / 9,500원</td></tr>
<tr><td>분 류</td><td colspan="2">목적(정보전달) / 분야(경제) / 시대(현대) / 지역(전세계)</td></tr>
<tr><td>관련 교과/<br>관련 교육과정</td><td>사회</td><td>4학년 1-(3) 더불어 살아가는 우리 지역</td></tr>
<tr><td>어떤 책일까</td><td colspan="2">아시아, 유럽, 북아메리카, 중남부 아메리카, 오세아니아, 아프리카 등 총 여섯 개의 대륙을 중심으로 세계의 여러 사람들이 어떻게 경제 활동을 하고 있는지 재미있고 쉽게 설명하고 있습니다. 이 책을 통해서 세계 경제가 어떻게 움직이고 있는지 알 수 있습니다. ‘모두 함께 잘 사는 세상’을 만들기 위해서는 우선 다른 사람들이 어떻게 살고 있는지 잘 알아야 합니다. 이 책은 세계 여러 나라 사람들의 경제 활동의 모습을 알아보며 합리적인 소비는 무엇인지 생각하는 기회를 줍니다. 합리적인 소비가 ‘질 좋은 상품을 싸게 사는 것’이라고 알고 있지만, 이제는 상품을 만든 사람들의 삶까지 생각할 줄 아는 ‘착한 소비’에도 관심을 갖아야 한다는 것을 생각하게 합니다. 경제는 ‘나만 잘살기’ 위해서가 아니라 ‘함께 잘사는 세상’을 만들기 위해서 알아야 한다는 점을 마음속에 새기게 합니다.</td></tr>
<tr><td>다양한 매체로<br>맛보기</td><td colspan="2">『어린이를 위한 경제 습관』, 어린이동화연구회, 꿈꾸는 사람들</td></tr>
<tr><td>어떻게 읽을까</td><td colspan="2">1. 아시아는 어떻게 경제 성장을 이루었는지 읽어 봅시다.<br>2. 유라시아 대륙의 서쪽에 있는 유럽은 어떻게 나뉘어져 있으며 어떠한 모습으로 경제가 변화했는지 알아 봅시다.<br>3. 북아메리카와 중남부 아메리카는 어떠한 모습으로 경제가 변화했는지 알아 봅시다.</td></tr>
<tr><td>무엇을 토론할까</td><td colspan="2">1. 미래를 이끌어 갈 우리에게 올바른 경제관은 무엇인지 의견을 나누어봅시다.<br>2. ‘합리적인 소비’는 무엇이라고 생각하는지 토론해 봅시다.<br>3. ‘나만 잘 사는 것’이 아니라 ‘함께 잘사는 세상’을 만들기 위하여 노력해야 할 점은 무엇인지 토의해봅시다.</td></tr>
<tr><td>무엇을 써 볼까</td><td colspan="2">1. 아시아의 경제는 어떠한 방향으로 움직이고 있는지 써 봅시다.<br>2. 우리나라의 경제 성장을 말하는 ‘한강의 기적’은 무엇인지 써 봅시다.<br>3. 마오리 족의 문화(155쪽)는 왜 훌륭한 관광 상품인지 써 봅시다.</td></tr>
</table>

# 쿵덕쿵 우리 쌀 이야기

박무형

<table>
<tr><td>도 서 명</td><td colspan="2">쿵덕쿵 우리 쌀 이야기</td></tr>
<tr><td>도서정보</td><td colspan="2">박무형 / 혜문서관 / 2009년 / 166쪽 / 13,500원</td></tr>
<tr><td>분 류</td><td colspan="2">목적(정보전달) / 분야(문화) / 시대(현대) / 지역(한국)</td></tr>
<tr><td rowspan="2">관련 교과/<br>관련 교육과정</td><td>사회</td><td>4학년 1-(2) '우리 지역의 자연 환경과 생활 모습'</td></tr>
<tr><td>사회</td><td>4학년 2-(2) '문화재와 박물관'</td></tr>
<tr><td>어떤 책일까</td><td colspan="2">볍씨가 우리 밥상에 오르는 쌀밥이 되기까지의 농사 및 탈곡 과정을 보여 주는 책입니다. 벼농사의 역사에서부터 쌀의 소중함과 더불어 벼와 쌀에 대한 모든 궁금증을 풀어 줄 수 있는 유익한 정보가 담겨 있는 책이기도 합니다. 이 책에서는 농부가 볍씨를 땅에 뿌리고 추수하기 까지 거쳐야 할 수고와 정성의 마음을 알게 해 주며 농사의 전 과정을 삽화와 실물 사진, 지도 등을 수록하여 알 수 있게 해 줍니다.<br>이 책 속에서 쌀이 단순한 식량의 의미를 넘어, 우리 민족의 역사, 문화, 경제, 자연환경 등에 나타나는 수많은 현상들을 설명하고 해석하는 중요한 코드 중의 하나라는 것을 알게 합니다. 또한 이러한 연관성으로 쌀에 대한 지식을 얻을 뿐만 아니라, 우리의 역사, 문화, 경제 전반에 걸친 지식와 이해를 형성할 수 있습니다.</td></tr>
<tr><td>다양한 매체로<br>맛보기</td><td colspan="2">벼농사 및 쌀 재배과정 인터넷자료<br>( http://www.ricesuda.co.kr/76)</td></tr>
<tr><td>어떻게 읽을까</td><td colspan="2">1. 볍씨가 어떠한 과정을 거쳐 쌀이 되는지 알아보며 읽어 봅시다.<br>2. 벼, 쌀, 밥, 떡과 관련된 속담에는 무엇이 있는지 알아 봅시다.<br>3. 조상들이 명절 및 주요 절기에 즐겨 먹는 떡은 무엇인지 알아보며 읽어 봅시다.</td></tr>
<tr><td>무엇을 토론할까</td><td colspan="2">1. '쌀'하며 제일 먼저 떠오르는 것이 무엇인지 이야기를 나누어 봅시다.<br>2. 빵이나 스파게티보다 쌀로 만든 음식이 좋은 이유를 말해 봅시다.<br>3. 쌀은 어떠한 방법으로 분류할 수 있는지 의견을 말해 봅시다.</td></tr>
<tr><td>무엇을 써 볼까</td><td colspan="2">1. '벼농사 88고개'라는 말의 의미는 무엇인지 글을 써 봅시다.<br>2. 벼농사를 지을 때, 필요한 농기구의 그림을 그려보고, 그 역할을 소개하는 안내장을 만들어 봅시다.<br>3. '탈곡, 건조, 도정, 정미소'를 거치는 벼가 쌀이 되는 과정을 간단하게 소개하는 글을 써 봅시다.</td></tr>
</table>

# 만화 사회 교과서

신의철, 이원이

<table>
<tr><td>도 서 명</td><td colspan="2">만화 사회 교과서: 한자를 알면 초등사회가 보인다!</td></tr>
<tr><td>도서정보</td><td colspan="2">신의철 · 이원이 / 창비 / 2009년 / 192쪽 / 11,000원</td></tr>
<tr><td>분 류</td><td colspan="2">목적(정보전달) / 분야(사회) / 시대(현대) / 지역(한국)</td></tr>
<tr><td>관련 교과/<br>관련 교육과정</td><td>사회</td><td>4학년 2-(3) 가정의 경제 생활</td></tr>
<tr><td>어떤 책일까</td><td colspan="2">이 책은 한자를 통해 사회 교과의 내용을 쉽게 이해할 수 있도록 가르치는 신한문 선생님, 반장으로 공부도 잘하고 모범적인 여학생 유리, 매사에 잘난 척이 심한 똘이, 멀쩡하게 생겨서 하는 말마다 말썽을 부르는 무개념 4차원 정신의 소유자 준이 등의 개성 있는 캐릭터들이 등장하는 책입니다. 만화를 통해서 자연스럽게 한자를 알게 되고, 한자로 된 필수 어휘와 초등학교 사회과의 기본적인 내용을 쉽게 이해할 수 있는 책입니다. 사회 공부에서 학생들은 주요 어휘가 주는 의미를 정확하게 이해하지 못해서 사회 공부의 어려움을 겪습니다. 이 책은 만화로 구성되어 있어서 재미있고 쉽게 사회의 주요 어휘를 파악할 수 있고, 그 뜻을 이해할 수 있습니다.<br>만화 속에 등장하는 신한문 선생님의 '사회 시간에 한자공부!'라는 수업 목표를 함께 도달하며 다양한 캐릭터들과 함께 즐겁게 사회 공부를 할 수 있는 유익한 책입니다.</td></tr>
<tr><td>다양한 매체로<br>맛보기</td><td colspan="2">- 즐겁고 재미있는 한자 공부<br>( http://www.hanjakorea.co.kr/main/home.htm )</td></tr>
<tr><td>어떻게 읽을까</td><td colspan="2">1. '환경, 이용, 자연, 생활'의 의미는 무엇이며 그 뜻을 한자로 익혀봅시다.<br>2. 신한문 선생님은 어떤 수업 목표를 지니고 계시는지 읽어 봅시다.<br>3. 1과에서 22과까지 나온 한자들을 정리하며 읽어 봅시다.</td></tr>
<tr><td>무엇을 토론할까</td><td colspan="2">1. '8과 대화가 필요해'를 읽고, 편지를 쓰면 좋은 점을 말해 봅시다.<br>2. '16과 나누고 모으고'를 읽고, 분업이 필요한 이유를 말해 봅시다.<br>3. 사회 공부를 할 때, 한자를 알고 공부해야 하는지 서로의 의견을 나누어 봅시다.</td></tr>
<tr><td>무엇을 써 볼까</td><td colspan="2">1. '등고선, 축척'을 한자로 써보고, 그 의미를 카드로 만들어 봅시다. (책 111-112쪽 참고)<br>2. '민속'의 뜻을 한자를 통해 써서 알아보고, 그 의미를 적어 봅시다. (책 74쪽 참고)<br>3. 한자를 통해 재미있는 사회 수업을 진행하는 신한문 선생님께 편지를 써 봅시다.</td></tr>
</table>

# 이 세상에는 공주가 꼭 필요하다

공지희

| 도 서 명 | 이 세상에는 공주가 꼭 필요하다 | |
|---|---|---|
| 도서정보 | 공지희 / 낮은산 / 2007년 / 67쪽 / 6,800원 | |
| 분 류 | 목적(정서표현) / 분야(인문) / 시대(현대) / 지역(대한민국) | |
| 관련 교과/<br>관련 교육과정 | 사회 | 4학년 1-(3) 더불어 살아가는 우리 지역<br>*다양한 사람들과 함께 더불어 살아가기 |
| 어떤 책일까 | 뚱뚱한데다 말까지 더듬는 한송이는 일년의 운명을 결정할 친구 사귀기에 도전하지만 역시 실패입니다. 개미처럼 작아져 어딘가 숨어버리고 싶은 그때, 남자애들만큼 짧은 머리카락에 다리가 다 드러나는 깡똥한 바지를 입고 실내화를 구겨 신고 다니는 춘희가 반갑다며 다가옵니다. 그들은 그렇게 친구가 되었습니다.<br>어느 날, 춘희는 송이의 귀에 대고 비밀 한 가지를 이야기 합니다. 그 비밀은 다름 아닌 자신이 공주라는 것. 춘희가 공주여야 하는 이유는 많다. 아버지에게는 '우리 공주님'하고 부를 공주가 필요하고, 사람들에겐 재개발 지역의 집들을 지켜줄 공주가 필요합니다. 무엇보다 춘희 스스로에게 자신이 공주라는 믿음이 필요합니다.<br>춘희를 둘러싼 모든 것이 작고 초라할지라도 구김살 없고 밝은, 어려움 속에서도 희망의 싹을 찾을 수 있는 춘희야 말로 이 시대의 진정한 공주가 아닐까 합니다. | |
| 다양한 매체로<br>맛보기 | 관련 도서 : 『그런 편견은 버려』 / 홍준희 / 주니어랜덤 | |
| 어떻게 읽을까 | 1. 「이 세상에는 공주가 꼭 필요하다」라는 제목의 뜻은 무엇인지 생각하며 읽어 봅시다.<br>2. 송이나 춘희의 입장이었다면 나는 어떠했을지 생각하며 읽어 봅시다.<br>3. 지금까지 내가 알던 공주들과 춘희의 다른 점은 무엇인지 생각하며 읽어 봅시다. | |
| 무엇을 토론할까 | 1. 갈수록 "새 친구" 사귀는 일이 아이들에게는 스트레스로 다가옵니다. 왜 이런 현상은 점점 심해지는 걸까요?<br>2. 「나 자신에게도 공주가 필요해」라는 말의 의미는 무엇인지 이야기 해 봅시다.<br>3. 어려울수록 낙관적이고 당당한 태도, 자기 자신에 대한 믿음이 필요하다고 한다면, 그 이유는 무엇일지 이야기 해 봅시다. | |
| 무엇을 써 볼까 | 1. 춘희의 어떠한 태도가 송이를 변화시켰는지 글로 표현해 봅시다.<br>2. 아름다운 공주, 이기적인 공주, 또 춘희 같은 공주. 여러분도 사실은 알려지지 않은 공주라면, 나는 어떤 공주일지 또 왜 그런 공주여야 하는지 글로 표현해 봅시다<br>3. 왕따, 소외, 가난 등 우리도 살면서 많은 어려움과 위기를 겪을 수도 있습니다. 그때 어떻게 대처하는 것이 현명한 것인지 삶의 자세에 대해 논술해 봅시다. | |

# 텃밭 가꾸는 아이

고정욱

| 도 서 명 | 텃밭 가꾸는 아이 | |
|---|---|---|
| 도서정보 | 글 고정욱 / 미래아이 / 2008년 / 125쪽 / 9,000원 | |
| 분 류 | 목적(설득) / 분야(사회) / 시대(미래) / 지역(대한민국) | |
| 관련 교과/<br>관련 교육과정 | 사회 | 4학년 1-(2) 주민 참여와 우리 시도의 발전<br>우리 시도의 문제와 해결 |
| 어떤 책일까 | 인구는 계속 증가하고 돈이 있어도 식량을 사지 못할 정도로 곡물 가격이 상승하였습니다. 환경오염과 지구 온난화로 인한 이상 기후 때문에 곡물의 생산이 제대로 이루어지지 않았기 때문입니다. 농업을 등한시하고 성장에만 주력했던 우리의 근시안이 이러한 무서운 결과를 만들어 낸 것입니다. 민서도 엄마 아빠와 함께 평범하고 행복한 일상을 살아가고 있었습니다. 그러나 식량 위기로 인한 굶주림과 폭력, 죽음이 지구를 덮치면서 그들의 행복은 깨지고 맙니다. 민서네 가족은 농사를 지을 종자만을 겨우 챙겨 산속행을 택하고 그곳에서 밭을 일구고 곡식을 키웁니다. 자급자족의 원시생활이 시작된 것입니다. 세계적으로 불어 닥치고 있는 식량 위기를 소재로 아이들 스스로 지구의 현실과 미래에 대해 생각해 볼 기회를 주는 책입니다. | |
| 다양한 매체로<br>맛보기 | 관련 매체 : 사이언스올 (http://www.scienceall.com)<br>관련 도서 : 『씨앗을 지키는 사람들』 / 안미란 / 창비 | |
| 어떻게 읽을까 | 1. 세계적으로 식량위기가 닥친 원인은 무엇인지 원인을 찾아보며 읽어 봅시다.<br>2. 미래에 발생할 사회적 문제에 우리가 어떻게 대처하면 좋을 지 생각하면서 읽어 봅시다. | |
| 무엇을 토론할까 | 1. 식량난이 닥치자 사람들은 약탈과 범죄를 일삼고 심지어 폭력적으로 변하게 됩니다. 이러한 현상을 바라보는 여러분은 어떤 생각이 드는지 이야기 해 봅시다<br>2. 앞으로 닥칠지 모르는 식량위기에 대비하기 위하여 우리는 어떤 준비를 해야 할지 이야기 해 봅시다<br>3. 우리나라도 식량자급률은 2007년 기준 OECD 국가중 최저라고 합니다. 식량자급률을 높이기 위한 방안에는 어떤 것이 있을지 토론해 봅시다 | |
| 무엇을 써 볼까 | 1. 식량위기는 단지 몇몇 국가의 문제가 아니라 모두의 문제라고 합니다. 이 말이 의미하는 바는 무엇인지 서술해 봅시다<br>2. 식량난이 닥칠 것을 두려워하여 지금 인류가 추구하고 있는 '성장'을 멈출 수는 없을 것입니다. 그렇다면 이 책에서와 같은 위기가 닥치지 않게 하기 위한 바람직한 '성장'의 방향을 제시해 봅시다. | |

# 아빠 보내기

박미라

| 도 서 명 | 아빠 보내기 | |
|---|---|---|
| 도서정보 | 글 박미라 / 시공주니어 / 2004년 / 116쪽 / 6,500원 | |
| 분 류 | 목적(정서표현) / 분야(인문) / 시대(현대) / 지역(대한민국) | |
| 관련 교과/<br>관련 교육과정 | 사회 | 4학년 2-(2) 가정생활과 여가생활<br>(1) 가정 생활의 변화 |
| 어떤 책일까 | 3년간을 간암과 싸우던 아빠가 작년에 돌아가셨습니다. 그런 아빠의 빈자리 때문에 민서와 엄마는 슬픈 나날을 보내게 됩니다. 그나마 시간이 흐르면서 민서의 슬픔은 조금씩 줄어들지만, 엄마의 슬픔은 전혀 나아지지 않습니다. 민서는 엄마의 행동이 때론 무섭기도 하고 한편으론 서운하기도 합니다. 그런데 이 모든 것을 지켜본 7층 할머니는 민서와 함께 엄마의 상처를 치료해 줄 방법을 찾아보자고 합니다. 이 책은 사랑하는 사람을 떠나보내고 난 뒤의 삶에 대해서 생각해 볼 수 있는 기회를 주고, 사랑하는 사람과의 추억을 예쁘게 간직하고 그 뒤의 남은 삶을 어떻게 개척해 나가야 하는지 생각해 보게 합니다. 또한 가족 간의 따뜻한 정을 느낄 수 있게 합니다. | |
| 다양한 매체로<br>맛보기 | 관련 매체 : 가시고기의 사랑 (동영상-네이버)<br>관련 도서 : 『웃을 순 없잖아』 / 바바라파크 / 웅진주니어 | |
| 어떻게 읽을까 | 1. 민서와 민서 엄마의 마음을 헤아리며 읽어 봅시다.<br>2. 엄마를 위하는 민서와 7층 할머니의 마음을 생각하며 읽어 봅시다.<br>3. 내가 만약 사랑하는 사람을 잃게 된다면 나의 마음은 어떨지 생각해 봅시다. | |
| 무엇을 토론할까 | 1. 남편을 잃고 무기력해진 민서 엄마는 엄마로서 자신의 역할을 다하고 있다고 할 수 있을까요? 여러분의 생각을 이야기 해 봅시다.<br>2. 사랑하는 사람을 잃었을 때 어떻게 하면 슬기롭게 대처할 수 있을까요? 좋은 방안을 주고받아 봅시다. | |
| 무엇을 써 볼까 | 1. 가족에게 사랑하는 마음을 담아 편지를 써 봅시다<br>2. 남편을 잃은 슬픔에 민서를 돌보지 않는 엄마의 태도에 대하여 나의 의견과 그 이유를 서술해 봅시다.<br>3. 슬픔을 이겨내는 나만의 비법이 있다면 소개해 봅시다 | |

# 12달 24절기 우리 삶, 우리 세시풍속 농가월령가

정학유

| 도 서 명 | 12달 24절기 우리 삶, 우리 세시풍속 농가월령가 | |
|---|---|---|
| 도서정보 | 글 정학유 / 창해 / 2008년 / 132쪽 / 9,500원 | |
| 분 류 | 목적(정보전달) / 분야(사회) / 시대(조선후기) / 지역(대한민국) | |
| 관련 교과/<br>관련 교육과정 | 사회 | 4학년 2-(2) 가정생활의 변화<br>여가 생활의 변화 |
| 어떤 책일까 | ‘농가월령가’는 약 200년 전 조선 후기 헌종 때 정약용 선생의 둘째 아들인 정학유 선생이 당시 농민들을 위하여 지은 노래입니다. 때문에 농업기술을 보급시키는데 중요한 역할을 하였습니다. 농가월령가에는 그 뿐만이 아니라 농기구관리와 거름의 중요성, 나무가꾸기, 누에치기, 축산, 벌꿀, 산나물, 약초, 김장, 길쌈 등의 다양한 농사내용과 세배, 널뛰기, 윷놀이, 달맞이, 더위팔기, 성묘, 천렵 등의 민속적인 행사 등도 광범하게 포함되어 있습니다. 이 책은 오천년 조상들의 삶의 모습을 현대적 의미의 서책으로 꾸며 소개한 것으로 우리 조상들이 어떻게 살아왔고, 어떻게 함께 나누고 어울려 살았는지를 알려줍니다. | |
| 다양한 매체로<br>맛보기 | 관련 매체 : 농업박물관 (http://www.agrimuseum.or.kr)<br>관련 도서 : 『어절씨구! 열두 달 일과 놀이』 /김은하 /길벗어린이 | |
| 어떻게 읽을까 | 1. 어려운 낱말은 뜻을 찾아가며 읽어 봅시다.<br>2. 우리 조상들의 생활모습을 월별로 정리하며 읽어 봅시다.<br>3. ‘농가월령가’가 가지는 의미를 생각하며 읽어 봅시다. | |
| 무엇을 토론할까 | 1. 현대 사회에서 생겨나는 문제점들을 해결하기 위한 방법을 조상들의 삶의 모습에서 찾는다면 어떠한 것들이 있을까요?<br>2. 이 책에 나오는 조상들의 모습 중 특별히 더 배우고 싶은 점이 있다면 무엇인지 친구들과 이야기 해 봅시다.<br>3. 우리 조상들에게 놀이는 어떤 의미였을까요? 생각을 주고받아 봅시다 | |
| 무엇을 써 볼까 | 1. 우리 조상들의 생활모습(세시풍속, 놀이, 행사, 음식)을 월별로 정리해 봅시다.<br>2. 농업기술을 음률에 맞추어 흥겹게 부를 수 있도록 한 이유가 무엇일지 글로 써 봅시다.<br>3. 「농가월령가」 책을 통해 우리가 얻을 수 있는 것은 무엇인지 서술해 봅시다. | |

# 바빠가족

강정연

| 도 서 명 | 바빠가족 | |
|---|---|---|
| 도서정보 | 글 강정연 / 바람의아이들 / 2006년 / 140쪽 / 7,000원 | |
| 분 류 | 목적(정서표현) / 분야(인문) / 시대(현대) / 지역(대한민국) | |
| 관련 교과/<br>관련 교육과정 | 사회 | 4학년 1-(2) 가정생활과 여가생활<br>(1) 가정생활의 변화 |
| 어떤 책일까 | 즐거운시 행복구 여유동에 사는 '유능한'씨, '깔끔'여사, '우아한'양, '다잘난'군은 참 바쁜 '바빠가족'입니다. 그런데 어느 날 이 바쁜 바빠가족을 따라다니느라 지친 '바빠가족 그림자'들이 서로의 자리를 바꾸어 버렸습니다. 여유롭게 살고 싶었기 때문입니다. '바빠가족'과 '바빠가족 그림자'들이 벌이는 대결이 참으로 기발하고 흥미진진한 책입니다. 또한 이 책을 통해 우리 가족의 모습은 어떠한지 한번쯤 돌아볼 수 있게 해 줍니다. | |
| 다양한 매체로<br>맛보기 | 관련 도서 : 『시간을 갖고 노는 아이』 / 지라우도 아우베스 핀투/에디터<br>『아빠는 바빠요』 / 다니엘 포세트 / 큰나 | |
| 어떻게 읽을까 | 1. 각 등장인물들은 어떠한 특징을 가지는지 분석해 봅시다<br>2. 우리가족과 비슷한 점과 다른 점을 찾아 봅시다.<br>3. 바빠 가족 이야기를 통해 작가가 하고 싶은 말은 무엇일지 생각하며 읽어 봅시다. | |
| 무엇을 토론할까 | 1. '빨리'라는 말은 한때 우리나라 사람들의 특징을 단적으로 나타내는 말 중의 하나였습니다. 이 '빨리'문화에 대해서 여러분의 생각을 이야기 해 봅시다(찬반토론)<br>2. 바빠가족과 바빠가족의 그림자 중 한쪽을 선택하여 그들의 입장에서 상대방을 설득해 봅시다.<br>3. 이 책의 작가는 '행복한 게으름뱅이'라는 표현을 썼고, 또 우리 사회 한쪽에서는 느림이나 게으름에 대한 긍정적인 시각의 이야기들도 많이 나옵니다. 이들이 말하는 게으름과 느림이란 무엇을 말하는 것일지, 또 그것이 줄 수 있는 긍정적인 측면은 무엇인지 이야기 해 봅시다 | |
| 무엇을 써 볼까 | 1. 바빠가족의 '유능한'씨, '깔끔'여사, '우아한'양, '다잘난'군의 특성을 설명하고 그들에게 조언을 해 준다면 어떤 말을 해주고 싶은지 적어 봅시다.<br>2. 바빠가족과 우리 가족은 어떤 점에서 닮았는지, 또 어떤 점에서 다른지 비교해 보고, 내가 생각하는 이상적인 가족의 모습을 적어봅시다<br>3. 바빠가족의 그림자들이 서로의 자리를 바꾼 이유는 남의 것이 더 좋아 보일 수 있다는 생각에서였습니다. 여러분도 혹시 바빠가족 그림자들처럼 생각해 본적은 없었는지 자신의 경험과 함께 '남의 것이 더 커 보인다'라는 말이 왜 생겨났을지 생각을 적어 봅시다. | |

# 구멍난 기억

자비에 로랑 쁘띠

| 도 서 명 | 구멍난 기억 | |
|---|---|---|
| 도서정보 | 자비에로랑쁘띠 / 바람의 아이들 / 2009년 / 96쪽 / 8,000원 | |
| 분 류 | 목적(정서표현) / 분야(인문) / 시대(현대) / 지역(프랑스) | |
| 관련 교과/<br>관련 교육과정 | 사회 | 4학년 2-(2) 가정생활과 여가생활<br>(2) 가정생활의 변화<br>* 가정생활의 변화와 서로돕는 가족의 모습 |
| 어떤 책일까 | 크리스마스 파티가 있던 날, 할머니가 오빠의 여자 친구 록산을 리디로 착각해 소동이 벌어지자 가족들 모두 할머니가 이상하다고 생각합니다. 병원에서 검사 받길 권하는 엄마와 그저 '노화'라는 병에 걸렸을 뿐이라고 주장하는 할머니. 그러나 문제는 점점 심각해져 급기야 할머니가 사라지고 온 가족이 찾아 헤매는일까지 벌어집니다. 병원에서는 할머니가 앞으로 점점 더 기억을 잃게 될 거라고, 별다른 방법이 없다고 말합니다. 그 뒤로 할머니는 아파트 사람들이 모두 대피할 만큼 큰 사고를 친 뒤 결국 안나의 곁을 떠나 요양 기관으로 가게 됩니다. 알츠하이머병에 걸린 할머니와 그 가족이 할머니의 상태를 받아들이고 안정적인 대안을 찾기까지의 과정을 다룬 이야기입니다. | |
| 다양한 매체로<br>맛보기 | 관련 매체 : 말아톤, 마리 이야기, 8월의 크리스마스 (영화)<br>관련 도서 : 『할머니의 레시피 』 / 이미애 / 아이세움 | |
| 어떻게 읽을까 | 1. 치매를 앓는 노인의 삶에 대해서 주인공 안나의 생각과 행동을 살피며 읽어 봅시다.<br>2. 책을 읽기 전과 읽고 난 후 '치매'에 대한 생각이 달라졌는지 스스로의 생각을 정리하며 읽어 봅시다. | |
| 무엇을 토론할까 | 1. 갈수록 고령화 되는 사회에서 노인문제는 이제 심각한 사회적 문제가 되었습니다. 노인 스스로 노령기를 어떻게 보낼까 하는 문제도 있지만 제도적으로 노인 문제에 대한 대안이 있어야 할 것 같습니다. 행복한 노년기를 위해 국가적으로 어떤 제도를 마련할 수 있을까요?<br>2. 가족 내에서도 할아버지 할머니는 우리와 썩 잘 통하는 사람들은 아닙니다.(세대차이 등으로) 그럼에도 불구하고 할머니 할아버지를 사랑해야 하는 까닭은 무엇일지 생각을 주고받아 봅시다.<br>3. 할머니가 자신의 병을 한사코 숨기고 싶어했던 까닭은 무엇일지 생각해 봅시다. | |
| 무엇을 써 볼까 | 1. 치매 노인을 돌보는 가정이 우리나라도 30만을 넘어섰다고 합니다. 치매 노인들을 돌보는 가족들이 겪는 어려움에는 어떤 것들이 있을지 생각해 보고 이를 극복하기 위한 방법에는 어떤 것이 있을지 글로 써 봅시다.<br>2. 할머니의 병을 이해하고 이별을 받아들이는 일은 슬프지만 피할 수 없는 일입니다. 만약 여러분에게 이런 일이 닥친다면 어떻게 할지 글로 써 봅시다. | |

# 백성을 위해 나라 글을 만든 큰 임금-세종대왕

이상배

| 도 서 명 | 백성을 위해 나라 글을 만든 큰 임금-세종대왕 | |
|---|---|---|
| 도서정보 | 이상배 / 해와나무 / 2008년 / 152쪽 / 8,500원 | |
| 분 류 | 목적(교훈) / 분야(역사) / 시대(과거) / 지역(한국) | |
| 관련 교과/<br>관련 교육과정 | 사회 | 4학년 2-(1) '문화재와 박물관' |
| 어떤 책일까 | 이 책은 세종대왕의 업적을 쓴 위인전입니다. 조선시대의 가장 뛰어난 '성군'으로 잘 알려져 있는 세종대왕의 다양한 모습을 나타내고 있습니다. 세종대왕은 현대에도 어진 성품을 지니고 정치, 사회, 군사, 문화, 과학, 예술 등 모든 분야에서 큰 업적을 이룬 왕으로 생각되어 지고 있습니다. 이 책에서는 우리가 잘 알지 못하는 세종대왕의 모습을 실화를 통해서 자세하게 나타내고 있습니다. 특히 세종대왕이 성군으로 칭송받는 임금이 되기까지의 과정을 직접 보는 것처럼 실제적으로 나타내고 있습니다. 세종대왕의 훌륭한 일화를 읽을 수 있습니다. 또한 세종대왕의 업적과 사상에 대한 이해를 돕는 다양한 유적, 유물 사진이 함께 수록되어 있습니다. 세종대왕이 어떠한 과정을 거쳐서 한글을 만들게 되었는지 자세히 알 수 있어서 우리의 역사에 대해서도 알 수 있는 책입니다. | |
| 다양한 매체로<br>맛보기 | 인터넷 위키 백과사전 '세종대왕'<br>(http://ko.wikipedia.org/wiki/ )<br>세종대왕의 리더십 관련 동영상 자료<br>( http://www.youtube.com/watch?v=qZGCEKA7YJM ) | |
| 어떻게 읽을까 | 1. 세종대왕은 왜 조선시대의 가장 뛰어난 '성군'으로 알려져 있는지 생각하며 읽어 봅시다.<br>2. 세종대왕이 그 많은 일들을 할 수 있었던 원동력은 무엇이었는지 생각해 봅시다.<br>3. 세종대왕의 업적과 사상을 나타내는 유적과 유물에는 무엇이 있는지 알아 봅시다. | |
| 무엇을 토론할까 | 1. 조선시대, 좋은 왕이란 어떤 왕일지 의견을 나누어 봅시다.<br>2. 사람들에게 인정받는 지도자는 어떠한 성품을 가지고 있어야 하는지 의견을 나누어 봅시다.<br>3. 위인들의 삶을 본받으면 좋은 점은 무엇인지 친구들과 토의해 봅시다. | |
| 무엇을 써 볼까 | 1. 세종대왕께 감사의 편지를 써 봅시다.<br>2. 책 속에 나와 있는 이야기를 읽고, 세종대왕이 한글을 만든 까닭은 무엇인지 생각해 보고, 글을 써 봅시다.<br>3. 세종대왕이 조선시대에 한글을 만들지 않았다면 지금 우리의 모습은 어떠할지 상상하여 글을 써 봅시다. | |

# 어린이 과학 형사대 CSI ⑤

고희정

| 도 서 명 | 어린이 과학 형사대 CSI ⑤ | |
|---|---|---|
| 도서정보 | 고희정 / 가나출판사 / 2009년 / 180쪽 / 10,000원 | |
| 분 류 | 목적(정보전달) / 분야(과학) / 시대(현대) / 지역(아시아, 우리나라) | |
| 관련 교과/<br>관련 교육과정 | 과학 | 4학년 전단원 |
| 어떤 책일까 | 과학의 각 분야에 정통한 어린이 형사들이 사건을 수사하는 과정을 통해 교과서에 나오는 주요 과학 원리를 알려 주고 사고력을 길러 주는 과학 추리 동화입니다. 새로운 학기를 맞은 CSI 대원들은 한 학기 내내 다음 학년 진급을 판가름하는 데 결정적인 역할을 하는 '현장 수행 평가'를 치르게 됩니다. 이를 위해 새로운 인물이 나타나 수사 과정 하나하나를 인정사정없이 평가하면서 아이들은 탈락의 위기를 맞게 됩니다.<br>사건을 해결하는 흥미진진한 과정에서 물리, 화학, 생물, 지구과학에 걸쳐 교과서에서 배우는 과학 원리를 저절로 익히게 됩니다. 주인공들은 엉뚱한 사람을 범인으로 오해하고 중요한 증거물을 놓치는 등 시행착오를 거치면서 실수를 인정하고 이를 극복하여 사건을 해결하는데, 이는 과학 하는 마음가짐입니다. 이 책을 읽으면 과학 원리와 함께 과학 하는 자세를 익히는 데 많은 도움이 될 것입니다. | |
| 다양한 매체로<br>맛보기 | 관련 매체 : 셜록 홈즈, 명탐정 코난<br>관련 도서 : 『셜록 홈즈 전집』 / 코난 도일 / 황금가지<br>『어린이 과학 수사대』 / 캐어리 스콧 / 주니어김영사<br>드라마 : CSI 시리즈 | |
| 어떻게 읽을까 | 1. 주인공들을 따라 사건을 추리하면서 해결에 적용된 과학 원리를 익히고 사고력을 키우며 읽어 봅시다.<br>2. 본문 뒤의 '사건 해결의 열쇠'에서 사건을 해결하는 데 쓰인 과학 원리가 교과서와 어떻게 연계되는지 생각하며 읽어 봅시다.<br>3. 부록으로 수록된 '특별 활동'에 나온 실험을 실제로 해 보며 본문과 '사건 해결의 열쇠'에서 익힌 과학 원리를 알아 봅시다. | |
| 무엇을 토론할까 | 1. 형사사건에서 '거짓말 탐지기'는 사람의 인권을 침해하는 수사 방법인지 토의하여 봅시다.<br>2. 자백을 형사사건에서 증거로 채택할 수 있는지를 토론해 봅시다.<br>3. 증거를 찾는데 과학적 원리를 적용하는 것이 중요한데 과학적 증거가 채택되지 않을 때 어떤 어려움이 있는지를 발표해 봅시다. | |
| 무엇을 써 볼까 | 1. 여러 가지 과학놀이를 탐정놀이와 연관시켜서 글을 써 봅시다.<br>2. 과학실험을 하면서 재미있었던 일을 글로 써 봅시다.<br>3. 여러분이 읽은 책 중에서 명탐정의 주인공이 있으면 그 사람에 대해 글을 써 봅시다. | |

# 열려라! 양서류나라

박시룡, 박대식

| 도 서 명 | 열려라! 양서류나라 | |
|---|---|---|
| 도서정보 | 박시룡, 박대식 / 지성사 / 2009년 / 192쪽 / 13,000원 | |
| 분 류 | 목적(정보전달) / 분야(과학) / 시대(현대) / 지역(한국) | |
| 관련 교과/<br>관련 교육과정 | 과학 | 4학년 2-(1) '동물의 생김새' |
| 어떤 책일까 | 양서류에 관해서 궁금해 하는 질문과 그 대답을 담고 있는 책입니다. 양서류는 환경 변화에 매우 예민한 반응을 보이는 환경 지표종이자, 인간을 포함한 생태계를 지탱시켜 주는 중간자입니다. 양서류가 사라진다면 결국에는 우리의 삶도 보장받을 수 없는 것이 분명합니다. 이 책은 우리가 양서류에 관하여 관심을 갖고, 보존하기 위해 어떠한 노력을 하여야 하는지 깨닫게 합니다. 또한 양서류에 관한 다양한 사진과 함께 도롱뇽과 개구리의 특징과 행동, 유생과 알의 특징에 대하여 설명하고 있습니다.<br>이 책은 학생들이 궁금해 하는 양서류의 특징을 학생들의 눈높이에 맞게 설명하고 있으며 다양한 사진 자료를 통하여 그 특징을 더욱 잘 파악할 수 있게 합니다. | |
| 다양한 매체로<br>맛보기 | 양서류에 관한 백과사전<br>(http://vsm.kisti.re.kr/fossil/3/3_08/3_08_02.htm) | |
| 어떻게 읽을까 | 1. 개구리와 두꺼비는 어떻게 다른지 생각하며 읽어 봅시다.<br>2. 양서류는 모두 겨울잠을 자는지 알아 봅시다.<br>3. 내가 가지고 있던 양서류에 관한 궁금증이 해결되었는지 생각하며 읽어 봅시다. | |
| 무엇을 토론할까 | 1. 도롱뇽과 도마뱀은 어떻게 다른지 말해 봅시다.<br>2. 비가 오면 왜 개구리가 도로에 많아지는지 말해 봅시다.<br>3. 양서류도 물을 마시는지 의견을 나누어 봅시다. | |
| 무엇을 써 볼까 | 1. 책 56쪽을 보며 양서류는 어떻게 번식을 하는지 읽고, 써 봅시다.<br>2. 세상에서 가장 큰 개구리와 도롱뇽은 무엇인지 소개하는 글을 써 봅시다.<br>3. 양서류가 전 세계적으로 감소하고 있는데 그것을 막는 방법은 무엇인지 써 봅시다. | |

# 휘휘

공지희

| 도 서 명 | 휘휘 | |
|---|---|---|
| 도서정보 | 글 공지희 / 도깨비 / 2006년 / 104쪽 / 8,500원 | |
| 분 류 | 목적(설득) / 분야(과학) / 시대(현대) / 지역(대한민국) | |
| 관련 교과/<br>관련 교육과정 | 과학 | 4학년 2-(1) * 우리 주위의 동물<br>4학년 2-(2) * 대를 이어 살아가는 동물 |
| 어떤 책일까 | 사라져 가는 동물들 그 두 번째 이야기로 아름답기 때문에, 때로는 두렵다는 이유로, 애완동물로 키우기 위해, 어떤 이유에서든 인간들의 무지막지한 이기심 때문에 이 지구상에서 영원히 사라졌거나, 혹은 사라질 위기에 처한 동물들의 이야기입니다. 호랑이, 여우, 수달, 따오기, 붉은 박쥐의 이야기가 실려 있는데, 각각의 이야기들은 동물들의 목소리로 그들의 현재 상황을 이야기 하고 있어 더욱 생생하게 전달됩니다. 슬픈 동물들의 이야기를 통해 자연과 환경의 소중함을 느낄 수 있을 것입니다. | |
| 다양한 매체로<br>맛보기 | 관련 매체 : 서울대공원 - 자료실 종보전사업<br>(http://grandpark.seoul.go.kr)<br>관련 도서 : 『멸종 동물 얘기 좀 들어볼래?』 / 서해경 / 토토북 | |
| 어떻게 읽을까 | 1. 이야기를 이끌어 나가는 '나'는 누구인지 생각하며 읽어 봅시다.<br>2. 사라져가는 동물의 처지가 되어 그들의 마음을 헤아려보며 읽어 봅시다.<br>3. 이야기에 나오는 동물 외에도 사라져 가는 동물에 대하여 더 조사해 봅시다. | |
| 무엇을 토론할까 | 1. 지구 위에 사라져 가는 동물들이 점점 늘어나고 있습니다. 동물들이 사라지게 되는 이유는 무엇인지 의견을 주고받아 봅시다.<br>2. 민통선 지역은 동식물의 낙원이라 불릴 정도로 사람들의 손길이 닿지 않아 많은 동식물이 서식하고 있는 곳입니다. 그런데 최근 관광지 개발을 위하여 민통선 지역이 자꾸만 줄어들고 있다고 합니다. 개발과 동식물 보호 중 어느 것이 우선시 되어야 할지 의견을 말해봅시다 | |
| 무엇을 써 볼까 | 1. 「여우야 여우야 뭐하니?」 이야기 중 여자 아이로부터 우리나라에마지막 남은 여우라는 이야기를 들은 여우는 몸에서 힘이 쭉 빠져나갑니다. 내가 여우였다면 그 말을 듣고 어떤 마음이 들었을지 글로 표현해 봅시다.<br>2. 동물들이 떠난 자리에는 인간들도 살 수 없다는 작가의 말의 의미는 무엇일지 의견을 써 봅시다.<br>3. 멸종위기의 동물들을 보호하기 위해 우리가 할 수 있는 일에는 어떤 것이 있는지 의견을 써 봅시다. | |

# 아름다운 별자리 이야기 30

장수하늘소

| 도 서 명 | 아름다운 별자리 이야기 30 | |
|---|---|---|
| 도서정보 | 장수하늘소 / 두산동아 / 2001년 / 188쪽 / 6,000원 | |
| 분 류 | 목적(정보전달) / 분야(과학) / 시대(고대) / 지역(유럽) | |
| 관련 교과/<br>관련 교육과정 | 과학 | 4학년 1-(8) 별자리를 찾아서 |
| 어떤 책일까 | 이 책은 별자리에 대한 지식을 단순히 전해주기만 하는 것이 아니라 객관적이고 과학적인 사실을 이야기라는 재미있는 형식을 통해 흥미롭게 전해주고 있습니다. 뿐만 아니라 일러스트와 사진이 많이 있어 보는 사람으로 하여금 쉽게 이해할 수 있도록 해 놓았습니다. 각 소재별로 만들어 놓은 질문은 어린이들의 호기심을 더욱 자극하기도 합니다. 동화를 읽듯이 여행하면서 별자리에 대한 지식을 알아가고, 재미와 감동도 함께 느낄 수 있습니다. 교과서에 실린 내용 뿐 아니라 책을 통해 어린이들은 풍부한 배경지식을 쌓을 수 있으며, 이것은 다양한 분야에 대해 관심을 가질 수 있는 어린이로 자라나게 해 줄 것입니다. | |
| 다양한 매체로<br>맛보기 | 관련 매체 : 별자리송 (http://www.lg-sl.net/ LG 사이언스랜드)<br>관련 도서 : 『어린이 천문학- 별자리와 별』 / 김승현 / 청범출판사<br>『별자리 따라 봄 여름 가을 겨울』 / 곽영직 / 교보문고 | |
| 어떻게 읽을까 | 1. 각 별자리에 얽힌 내용을 생각하며 읽어 봅시다<br>2. 별자리 모양과 얽힌 이야기와의 관계를 생각하며 읽으세요<br>3. 별자리에 대한 또 다른 이야기를 찾아 봅시다. | |
| 무엇을 토론할까 | 1. 별자리 이야기를 아는 것이 별자리에 대한 지식을 익히는데 도움이 된다고 생각하나요? 까닭과 함께 이야기 해 보세요.<br>2. 좋아하는 별자리와 그 별자리를 왜 좋아하는지 이야기를 주고받아 봅시다.<br>3. 같은 별자리지만 얽힌 이야기는 나라마다 다른 경우도 있습니다. 왜 그럴까요? 생각을 주고받아 봅시다. | |
| 무엇을 써 볼까 | 1. 마음에 드는 별자리 하나를 골라 그에 얽힌 이야기를 만들어 봅시다.<br>2. 별자리에는 우리 조상들의 생각이 담겨 있습니다. 별자리를 통해 알 수 있는 우리 조상들의 생각에는 어떤 것이 있나요? 서술해 봅시다.<br>3. 별에 대하여 새로 알게 된 사실을 가능한 체계적으로 정리하여 써 봅시다. | |

# 공작아 예쁘게 꾸미고 어디가니?

햇살과 나무꾼

<table>
<tr><td>도 서 명</td><td colspan="2">공작아 예쁘게 꾸미고 어디가니?</td></tr>
<tr><td>도서정보</td><td colspan="2">햇살과 나무꾼 / 시공주니어 / 2008년 / 164쪽 / 9,500원</td></tr>
<tr><td>분 류</td><td colspan="2">목적(정보전달) / 분야(과학) / 시대(현대) / 지역(대한민국)</td></tr>
<tr><td>관련 교과/<br>관련 교육과정</td><td>과학 4-1</td><td>4학년 2. 동물의 암수<br>4학년 * 동물의 짝짓기</td></tr>
<tr><td>어떤 책일까</td><td colspan="2">모든 동물은 생명을 다하면 죽지만, 그걸로 끝이 아니라 자손을 남겨 또 다른 생명을 이어나갑니다. 그리고 생명을 이어가기 위해 짝짓기를 합니다. 그런데 동물의 짝짓기는 사람과는 달리, 서로 사랑을 나누기 위해서 하는 것이 아니라 자손을 남기기 위한 것입니다. 이 책은 생명을 이어가기 위해, 더 나은 자손을 남기기 위해 치열하게 짝짓기를 하는 동물들의 이야기를 재미있게 풀어낸 것입니다. 아마 이 책을 읽는 어린이들은 환경에 적응해서 살아남기 위해 최선을 다하는 동물들의 이야기를 통해 생명의 소중함을 배우게 될 것입니다. 또한 '동물의 짝짓기 방법'이라는 주제에 맞게 깊이 있는 정보를 제공받을 것입니다. 아이들의 호기심을 자극하는 흥미진진한 이야기, 그리고 인간 뿐 아니라 모든 생물이 다 소중한 존재라는 것을 느낄 수 있을 것입니다.</td></tr>
<tr><td>다양한 매체로<br>맛보기</td><td colspan="2">관련 매체 : TV 동물농장 (방송 프로그램)<br>관련 도서 : 『동물이 뒹굴뒹굴』 / 닉 아놀드 / 주니어김영사<br>『낙하산 타고 날아가는 거미』 / 이상권 / 작은 씨앗</td></tr>
<tr><td>어떻게 읽을까</td><td colspan="2">1. 각 동물마다의 짝짓기 방법의 특징에 대하여 생각하며 읽어 봅시다.<br>2. 동물마다 짝짓기 방법도 다르지만 짝짓기 할 때 각 암수의 역할도 다릅니다. 어떻게 다른지 찾아보며 읽어 봅시다.<br>3. 짝짓기를 왜 하는지, 짝짓기의 의미에 대하여 생각하며 읽어 봅시다.</td></tr>
<tr><td>무엇을 토론할까</td><td colspan="2">1. 동물들의 세계에서는 힘센 동물이 여럿의 암컷을 거느리기도 합니다. 생태계의 이러한 현상에 대하여 어떻게 생각하나요?<br>2. 동물에게 있어 짝짓기가 가지는 의미는 무엇일까요? 이야기를 나누어 봅시다.<br>3. 이 책에 등장하는 여러 동물 중 특히 인상 깊었던 동물은 어떤 동물이며 왜 그런지 이야기를 나누어 봅시다.</td></tr>
<tr><td>무엇을 써 볼까</td><td colspan="2">1. 읽은 내용 중 한 동물을 정하여 그 동물의 짝짓기 방법에 대하여 jf명해 봅시다.<br>2. 생명의 소중함에 대하여 자신의 생각을 글로 써 봅시다.</td></tr>
</table>

# 과학 귀신

황근기

| 도 서 명 | 과학 귀신 (②생물·화학) | |
|---|---|---|
| 도서정보 | 황근기 글 / 동아사이언스 / 2009년 / 160쪽 / 값 9,000원 | |
| 분 류 | 목적(정보전달) / 분야(과학) / 시대(현대) / 지역(전세계) | |
| 관련 교과/<br>관련 교육과정 | 과학 | 4학년 전단원 |
| 어떤 책일까 | 과학 지식이 2% 부족한 달걀귀신, 잘난 척쟁이 눈치귀신, 까칠하지만 솔직한 처녀귀신이 나누는 대화, 과학귀신들이 과학을 이용해 짠 흉가 습격 작전의 원리, 최첨단 기계로 귀신을 쫓는 퇴마사의 활약, 눈치귀신의 과학 보고서 등 이 책은 곳곳에 과학원리가 자연스럽게 녹아들도록 꾸며졌다.<br>귀신들의 안식처인 얼렁뚱땅 숲 속 흉가에서 인간들이 공포영화를 찍는다며 소란을 피운다. 쉼터를 뺏겨 버린 귀신들! 흉가에서 인간들을 몰아내고 안식처를 되찾기 위해 마침내 과학귀신들이 나선다. 과학귀신들의 황당무계하고 신나는 모험을 통해 새로운 과학 지식을 얻게 된다. 로빈슨귀신, 물고기귀신, 걸귀 아줌마를 만나면서 화석, 붕어의 생김새, 환경과 생물의 관계, 초파리의 한살이, 동물의 분류, 식물의 잎과 뿌리가 하는 일, 생태계의 원리를 알게 된다. | |
| 다양한 매체로<br>맛보기 | 관련 도서 : 『과학 놀이터』 / 임성숙 / 그리고책 | |
| 어떻게 읽을까 | 1. 과학귀신들이 과학귀신 학교 선생님들께 배우게 되는 내용을 주의 깊게 살펴보면서 읽어 봅시다.<br>2. 과학귀신과 인간과의 대결에서 드러나는 과학 원리를 알아 봅시다.<br>3. 〈모험을 하면서 만나면 귀신과 인간〉, 〈눈치귀신의 과학보고서〉에 정리되어 있는 과학 원리를 알아 봅시다. | |
| 무엇을 토론할까 | 1. 과학의 발전은 인간의 삶을 안락하게 하는가?<br>2. 환경보존이 우선인가, 개발이 우선인가?<br>3. 먹이 피라미드가 깨지면 인간의 생존이 불가능한가? | |
| 무엇을 써 볼까 | 1. 이 책에서 새로 알게 된 과학 지식을 정리해 봅시다.<br>2. 식물의 광합성 작용을 정리하여 발표해 봅시다.<br>3. 만화에 담긴 내용을 글로 표현해 봅시다. | |

# 안나와 떠나는 미술관 여행

비외른 소르틀란

<table>
<tr><td>도 서 명</td><td colspan="2">안나와 떠나는 미술관 여행</td></tr>
<tr><td>도서정보</td><td colspan="2">글 비외른소르틀란 / 주니어김영사 / 2000년 / 40쪽 / 7,900원</td></tr>
<tr><td>분 류</td><td colspan="2">목적(정보전달) / 분야(예술) / 시대(18-20C) / 지역(서양)</td></tr>
<tr><td>관련 교과/<br>관련 교육과정</td><td>미술 4-1</td><td>4학년 9. 미술관 탐방<br>4학년 * 미술작가와 작품</td></tr>
<tr><td>어떤 책일까</td><td colspan="2">헤럴드 삼촌이 미술관 구경을 시켜 주는 날 삼촌은 안나에게 화장실을 혼자 가서는 안 된다는 주의사항을 듣습니다. 그러나 화장실에 가고 싶어진 안나는 삼촌과의 약속도 잊어버린 채, 렘브란트의 자화상이 가르쳐 준 대로 뒤샹의 변기를 찾아 헤매기 시작합니다. 우연히 요술옷을 입고 길을 떠난 안나는 뭉크, 몬드리안, 고흐, 피카소 등 여러 화가들을 만나는 신비한 모험을 겪게 됩니다. 마지막으로 잭슨 폴록과 함께 그림을 그리던 안나는 그에게서 뒤샹의 변기가 있는 곳을 알게 되지만, 뒤샹의 변기는 안나가 찾던 변기가 아니었음을 알게 됩니다. 삼촌 곁으로 돌아온 안나는 안나가 잭슨 폴록과 함께 그린 그림이 전시되어 있는 것을 보게 됩니다. 안나와 함께 미술관 여행을 떠나 보세요.</td></tr>
<tr><td>다양한 매체로<br>맛보기</td><td colspan="2">관련 도서 : 『세계의 위대한 화가 아름다운 그림』 / 김향선 / 계림닷컴<br>『엄마와 함께 떠나는 그림 여행』 / 이정임 / 문예마당</td></tr>
<tr><td>어떻게 읽을까</td><td colspan="2">1. 책 마지막에 등장한 화가들에 대한 짤막한 설명이 덧붙여져 있으므로 설명과 함께 그림들을 다시 살펴보며 읽어 봅시다.<br>2. 책을 읽은 후 원작을 찾아 감상해 봅시다..<br>3. 책에 등장하는 화가들 중 관심 있는 화가에 대하여 더 조사하여 봅시다.</td></tr>
<tr><td>무엇을 토론할까</td><td colspan="2">1. 책을 통해 그림을 보는 것과 원화를 직접 보는 것은 어떻게 다를지 생각해 보고, 이러한 예술동화들이 필요한지 의견을 주고받아 봅시다.<br>2. 미술, 음악 등과 같은 예술이 우리 삶에 어떠한 영향을 줄 수 있는지 의견의 주고받아 봅시다.</td></tr>
<tr><td>무엇을 써 볼까</td><td colspan="2">1. 미술관에서 만난 화가들은 저마다 그림을 그리는 방식도 다르고, 생각도 다릅니다. 이 책에 등장하는 13명의 화가와 그들의 작품 중 여러분에게 깊은 인상을 준 화가와 작품은 무엇인지 이유가 드러나게 글로 써 봅시다.<br>2. 「아는 만큼 보인다」라는 말이 의미하는 바를 이 책 혹은 또 다른 구체적인 예를 들어 설명해 봅시다.</td></tr>
</table>

# 새콤달콤 색깔들

밀라보탕

| 도 서 명 | 새콤달콤 색깔들 | |
|---|---|---|
| 도서정보 | 밀라보탕 / 비룡소 / 2008년 / 64쪽 / 15,000원 | |
| 분 류 | 목적(정보전달) / 분야(미술) / 시대(현대) / 지역(프랑스) | |
| 관련 교과/<br>관련 교육과정 | 미술 | 4학년 1-(1) 형과 색<br>4학년 * 따듯한 느낌과 차가운 느낌, 비슷한 색과 반대되는 색, 형과 색의 어울림 |
| 어떤 책일까 | 색의 이름과 성질, 원리 등에 대해 쓴 지식 그림책입니다. 주변에서 흔히 볼 수 있는 사물들을 통해 아이들이 그림을 그릴 때 알아두면 좋은 색에 대한 다양한 정보를 담고 있습니다. 감각적인 그림과 디자인으로 답을 이끌어내는 것은 이 책만이 가진 가장 큰 장점이라고 여겨 집니다. 삼원색과 삼원색을 둘씩 섞어 만든 이차색, 차가운 색과 따듯한 색 등 다양한 색의 이름과 성질로 아이들의 흥미를 불러일으키고, 색의 혼합, 보색, 동시 대비 등 기본적인 색의 원리를 통해 색에 대한 감각을 키워 주기도 합니다. 같은 색이라도 사물에 따라 어떻게 차이가 나는지를 보여 줌으로써 아이들이 더 많은 색을 체험하고 변별할 수 있는 능력을 키울 수 있도록 도와주는 책 이지요. 또한 아이들이 직접 색을 체험할 수 있도록 구성되어 있는데, 책 중간 중간에 알록달록 투명한 필름이 들어 있어서 빨강, 파랑, 노랑을 같은 양만큼 섞었을 때 어떤 색이 되는지를 바로 확인해 볼 수 있습니다. 이미 완성된 형태의 글과 그림을 눈으로 보는 데에서 나아가, 필름을 겹쳐 직접 색을 만들어 봄으로써 더 큰 창의성을 키울 수 있을 것입니다. | |
| 다양한 매체로 맛보기 | 관련 매체 : EBS 빠삐에 친구 (TV 프로그램 다시보기 2008)<br>관련 도서 : 『미술과 색』 / 엘리자베스 뉴베리 / 동산사<br>『색깔없는 세상은 너무 심심해』 / 공주형 / 토토북 | |
| 어떻게 읽을까 | 1. 색의 대비, 혼합, 삼원색 등 이 책에 나온 용어들에 대해 개념을 정리하며 읽어 봅시다.<br>2. 같은 색이라도 사물에 따라 어떤 차이가 나는지 천천히 감상하며 읽으세요.<br>3. 필름을 통해 본 것을 실제로 물감을 섞어 확인해 봅시다. | |
| 무엇을 토론할까 | 1. 삼원색, 이차색, 보색 등 색에 대한 지식을 아는 것이 미술 및 삶에 도움이 될까요? 도움이 된다면 어떤 도움을 줄 수 있을까요?<br>2. 우리 주변에서 볼 수 있는 것들 중 색의 특성이 활용된 예를 찾아 이야기 해 봅시다. | |
| 무엇을 써 볼까 | 1. 이 책을 통해 알게 된 색과 관련된 지식을 자신만의 논리로 정리해 봅시다.<br>2. 이 책에 나온 색에 대한 지식을 바탕으로 우리 생활에서 색을 활용할 수 있는 새로운 아이디어가 있으면 설명해 봅시다. | |

# 우리 그림이 신나요

이호신

| 도 서 명 | 우리 그림이 신나요 | |
|---|---|---|
| 도서정보 | 이호신 / 현암사 / 2009년 / 152쪽 / 12,000원 | |
| 분 류 | 목적(정보전달) / 분야(예술) / 시대(현대) / 지역(대한민국) | |
| 관련 교과/<br>관련 교육과정 | 미술 | 4학년 1-(8) 수묵화와 판본체<br>4학년 * 수묵화 체험하기 |
| 어떤 책일까 | 이 책은 작가가 개설하고 있는 어린이 미술교실 '나무화실'에서 수묵화를 배워 온 어린이들이 그린 수묵 작품을 모은 것으로, 2000년 실내 활동편과 야외 활동편 두 권으로 출간되었던 것을 한 권의 책으로 새로이 개정한 것이다. 책에 실린 어린이들의 그림은 작가가 여러 해 동안 모은 것으로, 일상생활부터 우리 문화유산 그리기, '겸재 정선', '단원 김홍도' 등의 옛 그림 모사, 그리고 카드나 달력 만들기에 이르기까지 참으로 다양한 주제를 담고 있다. | |
| 다양한 매체로<br>맛보기 | 관련 매체 : 그림 속 나의 마을 (영화)<br>관련 도서 : 『우리 그림 진품명품』 / 장세현 / 현암사<br>『그림으로 생각 키우기』 / 고미타로 / 창해 | |
| 어떻게 읽을까 | 1. 어떠한 재료로 표현된 것인지, 주제는 무엇인지 생각해 봅시다.<br>2. 긴 역사와 우리의 깊은 정서를 품고 있는 수묵화의 우수한 기법과 역사를 알아 봅시다.<br>3. 나만의 주제와 기법으로 다양한 수묵화를 그려 봅시다. | |
| 무엇을 토론할까 | 1. 수묵화에서 느껴지는 정서와 서양화를 보았을 때 느껴지는 정서에는 어떠한 차이가 있는지 생각을 나누어 봅시다.<br>2. 수묵화의 장점에는 어떤 것이 있을까요?<br>3. 요즘에는 우리나라의 음악이나 그림보다는 서양의 음악과 그림이 더 친숙하고 가깝게 느껴지기도 합니다. 이렇게 된 이유는 무엇이며, 우리의 것이 어린이들에게 친숙하게 느껴지기 위해서는 어떤 노력을 기울여야 할지 이야기 해 봅시다. | |
| 무엇을 써 볼까 | 1. 이전에 수묵화에 대하여 가졌던 편견이 있으면 적어 봅시다.<br>2. 이 책에서 소개된 수묵화의 다양한 기법, 혹은 작품들을 보면서 느낀 점을 적어 봅시다.<br>3. 책 중에서 가장 인상 깊었던 작품이나 말이 있다면 어떤 것이 있는지 그리고 왜 그런지 써 봅시다 | |

# 운동장 들어올리는 공

이준섭

<table>
<tr><td>도 서 명</td><td colspan="2">운동장 들어올리는 공</td></tr>
<tr><td>도서정보</td><td colspan="2">이준섭 / 정인출판사 / 2009년 / 120쪽 / 7,500원</td></tr>
<tr><td>분 류</td><td colspan="2">목적(정서표현) / 분야(인문) / 시대(현대)/ 지역(우리나라)</td></tr>
<tr><td>관련 교과/<br>관련 교육과정</td><td>체육</td><td>4학년 전단원</td></tr>
<tr><td>어떤 책일까</td><td colspan="2">운동장 들어 올리는 공은 운동에 관한 작품들로 이루어져 있습니다. 운동회를 통해 접할 수 있는 굴렁쇠, 체육시간에 벌어지는 단체줄넘기, 훌라후프 돌리기, 야구장 걷기대회, 씨름, 농구, 야구 마라톤에 이르기까지 내용도 재미나고 소재도 다양해서 운동에 대해 쉽게 다가갈 수 있을 것입니다. 단체 줄넘기를 통하여 단결심을 한 번 더 배울 수도 있습니다. 우리나라에서 처음으로 나오는 스포츠 동시집을 통해서 운동의 중요성과 필요성을 말하고 있습니다. 이 동시는 교훈적인 요소들을 작품의 밑바탕에 지니고 있으면서도, 놀이하는 사람들의 모습에 초점을 맞추었고 운동하는 모습을 머릿속에 상상할 수도 있습니다.<br>이 책을 통하여 ‘운동’이 무엇인지 생각해 보는 의미있는 시간을 갖을 수 있을 것입니다.</td></tr>
<tr><td>다양한 매체로<br>맛보기</td><td colspan="2">관련 매체 : 국가대표, 킹콩을 들다</td></tr>
<tr><td>어떻게 읽을까</td><td colspan="2">1. 부모님과 함께한 운동회를 생각하며 읽어 봅시다.<br>2. 우리들이 할 수 있는 운동종목에는 어떤 것이 있을지 생각하며 읽어 봅시다.<br>3. 책을 읽고 나서 나도 운동종목 하나를 골라 동시를 지어봅시다.</td></tr>
<tr><td>무엇을 토론할까</td><td colspan="2">1. ‘건전한 몸에 건전한 정신이 깃든다’는 말이 있는데 이 말이 사실인지 친구들과 의견을 나누어 봅시다.<br>2. 어른이 쓴 동시와 삶을 체험한 동시를 읽어보면 차이가 나는데 그 까닭은 무엇인지 이야기 해 봅시다.<br>3. 친구들이 체육 시간을 가장 기다리는 까닭은 무엇인지 이야기를 나누어 봅시다.</td></tr>
<tr><td>무엇을 써 볼까</td><td colspan="2">. 여러분이 가장 좋아하는 운동이 무엇이며 그 운동을 할 때 신나고 즐거운 까닭을 글로 적어 봅시다.<br>2. 운동을 못해서 다른 친구들에게 부끄러움을 당한 적이 있다면 그 경험을 적어 봅시다.<br>3. 운동을 잘 해서 다른 아동들의 부러움을 받은 경우가 있었으면 그 때의 느낌을 동시로 지어 봅시다.</td></tr>
</table>

# 긍정습관

정미금

| 도 서 명 | 긍정습관 | |
|---|---|---|
| 도서정보 | 정미금 / 아이앤북 / 2008년 / 173쪽 / 8,500원 | |
| 분　류 | 목적(설득) / 분야(인문) / 시대(현대) / 지역(대한민국) | |
| 관련 교과/<br>관련 교육과정 | 특별활동(적응) | 4학년 긍정적 자아개념 형성 |
| 어떤 책일까 | 이 책은 성공한 위인들이 공통적으로 실천했던 긍정적인 습관을 알려줍니다. 나를 크게 변화시키는 긍정습관, 상대방을 대하는 긍정습관, 미래를 만드는 긍정습관, 세상을 움직이는 긍정습관 등에 대해서 설명하고 있습니다. 뿐만 아니라 각 주제별로 해당하는 이야기가 누구나 공감하기 쉽고 이해하기 쉬우면서도 감동적으로 소개합니다. 이 책은 어린이 스스로 올바른 습관을 형성해 나가는 것을 자연스럽게 돕습니다. 각 장마다 긍정적인 습관의 중요성을 일깨우는 이야기와 함께, 어린이들이 생활 속에서 쉽게 실천할 수 있는 방법을 알려 줌으로써 생활을 알차게 만들어 주는 아주 유용한 책입니다. | |
| 다양한 매체로 맛보기 | 관련 매체 : 우리 아이가 달라졌어요 (TV 방송 프로그램)<br>관련 도서 : 『그래, 넌 할 수 있어』 / 박명희 외 / 국일아이<br>『마주보고 크는 나무』 / 조성자 / 시공주니어 | |
| 어떻게 읽을까 | 1. 각 긍정습관이 주는 좋은 영향에는 어떤 것이 있는지 생각하며 읽어 봅시다<br>2. 내가 실천할 수 있는 긍정습관에는 어떤 것이 있을지 생각하며 읽어 봅시다<br>3. 실천하고 싶은 긍정습관을 어떻게 다질 수 있을지 실천 방법을 생각하며 읽어 봅시다. | |
| 무엇을 토론할까 | 1-1. 긍정습관을 갖는 것이 왜 중요할까요? 긍정습관이 주는 효용성에 대해 이야기 해 봅시다.<br>1-2. 긍정습관이 모든 경우에 좋게만 작용할까요? 혹시 부정습관이 필요한 경우는 없는지 이야기 해 봅시다.<br>2. 긍정습관을 통해 생활이나 마음이 달라진 경험이 있으면 이야기 해 봅시다. | |
| 무엇을 써 볼까 | 1. 긍정습관을 가지면 좋은 점에 대하여 써 봅시다.<br>2. 나에게 지금 필요한 긍정습관이 있다면 어떤 것인지, 왜 필요한지 또 그를 통해 무엇을 변화시킬 수 있을지 써 봅시다. | |

# 난 이제부터 남자다

이규희

| 도 서 명 | 난 이제부터 남자다 | |
|---|---|---|
| 도서정보 | 이규희 / 세상모든책 / 2002년 / 118쪽 / 7,000원 | |
| 분 류 | 목적(정서표현) / 분야(인문) / 시대(현대) / 지역(대한민국) | |
| 관련 교과/<br>관련 교육과정 | 재량 | 4학년 양성평등 |
| 어떤 책일까 | 여자로 태어난 것이 슬픈 아이 수지. 남자가 되고 싶은 수지의 좌충우돌 이야기 입니다. 머리카락을 짧게 자르고 바지만 입고 다니며, 축구 선수가 되려는 수지. 그렇지만 수지는 세상의 절반은 여자이며, 그 여자들이 자라서 어머니가 되고, 어머니로서 멋진 아이를 낳게 된다는 사실을 깨닫게 됩니다. 뿐만 아니라 남자와 여자는 각기 나름의 역할과 특성을 가지고 있음을 깨닫게 됩니다. 이러한 깨달음을 바탕으로 자신을 소중히 여겨야 함을 알게 됩니다. | |
| 다양한 매체로<br>맛보기 | 관련 도서 : 『후박나무 우리 집』 / 고은명 / 창비<br>『어린이 양성 평등 이야기』 / 권인숙 / 청년사<br>『여자가 세상을 바꾸다-세계편』 / 유영소 / 교학사 | |
| 어떻게 읽을까 | 1. 수지가 겪은 남녀불평등에는 어떤 것들이 있었는지 떠올려봅시다.<br>2. 수지는 남자가 되기 위해 어떤 노력을 하였는지 생각하며 읽어 봅시다<br>3. 수지는 어떠한 계기로 여자로서의 자신을 긍정적으로 생각하게 되었는지 찾아 봅시다. | |
| 무엇을 토론할까 | 1. 수지와 재형이에 대한 수지 할머니의 생각은 당연한 것일까요? 생각을 주고받아 봅시다.<br>2. 남자가 되려고 노력했던 수지의 행동에 대하여 여러분은 어떻게 생각하는지 의견을 주고받아 봅시다.<br>3. 양성평등은 어떻게 해야 이루어질 수 있을까요? 함께 이야기해 봅시다. | |
| 무엇을 써 볼까 | 1. 우리 속담 중 '남녀칠세부동석'이라는 말이 있습니다. 이 말의 뜻은 무엇입니까? 우리 조상들은 남녀에 대하여 어떻게 생각했나요? 그리고 지금은 어떻게 변해가고 있는지 써 봅시다.<br>2. 진정한 양성평등이란 어떤 것인지 또 이를 위해 우리는 어떠한 노력을 기울여야 할지 적어 봅시다.<br>3. 여자이지만 어려움을 겪고 훌륭한 사람이 된 예를 찾아 소개해 봅시다. | |

# 내가 조금 불편하면 세상은 초록이 돼요

김소희

| 도 서 명 | 내가 조금 불편하면 세상은 초록이 돼요 | |
|---|---|---|
| 도서정보 | 김소희 / 토토북 / 2009년 / 136쪽 / 9,000원 | |
| 분 류 | 목적(정보전달) / 분야(과학) / 시대(현대) / 지역(대한민국) | |
| 관련 교과/<br>관련 교육과정 | 재량 | 4학년 자원 재활용 |
| 어떤 책일까 | 이 책은 어린이들이 생활 속에서 쉽게 실천할 수 있는 환경을 지킬 수 있는 방법들을 알려줍니다. 종이컵 대신 나만의 컵을 쓰고, 가까운 거리는 걸어가고, 휴지 대신 '쪽수건'을 쓰는 생활 속 작은 행동들이 환경 보호를 위한 첫걸음이라는 것을 이야기 해 줍니다. 음식은 먹을 만큼만 받고 남기지 않기, 하늘로 풍선 날리지 않기, 아무 것도 사지 않는 날 정하기 등 생각해 보면 어렵지 않은 일들이지요. 이 책의 주인공이 환경을 지키는 방법을 하나씩 배워갈 수록 아마 이 책을 읽는 어린이들도 재미있게 환경을 지키는 습관을 익히게 될 것입니다. 또한 이 책을 읽다보면 환경 보호도 하면서 유익하고 재미있는 많은 정보들을 얻을 수 있을 것입니다. | |
| 다양한 매체로<br>맛보기 | 관련 매체 : 북극의 눈물, 아마존의 눈물 (다큐멘터리)<br>관련 도서 : 『THE NEW! 어린이가 지구를 살리는 방법 50』 / 소나 자브나 외 / 물병자리<br>『어린이를 위한 불편한 진실』 / 앨 고어 / 주니어 중앙<br>『숨쉬는 도시 꾸리찌바』 / 안순혜 / 파란 자전거 | |
| 어떻게 읽을까 | 1. 생활 속에서 실천할 수 있는 환경 보호의 방법에는 어떤 것들이 있는지 찾아보며 읽어 봅시다.<br>2. 자원 재활용을 하면 어떤 점이 좋은지 생각하며 읽어 봅시다.<br>3. 주변에 불필요하게 낭비되는 자원은 없는지 되돌아보며 읽어 봅시다. | |
| 무엇을 토론할까 | 1. 어릴 때부터 환경을 지키는 일에 익숙해져야 하는 까닭은 무엇일까요? 함께 토론해 봅시다.<br>2. 우리 주변에 푸른 자연이 점점 사라져 가고 있습니다. 환경이 파괴되면 우리 삶에 어떠한 변화가 생길지 이야기 해 봅시다. | |
| 무엇을 써 볼까 | 1. 환경을 지키는 일은 생활 속의 쉽고 간단한 일부터 시작됩니다. 내가 할 수 있는 환경을 지키는 일에는 어떤 것이 있는지 서술해 봅시다.<br>2. 편리함을 위해 소비하는 생활보다 불편하지만 자원을 재활용해야 하는 까닭을 적어 봅시다.<br>3. 지구가 병들게 되면 우리 사는 지역은 어떻게 변화될지 상상하여 묘사해 봅시다. | |

# 울지마 샨타

공선옥

<table>
<tr><td>도 서 명</td><td colspan="2">울지마 샨타</td></tr>
<tr><td>도서정보</td><td colspan="2">공선옥 / 주니어랜덤 / 2008년 / 148쪽 / 8,500원</td></tr>
<tr><td>분 류</td><td colspan="2">목적(정서표현) / 분야(인문) / 시대(현대) / 지역(대한민국)</td></tr>
<tr><td>관련 교과/<br>관련 교육과정</td><td>재량</td><td>4학년 이주 노동자에 대한 편견 버리기</td></tr>
<tr><td>어떤 책일까</td><td colspan="2">더 이상 우리와 외모가 다른 외국인들이 낯설지 않습니다. 그 외국인 중에는 여행자도 있고, 이민을 온 사람도 있고, 돈을 벌려고 온 노동자도 있습니다. 하지만 우리는 아직도 외국인 하면 하얀 피부에 영어를 쓰는 사람을 생각합니다. 샨타네 부모님은 산업 연수생으로 왔다가 지금은 불법 노동자가 되었습니다. 샨타네 가족에게 제일 무서운 건 출입국 관리소 단속원과 대한민국 사람들의 냉대와 편견입니다. 그런 산타에겐 주문이 하나 있습니다. 슬퍼질 때마다 외치는 주문. 바로 "울지마 샨타"입니다. 미국이 아니라 왜 하필 방글라데시냐고 묻는 친구 어머니의 말에 "울지마 샨타"를 외치고, 한국말이 서툰 어머니를 바보냐고 묻는 말에 또 "울지마 샨타"를 외칩니다. 결국 고단한 삶을 접고 샨타는 방글라데시로 돌아갑니다. 어디에서 왔건, 피부색이 어떠하건 우리는 누구에게도 상처를 주어서는 안 되며, 오히려 사회적 약자를 더 따뜻하게 안아주어야 할 것입니다.</td></tr>
<tr><td>다양한 매체로<br>맛보기</td><td colspan="2">관련 매체 : 50인 휴먼다큐9 '내건너 창작마을 지킴이 김정집, 이윤숙 부부 (경인일보 2010.3.9)<br>관련 도서 : 『우리 엄마는 여자 블랑카』 / 원유순 / 중앙미디어<br>『나의 라임오렌지 나무』 / J.M 바스콘셀로스 / 동녘</td></tr>
<tr><td>어떻게 읽을까</td><td colspan="2">1. 외국인을 바라보는 우리의 시선은 어떠했는지 돌아보며 읽어 봅시다.<br>2. 주변에도 다문화 가족, 혹은 이주 노동자들이 있는지 떠올려 보고, 그들이 겪는 어려움은 어떤 것일지 생각하며 읽어 봅시다.<br>3. 샨타의 마음을 헤어리며 읽어 봅시다.</td></tr>
<tr><td>무엇을 토론할까</td><td colspan="2">1. 외국인이지만 우리에게 그들은 모두 똑같은 외국인은 아닌 듯 합니다. 백인이나 영어권 나라 혹은 잘 사는 나라의 외국인에 대해서는 동경의 시선을 보내면서 왜 우리는 가난한 나라 혹은 흑인을 대할 때는 무시하는 태도를 보일까요? 생각을 주고받아 봅시다.<br>2. 고단한 한국 생활을 접고 방글라데시로 돌아간 샨타네 가족은 한국을 그리워합니다. 그들이 고통과 슬픔뿐이었을 한국을 그리워한 까닭은 무엇일지 생각해 봅시다.</td></tr>
<tr><td>무엇을 써 볼까</td><td colspan="2">1. 같은 학교, 같은 반에 샨타와 같은 처지의 친구가 있는지요? 만약 있다면 어떻게 그들을 도울 수 있을까요? 또 사회적 차원에서 이들을 도울 수 있는 방법에는 어떤 것이 있을까요? 서술해 봅시다.<br>2. '단일 민족임을 자랑하는 것은 시대적 흐름에 맞지 않다'라고 한다면 이 말에 대하여 찬성 혹은 반대의 입장을 취하고 왜 그렇게 생각하는지 논해 봅시다.</td></tr>
</table>

# 알록달록 과자의 비밀

여성희

| 도 서 명 | 알록달록 과자의 비밀 | |
|---|---|---|
| 도서정보 | 여성희 / 현암사 / 2009년 / 63쪽 / 6,800원 | |
| 분 류 | 목적(정보전달) / 분야(과학) / 시대(현대) / 지역(대한민국) | |
| 관련 교과/<br>관련 교육과정 | 재량 4학년 | 4학년 * 올바른 식습관과 건강한 먹거리 |
| 어떤 책일까 | 어른들이 아무리 몸에 나쁘다고 해도 아이들은 잘 믿지 않습니다. 아니 믿는다 치더라도 입안에서 살살 녹는 과자를 끊을 수가 없고, 알록달록 과자의 색과 모양에 현혹되기 일쑤입니다. 그런데 이 책을 읽는 아이들이라면 어느 정도는 알록달록한 불량 과자의 유혹에 대처할 수 있게 될 것입다. 왜냐하면 해로운 화학물질에 대한 정보를 쉽고 재미있게 풀어놓아 아이들로 하여금 자연스럽게 화학물질에 대한 정보를 접할 수 있도록 하였기 때문입니다. 또한 화학물질과 관련된 간단한 과학실험들이 함께 소개되고 있어 누구나 쉽게 직접 화학물질이 미치는 영향에 대하여 확인해 볼 수 있도록 하였기 때문입니다. 먹거리에 대한 관심과 걱정이 증대되는 요즘 매일 먹는 음식 속에서 아이들이 해로운 화학물질을 골라내고 스스로 자신의 건강을 지킬 수 있도록 정보를 제공하되, 흥미를 잃지 않도록 재미있게 쓰여진 책입니다. | |
| 다양한 매체로<br>맛보기 | 관련 도서 : 『너굴 할매의 특별한 요리수업』 / 이향안/ 조선북스<br>『물음쟁이 생각쟁이 논리쟁이 8』 / 박원석 / 소금나무 | |
| 어떻게 읽을까 | 1. 불량식품과 관련된 경험을 떠올려 보며 읽어 봅시다.<br>2. 각 이야기들의 중요한 내용을 정리하며 읽어 봅시다.<br>3. 새로 알게 된 사실은 무엇인지 정리하며 읽어 봅시다. | |
| 무엇을 토론할까 | 1. 몸에 나쁜 걸 알면서도 우리는 여전히 불량식품에 손이 갑니다. 이 알록달록 화려한 불량식품으로부터의 유혹을 떨쳐낼 수 있는 좋은 아이디어가 있으면 이야기 해 봅시다.<br>2. 트랜스 지방은 비만의 주요원인입니다. 그런데 얼마 전 뉴스에서 초등학생들의 비만율이 11%를 넘어섰다는 말을 들었습니다. 어린이들의 트랜스 지방 섭취를 줄이기 위한 효과적인 방안에 대하여 토론해 봅시다. | |
| 무엇을 써 볼까 | 1. 멜라민 파동에도 불구하고 과자 매출은 오히려 증가하였다고 합니다. 왜 이런 현상이 일어나는지 그 원인을 생각해보고, 유해식품으로부터 우리 몸을 안전하게 지키기 위해서는 어떻게 해야 하는지 여러분의 생각을 적어 봅시다.<br>2. 수입식품은 국내에서 생산된 식품보다 왜 더 꼼꼼하게 살펴야 하는지 유통과정과 관련하여 그 이유를 설명해 봅시다.<br>3. 인공색소가 가미된 식품이 왜 특히 어린이에게 좋지 않은지 그 이유를 설명해 봅시다. | |

# 초등학교 교과별 추천도서로 만든

# 5학년

# 2009 개정 교육과정 초등학교 교과별 추천도서목록

| 학년 | 도서명 | 저자명 (역자명) | 출판사 | 연도 | 교과 |
|---|---|---|---|---|---|
| 초5 | 마당을 나온 암탉 | 황선미 | 사계절출판사 | 2002 | 국어 1-(1) |
| 초5 | 맛있게 읽는 독서요리 5 | 독서새물결모임 | 정인출판사 | 2008 | 국어 1-(3) |
| 초5 | 베니스의 상인 | 세익스피어 | 효리원 | 2006 | 국어 2-(4) |
| 초5 | 우리들의 일그러진 영웅 | 이문열 | 다 림 | 1998 | 국어 1-(1), 1-(2) |
| 초5 | 초정리 편지 | 배유안 | 창비 아동문고 | 2006 | 국어 1-(3) |
| 초5 | 너도 하늘말나리야 | 이금이 | 푸른책들 | 2007 | 국어 2-(1) |
| 초5 | 김정호 | 오민석 | 랜덤하우스 코리아 | 2006 | 국어 2-(1) |
| 초5 | 어린이 경제 원론 | 김시래 외 | 교학사 | 2005 | 사회 2-(1) |
| 초5 | 어린이 문화재 박물관 1 | 문화재청 | 사계절출판사 | 2006 | 사회 2-(3) |
| 초5 | 한국사 편지 1 | 박은봉 | 웅진주니어 | 2002 | 사회 2-(3) |
| 초5 | 함정에 빠진 수학 | 권재원 | 김영사 | 2008 | 수학 1-(8), 2-(8) |
| 초5 | 갯벌, 무슨 일이 일어나고 있을까? | 이혜영 | 사계절출판사 | 2004 | 과학 1-(9) |
| 초5 | 최열아저씨의 지구촌 환경이야기 1 | 최열 | 청년사 | 2002 | 과학 1-(9) |
| 초5 | 리틀부자가 꼭 알아야 할 경제 이야기 | 김수경 | 교학사 | 2009 | 실과 2-(6) |
| 초5 | 세상 모든 음악가의 음악 이야기 | 유미선 | 꿈소담이 | 2007 | 음악 전단원 |
| 초5 | 세상 모든 화가들의 그림 이야기 | 장세현 | 꿈소담이 | 2007 | 미술 전단원 |
| 초5 | 반기문 총장님처럼 되고 싶어요! | 신웅진 | 명진출판 | 2007 | 도덕 1-(1) |
| 초5 | 인간의 오랜 친구 미생물 이야기 | 외르크 블레히 | 웅진주니어 | 2007 | 과학 1-(1) |
| 초5 | 마사이족, 아프리카의 신화를 만든 전사 | 안느 와테블 파라기 | 산하 | 2009 | 국어 1-(5) |
| 초5 | 과학귀신2 | 황근기 | 과학동아북스 | 2009 | 과학 |
| 초5 | 내 이름은 미미 | 소중애 | 문원 | 2009 | 도덕 2-(5) |
| 초5 | 할머니의 레시피 | 이미애 | 아이세움 | 2009 | 실과 2-(5) |
| 초5 | 주식회사 6학년 2반 | 석혜원 | 다섯수레 | 2009 | 사회 1-(1) |
| 초5 | 나는 조선의 가수 | 하은경 | 바람의아이들 | 2009 | 국어 1-(1) |
| 초5 | 아틸라와 별난 친구들 | 니콜라 멕올리페 | 현암사 | 2009 | 국어 1-(3) |
| 초5 | 찾아라 세계 최고2 | 허용선 | 씽크하우스 | 2009 | 도덕 2-(10) |
| 초5 | 과학관 사이언스1,2 | 정인경 외 | 아이세움 | 2009 | 과학 |

| 학년 | 도서명 | 저자명<br>(역자명) | 출판사 | 연도 | 교과 |
|---|---|---|---|---|---|
| 초5 | 우리 신화에는 어떤 비밀이 숨어 있을까? | 최래옥 | 어린이나무생각 | 2009 | 사회 2-(3) |
| 초5 | 내 복에 산다 감은장아기 | 최정원 | 교학사 | 2009 | 국어 1-(1) |
| 초5 | 콜라 마시는 북극곰 | 신형건 | 푸른책들 | 2009 | 국어 1-(1)<br>2-(1) |
| 초5 | 누구야, 너는? | 남찬숙 | 문학동네 | 2009 | 국어 1-(4) |
| 초5 | 막심의 천재적 학교생활 | 브리지트<br>스마자 | 밝은미래 | 2009 | 도덕 1-(7) |
| 초5 | 친절한 우리 그림 학교 | 장세현 | 길벗어린이 | 2009 | 미술 (6) |
| 초5 | 꿈 통장 행복 통장 | 김은숙 | ㈜영림카디널 | 2009 | 도덕 (10) |
| 초5 | 패션, 역사를 만나다 | 정해영 | ㈜창비 | 2009 | 미술 (1) |
| 초5 | 미리 알면 행복해지는 돈 | 기무라<br>다케시 | 주니어랜덤 | 2009 | 사회 2-(1) |
| 초5 | 무너진 교실 | 사이토 에미 | 아이세움 | 2009 | 국어 1-(4) |
| 초5 | 떳다 벼락이 | 홍종의 | 샘터 | 2009 | 국어 2-(3) |
| 초5 | 시야? 노래야? -고전시가 | 서찬석 | 정인출판사 | 2010 | 국어 2-(3) |
| 초5 | 꽃밥 | 김혜연 | 바람의아이들 | 2009 | 국어 |

# 마당을 나온 암탉

황선미

| 도 서 명 | 마당을 나온 암탉 | |
|---|---|---|
| 도서정보 | 황선미 / 사계절출판사 / 2002년 / 168쪽 / 9,000원 | |
| 분 류 | 목적(정보전달) / 분야(과학) / 시대(현대) / 지역(한국) | |
| 관련 교과/<br>관련 교육과정 | 국어 | 5학년 1-(1) 사건 전개과정에 따라 인물의 말과 행동의 달라짐 |
| 어떤 책일까 | '마당을 나온 암탉'은 알을 품어 병아리의 탄생을 보겠다는 소망을 굳게 간직하고, 자기 삶의 주인으로 살아가는 한 마리의 암탉에 대한 이야기이다.<br>자기 이름을 '잎싹'이라고 지은 난종용 암탉인 잎싹은 폐계가 되어 양계장에서 나와 구덩이에 묻혀 죽게 되지만, 청둥오리 나그네의 도움으로 살아난다. 잎싹은 나그네와 뽀얀오리의 알을 자신이 품고 부화시켜 키우는데, 집오리 우두머리는 잎싹이 부화한 초록머리를 자기들이 키우겠다고 하고, 족제비는 항상 초록머리를 위협한다. | |
| 다양한 매체로 맛보기 | 관련 매체 : '대한양계협회' (http://www.poulty.or.kr)<br>'어린이 축산정보' (농업진흥청 국립축산과학원)<br>관련 도서 : 『내 영혼이 따뜻했던 날들』 / 포리스트 카터<br>『나의 라임 오렌지 나무』 / J.M. 바스콘셀로스 | |
| 어떻게 읽을까 | 1. 사건의 인과관계를 살피면서 자세히 읽어 봅시다.<br>2. 등장인물들의 입장을 이해하며 읽어 봅시다.<br>3. 고통과 역경을 극복하기 위해 노력하는 모습을 살피며 읽어 봅시다. | |
| 무엇을 토론할까 | 1. 지구상의 생명체들은 여러 가지 대립과 갈등을 겪으면서 살고 있다. 갈등의 해결을 위하여 어떻게 해야 할까요?<br>2. '잎싹'은 초록머리'를 건들지 않겠다고 약속하면 새끼들을 놓아주겠다고 어미 족제비를 협박하였다. 여러분이 '잎싹'과 똑같은 상황에 있다면 '잎싹'처럼 행동하나요?<br>3. 부모님을 시골에 남겨두고 자신의 꿈과 직장을 찾아 도시로 나가는 경우가 많다. 시골에 남아서 부모님을 돌봐드리는 것이 좋을까, 아니면 꿈과 직장을 찾아서 부모님을 떠나는 것이 좋을까요? | |
| 무엇을 써 볼까 | 1. 우리 주변에는 '잎싹'처럼 끝없는 소망을 품고 도전하며, 자기보다는 남을 배려하는 헌신적인 사람이 많이 있다. 그렇지만 자신은 아무 것도 얻지 못하고, 오히려 비웃음을 받는 실속 없는 사람이 되기도 한다. 여러분은 어떤 사람의 모습으로 살고 싶은가?<br>2. 우리 나라는 국내입양보다는 해외입양이 더 많은 실정이다. 원인과 해결방법은 무엇인가?<br>3. 잎싹이 마당 식구들에게 따돌림을 당한 것처럼 우리 주변에는 힘없는 많은 사람들이 소외되고 있다. 소외 받고 있는 이웃들을 위해 내가 할 수 있는 일은 무엇인가? | |

# 맛있게 읽는 독서요리-5단계

(사)전국독서새물결모임

| 도 서 명 | 맛있게 읽는 독서요리 - 5단계 | |
|---|---|---|
| 도서정보 | (사)전국독서새물결모임 / 정인출판사 / 2008년 / 198쪽 / 9,800원 | |
| 분 류 | 목적(사회적 상호작용) / 분야(인문) / 시대(현대) / 지역(한국) | |
| 관련 교과/<br>관련 교육과정 | 국어 | 5학년 1-(3)<br>5학년 사건의 전개 과정과 인물의 관계 이해하기 |
| 어떤 책일까 | '맛있게 읽는 독서요리'는 깊이 있는 책읽기를 도와주는 초등학생을 위한 독서/토론/논술 학습교재로서, 오랫동안 교육 현장에서 독서와 토론, 논술 등을 지도해온 선생님들의 모임인 (사)독서새물결모임이 만들었다.<br>'미리 맛을 보아요'에서는 해당 도서에 대한 사전탐색을, '깊은 맛을 느껴요', '다양한 맛을 느껴요'에서는 본문에 대한 심층 탐색을, '함께 맛을 나눠요'에서는 토의와 토론, '내 손으로 요리해요'에서는 독서논술문을 작성하는 등, 학생 스스로 공부하도록 꾸며져 있다.<br>따라서 학생들은 이 책을 통하여, 7권의 필독도서에서 얻을 수 있는 중요한 영양분들을 놓치지 않고 섭취할 수 있게 될 것이다.<br>이 책의 요리대에 펼쳐진 7권의 필독도서 메뉴는 다음과 같다. | |
| 다양한 매체로<br>맛보기 | 관련 매체 : 전국독서새물결모임 (http://readingkorea.org/)<br>관련 도서 : 『맛있게 읽는 독서요리 6단계 시리즈』 / 전국독서새물결모임 | |
| 어떻게 읽을까 | 1. 책 속에 소개된 필독도서를 학습 진도에 맞게 한 권씩 정독하며 읽어 봅시다.<br>2. 제시된 문제들은 다양한 대답이 나올 수 있는 문제이므로 추론, 비판, 창의, 적용 등 여러 가지 관점에서 생각해 봅시다.<br>3. 다른 사람의 생각을 알고 싶거나, 궁금한 점, 더 깊이 공부하고 싶은 내용이 있다면 전국독서새물결모임(http://readingkorea.org/) 사이트를 찾아 봅시다. | |
| 무엇을 토론할까 | 1. 학교와 가정에서는 사랑과 지도, 훈육이라는 명목 아래 체벌을 가하는 경우가 있다. 이러한 체벌에 대하여 어떻게 생각하나요?<br>2. 우리 주위에는 학교폭력으로 시달리는 친구들이 있다. 학교폭력을 근절하기 위해서는 어떤 조치와 대책이 필요하다고 생각하나요?<br>3. 요즈음 부모님을 시골에 남겨두고 자신의 꿈과 직장을 찾아서 도시로 나가는 경우가 많다. 시골에서 부모님을 돌봐드리는 것이 좋을까, 자신의 꿈을 이루기 위하여 도시로 나가는 것이 좋을까요? | |
| 무엇을 써 볼까 | 1. 우리 주위에는 사회적 약자 및 소외계층이 많다. 사회공동체 구성원으로서 더불어 살기 위해서는 어떻게 해야 하는지 써 봅시다.<br>2. 예술품을 소장할 때 경제적 가치와 문화적 가치 중 어느 것이 우선되어야 하는지 근거를 들어 써 봅시다.<br>3. 독서에서 느낄 수 있는 '깊은 맛', '다양한 맛'이란 무엇을 의미하는지 예를 들어 설명해 봅시다. | |

# 베니스의 상인

세익스피어

<table>
<tr><td>도 서 명</td><td colspan="2">베니스의 상인</td></tr>
<tr><td>도서정보</td><td colspan="2">세익스피어 / 효리원 / 2006년 / 208쪽 / 8,500원</td></tr>
<tr><td>분 류</td><td colspan="2">목적(정서표현) / 분야(예술) / 시대(중세) / 지역(세계)</td></tr>
<tr><td>관련 교과/<br>관련 교육과정</td><td>국어</td><td>5학년 2-(4) 사실과 의견에 주의하며, '베니스의 상인' 연극하기</td></tr>
<tr><td>어떤 책일까</td><td colspan="2">교과서를 통하여 어린이들이 제일 먼저 접하게 되는 세익스피어의 희곡으로, 참다운 우정이란 어떤 것인지, 무엇이 아름다운 사랑인지, 그리고 솔로몬을 뛰어넘는 현명한 지혜를 보여주고 있다.<br>베니스의 상인 안토니오는 친구 바사니오로부터 포샤에게 구혼하기 위한 여비를 마련해 달라는 부탁을 받고, 가지고 있는 배를 담보로 유대인 고리대금업자 샤일록에게 돈을 빌린다. 그리고 돈을 갚을 수 없을 때에는 자기의 살 1파운드를 제공한다는 증서를 써 준다. 바사니오는 포샤가 내놓은 납으로 된 상자를 선택하여 구혼에 성공하지만, 안토니오는 배가 돌아오지 않아 생명을 잃을 위기에 처하게 된다. 이때 남장을 한 포샤가 베니스 법정의 재판관이 되어, 살은 주되 피를 흘려서는 안 된다고 선언함으로써 샤일록은 패소하고, 재산을 몰수당하고 그리스도교로 개종할 것을 명령받는다.<br>이 작품은 1596년경 세익스피어가 쓴 희곡으로, 극적 구성과 성격 묘사가 뛰어난 작품이다. 로맨틱한 줄거리를 가지고 있으며, 감미로운 장면이 풍부한 희극이지만, 당시 런던 시민이 가지고 있던 증오심과 반유대 감정을 배경으로 하고 있다.</td></tr>
<tr><td>다양한 매체로<br>맛보기</td><td colspan="2">관련 도서 : 『로빈슨 크루소』 / 다니엘 디포<br>『조선의 여성 상인 김만덕』 / 윤수민</td></tr>
<tr><td>어떻게 읽을까</td><td colspan="2">1. 장르의 특성을 이해하면서 읽어 봅시다.<br>2. 작품에 나타난 다양한 사회적, 역사적, 문화적 측면을 깊이 있게 이해하며 읽어 봅시다.<br>3. 이야기의 전 과정을 통하여 인물의 특성과 행동이 어떻게 변하는지 이해하면서 읽어 봅시다.</td></tr>
<tr><td>무엇을 토론할까</td><td colspan="2">1. 자식에게마저 버림받은 유태인 고리대금업자 샤일록, 비록 재판에서는 졌지만 당시의 유대인 차별과 멸시에 대한 사회적 분위기로 볼 때 그에게도 할 말은 많을 것이다. 여러분이 샤일록이라면 우리 시대 사람들에게 어떤 말을 하고 싶은가요?<br>2. 법관으로 분장한 포샤는 샤일록에게 안토니오의 살 1파운드를 떼어가되 피 한 방울도 흘리면 안 된다는 판결을 내렸다. 여러분은 이 판결이 논리적으로 옳다고 생각하나요?<br>3. 샤일록이 피도 눈물도 없는 사람이 된 것에 대해서 우리 사회는 책임이 없을까?</td></tr>
<tr><td>무엇을 써 볼까</td><td colspan="2">1. 법정은 샤일록에게 기독교인이 되면 '살인의도 혐의죄'를 없애주고 풀어주겠다고 했다. 법정의 결정에 대한 자신의 생각을 써 봅시다.<br>2. 오늘날 우리 사회는 눈앞의 이익 때문에 참다운 우정을 보기가 힘들다. 참다운 우정에 금이 가는 이유를 찾고, 우정을 지켜가기 위해서는 어떠한 노력이 필요한지 써 봅시다.<br>3. 범죄자(사회적 이기주의자)에 대한 사회적 책임에 대하여 샤일록의 예를 들어 써 봅시다.</td></tr>
</table>

# 우리들의 일그러진 영웅

이문열

| 도 서 명 | 우리들의 일그러진 영웅 | |
|---|---|---|
| 도서정보 | 이문열 / 다림 / 1998년 / 157쪽 / 7,000원 | |
| 분 류 | 목적(정서표현) / 분야(인문) / 시대(현대) / 지역(한국) | |
| 관련 교과/<br>관련 교육과정 | 국어 | 5학년 1-(1), 1-(2) 사건의 전개 과정과 인물의 관세 말하기 |
| 어떤 책일까 | 어릴 적 초등학교 공동체에서 있었던 사건을 회고 형식을 통하여 형상화한 작품으로, 우리 사회의 왜곡된 의식구조, 권력의 형성과 몰락 과정을 교실이라는 공간을 통하여 형상화한 책이다. 일종의 우화 수법으로 그려낸 이 작품은 엄석대와 한병태라는 인물을 통하여 왕따를 당하는 아이와 가하는 아이의 심리, 무관심한 선생님, 그리고 당하는 아이가 처절한 굴종과 패배감을 안고 어른이 되었을 때의 모습 등은 사람이 어떻게 살아야 될 것인가를 고민하게 한다. 비록 출판된 지 오래 되었고, 옛 시대를 배경으로 하고 있지만, 현재에도 쉽게 볼 수 있는 인물들과 일어날 수 있는 상황들, 그리고 세상사는 방법을 일깨워주고 있다.<br>작가 이문열은 이 책을 통하여 1987년 이상 문학상을 수상했고, 이후 영화 · 연극화되어 크게 관심을 모았다. 또한 우리 나라뿐 아니라, 일본과 프랑스, 스페인, 콜롬비아, 이탈리아 등 유럽 여러 나라에서 번역·출판되어 화제가 되었던 작품이다. | |
| 다양한 매체로 맛보기 | 관련 매체 : '청소년 예방재단' (http://www.jikim.net)<br>'미운 오리새끼', '방과후 옥상' (영화)<br>관련 도서 : 『괴상한 녀석』 / 남찬숙/ 『걱정쟁이 열세 살』 / 최나미 / | |
| 어떻게 읽을까 | 1. 작품의 배경과 구조, 인물 등을 이해하며 읽어 봅시다.<br>2. 인물의 특성과 행동 변화에 유의하며 읽어 봅시다.<br>3. 학교폭력과 왕따의 원인과 진행 등에 따른 심리적 구조를 이해하며 읽어 봅시다.<br>4. 우리의 역사 속에서 절대 권력에 대한 종말의 사례들을 찾아보면서 읽어 봅시다. | |
| 무엇을 토론할까 | 1. 만일 처음부터 반 친구들이 엄석대에게 무조건 복종하지 않고 대항했다면 엄석대가 그렇게까지 되었을까? 과연 반 친구들에게는 아무런 문제가 없었나요?<br>2. 반 아이들은 부정행위를 보고도 엄석대의 힘에 눌려서 어쩔 수 없이 못 본체하고, 학급의 우등생들이 돌아가며 답안지를 바꾸어 주는 등 엄석대를 밀어준다. 엄석대는 시험 부정행위로 전교 1등을 하여 선생님들의 신뢰를 받는다. 엄석대와 반 아이들, 그리고 선생님, 이 세사람 중에서 누구의 잘못이 더 큰가요?<br>3. 엄석대의 모든 비행을 알게 된 선생님은 매가 부러지도록 때린다. 과연 선생님의 체벌은 정당한 것이었을까? 또 체벌은 교육적으로 필요한 것인가요? | |
| 무엇을 써 볼까 | 1. 엄석대, 학급원, 그리고 선생님에게 잘못이 있다면, 그 잘못은 무엇이라고 생각하는지 자신의 생각을 써 봅시다.<br>2. 절대독재와 권력을 그치게 하기 위한 바람직한 방법은 무엇인지 자신의 생각을 써 봅시다.<br>3. 여러분 학급의 문제점을 쓰고, 해결방안을 제시 해 봅시다. | |

# 초정리 편지

배유안

| 도 서 명 | 초정리 편지 | |
|---|---|---|
| 도서정보 | 배유안 / 창비 아동문고 / 2006년 / 213쪽 / 9,000원 | |
| 분 류 | 목적(정서표현) / 분야(인문) / 시대(현대) / 지역(한국) | |
| 관련 교과/ 관련 교육과정 | 국어 | 5학년 1-(3) 인물의 다양한 삶 이해하기 |
| 어떤 책일까 | 한글은 UNESCO 세계기록유산으로 지정된 문자로, '대지'의 작가 펄벅은 '세계에서 가장 단순하면서도 가장 훌륭한 글자'라 평했다. 24개의 모음과 자음으로 무려 11,172자를 만들 수 있고, 가로 세로의 직선과 네모, 동그라미를 가지고 못 만드는 글자가 없는 세계 최고의 발명품이다. 따라서 언어학 연구에서 세계 최고라는 영국 '옥스퍼드대학교 언어학대학'이 합리성, 과학성, 독창성, 실용성 등의 기준으로 점수를 매긴 결과 세계 1등을 차지하기도 했다. 그러나 정작 우리는 그 귀함과 고마움을 잘 모르고 살고 있다.<br>'초정리 편지'는 역사적 사실들을 씨줄로 삼고 상상력을 날줄로 삼아서 채색하여, 한글의 우수성을 이야기 속에 녹여냄으로써, 잊고 지내던 한글의 소중함과 고마움을 다시금 새길 수 있도록 해준다. 주인공과 주변인물들이 한글을 배우고 활용해가는 모습을 그려가면서, 조선시대 하층민들의 삶에 파고든 한글이 그들의 삶을 어떻게 변화시키고 어떤 삶으로 이끄는지를 극적으로 보여준다. 인물들이 주고받는 15세기 한글표기는 독자의 흥미를 유발시켜 재미를 더해주며, 한글의 의의와 우수성을 더욱 실감할 수 있다.<br>지은이 배유안은 부산대학교 국어교육과를 졸업하고 중.고등학교에서 국어 교사로 일하면서 '유모차를 탄 개', '고추잠자리에 대한 추억' 등을 썼으며, '초정리 편지'는 한국문화예술위원회선정 우수문학도서, 중앙일보선정 2006년 '올해의 책'으로 선정된 바 있다. | |
| 다양한 매체로 맛보기 | 관련 매체 : '세종대왕 기념 사업회' (http://sejongkorea.org)<br>'세종대왕' (드라마)<br>관련 도서 : 『아침편지 고도원의 꿈 너머 꿈』 / 고도원 /<br>『세종대왕이 숨겨둔 비밀문자 훈민정음 구출작전』 / 서지원 / | |
| 어떻게 읽을까 | 1. 이야기의 전개 과정을 정리하면서 읽어 봅시다.<br>2. 한글 창제의 역사적 배경을 조사하면서 읽어 봅시다.<br>3. 한글이 조선시대 하층민의 삶에 끼친 영향을 생각하며 읽어 봅시다.<br>4. 주인공의 삶에서 어려움을 이기고 뜻을 이루는 의지를 발견하며 읽어 봅시다. | |
| 무엇을 토론할까 | 1. 우리나라 각 지역마다 영어를 체험할 수 있는 '영어 마을'이 경쟁적으로 생겨나고 있다. 영어마을 확대에 대해 여러분은 어떻게 생각하나요?<br>2. 교통 통신의 발달과 국가 간의 경제적 문화적 교류가 활발해지면서 국제어의 필요성이 절실하다. 이미 국제어로 영어가 자리를 확고하게 굳히고 있는데 영어 공용화에 대하여 어떻게 생각하나요?<br>3. 북한은 외래어를 순우리말로 바꾸어 쓰고, 우리는 외래어를 그대로 사용하고 있다. 어떤 방법이 더 바람직하다고 생각하나요? | |
| 무엇을 써 볼까 | 1. 우리 나라는 1945년 이후 남과 북으로 갈라져 분단국가로 살아가고 있다. 이로 인해 남쪽과 북쪽에서 쓰고 있는 말과 글이 다른 부분이 많다. 한민족으로서 이러한 격차를 줄이기 위해서는 어떻게 해야 하는지 자신의 생각을 써 봅시다.<br>2. 한글이 영어처럼 세계적인 언어로 사용되려면 우리가 어떠한 노력을 해야 하는지 써 봅시다. | |

# 너도 하늘말나리야

이금이

| 도 서 명 | 너도 하늘말나리야 | |
|---|---|---|
| 도서정보 | 이금이 / 푸른책들 / 2007년 / 254쪽 / 8,000원 | |
| 분 류 | 목적(정서표현) / 분야(인문) / 시대(현대) / 지역(한국) | |
| 관련 교과/<br>관련 교육과정 | 국어 | 5학년 2-(1) 사건 전개과정에 따라 인물의 말과 행동의 달라짐 |
| 어떤 책일까 | 청소년기는 인생의 시기 중에서 가장 변화가 많으면서도 불안정한 시기로서, 조그만 사건일지라도 그것을 겪는 당사자들에겐 감당하기에 벅찬 일이 된다.<br>이 책은 사춘기에 접어든 세 친구가 많은 아픔을 견뎌내면서 성장하는 이야기를 담고 있다. 세 친구는 각기 다른 성장 환경 속에서 '가정의 결손'이라는 공통점을 지니고 있다. 그들이 상처에 대응하는 방법은 성격과 상황에 따라 다르게 나타난다. 어린애마냥 떼를 쓰는 아이, 지나치게 조숙한 모습의 아이, 그리고 '선택적 함구증'에 스스로를 가두는 주인공. 그러나 자신이 미처 알지 못하는 사이에 그들은 쓰리고 아픈 상처를 자신의 힘으로 치유해 나간다.<br>성장의 의미 중에서 큰 비중을 차지하는 것은 바로 자신의 내면을 들여다보는 것과, 타인과 소통하고 교감하는 방법을 터득하는 일이다. 이 책의 주인공들은 자신의 아픔에 힘겨워하면서도 다른 사람의 아픔을 들여다 볼 줄 알고 있으며, 1년여 시간 동안 서로 배우고 깨우치는 것은 바로 이러한 성장의 비밀이었다.<br>작가는 세 친구를 통해 자신의 마음속을 들여다볼 줄 아는 사람만이 다른이의 마음도 감싸 안을 수 있음을 일깨워 주고 있다. | |
| 다양한 매체로 맛보기 | 관련 매체 : '마음사랑 상담센터' (http://www.maumsarang.or.kr)<br>'차일드', '죽은 시인의 사회', '천국의 아이들', '말아톤' (영화)<br>관련 도서 : 『넌 아름다운 친구야』 / 원유순<br>『우리는 가족입니다』 / 이혜란 | |
| 어떻게 읽을까 | 1. 주인공들이 겪는 심리적인 갈등과 해결 등에 유의하며 읽어 봅시다.<br>2. 성장기 어린이들의 심리적 변화 상태를 이해하면서 읽어 봅시다.<br>3. 자신의 내면을 들여다보면서 글을 읽어 봅시다.<br>4. 이웃에 대하여 베풀 수 있는 사랑과 배려를 생각하며 읽어 봅시다. | |
| 무엇을 토론할까 | 1. 두 개의 일기장을 가진 소희는 두 개의 가면을 쓴 미르처럼 위선적인 아이가 아닐까요?<br>2. 바우 아버지와 미르 어머니는 서로 좋은 감정을 지니고 있다. 그러나 바우와 미르는 그런 모습을 좋아하지 않는다. 바우 아버지와 미르 어머니의 재혼에 대하여 어떻게 생각하나요?<br>3. 가정결손으로 상처받고 있는 사람들을 어떻게 대하여야 할까요? | |
| 무엇을 써 볼까 | 1. 지금 여러분이 겪고 있는 사춘기의 감정(고민)은 무엇이며, 그것을 극복하기 위해 어떤 노력이 필요한지 써 봅시다.<br>2. 소희가 학교검사용 일기장과 비밀 일기장 두 권을 가지고 쓰는 것에 대해 어떻게 생각하는지 써 봅시다.<br>3. 바우 아버지가 하는 일을 생각하며, 농촌을 살릴 수 있는 방법들을 써 봅시다. | |

# 김정호

정영애

<table>
<tr><td>도 서 명</td><td colspan="2">김정호</td></tr>
<tr><td>도서정보</td><td colspan="2">정영애 / 파랑새어린이 / 2007.6 / 176쪽 / 7,500원</td></tr>
<tr><td>분 류</td><td colspan="2">목적(정서표현) / 분야(인문) / 시대(근대) / 지역(한국-조선)</td></tr>
<tr><td>관련 교과/<br>관련 교육과정</td><td>국어</td><td>5학년 2-(1) 인물의 성격과 사건의 전개과정</td></tr>
<tr><td>어떤 책일까</td><td colspan="2">대동여지도는 현대의 지도처럼 매우 정확하고 과학적으로 그려져 있어 현대의 지리학자들에게도 불가사의하게 여겨지고 있다. 지도를 그리는 데 필요한 기술이나 도구들이 넉넉하지 못했던 그 옛날에 이런 지도를 만들었다는 것은 대단한 사건이 아닐 수 없었다. 그러나 당시에 그에게 돌아오는 반응은 역적이라는 모함뿐이었다.<br>이 책을 통하여 김정호가 추구했던 숭고한 삶의 발자취를 알 수 있게 되고, 성실과 절제, 우정과 자주성 등의 가치덕목을 배우게 되며, 진정한 국가애와 민족애가 무엇인지를 깨닫게 될 것이다.</td></tr>
<tr><td>다양한 매체로<br>맛보기</td><td colspan="2">관련 매체 : ‘아름다운 우리 국토’ (http://www.land.go.kr)<br>'백두대간 첫 마당‘ (http://www.angangi.com)<br>관련 도서 : 『김정호의 지리노트』 / 김남석<br>『제주 여자 김만덕』 / 정종숙</td></tr>
<tr><td>어떻게 읽을까</td><td colspan="2">1. 사실과 의견에 대한 진술과 과장된 진술을 구별하며 읽어 봅시다.<br>2. 인과관계를 생각하며 주인공의 일대기를 읽어 봅시다.<br>3. 고난을 견디며 꿋꿋하게 살았던 용기있는 삶과, 근대화를 위한 조상들의 노력을 이해하며 읽어 봅시다.<br>4. 문화유산에 깃든 조상의 얼과 우리의 책임을 생각하면서 읽어 봅시다.</td></tr>
<tr><td>무엇을 토론할까</td><td colspan="2">1. 가정을 돌보지 않고 지도 제작에 몰두한 ‘김정호’의 행동은 과연 본받을 만한 올바른 행동인가요?<br>2. 당시에는 일반인은 볼 수 없었던 국가의 기밀문서에 속하는 지도(地圖)를, 친구로 사귀는 ‘김정호’에게 거리끼지 않고 빌려준 규장각 검서관 ‘최한기’의 행동은 우리들이 본받을만한 행동인가요?<br>3. 백성과 나라를 위하여 지도를 제작한 평민의 신분 ‘김정호’, 외국의 침략으로 항상 불안과 걱정 속에 살고 있는 상황에 대동여지도와 같이 자세한 지도가 제작되어, 그 지도가 외국 침입자들의 손에 들어가면 나라가 위태롭다고 생각한 나라의 책임자 대원군, 이 두 사람 중 누구의 생각이 옳은가요?</td></tr>
<tr><td>무엇을 써 볼까</td><td colspan="2">1. 김정호는 나라와 백성들을 위하여 일생을 바쳤다. 이런 분들을 ‘위인’, ‘애국자’라고 부른다. 여러분도 그러한 칭호를 듣고 싶다면 앞으로 어떤 일을 어떻게 하겠는가?<br>2. 김정호 사건을 오늘날의 법정에서 다시 재판한다면 무죄가 선고되고 오히려 훈장과 더불어 많은 상금을 받게 될 것이다. 그러나 김정호는 당시에 상황에 의하여 ‘적을 이롭게 한다’ 는 죄명을 쓰고 억울하게 죽고 말았다. 잘못된 법이라도 국법질서를 위하여 지켜야 하는가?</td></tr>
</table>

# 어린이 경제 원론

김시래 외

| 도 서 명 | 어린이 경제 원론 | |
|---|---|---|
| 도서정보 | 김시래, 강백향 / 교학사 / 2005년 / 223쪽 / 9,900원 | |
| 분 류 | 목적(정보전달) / 분야(사회) / 시대(현대) / 지역(한국) | |
| 관련 교과/<br>관련 교육과정 | 사회 | 5학년 2-1-(1) 우리 나라 경제 생활의 특징 |
| 어떤 책일까 | 한 가족의 일상생활을 통하여 생활 속에서 일어나는 경제에 관한 내용들을 만화와 함께 재미있는 설명으로 알기 쉽게 소개한 책이다.<br>책의 1부에서는 일상생활 속에서 느낄 수 있는 경제개념들을 재미있는 실제 사건들을 바탕으로 설명하고 있다. 우리가 뭔가를 선택할 때는 다른 것을 포기하는 슬픔도 있다. 슬픔이 큰 쪽을 선택하는 것이 현명한 선택임을 가르치면서, 사지 못하는 슬픔 중 어느 것이 더 큰지 고민하고 현명한 선택을 할 수 있도록 도와준다.<br>2부에서는 온 가족이 모여 주식회사를 차리는 내용을 소개한다. 주식이 무엇인지, 경제활동을 하기 위해서는 어떻게 해야 하는지 등을 알 수 있게 된다. 그리고 물질적인 재산을 물려주는 대신 보이지 않은 '경험'을 유산이 중요함을 배우게 된다.<br>3부는 세계 6개국을 돌아다니며 보고 느낀 내용을 담고 있다.<br>어린이들은 이 책을 통하여 어렵게만 느낀 경제에 대하여 쉽게 이해하고, 현실 감각을 키우며, 경제적 실천의지를 배우게 될 것이다. | |
| 다양한 매체로<br>맛보기 | 관련 도서 : 『현영 언니가 들려주는 똑똑한 경제 습관』 / 현영 /<br>『열두 살에 부자가 된 키라』 / 보도 섀퍼 / | |
| 어떻게 읽을까 | 1. KWLA 챠트를 만들면서 글을 읽어 봅시다.<br>2. 획득한 지식과 정보를 생활 속에서 활용하면서 읽어 봅시다.<br>3. 도서관, 인터넷 등을 활용하여 자료를 이해하고 보충하며 읽어 봅시다.<br>4. 글에 제시된 정보가 자신의 기존 지식이나 경험과 어떻게 연관되는지 살피면서 읽어 봅시다. | |
| 무엇을 토론할까 | 1. 주식회사의 주주총회에서 투표권은 주식수에 의해 배정된다. 이런 방식은 과연 공평한가요?<br>2. 세상에는 일확천금으로 부자가 되는 사람들이 많다. 로또복권의 판매는 과연 필요한가요?<br>3. 한미 FTA를 반대하는 농민들의 주장은 정당한가요? | |
| 무엇을 써 볼까 | 1. 자유무역을 가로 막고 있는 문제점들을 지적하고, 더욱 발전시키기 위해 노력해야 할 점을 써 봅시다.<br>2. 행복의 조건으로 경제가 중요하긴 하지만 가장 중요한 건 아니다. 경제발전의 단점은 무엇이며, 이를 극복하기 위한 방법은 무엇인지 써 봅시다.<br>3. 한미 FTA 협정은 기업은 수출을 쉽게 할 수 있으니 좋지만, 농민들은 값싼 외국 농산물과 경쟁을 해야 하기 때문에 불리하다.<br>여러분이 농민의 한 사람이라 생각하고 협상단에 보내는 반대의견서를 작성해 봅시다. | |

# 어린이 문화재 박물관 1

문화재청

<table>
<tr><td>도 서 명</td><td colspan="2">어린이 문화재 박물관 1</td></tr>
<tr><td>도서정보</td><td colspan="2">문화재청 / 사계절출판사 / 2006년 / 215쪽 / 12,000원</td></tr>
<tr><td>분 류</td><td colspan="2">목적(정보전달) / 분야(사회) / 시대(고대,중세) / 지역(한국)</td></tr>
<tr><td>관련 교과/<br>관련 교육과정</td><td>사회</td><td>5학년 2-(1) 조상들의 멋과 슬기<br>5학년 2-(3) 우리 겨레의 생활 문화</td></tr>
<tr><td>어떤 책일까</td><td colspan="2">우리나라는 전 국토가 박물관이라고 불릴 정도로 유형, 무형의 문화유산이 많다. 문화재청은 중요한 문화재를 지정하여 관리하고, 땅 속이나 물 밑에 묻혀 있는 문화재를 발굴하고 보존하며, 우리 문화재의 우수성을 세계 곳곳에 알리는 일을 맡고 있다. 문화재청이 엮은 ‘어린이 문화재 박물관’은 역사에 관한 궁금증을 속 시원하게 풀어준다.<br>‘어린이 문화재 박물관 1’은 ‘유형문화재·사적’편으로, 건축, 그림, 공예, 조각, 사적류 문화유산을 소개하고 있다. 소개된 유형문화재로는 풍속화, 민화, 도자기, 성덕대왕 신종, 백제금동대향로, 금관, 토우, 반가사유상, 경복궁, 숭례문, 석굴암, 목탑과 석탑, 성균관 등이며, 사적은 제사유적, 선사주거지, 백제성곽, 강화도, 수원화성, 고인돌, 무령왕릉, 첨성대, 해시계와 물시계, 측우기, 고지도 등이다.<br>사대문 가운데 왜 숭례문 현판만 세로로 쓰여 있을까? 우리나라에서 가장 오래된 목조 건물은 무엇일까? 우리나라 종은 외국의 종과 어떻게 다를까? 신라 사람들은 왜 무덤에 토우를 만들어 넣었을까? 조선 시대에 제작한 '청구도'와 '대동여지도'는 어떤 목적으로 만들어졌을까?<br>이 책을 통하여 우리 민족의 얼인 문화유산을 바르게 알고, 찾고, 가꾸는 문화인이 될 것이다.</td></tr>
<tr><td>다양한 매체로<br>맛보기</td><td colspan="2">관련 매체 : ‘국립중앙박물관’ (http://museum.go.kr)<br>관련 도서 : 『한국사 편지1』 / 박은봉<br>『교과서 속 구석구석 우리 문화재』 / 서찬석외</td></tr>
<tr><td>어떻게 읽을까</td><td colspan="2">1. 역사에 대한 새로운 낯선 용어들을 이해하면서 읽어 봅시다.<br>2. 사실과 의견을 구별하면서 읽어 봅시다.<br>3. 필요한 정보를 얻기 위해 인터넷, 도서관 등을 활용하며 읽어 봅시다.</td></tr>
<tr><td>무엇을 토론할까</td><td colspan="2">1. 민화를 그린 사람들은 비전문 화가들 이다. 그래도 민화를 우리의 문화재로 인정해야 할까요?<br>2. 소중한 국보급 문화재 개인이 소장하는 것에 대하여 어떻게 생각하나요?<br>3. 국보, 보물, 사적 등의 지정 순서는 문화재의 가치와는 무관하다. 문화재의 가치 순서대로 문화재번호를 매기는 것이 옳지 않을까요?</td></tr>
<tr><td>무엇을 써 볼까</td><td colspan="2">1. 첨성대에 대하여 설명하고, 천문 관측대라고 주장할 수 있는 근거를 써 봅시다.<br>2. 문화재를 아끼고 보존해야 하는 이유와 보존방법을 써 봅시다.<br>3. 남대문 화재의 원인을 지적하고, 재발방지를 위해서는 어떻게 해야 하는지 써 봅시다.</td></tr>
</table>

# 한국사 편지 1

박은봉

| 도 서 명 | 한국사 편지 1 | |
|---|---|---|
| 도서정보 | 박은봉 / 웅진주니어 / 2002년 / 184쪽 / 10,000원 | |
| 분 류 | 목적(정보전달) / 분야(사회) / 시대(고대,중세) / 지역(한국) | |
| 관련 교과/<br>관련 교육과정 | 사회 | 5학년 2-(3) 우리 겨레의 생활문화 |
| 어떤 책일까 | 전 5권으로 구성된 '한국사 편지'는 2002년 1권이 출간된 이후, 200여만 부가 판매된 어린이 역사책이다. 이 책은 한국사에서 다루어야 할 주제들을 거의 모두 다루었으며, 역사의 현장을 생생하게 체험할 수 있도록 권마다 200컷이 넘는 유물 · 유적지 사진, 그림, 지도 등을 편집 디자인하였다.<br>어린이 눈높이와 흥미에 맞도록 편지글 형식으로 만들었다. 우리나라에는 언제부터 사람이 살았을까, 신석기 시대 사람들은 어떻게 살았을까, 청동기 시대와 최초의 나라 고조선, 고조선 사람들은 어떻게 살았을까, 고조선 다음에는 어떤 나라들이 있었을까, 삼국과 가야의 건국 이야기, 동북아시아를 주름잡은 파워 고구려, 세련된 문화의 나라 백제, 삼국 문화의 키워드 불교, 삼국 시대 사람들은 어떻게 살았을까, 신라는 어떻게 통일을 하였을까, 골품의 나라 신라, 신비의 나라 발해 등의 내용이 실려있다.<br>역사 연구가인 저자 박은봉은 책 곳곳에서 어린이가 스스로 생각하고 판단하기를 바라는 수많은 질문을 통하여 독자 스스로 깨우치도록 한다. 따라서 이 책을 읽는 어린이들은 한국사를 '아는' 데에서 멈추지 않고, 역사를 '생각하는' 힘을 갖게 되어, 당당한 자긍심 속에서 뛰어난 한국인으로 살아가게 될 것이다. | |
| 다양한 매체로<br>맛보기 | 관련 매체 : '국립중앙박물관' (http://museum.go.kr)<br>관련 도서 : 『역사야, 나오너라!』 / 이은홍 /<br>『한 권으로 보는 그림 한국사 백과』 / 지호진 / | |
| 어떻게 읽을까 | 1. 역사에 대한 새로운 낯선 용어들을 이해하면서 읽어 봅시다.<br>2. 사실과 의견을 구별하면서 읽어 봅시다.<br>3. 필요한 정보를 얻기 위해 인터넷, 도서관 등을 활용하며 읽어 봅시다. | |
| 무엇을 토론할까 | 1. 사랑을 위하여 북을 찢은 낙랑공주의 행위는 비난받아 마땅한가요?<br>2. 신라 통일을 위하여 당나라 외세를 끌어들인 김춘추는 우리 민족의 배신자인가요?<br>3. 수나라 장수 우중문에게 칭송하는 시를 보낸 뒤, 철수하는 수나라군사들의 뒤를 살수에서 들이친 을지문덕은 비겁한 사람인가요? | |
| 무엇을 써 볼까 | 1. 백제 문화의 특징을 말하고, 오늘날 우리 문화가 지니고 있는 문제점을 찾아, 개선 방안을 써 봅시다.<br>2. 신라는 당나라의 힘을 끌어들여 삼국을 통일하였다. 신라의 삼국통일에 대한 자신의 생각을 써 봅시다.<br>3. 오늘날 우리들이 지니고 있는 국가관(애국심)의 문제점을 지적하고 바람직한 국가관(애국심)에 대한 생각을 써 봅시다. | |

# 함정에 빠진 수학

권재원

| 도 서 명 | 함정에 빠진 수학 | |
|---|---|---|
| 도서정보 | 권재원 / 김영사 / 2008년 / 184쪽 / 11,000원 | |
| 분 류 | 목적(정보전달) / 분야(과학) / 시대(현대) / 지역(한국) | |
| 관련 교과/<br>관련 교육과정 | 수학 | 5학년 1-(8) 여러 가지 방법으로 문제 풀기<br>5학년 2-(8) 재미있는 놀이로 문제 해결하기 |
| 어떤 책일까 | '함정에 빠진 수학'은 아이들의 정서와 상황에 맞게 수학의 원리를 재미있게 소개한 수학동화이다. 수학동화는 수학과 동화라는 두 마리의 토끼를 쫓기 때문에 결코 쉬운 과정이 아니다.<br>이 책은 수의 비밀을 찾아 나선 아이들의 모험을 판타지 동화형식으로 담고 있다. 무한수의 발견으로 수학이 함정에 빠져 버리자 주인공 용마와 해수는 수학의 비밀을 밝혀내려고 모험을 떠난다. 그리고 모험을 통해 '수학이란 조화를 추구하고 혼란 속에서 질서를 찾아내는 것'임을 알게 된다.<br>수학은 원시고대에는 숫자가 기록을 위한 수단으로 사용되었고, 점차 숫자는 신성시되어 오다가, 모든 논리학의 기본이 되었지만, 무한수가 발견되면서 수학이 혼돈에 빠지게 되었다. 이 책은 전통적인 수학동화 방식과 다른 스타일의 논리적 상상력을 제공해준다. 기존의 수학동화가 아이들에게 수학의 원리나 문제해결 방식을 가르쳐 주었다면 이 책에서는 '수학이 왜 생겼으며, 사람들은 왜 수학에 열광하고 또 수학의 함정에 빠질 수밖에 없는가'에 대해 이야기 하고 있다.<br>저자 권재원은 서울대학교 산업디자인과를 졸업하고, 영국에서 미학과 퍼포먼스를 공부했으며, '10일간의 보물찾기', '난 분홍색이 싫어' 등을 썼다. | |
| 다양한 매체로<br>맛보기 | 관련 도서 : 『피타고라스 구출작전』 / 김성수<br>『플라톤 삼각형의 비밀』 / 김성수 | |
| 어떻게 읽을까 | 1. 내용을 깊이 정독하며 읽어 봅시다.<br>2. 낯선 용어들을 이해하기 위해 인터넷, 도서관 등을 활용하며 읽어 봅시다.<br>3. 이야기의 전 과정을 통하여 인물의 특성과 행동이 어떻게 변하는지 이해하면서 읽어 봅시다. | |
| 무엇을 토론할까 | 1. 수학은 인간에게 어떤 영향을 미쳤으며, 어떻게 발전하고 있나요?<br>2. 사람들은 왜 수의 함정에 빠지게 되는가요?<br>3. '신이 세상을 만드신 것이 아니라, 수에 의해서 세상이 만들어진 것 같다'는 저자의 말은 무슨 의미인가요?<br>4. 우리가 사는 이 세상은 조화로운 세상인가, 혼란스러운 세상인가요? | |
| 무엇을 써 볼까 | 1. 수와 숫자의 차이에 대하여 써 봅시다.<br>2. 우리가 수학공부를 하는 이유는 무엇일까? 그 이유를 써 봅시다.<br>3. 수학공부에 흥미를 잃어버리는 원인을 찾아보고, 바람직한 해결방안을 써 봅시다. | |

# 갯벌, 무슨 일이 일어나고 있을까?

이혜영

| 도 서 명 | 갯벌, 무슨 일이 일어나고 있을까? | |
|---|---|---|
| 도서정보 | 이혜영 / 사계절출판사 / 2004년 / 158쪽 / 11,500원 | |
| 분 류 | 목적(정보전달) / 분야(과학) / 시대(현대) / 지역(한국) | |
| 관련 교과/<br>관련 교육과정 | 과학 | 5학년 1 (9) 물에 사는 작은 생물들의 생김새와 특징 알기 |
| 어떤 책일까 | 이 책은 갯벌이 어떻게 생성 되었는지, 오랜 세월 인간과 갯벌은 어떤 관계를 맺어왔는지, 갯벌이 사라지면 얼마나 많은 생물들이 삶의 터전을 잃게 되는지, 지금 갯벌에서는 무슨 일들이 일어나고 있는지 등에 대하여 알려준다. 아울러 갯가에서 행해진 다양한 어법(漁法)을 소개하고, 써개, 조새, 갈고리, 갈퀴, 집게, 좸쇠, 틀이, 죽방렴을 비롯해 전통 어구 8점을 실감나게 그려 놓았다. | |
| 다양한 매체로<br>맛보기 | 관련 매체 : '순천만 자연생태공원' (http://www.suncheonbay.go.kr)<br>'우포늪 자연생태 공원' (http://www.upo.or.kr/main)<br>'자연생태 과학교육원' (http://www.nese.com)<br>관련 도서 : 『갯벌이 좋아요』 / 유애로 /<br>『하늬와 함께 떠나는 갯벌여행』 / 백용해 / | |
| 어떻게 읽을까 | 1. 바다에 대한 새로운 낯선 용어들을 이해하면서 읽어 봅시다.<br>2. 갯벌에 있는 생물들이 어떻게 살아가고 있는지 알아 봅시다.<br>3. 갯벌을 지키기 위해서는 어떤 노력이 필요한지 알아 봅시다.<br>4. 갯벌의 가치와 중요성을 알아 봅시다. | |
| 무엇을 토론할까 | 1. 갯벌을 개발하여 농업용지나 산업용지로 사용하는 것이 좋은가, 있는 그대로 보존하는 것이 좋은가요?<br>2. 갯벌의 관광 산업화는 과연 필요한가요?<br>3. 일본의 이사하야 만에서 있었던 '갯벌에 선 짱뚱어'의 권리는 인정받아야 하나요? | |
| 무엇을 써 볼까 | 1. 2007년 12월 태안반도 서해안 기름 유출 사고가 끼친 영향에 대하여 쓰고, 재발방지를 위한 방안을 제시해 봅시다.<br>2. 갯벌을 지키기 위하여 우리가 해야 할 일에 대하여 써 봅시다.<br>3. 자연환경의 보존과 개발이 지니는 장단점에 대하여 서술하고, 자신이 지지하는 입장에 대하여 써 봅시다. | |

# 최열 아저씨의 지구촌 환경 이야기(1)

최열

| 도 서 명 | 최열 아저씨의 지구촌 환경 이야기 (1) | |
|---|---|---|
| 도서정보 | 최열 / 청년사 / 2005년 / 168쪽 / 9,000원 | |
| 분 류 | 목적(정보전달) / 분야(과학) / 시대(현대) / 지역(한국) | |
| 관련 교과/<br>관련 교육과정 | 5학년-과학-<br>환경과 생물 | 5학년 작은 생물이 살아가는 환경과 작은 생물과 우리 생활과의 관계 알기 |
| 어떤 책일까 | 이 책은 어린이들로 하여금 환경에 대해 보다 큰 관심을 갖고, 생활 속의 작은 문제부터 실천하면서 건강하게 자라기를 바라는 마음에서 씌어진 책이다. '세 살 적 버릇 여든까지 간다.'는 말이 있듯, 어린 시절부터 환경을 소중하게 생각하는 마음은 무엇보다 중요하다. 숲과 강과 바다는 물론, 길가에 피어 있는 이름 없는 풀꽃 하나까지 아끼고 사랑하는 마음을 가지고 자랄 때, 우리의 자연은 더욱 푸르러지고 깨끗해질 것이다. | |
| 다양한 매체로<br>맛보기 | 관련 매체 : '환경운동연합 'http://www.kfem.or.kr<br>'식품의약품 안정청 ' http://kfda.go.kr<br>'투모로우', '일본침몰', '신비의 호수' (영화)<br>관련 도서 : 『지구 온난화의 비밀』 (허창회)<br>『지구반 환경문집』 (이미옥 외) | |
| 어떻게 읽을까 | 1. 환경에 대한 새로운 낯선 용어들을 이해하면서 읽어 봅시다.<br>2. 환경이 우리들의 생활에 미치는 영향을 이해하며 읽어 봅시다. | |
| 무엇을 토론할까 | 1. 화학첨가물에는 어떤 것들이 있으며, 이런 것들로부터 우리의 건강을 지킬 수 있는 방법은 무엇일까요?<br>2. 유전자 조작에 대하여 설명하고, 유전자 조작 먹거리에 대한 자신의 입장을 말해 봅시다.<br>3. 광우병에 걸린 쇠고기를 먹으면 온 몸의 신경이 마비되어 얼마 못가서 죽게 된다. 광우병 예방을 위해 어떻게 해야 할까요? | |
| 무엇을 써 볼까 | 1. 유전자 조작 먹거리 생산에 대한 긍정적 측면과 부정적 측면을 소개하고, 어느 한 편을 들어 자신의 의견을 써 봅시다.<br>2. 어린이들이 좋아하는 간식거리에는 어떤 문제점이 있는지 살펴보고 건강한 식생활을 위해 우리가 지켜야 할 것에 대하여 써 봅시다.<br>3. 적색 색소 3호에 대하여 설명하고, 이것의 사용에 대한 자신의 입장을 써 봅시다. | |

# 리틀부자가 꼭 알아야 할 경제 이야기

김수경

<table>
<tr><td>도 서 명</td><td colspan="2">리틀부자가 꼭 알아야 할 경제 이야기</td></tr>
<tr><td>도서정보</td><td colspan="2">김수경 / 교학사 / 2009년 / 176쪽 / 8,500원</td></tr>
<tr><td>분 류</td><td colspan="2">목적(정보전달) / 분야(사회) / 시대(중세-현대) / 지역(세계)</td></tr>
<tr><td>관련 교과/<br>관련 교육과정</td><td>실과</td><td>5학년 2-(6) 용돈 사용 예산 세우기,<br>합리적으로 절약하는 태도 갖기</td></tr>
<tr><td>어떤 책일까</td><td colspan="2">자본주의 사회가 발달하면서 누구나 잘 살고 싶은 욕망이 강해지고 있다. 누구나 부자가 되고 싶어하지만 현실은 그렇지 않다. 빈부의 차이가 점점 더 심해져가고 있다. 한쪽에서는 다이어트로 몸무게를 줄이려고 애를 쓰고 있지만, 다른 한쪽에서는 먹을 것이 없어 굶어 죽는 경우까지 생겨나고 있다. 어른들은 자꾸만 경제가 어려워지고 있다고 한다.<br>경제는 왜 자꾸만 어려워지는 것인지, 돈은 왜 필요하며, 부자가 되려면 어떻게 해야 하는지 등이 나와 있다. 어린이의 눈높이에 맞추어 경제와 관련된 여러 가지 이야기가 재미있게 풀이 되었으며, 20년 후 경제의 모습을 팁으로 제공하여 미래를 대비할 수 있도록 하였다.</td></tr>
<tr><td>다양한 매체로<br>맛보기</td><td colspan="2">관련 매체 : 신문 「어린이 경제신문」( (주) 어린이 세상 발간 )<br>관련 도서 : 『황금알을 낳는 돼지통』(어린이 문화진흥회),<br>『어린이 경제원론』/ 김시래 외</td></tr>
<tr><td>어떻게 읽을까</td><td colspan="2">1. 세계 경제학자들은 누구이며, 어떤 이론을 주장했는지 살펴보면서 읽어 봅시다.<br>2. 일상생활 속에 어떤 경제원리가 숨겨 있는지 찾으며 읽어 봅시다<br>3. 글을 읽으면서 어려운 어휘를 찾아 쓰고, 그 뜻을 알아 봅시다.</td></tr>
<tr><td>무엇을 토론할까</td><td colspan="2">1. '부자'가 되면 모두 행복할까요?<br>2. 이슬람교의 경전인 '코란'에는 돈을 빌려주면 이자를 받지 말라고 되어 있는데, 이는 현대인들의 경제활동에 비추어 보았을 때 바람직한 말인가요?<br>3. 법정 스님께서는 '무소유'를 주장하고 실천하셨다. 법정 스님의 말씀대로라면 부자는 모두 옳지 않은 사람인가요?</td></tr>
<tr><td>무엇을 써 볼까</td><td colspan="2">1. 부자가 되기 위해 지금 당장 실천할 수 있는 일이 있다면 어떤 것이 있을까? 그리고 그것을 어떻게 실천할 것인지 계획을 세워 봅시다.<br>2. 비싼 것이 더 잘 팔리는 이유는 무엇인지 사람의 심리를 근거로 들어 자신의 생각을 써 봅시다.<br>3. 누구나 잘 사는 나라가 되기 위해서는 어떻게 해야 하나요?</td></tr>
</table>

# 세상 모든 음악가들의 음악 이야기

유미선

| 도 서 명 | 세상 모든 음악가들의 음악 이야기 | |
|---|---|---|
| 도서정보 | 유미선 / 꿈소담이 / 2007 / 215쪽 / 8,800 원 | |
| 분 류 | 목적(정보전달) / 분야(예술) / 시대(현대) / 지역(세계) | |
| 관련 교과/<br>관련 교육과정 | 음악 | 5학년 2-(1) 전단원 |
| 어떤 책일까 | 오랜 세월동안 변화 발전해 온 음악은 인간에게 기쁨과 즐거움을 안겨주고 있다. 음악이 없는 생활은 상상할 수도 없다.<br>이 책은 초등학생용으로 만들어진 고전음악 입문서로서, 세상에 존재하는 다양한 음악 장르와 음악가, 음악 상식을 소개하고 있다. 서양음악의 모태인 그레고리안 성가에서 12음기법의 쇤베르크에 이르기까지 207명의 음악가들의 삶과 주요작품을 알기 쉽고 재미있게 설명되어 있다. 바흐, 헨델, 모차르트 등의 고전 음악가와, 안익태, 쇤베르크, 조지 거슈인 등의 20세기 현대 음악가들의 생애와, 명곡 속에 숨겨진 이야기들이 재미있다. '운명', '빗방울 전주곡', '한여름 밤의 꿈' 등의 명곡들은 어떻게 만들어졌는지, 또 천 년의 음악사에는 어떤 이야기가 숨어 있는지, 고대 로마 시대 음악부터 현대 재즈까지의 다양한 장르(교향곡, 협주곡, 발레 음악, 오페라)들은 음악에 대한 지식을 한껏 높여준다.<br>음악 감상과 클래식 음악에 대한 이해를 돕기 위해 각 장마다 음악 상식을 넣어 음악사조, 용어, 악기 등에 대해 설명해 주고 있다. 따라서 이 책을 읽게 되면 음악이 새롭게 들리는 경험을 맛보게 될 것이다. | |
| 다양한 매체로<br>맛보기 | 관련 도서 : 『음악이 가득한 집』 / 마르그레트 레티히<br>『나와 음악회』 / 안드레아 호이어 | |
| 어떻게 읽을까 | 1. 음악에 대한 새로운 낯선 용어들을 이해하면서 읽어 봅시다.<br>2. 음악사조를 정리하면서 읽어 봅시다.<br>3. 사실과 생각을 구별하면서 읽어 봅시다. | |
| 무엇을 토론할까 | 1. 어린 시절부터 바흐나 모차르트 같은 작곡가들이 만든 고전 음악을 듣고 자라면 과연 정서가 안정되고, 지능이 발달하게 될까요?<br>2. 어린이들이 고전음악에 쉽게 다가가지 못하는 근본 원인은 무엇일까요?<br>3. 요즈음 우리 어린이들은 학교에서 배운 동요보다 연예인들의 유행가와 몸짓들을 흉내 내고 있다. 연예인들의 노래와 몸짓들을 어린이들이 즐길 때 문제될 것은 없었나요? | |
| 무엇을 써 볼까 | 1. 우리 나라 대중음악이 갖고 있는 문제점을 지적하고, 그에 대한 바람직한 해결책을 제시해 봅시다.<br>2. '애국가'에 깃든 우리 국민의 정서에 대하여 설명하고, 나라사랑 실천방법에 대하여 써 봅시다.<br>3. 음악의 특징에 대하여 쓰고, 음악이 왜 필요한지 예를 들어 써 봅시다. | |

# 세상 모든 화가들의 그림 이야기

장세현

| 도 서 명 | 세상 모든 화가들의 그림 이야기 | |
|---|---|---|
| 도서정보 | 장세현 / 꿈소담이 / 2007 / 171쪽 / 8,800원 | |
| 분 류 | 목적(정보전달) / 분야(예술) / 시대(현대) / 지역(세계) | |
| 관련 교과/<br>관련 교육과정 | 미술 | 5학년 미술 전단원 |
| 어떤 책일까 | 이 책은 미술관과 미술 교과서에서 흔히 볼 수 있는 불후의 명작들을 소개한 어린이를 위하여 쓴 명화 감상 길라잡이로, 원시 고대 동굴 벽화에서부터 20세기 천재미술가 피카소에 이르기까지 각 시대별 화가들의 그림이 알기 쉽게 설명되었다.<br>화가들이 표현하고 싶었던 것은 무엇이었을까? 왜 모네가 그린 불후의 명작 '해돋이'는 사람들의 비웃음과 손가락질을 받았을까? 왜 고흐의 그림은 그가 살았을 때는 단 한 점도 팔리지 않았을까? 위대한 화가들의 그림과 그림 뒤에 숨겨진 이야기들이 재미있게 소개되고, 그림에 대한 감상법도 친절히 설명되었다. | |
| 다양한 매체로<br>맛보기 | 관련 도서 : 『한눈에 반한 서양 미술관』 / 정세현<br>『한눈에 반한 우리 미술관』 / 정세현 | |
| 어떻게 읽을까 | 1 그림에 대한 새로운 낯선 용어들을 이해하면서 읽어 봅시다.<br>2 미술사조를 정리하면서 읽어 봅시다.<br>3 사실과 생각을 구별하면서 읽어 봅시다. | |
| 무엇을 토론할까 | 1. 모네가 그린 불후의 명작 '해돋이'는 왜 사람들의 비웃음과 손가락질을 받았을까요?<br>2. 화가들의 그림을 보여주고 전시관 입장료를 받는 일은 잘못된 일이 아닌가요?<br>3. 그림 한 장에 수 천 만원, 수 십 억에 거래되고 있다. 판매되는화가들의 그림 작품의 가격이 너무 비싼 것이 아닌가요? | |
| 무엇을 써 볼까 | 1. 원시시대 미술은 좀 더 큰 사냥감을 얻기 위한 소망을 주제로 하고 있다. 이집트는 특징을 그렸다. 헬레니즘 미술은 육체적 아름다움을 중시하였고, 르네상스 미술은 인간성 회복에 힘썼다. 낭만주의, 사실주의, 인상주의와 입체주의 등 사람들은 자기의 마음이 바뀌면서 서로 많은 것을 바꿨다. 이제 미술은 어떻게 바뀌어져야 한다고 생각하는가요?<br>2. 고갱이 문명 세계를 버리고 원시 세계를 찾아간 까닭을 밝히고, 그에 대하여 자신의 생각을 써 봅시다.<br>3. '모나리자'가 세계적인 명화로 불리우는 까닭을 지적하고, 명화의 조건에 대하여 자신의 생각을 써 봅시다. | |

# 반기문 총장님처럼 되고 싶어요

신웅진

| 도 서 명 | 반기문 총장님처럼 되고 싶어요 | |
|---|---|---|
| 도서정보 | 신웅진 / 명진출판사 / 2007년 / 183쪽 / 9,500원 | |
| 분 류 | 목적(사회적 상호작용) / 분야(인문) / 시대(현대) / 지역(한국) | |
| 관련 교과/<br>관련 교육과정 | 도덕 | 5학년 2-(8) 나라 발전과 나 |
| 어떤 책일까 | 이 책은 위인동화의 형식을 빌려, 유엔 사무총장 '반기문'의 탄생부터 현재까지의 이야기를 소개하고 있다. 뛰어난 실력, 성실한 태도, 그리고 좋은 성품으로 세계 리더들의 마음을 움직인 반기문 유엔사무총장. 반기문은 초등학교 시절, 변영태 외교부 장관의 연설을 듣고 '나라를 위해 일하는 사람'이 되겠다는 작은 꿈의 씨앗을 품었고, 그 꿈의 씨앗은 케네디 대통령을 만나면서 '외교관'이라는 싹을 틔웠다. 가슴에 품었던 작은 씨앗은 '서울대'로, '외교관'으로, '외교통상부 장관'으로 성장했다. 그리고 씨앗을 심고 키운 지 50여년이 지난 후 세계의 대통령이라 불리는 '유엔 사무총장'이 된다. | |
| 다양한 매체로<br>맛보기 | 관련 매체 : '유엔총회' (http://www.un.org/ga)<br>관련 도서 : 『지치지 않는 희망으로 나를 채워라」 /김 경우<br>『추기경 김수환 이야기」 / 김수환 | |
| 어떻게 읽을까 | 1. 자신의 꿈을 위하여 어떻게 해야 할지 생각하면서 읽어 봅시다.<br>2. 이야기의 전 과정을 통하여 인물의 특성과 행동이 어떻게 변해가는 지 이해하면서 읽어 봅시다.<br>3. 꿈을 실현하기 위한 노력들을 이해하며 읽어 봅시다. | |
| 무엇을 토론할까 | 1. 전래동화를 읽어보면 착하고 부지런한 사람에게는 언제나 행운이 찾아온다. 현실 속의 우리에게도 정말로 그럴까요?<br>2. 어렸을 적부터 반기문 총장은 많은 일로 실패와 좌절을 거듭하였다. 그럴 때마다 그는 어떻게 다시 일어나게 되었을까요?<br>3. 리더가 갖춰야 할 조건으로 도덕성과 지도력 중 어느 것을 더 중시해야 하나요? | |
| 무엇을 써 볼까 | 1. 자신의 꿈을 실현하기 위해 고쳐야 할 결점을 찾고, 결점을 극복하기 위해 어떤 노력이 필요한지 자신의 각오를 써 봅시다.<br>2. 반기문 총장이 성공하게 된 이유를 찾아 자신의 생활과 비교하고, 새로운 생활을 다짐하는 글을 써 봅시다.<br>3. 우리 시대에 필요한 지도력은 무엇인지 자신의 견해를 써 봅시다. | |

# 인간의 오랜 친구 미생물

외르크 블레히

| 도 서 명 | 인간의 오랜 친구 미생물 | |
|---|---|---|
| 도서정보 | 외르크 블레히(염정용) / 웅진주니어 / 2007년 / 119쪽 / 8,500원 | |
| 분　류 | 목적(정보전달) / 분야(과학) / 시대(현대) / 지역(세계) | |
| 관련 교과/<br>관련 교육과정 | 과학 | 5학년 1-(9) 작은 생물 |
| 어떤 책일까 | 눈으로는 볼 수 없지만 우리 몸에는 수많은 세균과 진균류, 바이러스, 단세포 생물들이 살고 있다. 우리가 드넓은 우주에서 살고 있는 것처럼 이 작은 생물들은 인간이라는 우주에서 산다. 다른 생물들이 몸에 우글거리니 오싹할지 모르지만 겁낼 필요는 없다. 우리 몸에 살고 있는 대부분의 미생물은 여러 면에서 이롭기 때문이다. '인간의 오랜 친구 미생물 이야기'는 우리 몸속에서 사는 보이지 않는 작은 생명체들에 관하여 소개한 책이다. 미생물은 인간의 적이라는 인간 중심적 사고에서 벗어나서 해충으로 여기는 생물들까지 생명체의 입장에서 바라보며, 세균과 바이러스, 진드기, 벼룩, 거머리 등 각종 생물과 우리 몸 사이에서 벌어지는 놀라운 일들을 유머러스하게 설명하고 있다.<br>이 책에는 다음과 같은 이야기가 실려 있다.<br>첫 번째 이야기 - 우리 몸에 생물들이 우글거리고 있다'<br>두 번째 이야기 - 유익한 세균 이야기<br>세 번째 이야기 -피부는 작은 생물이 사는 동물원<br>네 번째 이야기 - 우리 피를 빨아먹는 크고 작은 생물들<br>다섯 번째 이야기 - 병원균도 두렵지 않아<br>저자 '외르크 블레히'는 독일과 영국에서 생물학과 생화학을 전공했으며, 의학 및 자연과학 편집자로 일하고 있다. | |
| 다양한 매체로<br>맛보기 | 관련 도서 : 『곤충 없이는 못살아』 / 한영식<br>『Why? 미생물』 / 허순봉 | |

| | |
|---|---|
| 어떻게 읽을까 | 1. 미생물에 대한 새로운 낯선 용어들을 이해하면서 읽어 봅시다.<br>2. 책의 목차와 색인 등을 이용하여 필요한 자료와 사실들을 확인하면서 읽어 봅시다.<br>3. 필요한 정보를 더 많이 얻기 위해 인터넷이나 도서관을 활용하며 읽어 봅시다. |
| 무엇을 토론할까 | 1. 미생물은 과연 인간의 적인가요?<br>2. 만일 닐 암스트롱이 달에서 외계인을 만났다면 외계인들은 닐 암스트롱을 어떻게 기록했을까? 우리 몸속의 미생물들과 관련지어서 말해 봅시다.<br>3. 눈으로는 볼 수 없지만 우리는 수많은 세균, 진균류, 바이러스. 단세포 생물들과 함께 살고 있다. 그렇다면 '아무리 외로운 사람이라도 정말로 혼자인 적은 한 번도 없다.'는 말은 옳은가요? |
| 무엇을 써 볼까 | 1. 곤충을 의약품으로 사용하는 사례를 소개하고, 질병의 곤충 처방에 대한 자신의 생각을 써 봅시다.<br>2. 우리 몸 안에서 미생물이 하는 일들을 설명하고, 미생물에 대한 인간의 태도변화를 촉구하는 글을 써 봅시다.<br>3. 미생물들과 친구가 될 수 있는 방법에 대하여 써 봅시다. |

# 마사이족, 아프리카의 신화를 만든 전사

안느 와테블 파라기/김병욱

<table>
<tr><td>도 서 명</td><td colspan="2">마사이족, 아프리카의 신화를 만든 전사</td></tr>
<tr><td>도서정보</td><td colspan="2">안느 와테블 파라기(김병욱) / 산하 / 2009년 / 96쪽 / 9,000원</td></tr>
<tr><td>분 류</td><td colspan="2">목적(정보전달) / 분야(인문) / 시대(고대) / 지역(아프리카)</td></tr>
<tr><td>관련 교과/<br>관련 교육과정</td><td>국어</td><td>5학년 1-(5) 행복한 만남</td></tr>
<tr><td>어떤 책일까</td><td colspan="2">마사이족은 동아프리카 지구대에 위치한 올도이뇨 렝가이 화산 아래에 살고 있습니다. 이 책은 용맹하기로 이름난 마사이족 사람들에게 전해 내려오는 신화와 전설들을 소개하고 있다. 생명 있는 모든 존재에 깃들어 있는 엔카이 신, 말하는 암소 라마트, 동물들의 왕인 사자 심바 등 흥미롭게 재미있는 이야기들이 가득하다. 또, 현재 마사이족들의 생활모습에 대한 정보까지 자세하게 나와 있다. “하늘을 보고, 땅을 보고, 동물들을 보고, 당신의 마음이 전해 주는 소리를 들으면서 깨달아야 하오.” 이 말은 마사이족의 레이안 노인이 세상을 뜨기 전에 남긴 말이다. 이 말 속에는 마사이족의 정신세계와 세상을 향해 열린 마음, 자연과 더불어 전통을 소중히 여기며 살아온 그들의 삶이 고스란히 담겨 있습니다.</td></tr>
<tr><td>다양한 매체로<br>맛보기</td><td colspan="2">관련 매체 : 숲이 파괴되다(과학까페)<br>관련 도서 : 『마사이족의 영혼』 / 로라 버클리(송호빈) / 주니어북스<br>『마오리족 하늘과 땅이 낳은 사람들』 / 세실 모지코나치, 클레르메를로-퐁티(백선희) / 산하</td></tr>
<tr><td>어떻게 읽을까</td><td colspan="2">1. 마사이족이 어떻게 생겨났는지 생각하면서 읽어 봅시다.<br>2. 마사이족의 세계관과 가치관은 어떠한지 생각하면서 읽어 봅시다.<br>3. 마사이족 이야기를 통하여 얻을 수 있는 교훈에는 어떤 것이 있는지 살피면서 읽어 봅시다.</td></tr>
<tr><td>무엇을 토론할까</td><td colspan="2">1. 마사이족의 엔카이신화와 단군신화를 비교할 때 공통점과 차이점은 무엇일까요?<br>2. 마사이족의 세계관과 가치관은 무엇일까요?<br>3. 마사이족의 전설에서 우리가 얻을 수 있는 교훈에는 어떤 것이 있을까요?</td></tr>
<tr><td>무엇을 써 볼까</td><td colspan="2">1. 마사이족의 신화가 어떤 가치를 가지고 있는지 우리의 단군신화와 비교하여 논술해 봅시다.<br>2. 마사이족의 신화와 전설에 드러나는 그들의 세계관과 가치관에 대해서 논술해 봅시다.<br>3. 마사이족의 전설에서 우리가 본받을 만한 교훈에는 어떤 것이 있는지 논술해 봅시다.</td></tr>
</table>

# 과학귀신 2

황근기

| 도 서 명 | 과학귀신 2 | |
|---|---|---|
| 도서정보 | 황근기 / 과학동아북스 / 2009년 / 157쪽 / 8,500원 | |
| 분 류 | 목적(정보전달) / 분야(과학) / 시대(현대) / 지역(한국) | |
| 관련 교과/<br>관련 교육과정 | 과학 | 5학년 1 · 2학기 전단원 |
| 어떤 책일까 | 과학귀신 학교를 졸업한 과학귀신들이 얼렁뚱땅 숲 속 흉가에서 공포영화를 찍는 인간들을 쫓아내러 가는 과정 중에 벌어지는 여러 가지 에피소드들이 무척 재미있다. 뿐만 아니라 과학귀신들의 황당무계하고 신나는 모험을 통해서 자연스럽게 새로운 과학 지식 즉, 화석, 붕어의 생김새, 환경과 생물의 관계, 초파리의 한살이, 동물의 분류, 식물의 잎과 뿌리가 하는 일, 생태계의 원리 등을 얻을 수 있다. 과학귀신들은 작은 생물, 기체의 특성, 용액의 성질, 연소 조건을 이용해서 숲 속 흉가에서 인간들을 놀라게 하는 재치를 발휘한다.<br>다소 딱딱하고 이해하기 어려운 여러 과학 정보와 사실들을 과학귀신과 흉가라는 흥미 있는 소재를 도입해서 아주 재미있게 소개하고 있다. 초등학교 과학 교육과정과 연계하여 학생들이 꼭 알아두어야 할 과학정보들을 상세하고 재미있게 잘 설명하고 있다. 과학 공부를 어렵게 생각하는 학생들이 이 책을 읽는다면 과학에 재미를 느낄 수 있을 것이다. | |
| 다양한 매체로<br>맛보기 | 관련 매체 : 동물과 식물(http://i-scream.co.kr)<br>관련 도서 : 『과학자와 놀자』 / 김성화 / 창작과비평사<br>『과학귀신 1』 / 황근기 / 과학동아북스 | |
| 어떻게 읽을까 | 1. 새로 알게 된 과학적 사실 또는 원리에는 어떤 것이 있는지 생각하며 읽어 봅시다.<br>2. 기존에 알고 있던 지식 중에서 잘못되었거나 궁금하던 것을 알려주는 정보가 있는지 살피며 읽어 봅시다.<br>3. 일상생활에서 적용 가능한 과학적 사실 또는 원리에는 어떤 것이 있는지 생각하며 읽어 봅시다. | |
| 무엇을 토론할까 | 1. 과학의 발전이 인간 생활에 미치는 영향은 어떤 것일까요?<br>2. 현재 과학의 힘으로 해결할 수 없는 일들은 모두 초자연적 존재 때문일까요?<br>3. 과학을 생활에 이용하는 바람직한 방향 또는 방법에는 어떤 것이 있을까요? | |
| 무엇을 써 볼까 | 1. 과학의 발전이 인간 생활에 미치는 영향에 대해서 써 봅시다.<br>2. 현재 과학의 힘으로 해결할 수 없는 일들은 초자연적 존재가 있기 때문인지에 대해서 써 봅시다.<br>3. 과학이 생활에 유용한 경우를 알고 과학 원리를 생활에 활용할 계획을 세워 봅시다. | |

# 내 이름은 미미

소중애

| 도 서 명 | 내 이름은 미미 | |
|---|---|---|
| 도서정보 | 소중애 / 문원 / 2009년 / 168쪽 / 8,500원 | |
| 분 류 | 목적(정서표현) / 분야( 인문 ) / 시대(현대) / 지역(한국) | |
| 관련 교과/<br>관련 교육과정 | 도덕 | 5학년 2-(5). 서로 존중하는 태도 |
| 어떤 책일까 | 미미는 남들이 보기에는 얼뜨고 유사자폐아로 보이지만 실제로는 속으로 상황 파악을 잘하는 아주 야무진 아이이다. 시장에서 장사하시는 할머니 손에서 가난하게 자라며 눈이 비정상적인 데다가 손과 발을 자유롭게 움직일 수 없다. 같은 반 친구 수연이가 살갑게 대해주어 집에까지 데리고 오지만 할머니가 무섭게 화를 내어 쫓아내고 말았다. 할머니가 독고원장님의 집 앞에 버려진 미미를 데려온 것을 밝히면서 독고원장님이 미미를 양육하려고 나선다.<br>할머니가 미미에게 모질게 대하는 모습을 보면 화가 나다가도 미미를 생각하는 애틋한 마음을 버리지 못하는 것을 보면 안심이 되면서도 가슴 한구석이 아픈 이야기다. | |
| 다양한 매체로 맛보기 | 관련 매체 : 편견1(TV동화 행복한 세상)<br>관련 도서 : 『넌 네가 얼마나 행복한 아이인지 아니』/조정연/국민출판사 『고맙습니다 선생님』/패트리샤 폴라코(서애경) /아이세움 | |
| 어떻게 읽을까 | 1. 사람들이 미미를 바라보는 시선과 실제 미미의 인지 능력 간의 차이로 인해서 일어나는 일들을 생각하며 읽어 봅시다.<br>2. 미미를 대하는 수연이의 태도가 어떻게 달라지는지 살피며 읽어 봅시다.<br>3. 미미와 할머니간의 사랑을 느끼며 읽어 봅시다. | |
| 무엇을 토론할까 | 1. 사람들이 미미를 대하는 것처럼 겉모습만 보고 사람 됨됨이를 평가해도 괜찮은가요?<br>2. 수연이가 미미를 대할 때 가져야 할 바른 마음가짐 또는 태도에는 어떤 것이 있을까요?<br>3. 평상 시 미미를 대하는 할머니의 태도를 사랑의 표현이라고 할 수 있는가요? | |
| 무엇을 써 볼까 | 1. 겉모습을 보고 사람 됨됨이를 평가하는 것에 대해서 나의 의견을 '인간의 존엄성' 측면에서 접근하여 써 봅시다.<br>2. 아버지가 미미를 가족으로 받아들이자 미미에 대한 수연이의 태도가 돌변한 것에 대한 내 생각을 까닭을 들어 써 봅시다.<br>3. 평상 시 미미를 대하는 할머니의 마음가짐 또는 태도를 사랑의 표현이라고 할 수 있는지에 대해서 나의 의견을 써 봅시다. | |

# 할머니의 레시피

이미애

| 도 서 명 | 할머니의 레시피 | |
|---|---|---|
| 도서정보 | 이미애 / 아이세움 / 2009년 / 206쪽 / 9,500원 | |
| 분　류 | 목적(정서표현) / 분야(사회) / 시대(현대) / 지역(한국) | |
| 관련 교과/<br>관련 교육과정 | 실과 | 5학년 2-(5) 우리의 식사 |
| 어떤 책일까 | 서현이는 방학 숙제를 안 해도 된다며 블라이스 인형을 사 주시는 엄마의 꼬임에 넘어가서 5학년 여름방학을 외할머니댁에서 보내게 된다. 처음에는 심심하기도 하고 재래식 변소에 구더기가 기어다녀서 불편한 점이 많았는데 외할머니께서 해주시는 감칠맛 나는 음식과 따뜻한 마음씨에 금방 정이 들고 만다. 방학이 끝날 무렵 부모님 얼굴을 다시 보는 것은 반가우나 할머니를 홀로 시골에 두고 떠나오는 것이 못내 안타깝다. 그해 겨울 외할머니께서 돌아가시면서 남긴 요리책은 서현이에 대한 할머니의 사랑이 듬뿍 묻어난다.<br>이 책은 서현이가 외할머니와 다투고 삐지고 화해하는 과정을 통해서 할머니와 손녀 사이에 자리 잡고 있는 사랑을 보여 준다. 핵가족이 다수인 요즘, 할머니의 사랑을 순수한 마음으로 순순히 받아들이지 못하는 아이들이 할머니의 잔잔하고 깊은 사랑을 충분히 느끼기에 좋은 책이다. | |
| 다양한 매체로<br>맛보기 | 관련 매체 : 집으로(영화)<br>관련 도서 : 『할아버지의 바닷속 집』 / 히라타 겐야 / 바다어린이<br>『샬롯의 거미줄』 / 엘윈브룩스 화이트 / 시공주니어 | |
| 어떻게 읽을까 | 1. 서현이가 할머니의 정을 마음으로 느끼게 되는 과정을 생각하며 읽어 봅시다.<br>2. 서현이가 맛보는 음식의 색깔, 맛, 향기를 상상하면서 읽어 봅시다.<br>3. 할머니의 말과 행동에서 어떤 마음이 드러나는지 생각하며 읽어 봅시다. | |
| 무엇을 토론할까 | 1. 외할머니가 서현이에 대한 사랑을 음식에 담아 표현한 것은 좋은 방법일까요?<br>2. 할머니의 레시피 중에서 초등학생이 손쉽게 할 수 있는 것은 무엇일까요?<br>3. 도시에서는 경험할 수 없는 시골의 문화에는 어떤 것이 있을까요? | |
| 무엇을 써 볼까 | 1. 가족간에 사랑과 관심을 적극적으로 표현하는 방법에는 어떤 것이있는지 써 봅시다.<br>2. 할머니의 레시피 중에서 한 가지를 골라 재료 또는 조리방법을 변형해서 나만의 레시피를 만들어 봅시다.<br>3. 도시에서 볼 수 없는 시골만의 독특한 문화에는 어떤 것이 있는지 서현이의 방학 생활을 예로 들어 설명하여 봅시다. | |

# 주식회사 6학년 2반

석혜원

| 도 서 명 | 주식회사 6학년 2반 | |
|---|---|---|
| 도서정보 | 석혜원 / 다섯수레 / 2009년 / 229쪽 / 10,000원 | |
| 분 류 | 목적(정보전달) / 분야(사회) / 시대(현대) / 지역(한국) | |
| 관련 교과/<br>관련 교육과정 | 사회 | 5학년 1-(1) 우리나라의 경제 성장 |
| 어떤 책일까 | 준영이는 전학 온 새학교에서 6학년 2반을 배정받는다. 그 반에서 CEO가 꿈이라는 진우가 학급회의 시간에 1년 동안 추진할 특별 활동으로 주식회사를 운영하자고 제안하여 여러 가지 사업을 벌입니다.<br>이 책은 아이들이 스스로 회사를 운영하고 어려움을 극복하는 과정을 통해서 주식회사와 노동에 대한 개념을 자연스럽게 알게 해준다. 뿐만 아니라 나라 경제를 튼튼하게 하고 풍요롭게 하는 것은 경제 주체들의 노력에 달려 있다는 것을 깨닫게 해 줍니다. | |
| 다양한 매체로<br>맛보기 | 관련 매체 : 좋은 공책 고르는 방법(쏙쏙 어린이 경제 나라)<br>관련 도서 : 『열두 살에 부자가 된 키라』 / 보도 섀퍼 / 을파소<br>『어린이 경제원론』 / 김시래,강백향 / 교학사 | |
| 어떻게 읽을까 | 1. 알아두면 좋은 경제 원리 및 지식에는 어떤 것이 있는지 살피며 읽어 봅시다.<br>2. 진우와 준영이, 보람이가 주식회사를 운영하면서 겪는 어려움을 어떻게 헤쳐 나가는지 생각하며 읽어 봅시다.<br>3. 나는 꿈을 이루기 위해서 어떤 노력을 하는지 진우가 자신의 꿈을 이루기 위해 노력하는 모습과 비교하면서 읽어 봅시다. | |
| 무엇을 토론할까 | 1. 책 속의 경제 원리 중에서 초등학교 5학년이 생활 속에서 응용 가능한 것에는 어떤 것이 있는지 이야기를 나누어 봅시다.<br>2. 직원을 채용할 때 열심히 하고자 하는 마음을 가장 중요하게 생각해야 할까요?<br>3. 더불어 살아가는 사회를 만들려면 어떻게 하여야 할지 6학년 2반 주주총회를 예로 들어 말해 봅시다. | |
| 무엇을 써 볼까 | 1. 책 속에서 나에게 유익한 경제 원리 또는 지식을 찾아서 그것을 생활 속에서 어떻게 적용할 것인지 계획을 세워 봅시다.<br>2. 내가 원하는 직업을 가지려면 어떤 준비를 하여야 할지 써 봅시다.<br>3. 주식회사 6학년 2반이 많은 수익을 낼 수 있었던 원인에는 어떤 것이 있는지 써 봅시다 | |

# 나는 조선의 가수

하은경

| 도 서 명 | 나는 조선의 가수 | |
|---|---|---|
| 도서정보 | 하은경 / 바람의아이들 / 2009년 / 178쪽 / 8,500원 | |
| 분　류 | 목적(사회적 상호작용) / 분야(사회) / 시대(근대) / 지역(한국) | |
| 관련 교과/<br>관련 교육과정 | 국어 | 5학년 1-(1) 마음의 빛깔 (2) 경험 속으로 |
| 어떤 책일까 | 연실은 가수가 되고 싶지만 하루 종일 남의 집 밭에서 고되게 일하는 어머니 대신 동생을 돌보아야 한다. 연실은 생각 끝에 한밤중에 도망치듯 집을 나와서 경성악극단의 박 단장을 찾아간다. 연실은 극단의 허드렛일을 하면서 가수가 될 꿈을 키우는데 6개월이 지나도 좀처럼 무대에 설 기회가 주어지지 않는다. 그러던 중 일제의 지배를 받는 조국의 현실을 가슴아파하던 극작가 윤 선생이 악극 〈파랑새의 노래〉 주인공 역을 연실에게 맡긴다. 연실은 열심히 연습해서 훌륭하게 연기를 하였으나 독립운동가와 내통한다는 의심을 사서 극단은 해체되고 윤 선생은 감옥에 갇힌다. 연실은 이에 굴하지 않고 반드시 조선의 가수가 될 것이라고 결심한다. | |
| 다양한 매체로<br>맛보기 | 관련 매체 : 일제의 수탈 정책과 옥구농민항일항쟁(서바이벌 역사 퀴즈)<br>관련 도서 : 『어린이를 위한 청소부 밥』 / 전지은 / 위즈덤하우스<br>『어린이를 위한 시크릿』 / 김현태 / 살림어린이 | |
| 어떻게 읽을까 | 1. 연실이 악극의 주인공으로 무대에 서기까지의 과정을 생각하며 읽어 봅시다.<br>2. 우리 민족의 아픔을 생각하고 연실이 가수가 되겠다는 마음을 갖게 된 계기를 생각하며 읽어 봅시다.<br>3. 일제 치하 우리 민족이 당한 고통과 아픔을 생각하며 읽어 봅시다. | |
| 무엇을 토론할까 | 1. 연실이 꿈을 이루기 위해서 한밤중에 집을 나선 것은 잘한 일일까요?<br>2. 윤 선생이 일제의 간섭을 받을 것을 알면서도 어린 연실을 악극의 주인공으로 선택한 것은 옳은 일일까요?<br>3. 일제 시대 우리 민족이 당한 고통을 현대를 사는 후손들이 어떻게 받아들여야 할까요? | |
| 무엇을 써 볼까 | 1. 내가 연실이라면 어머니의 반대에 대해서 어떻게 행동했을지 까닭을 들어가며 의견을 써 봅시다.<br>2. 윤 선생이 예술가로서 악극을 완성하고 어린 연실을 주인공으로 삼은 것에 대해서 자신의 의견을 써 봅시다.<br>3. 일제 시대 우리 민족이 당한 고통과 아픔을 현대를 사는 후손들이 어떻게 받아들여야 하는지에 대해서 논술해 써 봅시다. | |

# 아틸라와 별난 친구들

니콜라 멕올리페

| 도 서 명 | 아틸라와 별난 친구들 | |
|---|---|---|
| 도서정보 | 니콜라 멕올리페(임정은) / 현암사/2009년/ 130쪽 / 8,000원 | |
| 분 류 | 목적(정서표현) / 분야(인문) / 시대(현대) / 지역(남극) | |
| 관련 교과/<br>관련 교육과정 | 국어 | 5학년 1-(3) 삶의 향기 |
| 어떤 책일까 | 남극에 사는 펭귄 아틸라는 여느 펭귄과 달리 추위를 느껴서 부모를 절망하게 한다. 아틸라가 힘들어하는 것을 보고 바다코끼리와 바다소가 해결책을 찾아 나선다. 그 과정에서 물고기를 먹지 않는 채식주의자 콘도르 룰라객스, 자신을 독수리로 착각하는 고슴도치 이글을 만나서 이상의 섬 갈라파고스를 향해 떠난다. 그러나 이들을 쫓는 사냥꾼 모힌과 포시 때문에 곳곳에서 어려움에 처하게 된다. 이 셋은 갖은 고생을 이겨내고 마침내 갈라파고스 섬에 도착하여 자신들의 별난 행동들이 전혀 문제가 되지 않는다는 것을 확인한 다음 행복해 한다.<br>다른 사람들과 조금 다르다고 해서, 다소 별나다고 해서 이상하게 취급받는 것은 잘못이다. 이 책을 읽다보면 우리 서로 각기 다른 존재임을 인정하고 있는 모습 그대로 존중해 줄 때 모두가 행복할 수 있음을 깨닫게 된다. 뿐만 아니라 우리는 더불어 살아가는 존재이므로 서로 보살피고 아껴주며 생활해야 한다는 것을 느끼게 된다. | |
| 다양한 매체로<br>맛보기 | 관련 매체 : 진짜 편견 (TV동화 행복한 세상)<br>관련 도서 : 『안의 씨앗』 / 왕자오자오(황선영) / 푸른하늘상상<br>『나의 어설픈 영웅 안톤』 / 제임스 말로니(김영선) / 책그릇 | |
| 어떻게 읽을까 | 1. 아틸라가 고민하는 것이 무엇이며 무엇을 원하는지 생각하면서 읽어 봅시다.<br>2. 아틸라가 친구를 사귀는 과정을 살피면서 읽어 봅시다.<br>3. 아틸라와 친구들이 고난을 어떻게 헤쳐 나가는지 살피면서 읽어 봅시다. | |
| 무엇을 토론할까 | 1. 아틸라가 여느 펭귄과 다르게 생각하고 행동하는 것은 잘못된 것인가요?<br>2. 아틸라와 친구들은 돌고래 서커스단에 들어갔다가 갈라파고스 섬에 늦게 도착한 것처럼 관심 가는 일들을 다 해보고 나서 천천히 이루어도 될까 아니면 목표를 향해 돌진하는 것이 좋을까요?<br>3. 고난을 헤쳐 나가는 아틸라와 친구들처럼 우리도 살아가면서 힘들고 어려운 일을 만날 때 어떻게 하면 잘 해결해 나갈 수 있을까요? | |
| 무엇을 써 볼까 | 1. 아틸라가 여느 펭귄과 다르게 생각하고 행동하는 것에 대한 내 의견을 까닭을 들어 써 봅시다.<br>2. 목표를 정했으면 곧장 나아가는 것이 좋을까, 목표와는 상관없어도 관심 가는 일들을 즐기면서 천천히 하는 것이 좋을지 써 봅시다.<br>3. 우리가 살아가면서 힘들고 어려운 일을 만날 때 어떻게 하여야 잘 헤쳐나갈 수 있는지 써 봅시다. | |

# 찾아라 세계 최고 2

허용선

| 도 서 명 | 찾아라 세계 최고 2 | |
|---|---|---|
| 도서정보 | 허용선/ 씽크하우스 / 2009년 / 255쪽 / 11,000원 | |
| 분　류 | 목적(정서표현) / 분야(사회) / 시대(현대) / 지역(세계) | |
| 관련 교과/<br>관련 교육과정 | 도덕 | 5학년 2-(10) 우리 문화와 세계 문화 |
| 어떤 책일까 | 사진작가 허용선이 4년 간 세계 이곳저곳을 여행하며 찍은 사진을 글과 함께 엮었다. 세계에서 가장 오래된 도시 '예리코와 다마스쿠스', 세계 최대 불교 유적지 '인도네시아 보로부두르', 세계 최대의 무덤 ''진시황릉' 등 총 25가지 문화유적에 관한 이야기들이 실려 있다.<br>아이들은 이 책을 통해서 다른 나라의 모습과 문화를 보고 느낄 수 있다. 특히, 최고가 되기까지의 역사적인 배경과 세계 각 나라의 문화, 전쟁, 지리 등에 대한 정보를 한눈에 살펴볼 수 있어서 좋다. | |
| 다양한 매체로<br>맛보기 | 관련 매체 : 러시아 전통 음식'라바쉬, 크바스, 샤슬릭'(걸어서 세계 속으로)<br>관련 도서 : 『세계문화유산 아틀라스』 /실비 베쥐엘(김이정/문학동네 『화성기행』 / 리정영, 최석환 / 문학동네 | |
| 어떻게 읽을까 | 1. 어느 나라에 어떤 문화유적이 있는지 살피면서 읽어 봅시다.<br>2. 문화유적이 과거와 현대, 미래 사람들의 삶을 어떻게 연결지어 주는지 생각하며 읽어 봅시다.<br>3. 소중한 문화유적을 잘 보존할 방법에는 어떤 것이 있는지 생각하며 읽어 봅시다. | |
| 무엇을 토론할까 | 1. 문화유적의 가치는 무엇으로 정하는 것이 좋을까요?<br>2. 문화유적이 현대인의 삶에 걸림돌이 된다면 훼손시켜도 괜찮을까요?<br>3. 문화유적을 잘 보존할 방법에는 어떤 것이 있을까요? | |
| 무엇을 써 볼까 | 1. 도시개발계획에 의해서 문화유적을 훼손해야 한다면 어떻게 하는 것이 좋을지 의견을 까닭을 들어가며 써 봅시다.<br>2. 소중한 문화유적을 후손에게 잘 물려줄 방법에 대해서 써 봅시다.<br>3. 내가 가보고 싶은 문화유적의 가치, 특징을 알고 답사계획을 써 봅시다. | |

# 과학관 사이언스 1,2

정인경 · 손영란

| 도 서 명 | 과학관 사이언스 1,2 | |
|---|---|---|
| 도서정보 | 정인경 · 손영란/ 아이세움 / 2009년 / 161쪽 / 10,500원 | |
| 분 류 | 목적(정보전달) / 분야(과학) / 시대(현대) / 지역(한국) | |
| 관련 교과/<br>관련 교육과정 | 과학 | 5학년 전 단원 |
| 어떤 책일까 | 이 책은 전시물 속의 과학을 아주 쉽게 설명해 주고 있으며 국립과천과학과 캐릭터인 '큐씨'와 '앤씨'가 등장하여 재미있는 이야기를 들려주듯 궁금증을 해결해 준다. 1권에서는 우주의 탄생부터 인류 탄생까지를 다룬 자연사관, 우리 조상들의 과학적 업적을 다룬 전통 과학관, 실험을 통해 과학 원리를 깨달을 수 있는 어린이 탐구 체험관의 다양한 전시물을 소개하고 그 속에 숨은 과학을 설명한다. 2권에서는 오늘날 놀라운 현대 문명을 이룩한 첨단 기술의 여러 분야를 담은 첨단 기술관과 수학, 물리, 화학, 생물, 지구과학 등을 다룬 기초 과학관의 다양한 전시물을 소개하고 그 속에 숨은 과학을 설명한다.<br>독자는 이 책을 읽으면서 우리의 과거와 현재, 미래에 대해서 생각해 보게 될 것이다. 나아가 학교에서 배운 과학 지식이 어떻게 실생활에 사용되는지, 놀이기구 같은 전시물 속에 어떤 과학 원리가 숨겨져 있는지 탐구하는 기회를 가질 수 있을 것이다. | |
| 다양한 매체로<br>맛보기 | 관련 매체 : 잉크가 필요 없는 펜(스펀지 2.0)<br>관련 도서 : 『세상을 깜짝 놀라게 한 오천년 우리 과학』 / 이영민 / 계림닷컴 『별똥별 아줌마가 들려주는 우주 이야기』 / 이지유 / 미래M&B | |
| 어떻게 읽을까 | 1. 국립과천과학관에는 어떤 전시실이 있는지 생각하면서 읽어 봅시다.<br>2. 국립과천과학관을 견학할 때 얻을 수 있는 정보에는 어떤 것이 있는지 살피면서 읽어 봅시다.<br>3. 국립과천과학관에 전시된 물건을 통하여 알 수 있는 우리 조상들의 슬기와 생활모습에는 어떤 것이 있는지 살피면서 읽어 봅시다. | |
| 무엇을 토론할까 | 1. 국립과천과학관을 견학할 때 가장 먼저 관람하여야 할 전시실은 어디일까요?<br>2. 국립과천과학관을 견학할 때 얻을 수 있는 정보 중에서 초등학생에게 가장 유익한 정보는 무엇일까요?<br>3. 국립과천과학관에 전시된 물건을 통하여 알 수 있는 우리 조상들의 슬기에는 어떤 것이 있을까요? | |
| 무엇을 써 볼까 | 1. 국립과천과학관을 견학할 때 가장 중점적으로 보아야 할 전시실에 대해서 논술해 봅시다.<br>2. 국립과천과학관을 견학할 때 얻을 수 있는 정보 중에서 초등학생에게 가장 유익한 정보는 무엇인지 논술해 봅시다.<br>3. 국립과천과학관에 전시된 물건을 통하여 알 수 있는 우리 조상들의 슬기에 대해서 논술해 봅시다. | |

# 우리 신화에는 어떤 비밀이 숨어 있을까?

최래옥

| 도 서 명 | 우리 신화에는 어떤 비밀이 숨어 있을까? | |
|---|---|---|
| 도서정보 | 최래옥/ 어린이나무생각 / 2009년 / 149쪽 / 9,800원 | |
| 분 류 | 목적(정서표현) / 분야(사회) / 시대(고대) / 지역(한국) | |
| 관련 교과/<br>관련 교육과정 | 사회 | 5학년 2-(3) 우리 겨레의 생활 문화 |
| 어떤 책일까 | 이 책은 최래옥 교수가 우리나라의 대표적인 신화를 모아서 어린이들에게 들려주고 숨은 의미까지 짚어 주고 있다. 창세 이야기, 단군, 주몽, 둥구리, 당금애기, 바리공주, 산방덕, 홍수 후에 살아난 남매 이야기 등을 아주 흥겹게 풀어내고 있다. 창세 신화에서는 오랜 옛날 하늘에 해와 달이 두 개씩 있어서 사람들이 무척 괴로워하여 명궁이 해와 달을 하나씩 맞추어 떨어뜨렸다고 이야기한다. 홍수 신화는 세상에 큰 홍수가 나서 한 남매를 제외하고 사람들이 모두 죽자 이 둘이 인류를 다시 번성시켰다고 설명한다. 단군신화와 주몽신화, 아기장수 둥구리 이야기는 우리나라 고대 왕국 및 조선의 건국과 관련 있다.<br>어느 나라에나 신화가 존재한다. 그 신화들 속 내용은 서로 비슷하면서도 나라에 따라 조금씩 차이를 보이고 있다. 이 신화는 우리의 삶을 보다 풍성하게 해준다. 독자들은 책을 읽으면서 우리 선조들의 가치관을 이해하고 슬기를 배우는 데 많은 도움을 얻을 것이다. | |
| 다양한 매체로<br>맛보기 | 관련 매체 : 애니멘터리한국설화(애니멘터리한국설화)<br>관련 도서 : 『고전을 펼치고 지구본을 돌려라』 / 강응천 / 토토북<br>『고조선 건국신화』 / 조현설 / 한겨레아이들 | |
| 어떻게 읽을까 | 1. 신화의 종류에는 어떤 것이 있으며 어떤 생각을 담고 있는지 살피면서 읽어 봅시다.<br>2. 각 인물들이 어려움을 어떻게 헤쳐 나가는지 살피면서 읽어 봅시다.<br>3. 신화가 우리의 삶에 미치는 영향을 생각하며 읽어 봅시다. | |
| 무엇을 토론할까 | 1. 각 신화가 인간에게 전하는 공통된 메시지는 무엇일까요?<br>2. 신화는 허무맹랑한 이야기일까?<br>3. 신화가 인간의 삶에 미치는 영향을 생각할 때, 신화를 더욱 발전시켜 나갈 필요가 있을까? | |
| 무엇을 써 볼까 | 1. 신화의 종류에는 어떤 것이 있는지 쓰고, 각 신화가 인간에게 전하고자 하는 공통된 메시지가 무엇인지 생각해서 써 봅시다.<br>2. 신화 속 인물들이 어려움을 헤쳐 나가는 과정을 쓰고 거기에서 배울 점을 찾아보자.<br>3. 신화가 우리 삶에 미치는 영향에 대해서 논술해 봅시다. | |

# 내 복에 산다 감은장아기

최정원

| 도 서 명 | 내 복에 산다 감은장아기 | |
|---|---|---|
| 도서정보 | 최정원 / 교학사 / 2009년 / 165쪽 / 9,000원 | |
| 분 류 | 목적(정서표현) / 분야(인문) / 시대(고대) / 지역(한국) | |
| 관련 교과/<br>관련 교육과정 | 국어 | 5학년 1-(1) 마음의 빛깔 |
| 어떤 책일까 | 성이영성과 홍운소천은 극심한 가뭄 속에서 서로 위로하며 살다가 정이 들어 결혼한다. 은장아기, 놋장아기, 감은장아기를 차례로 낳고 열심히 일해서 살림이 차츰 늘어나 아주 큰 부자가 된다. 시간이 흘러 성이영성이 딸들의 효심을 시험하는데 감은장아기가 제 복에 산다고 답하는 바람에 화가 나서 쫓아낸다. 감은장아기는 갖은 고생 끝에 마퉁이 총각을 만나 행복해진다. 감은장아기를 시샘하던 두 언니는 청지네와 용달버섯이 되었다가 그 업을 다하고 다시 사람이 되어 행복한 가정을 꾸린다. 성이영성과 홍운소천 또한 장님이 되어 고생하다가 감은장아기를 만나 다시 행복해진다. 그 후 감은장아기는 사람의 업을 다스리는 신이 되었다.<br>우리 여신들의 남다른 삶의 여정을 소개하는 '우리 겨레 여신 이야기' 시리즈 세 번째 책으로, 제주도에 전해 내려오는 구전 신화 '삼공본풀이'를 어린이의 눈높이에 맞게 새롭게 풀어 썼다. 이 책은 가족 간 신뢰와 사랑이 얼마나 중요한지 느낄 수 있는 좋은 기회를 제공해줄 것이다. | |
| 다양한 매체로 맛보기 | 관련 매체 : 서양신화와 우리신화(태그스토리)<br>관련 도서 : 『계절을 여는 아이 오느이』 / 초록인 /교학사<br>『삼신할머니 저승할머니』 / 초록인 /교학사 | |
| 어떻게 읽을까 | 1. 시간이 흐르면서 각 인물의 가치관과 생각이 어떻게 바뀌는지 살피며 읽어 봅시다.<br>2. 감은장아기가 운명신이 되기까지의 과정을 생각하면서 읽어 봅시다.<br>3. 마음가짐이 사람의 생활을 어떻게 달라지게 하는지 생각하면서 읽어 봅시다. | |
| 무엇을 토론할까 | 1. 부자가 되는 조건은 무엇일까요?<br>2. 부모자식 간에 어떤 마음을 갖고 있어야 행복할까요?<br>3. 어린 시절 은장아기가 감은장아기를 시샘한 것은 당연한 일일까요? | |
| 무엇을 써 볼까 | 1. 부자가 되는 조건은 무엇일지 강이영성 부부의 경우를 예로 들어가며 써 봅시다.<br>2. 가정이 행복하려면 부모자식 간에 어떤 마음을 가져야 할지 써 봅시다.<br>3. 부모가 한 아이만 유독 예뻐할 경우 은장아기처럼 그 형제자매를 시샘하는 것은 당연한 일일까? | |

# 콜라 마시는 북극곰

신형건

| 도 서 명 | 콜라 마시는 북극곰 | |
|---|---|---|
| 도서정보 | 신형건 / 푸른책들 / 2009년 / 103쪽 / 8,800원 | |
| 분 류 | 목적(정서표현) / 분야(인문) / 시대(현대) / 지역(한국) | |
| 관련 교과/<br>관련 교육과정 | 국어 | 5학년 1-(1) 마음의 빛깔 / 2-(1) 마음 속의 울림 |
| 어떤 책일까 | 1부에 실린 동시들은 사람, 동물, 자연 등 다른 것들을 통해서 나 자신을 돌이켜보고 나의 참모습을 발견하게 하는 내용으로 구성되었다. 시 "쇠똥구리"를 읽으면 쇠똥이나 쇠똥구리쯤 별 것 아니라고 여기는 나의 모습을 발견할 수 있다. 시 "흙 한 줌"은 제비꽃, 개미, 지렁이 등 흙과 더불어 사는 작은 생물 또한 소중한 생명임을 알게 된다. 시"싸운 벌"에서 아이가 사운 벌로 짝과 마주 보고 앉게 되자 찡그린 상대편의 얼굴이 곧 자신의 얼굴을 비추는 거울 같다는 생각을 하는 것을 보고 나의 경험을 떠올리게 된다.<br>2부에서는 인간과 자연이 어떤 방식으로든 어우러져 살아가야 한다는 메시지를 전달하고 있다. 3부에서는 시를 읽는 동안 온몸의 감각이 깨어나 눈으로 듣고, 귀로 보고 마음으로 만져보게끔 한다. 그만큼 감각적 표현이 뛰어난 시가 많다. | |
| 다양한 매체로 맛보기 | 관련 매체 : 숲 속에 사는 동물들(http://i-scream.co.kr)<br>관련 도서 : 『내 배꼽을 만져보았다』 / 장옥관 / 문학동네<br>『입술 우표』 / 곽해룡 / 푸른책들 | |
| 어떻게 읽을까 | 1. 글쓴이가 시를 통하여 무엇을 말하고 싶어하는지 생각하면서 읽어 봅시다.<br>2. 운율미와 함축미를 잘 살린 시를 찾아 읽어 봅시다.<br>3. 늘 하는 습관 중에서 자연을 해치고 인류에 해가 되는 행동을 지적하면서 생활을 되돌아보게 하는 시에는 어떤 것이 있는지 생각하며 읽어 봅시다. | |
| 무엇을 토론할까 | 1. 행들을 이어붙이면 한편의 줄글이 되어버리는 시도 시라고 할 수 있을까요?<br>2. "콜라 마시는 북극곰"에서처럼 시인이 사회 비판의 목적으로 시를 써도 될까요?<br>3. 동시가 아이의 마음을 정말로 잘 나타냈다고 할 수 있을까요? | |
| 무엇을 써 볼까 | 1. 시를 시답게 만드는 요소에는 어떤 것이 있는지 논술해 봅시다.<br>2. 시인이 사회 비판의 목적으로 시를 쓰는 것에 대해서 논술해 봅시다.<br>3. 어른이 아이의 마음을 표현한 "동시"가 정말로 아이의 마음을 잘표현하는지에 대해서 논술해 봅시다. | |

# 누구야, 너는?

남찬숙

| 도 서 명 | 누구야, 너는? | |
|---|---|---|
| 도서정보 | 남찬숙 / 문학동네 / 2009년 / 185쪽 / 9,500원 | |
| 분 류 | 목적(정보전달) / 분야(인문) / 시대(현대) / 지역(한국) | |
| 관련 교과/<br>관련 교육과정 | 국어 | 5학년 1-(4) 이리 보고 저리 보고 |
| 어떤 책일까 | 초등학교 6학년 현우는 오로지 좋은 점수를 받기 위해서 온 몸을 던져 공부한다. 그래야만 엄마가 행복해하기 때문이다. 그런 현우에게 혼자 있을 때면 어떤 아이가 나타나 말을 건네기 시작한다. 처음에는 자신의 마음을 다독여 주어서 좋았는데 언제부턴가 그 아이가 이상해진다. 예전과 달리 현우를 불쌍하다는 듯이 물끄러미 바라보아 현우를 짜증나게 한다. 시험을 앞둔 어느 날 강박관념에 사로잡힌 현우가 발작을 일으켜 소아정신과 치료를 받는다. 현우가 정신과 치료를 받게 된 것을 계기로 식구들은 조금씩 변화하기 시작한다. 무엇보다 현우는 마음속에 들어 있는 바람을 안으로 누르기만 했던 것을 버리고 정말 하기 싫은 것은 싫다고 말할 수 있게 된다. 한동안 나타나지 않던 그 아이가 다시 모습을 드러내 앞으로는 나타나지 않을 거라고 말하며 빙그레 웃는다.<br>저자는 부모들이 자신의 욕망을 아이에게 전이하는 것이 염려돼 동화를 썼다고 한다. 그러면서 세상의 모든 아이들이 행복하게 자라서, 행복한 어른이 되어, 다시 행복하게 아이들을 키우는 세상이 되면 좋겠다고 말한다. 이 책을 읽는 어린이 모두가 작가의 바람대로 그러한 경험을 하게 되면 좋겠다. | |
| 다양한 매체로 맛보기 | 관련 매체 : 용기를 배웁니다(TV동화 행복한 세상)<br>관련 도서 : 『클로디아의 비밀』 / E.L.코닉스버그(햇살과나무꾼) / 비룡소<br>『문제아』 / 박기범 / 창작과비평사 | |
| 어떻게 읽을까 | 1. 현우에게 나타나는 말없는 '너'의 정체가 무엇인지 생각하면서 읽어 봅시다.<br>2. 현우가 겪는 어려움이 무엇이며 어떻게 대처하는지 생각하면서 읽어 봅시다.<br>3. 현우가 부모와 대화를 나누고 마음을 열어가는 과정을 생각하면서 읽어 봅시다. | |
| 무엇을 토론할까 | 1. 모든 사람에게 '너'와 같은 존재가 있을까요?<br>2. 현우가 겪는 어려움의 원인은 모두 현우 엄마에게 있을까요?<br>3. '너'가 현우에게 하는 말은 모두 옳은 것일까요? | |
| 무엇을 써 볼까 | 1. 모든 사람에게 '너'와 같은 존재가 있는지에 대해서 논술해 봅시다.<br>2. 현우가 겪었던 모든 어려움의 원인이 현우 엄마에게 있는지 논술해 봅시다.<br>3. '너'가 현우에게 한 말들은 모두 옳은지에 대해서 논술해 봅시다. | |

# 막심의 천재적 학교생활

브리지트 스마자/이희정

<table>
<tr><td>도 서 명</td><td colspan="2">막심의 천재적 학교생활</td></tr>
<tr><td>도서정보</td><td colspan="2">브리지트 스마자(이희정)/ 밝은미래 / 2009년 / 107쪽 / 9,000원</td></tr>
<tr><td>분 류</td><td colspan="2">목적(설득) / 분야(사회) / 시대(현대) / 지역(프랑스)</td></tr>
<tr><td>관련 교과/<br>관련 교육과정</td><td>도덕</td><td>5학년 1-(7) 서로 다른 주장</td></tr>
<tr><td>어떤 책일까</td><td colspan="2">5학년인 막심은 아빠, 엄마, 누나와 함께 평범하게 삽니다.. 어느 날, 정부가 수업을 따라가지 못하는 아이들을 위한 적응반을 없앤다는 소식을 듣고, 적응반 폐지를 주장하는 선생님들을 도울 방법을 찾다가 친구들과 함께 학생회를 조직해서 적응반 폐지 반대 운동을 펼칩니다. 교장 선생님과 아빠의 걱정, 엄마와 선생님들 특히 페르디낭 선생님의 지원으로 학생회 활동을 계속해서 대통령께 편지를 쓰게 됩니다. 결국 적응반을 1년 더 유지한다는 결과를 얻어내고 모두 기뻐하게 됩니다.</td></tr>
<tr><td>다양한 매체로<br>맛보기</td><td colspan="2">관련 도서 : 『선생님 바꿔 주세요』 / 브리지트 스마자 / 밝은미래<br>『무기 팔지 마세요』 / 위기철 / 청년사</td></tr>
<tr><td>어떻게 읽을까</td><td colspan="2">1. 막심이 다니는 학교의 교사들과 학생들이 문제 상황이라고 생각하는 일의 핵심이 무엇인지 생각하며 읽어 봅시다.<br>2. 막심이 어떤 방법으로 자신의 생각을 이루어나가는지 살피며 읽어 봅시다.<br>3. 작은 힘들이 모여 큰 목소리를 낼 때 어떤 결과가 생길 수 있는지 생각하며 읽어 봅시다.</td></tr>
<tr><td>무엇을 토론할까</td><td colspan="2">1. 막심의 행동을 두고 정치활동이라고 말할 수 있을까요?<br>2. 막심이 정부의 교육정책에 대하여 입장을 적극적으로 표명하고 나서는 것은 잘한 일일까요?<br>3. 정부에서 적응반을 없애기로 한 결정에 대해서 어떻게 생각하나요?</td></tr>
<tr><td>무엇을 써 볼까</td><td colspan="2">1. 초등학생 5학년인 막심의 말과 행동을 두고 정치활동이라고 말할 수 있는지에 대해서 논술해 봅시다.<br>2. 막심이 정부의 교육정책에 대하여 입장을 표명하고 적극적으로 행동하는 것에 대해서 나의 의견을 까닭을 들어 써 봅시다.<br>3. 정부에서 적응반을 없애기로 한 결정에 대해서 어떻게 생각하는지 논술해 봅시다.</td></tr>
</table>

# 친절한 우리 그림 학교

장세현

| 도 서 명 | 친절한 우리 그림 학교 | |
|---|---|---|
| 도서정보 | 장세현 / 길벗어린이 / 2009년 / 188쪽 / 13,000원 | |
| 분 류 | 목적(정보전달) / 분야(예술) / 시대(고대~조선) / 지역(한국) | |
| 관련 교과/<br>관련 교육과정 | 미술 | 5학년 2-(6) 수묵화와 채색화 |
| 어떤 책일까 | 이 책은 산수화, 풍속화를 비롯하여 영모화, 인물화, 진경산수화, 문인화, 민화, 고분벽화, 기록화 등 우리 그림의 갈래를 두루 다루고 있다. 단순한 느낌이나 내용 파악을 넘어 그림의 종류에 따라 다른 접근법, 그림을 더 깊이 이해하게 하는 화가와 역사 배경 이야기, 읽어야 보이는 그림 읽기법, 다양한 표현 기법 등을 통해 밋밋해만 보이던 우리 그림이 흥미로워지게끔 만든다.<br>이 책을 읽고나면 '명화'라고 했을 때 고흐나 피카소의 그림이 떠오른던 시절이 아득하게 느껴질 것이다. 이러한 작품에 뒤지지 않는 우리의 명화가 다수 떠오를 것이기 때문이다. 이 책에서 소개하는 우리 그림이 품고 있는 이야기들을 살피다 보면 '아, 그래서 명화로구나!'하고 고개를 절로 끄덕이게 될 것이다. 뿐만 아니라 사군자나 풍속화만이 아니라 영모화, 산수화, 민화 등등 다양하고 아름다운 우리 그림이 이토록 많다는 사실에 새삼 놀랄 것이다. | |
| 다양한 매체로 맛보기 | 관련 매체 : 국립현대미술관(http://www.moca.go.kr)<br>관련 도서 : 『한눈에 반한 우리 미술관』 / 장세현 / 거인<br>『옛날 사람들은 어떻게 살았을까』 / 조은수 / 창작과비평사 | |
| 어떻게 읽을까 | 1. 종류별로 대표적인 작품에는 어떤 것이 있는지 살피면서 읽어 봅시다.<br>2. 각 작품에 얽힌 일화와 의미를 살피면서 읽어 봅시다.<br>3. 작품에 담겨 있는 작가의 솜씨와 예술적 가치를 음미하면서 읽어 봅시다. | |
| 무엇을 토론할까 | 1. 역사적 사실을 나타내기 위한 의궤화가 그림으로서 가치가 있을까요?<br>2. 나에게는 아무런 감흥이 없지만 전문가의 극찬을 받은 작품들을 명화라고 인정하여야 할까요?<br>3. 작품 속에 담긴 예술적 가치를 찾아내는 방법에는 어떤 것이 있을까요? | |
| 무엇을 써 볼까 | 1. 역사적 사실을 기록으로 남기기 위한 목적인 의궤화가 그림으로서 가치가 있는지에 대해서 논술해 봅시다.<br>2. 나에게는 아무런 감흥이 없지만 전문가가 극찬하였다면 명화라고 인정하여야 하는지에 대해서 논술해 봅시다.<br>3. 작품 속에 담긴 예술적 가치를 찾아내는 방법에는 어떤 것이 있는지 논술해 봅시다. | |

# 꿈 통장 행복 통장

김은숙

| 도 서 명 | 꿈 통장 행복 통장 | |
|---|---|---|
| 도서정보 | 김은숙 / 영림카디널 / 2009년 / 쪽 / 9,000원 | |
| 분 류 | 목적(사회적 상호작용)/분야(사회)/시대(현대)/지역(세계) | |
| 관련 교과/<br>관련 교육과정 | 도덕 | 5학년 2-(10) 우리 문화와 세계 문화 |
| 어떤 책일까 | 남희는 특별휴가를 얻은 아버지와 친구 용현, 용현 누나와 함께 아버지의 경비행기로 세계일주를 하게 된다. 여러 곳을 들르면서 각 나라의 문화와 풍습을 체험하고 다양한 가치관과 생활모습을 가진 사람들을 만나게 된다. 남희와 용현은 여러 나라의 색다른 문물을 몸소 체험하는 기쁨도 컸지만 만나고 헤어진 여러 사람들을 통해서 더불어 살아가는 지혜를 배운 것을 큰 기쁨으로 삼는다. 여행을 무사히 마치고 돌아온 이들은 여행이 준 교훈과 행복, 감동을 잘 간직하기로 한다.<br>이 책은 서로 얼굴빛이 다르고 사는 모양은 달라도 사람들의 마음은 한곳으로 흐른다는 것을 잘 보여준다. 싸움보다는 평화를, 슬픔보다는 기쁨을 나누는 것이 훨씬 행복하다는 것을 남희와 용현의 경험을 통해서 말해준다. 독자는 남희, 용현과 일심동체가 되어서 같이 하늘을 나는 동안 사랑과 배려, 도움의 마음을 갖게 될 것이다. | |
| 다양한 매체로<br>맛보기 | 관련 매체 : 이집트의 결혼식(세상은 넓다)<br>관련 도서 : 『문제투성이 가족』 / 김하늬 / 대교<br>『열네살 비밀과 거짓말』 / 김진영 / 푸른책들 | |
| 어떻게 읽을까 | 1. 남희와 용현이가 방문한 나라들에 대해서 새로 알게 된 것을 생각하며 읽어 봅시다.<br>2. 남희와 용현이가 만난 여러 사람들이 가진 가치관에는 어떤 것이 있는지 살피며 읽어 봅시다.<br>3. 세계 여러 나라 사람들이 어떻게 서로 어울려 살아가는지 살피며 읽어 봅시다. | |
| 무엇을 토론할까 | 1. 세계 여러 나라를 여행할 때 미리 알아두면 좋은 것에는 어떤 것이 있으며 그것을 준비하는 효율적인 방법은 무엇일까요?<br>2. 왕링 할아버지의 가치관은 무엇이며 그것에 대해서 어떻게 생각하나요?<br>3. 세계 여러 나라 사람들이 조화롭게 어울려 살아가는 방법에는 무엇이 있을까요? | |
| 무엇을 써 볼까 | 1. 세계 일주를 할 때 미리 준비해두어야 할 것과 그것을 갖추기 위한 방법에는 어떤 것이 있는지 써 봅시다.<br>2. 왕링 할아버지의 가치관은 무엇이며 그것에 대한 내 의견을 까닭을 들어 써 봅시다..<br>3. 어울려 살아가는 삶의 중요성을 쓰고, 어떻게 하면 그런 삶을 살 수 있는지 삶의 태도에 대해서 써 봅시다. | |

# 패션, 역사를 만나다

정해영

<table>
<tr><td>도 서 명</td><td colspan="2">패션, 역사를 만나다</td></tr>
<tr><td>도서정보</td><td colspan="2">정해영 / 창작과비평사 / 2009년 / 125쪽 / 15,000원</td></tr>
<tr><td>분 류</td><td colspan="2">목적(정보전달) / 분야(예술) / 시대(고대~현대) / 지역(서양)</td></tr>
<tr><td>관련 교과/<br>관련 교육과정</td><td>미술</td><td>5학년 1-(1) 색의 변화</td></tr>
<tr><td>어떤 책일까</td><td colspan="2">시대별로 '시대 열기', '패션 알기', '패션 훑기', '가상 잡지' 네 가지로 구성되어 있다. '시대 열기'에서는 그 시대의 정치 사회 문화적 특징을 살피고, 당시에 유행했던 패션의 흐름을 미리 짐작해 본다. '패션 알기'에서는 그 시대만의 특징적인 문화, 패션이 어떠했는지 구체적으로 알 수 있다. '패션 훑기'에서는 각 시대 유행 스타일을 한눈에 살핀다. 머리끝부터 발끝까지 옷의 형태는 물론 맵시 있는 옷차림에 필요했던 모든 것들을 그림, 사진과 함께 설명한다. '가상 잡지'에서는 다양한 형식의 기사로 패션을 실감나게 알아본다. 각 시대에 유행을 주도했던 패션 리더들의 숨은 이야기나 유행 상품, 도시 탐방 등을 통해 세계사를 배울 수 있다.</td></tr>
<tr><td>다양한 매체로<br>맛보기</td><td colspan="2">관련 매체 :영화로 마케팅하면 패션은 더 빛나요(독서신문)<br>관련 도서 : 『한권으로 풀어쓴 이야기 세계사』 / 우리미래역사체험학습강사진 / 청솔 『한 눈에 쏙 들어오는 세계사』 / 라인하르트 바르트(이한우)/산하</td></tr>
<tr><td>어떻게 읽을까</td><td colspan="2">1. 시대별로 패션 경향이 어떻게 변화하는지 살피면서 읽어 봅시다.<br>2. 고대 그리스, 이집트, 로마의 패션 경향을 비교하면서 읽어 봅시다.<br>3. 패션 속에 담긴 사람들의 생각과 가치관이 무엇인지 생각하면서 읽어 봅시다.</td></tr>
<tr><td>무엇을 토론할까</td><td colspan="2">1. 각 나라마다 다른 패션 경향을 '좋다, 나쁘다'라고 판단해도 좋을까요?<br>2. 패션이 사람의 생각을 바꾸는 것일까요?<br>3. 패션은 인간의 아름다움을 드러내기 위한 것이 목적일까요?</td></tr>
<tr><td>무엇을 써 볼까</td><td colspan="2">1. 서로 다른 나라의 패션 경향을 두고 '좋다, 나쁘다'라고 판단하는 것에 대해서 논술해 봅시다.<br>2. 패션이 사람의 생각을 바꾸는지에 대한 나의 의견을 까닭을 들어 써 봅시다.<br>3. 패션은 오로지 인간의 아름다움을 드러내기 위한 것인지에 대해서 논술해 봅시다.</td></tr>
</table>

# 미리 알면 행복해지는 돈

기무라 다케시/김주영

| 도 서 명 | 미리 알면 행복해지는 돈 | |
|---|---|---|
| 도서정보 | 기무라 다케시(김주영)/ 주니어랜덤 / 2009년 / 181쪽 / 9,000원 | |
| 분　　류 | 목적(정보전달) / 분야(사회) / 시대(현대) / 지역(세계) | |
| 관련 교과/<br>관련 교육과정 | 사회 | 5학년 2-(1) 우리나라의 경제 성장 |
| 어떤 책일까 | 아빠가 돌아가신 후, 동우네 집은 형편이 어려워진다. 갖고 싶은 휴대 전화는 아무리 졸라도 살 수가 없다. 그러던 어느 날, 게임 속에서 나타난 요정 트러스와 함께 돈을 마음껏 가지고 쓸 수 있다는 돈의 세계로 모험을 떠나게 된다. 동우는 돈을 쓸 데가 없는 마을, 생선 뼈와 돌이 돈인 마을, 돈이 없는 마을, 가짜 돈이 가득한 마을 등을 여행하면서 여러 경제 지식과 원리들을 익히게 된다. 돈이 왜 생겨났는지, 나라마다 돈의 종류와 가치가 다른 이유, 위조지폐의 유통이 국가경제에 어떤 악영향을 미치는지 몸소 체험하면서 바르게 이해한다. 특히, 위조지폐의 유통으로 어려움을 겪는 사람들을 도와서 문제를 잘 해결하는 동안 바른 경제 개념을 확립하게 된다.<br>돈은 생활하면서 없어서는 안 될 중요한 것이다. 그렇다고 돈만 있다고 해서 행복한 것은 아니다. 이 책은 학생들에게 돈의 의미와 사용법을 알고 돈을 지혜롭게 쓸 것을 독려한다. 무심히 있다가 어른이 되어서 주식, 투자, 운용 등의 어려운 용어들을 아무런 준비 없이 접하기보다 이 책을 읽으면서 돈이 무엇인지부터 잘 알아두는 것이 좋다. | |
| 다양한 매체로<br>맛보기 | 관련 매체 : 돼지고기보다 소고기가 더 비싼 이유는?(쏙쏙 어린이 경제 나라)<br>관련 도서 : 『경제 속에 숨은 광고 이야기』 / 프랑크 코쉠바(강수돌) / 초록개구리 『어린이를 위한 경제 알림장』 / 안현정 / 크리스타 | |
| 어떻게 읽을까 | 1 돈이 생겨난 까닭이 무엇인지 생각하며 읽어 봅시다.<br>2. 나라마다 돈의 종류와 가치가 다른 까닭이 무엇인지 생각하며 읽어 봅시다.<br>3. 위조지폐가 건전한 경제활동에 방해가 되는 이유를 생각하며 읽어 봅시다. | |
| 무엇을 토론할까 | 1. 돈은 많을수록 좋은 것일까요?<br>2. 위조지폐 유통이 국가경제에 어떤 영향을 미칠까요?<br>3. 전 세계가 같은 화폐를 사용하자고 약속한다면 어떤 일이 발생할까요? | |
| 무엇을 써 볼까 | 1. '돈은 많을수록 좋다'는 것에 대해서 어떻게 생각하는지 논술해 봅시다.<br>2. 위조지폐가 국가경제에 미치는 영향을 알고 위조지폐의 유통을 막을 방법을 생각해 봅시다.<br>3. 앞으로 일주일 후부터 전 세계가 같은 화폐를 사용한다고 약속한다면 어떤 일이 발생할지 써 봅시다. | |

# 무너진 교실

사이토 에미

| 도 서 명 | 무너진 교실 | |
|---|---|---|
| 도서정보 | 사이토 에미(고향옥) / 아이세움 / 2009년 / 176쪽 / 8,500원 | |
| 분 류 | 목적(정서표현) / 분야(인문) / 시대(현대) / 지역(일본) | |
| 관련 교과/<br>관련 교육과정 | 국어 | 5학년 1-(4) 말과 실천 |
| 어떤 책일까 | 선생님의 학생들에 대한 차별, 이로 인하여 학생들 간에 벌어진 감정이 점점 커져서 학급 내에 심각한 따돌림 사건이 발생한다. 이를 통하여 아이들은 서로의 속마음을 알고, 참된 우정이 무엇인지 확인하며 한층 성장하게 된다.<br>선생님께 칭찬받고 싶고, 다른 사람에게 잘 보이고 싶은 마음은 누구에게나 있다. 그러다 보면 남의 눈만 신경 쓰고 정작 자신의 생각이 무엇인지 알지 못하는 경우가 많다. 이 동화는 자신의 눈으로 세상을 바라보고 상대방의 모습을 편견 없이 솔직하게 받아들일 때 진정한 자아를 찾고 행복해질 수 있다고 말하고 있다. | |
| 다양한 매체로 맛보기 | 관련 매체 : 따돌림 없는 학교(어린이 뉴스 탐험)<br>관련 도서 : 『모두가 침묵하는 아이』 / 얀 데 장어르(송소민) / 이룸<br>『모르는 척』 / 우메다 쉰사코 외 / 길벗어린이 | |
| 어떻게 읽을까 | 1. 각 등장인물의 성격에 따라 어떤 말과 행동을 하는지 생각하며 읽어 봅시다..<br>2. 미즈키네 반 친구들이 사카키바라 선생님에 대해서 어떻게 생각하는지 비교하며 읽어 봅시다.<br>3. 히루히와 미즈키, 교코가 서로간의 갈등을 어떻게 해결해 나가는지 생각하며 읽어 봅시다. | |
| 무엇을 토론할까 | 1. 히루히가 반 친구들의 따돌림을 받는 것은 당연한가요?<br>2. 사카키바라 선생님에 대한 아이들의 감정은 정당하다고 할 수 있는가요?<br>3. 미즈키가 하루히를 떠나 교코 삼총사와 어울린 것은 어쩔 수 없는 선택인가요? | |
| 무엇을 써 볼까 | 1. 하루히가 내 친구라면 하루히를 어떻게 대할 것인지 써 봅시다.<br>2. 사카키바라 선생님이 학급 아이들을 공정하게 대하는지에 대한 나의 의견을 써 봅시다.<br>3. 미즈키가 하루히를 떠나 교토 삼형제와 어울린 것에 대한 내 의견을 써 봅시다. | |

# 떴다 벼락이

홍종의

| 도 서 명 | 떴다 벼락이 | |
|---|---|---|
| 도서정보 | 홍종의 / 샘터 / 2009년 / 101쪽 / 9,000원 | |
| 분 류 | 목적(정서표현) / 분야(인문) / 시대(현대) / 지역(한국) | |
| 관련 교과/<br>관련 교육과정 | 국어 | 5학년 2-(3) 경험과 상상 |
| 어떤 책일까 | 새침데기 은지 엄마는 두리시장에서 옷방을 하면서 은지에게는 유명 브랜드 옷만 사입히고 시장에는 오지도 못하게 한다. 그러던 어느날 병학이가 은지 반으로 전학 오게 되면서 은지와 두리시장 사람들의 생활에 커다란 변화가 생긴다. 님들이 많아지게 되고 은지네 학급도 활기를 띤다.<br>이 책은 '두리시장' 골목의 '예쁘니 옷방' 딸 은지와 시장에 새로 이사 온 어묵 가게 아들 병학이가 만나면서 일어나는 이야기를 중심으로 졸음이 많은 생선 가게 아줌마, 멋을 잘 부리는 기름집 아저씨, 걸핏하면 막걸리 찾는 할머니까지 다양한 성격과 생김새의 시장 사람들 이야기를 실감나게 보여주고 있다. | |
| 다양한 매체로<br>맛보기 | 관련 매체 : 가슴으로 듣는 말(TV동화 행복한 세상)<br>관련 도서 : 『마지막 이벤트』 / 유은실 / 바람의 아이들<br>『엄지손가락의 기적』 / 루이스사샤(이진우) / 사람과 마을 | |
| 어떻게 읽을까 | 1. 각 등장인물의 마음이 변하는 사건이 무엇이며 어떻게 변하는지 살피며 읽어 봅시다.<br>2. 벼락이의 성격이 학급에서나 시장에서 어떤 역할을 하는지 생각하며 읽어 봅시다.<br>3. 한산하던 두리시장이 손님들로 북적대는 과정을 살피면서 읽어 봅시다. | |
| 무엇을 토론할까 | 1. 시장에서 옷가게를 하면서 정작 가족의 옷은 브랜드 매장에서 사는 은지 어머니의 행동은 당연한 것일까요?<br>2. 벼락이와 같은 성격을 가진 친구가 학급에 한명쯤 꼭 있는 것이 좋을까요?<br>3. 두리시장의 발전 모습을 보고 찾아낼 수 있는 경제 원리에는 어떤 것이 있을까요? | |
| 무엇을 써 볼까 | 1. 시장에서나 가정에서 은지 엄마의 생각과 말, 행동에 대해 어떻게 생각하는지 까닭을 들어 의견을 써 봅시다.<br>2. 벼락이 같은 성격을 가진 친구가 학급에 꼭 필요한 존재인지 써 봅시다.<br>3. 두리시장의 발전 모습에서 경제 원리를 찾아내어 생활 속에 적용할 계획을 써 봅시다. | |

# 시야? 노래야?

서찬석

| 도 서 명 | 미리보는 교과서속 고전시가-시야? 노래야? | |
|---|---|---|
| 도서정보 | 서찬석 글 / 정인 / 2010년 / 174쪽 / 8,500원 | |
| 분 류 | 목적(정보전달) / 분야(사회) / 시대(고대) / 지역(한국) | |
| 관련 교과/<br>관련 교육과정 | 사회<br>국어 | 5학년 2-(3) 우리 겨레의 새활문화<br>5학년 2-(3) 경험과 상상 |
| 어떤 책일까 | 가수들이 부르는 노래를 사람들이 따라하는 것처럼 옛날에도 사람들은 노래를 불렀습니다. 요즘처럼 작곡가가 작곡하고 가수가 부른 건 아니어서 그리 많지는 않습니다. 당시 시대에 일어난 이야기가 노래 형태로 만들어져 전해지게 되는데 이를 고전시가라 한다. 고전시가는 옛날부터 전해져 내려오는 시 형태의 노래라는 뜻이다.<br>원래 고전시간은 한문으로 되어있습니다. 향가라는 노래는 신라 때 한자의 음과 뜻을 빌려 표기하던 향찰이라는 글자로 썼습니다. 그래서 지금은 이 노래를 부를 수 없습니다. 고대사회나 지금이나 사람 사는 모습이 많이 달라졌다고 하지만 노래에 담긴 마음은 다를 바 없습니다. 사람 마음을 달래주고 즐겁게 해주고 사랑하는 내용입니다.<br>이 책에서 오래 전 우리 선조들이 부른 노래를 통해 고대사회를 이해하며 당시 사람들의 마음을 느껴보기 바랍니다. | |
| 어떻게 읽을까 | 1. 어떤 이야기를 바탕으로 노래가 만들어졌는지 알아보며 읽어 봅시다.<br>2. 당시 사람들 생각이 우리와 어떻게 다른지 견주어 가며 읽어 봅시다.<br>3. 책 내용 사이에 소개하는 인물과 낱말 뜻을 꼼꼼히 읽어 봅시다. | |
| 무엇을 토론할까 | 1. 남편이 죽자 공무도하가를 부르며 함께 죽은 아내의 행동에 대해 자신의 생각을 이야기해 봅시다.<br>2. 선화 공주와 결혼하기 위해 서동은 거짓 노래를 퍼트립니다. 서동의 행동이 옳은지 그른지 토론해 봅시다.<br>3. 위험한 절벽에 핀 꽃을 꺾어달라고 한 수로부인의 행동을 어떻게 생각하는지 토론해 봅시다. | |
| 무엇을 써 볼까 | 1. 학교나 집, 이웃 사이에서 일어나는 일을 고전시가 형태나 시조 형태로 써 봅시다.<br>2. 요즘 유행하는 노래 한 곡을 정해 가사를 살펴보자. 그 가사를 만든 사람이 겪었을 법한 이야기를 지어 써 봅시다.<br>3. 책에 나온 14가지 고전시가를 주제별, 내용별로 나누어 정리해 봅시다. | |

# 꽃밥

김혜연

| 도 서 명 | 꽃밥 | |
|---|---|---|
| 도서정보 | 김혜연 / 바람의아이들 / 2009년 / 188쪽 / 13,000원 | |
| 분 류 | 목적(정보전달) / 분야(예술) / 시대(고대~조선) / 지역(한국) | |
| 관련 교과/<br>관련 교육과정 | 국어 | 5학년 2-(5) 아끼고 사랑하며 |
| 어떤 책일까 | 넓은 세상의 빈틈을 차분히 메워 주는 여덟 편의 따뜻하고 알찬 이야기가 들어 있다. 어느 날 수업을 빼먹고 숨어든 학교 뒤편 언덕, 가출한 엄마가 걱정돼서 기웃거리는 앞집 할머니네 집, 그곳에서 벌어지는 상상하지 못할 재미있는 이야기들이 아이들을 기다리고 있다. 작가는 친구의 로봇강아지와 며칠 만에 빼앗긴 나만의 방, 길고긴 여름방학을 꽃밥으로 연명하는 아이와 어느 일요일 오후, 마지막 하루를 함께 보낸 할아버지에 대해서 요즘 우리 아이들이 속 깊이 나눠야 할 이야기에는 어떤 것이 있는지 묻고 있다.<br>이 책에 등장하는 인물들은 우리 주변에서 한번쯤은 볼 수 있는 아주 친근한 인물들이다. 독자는 이 책을 읽으면서 자신의 일상생활 속에 파묻혀 있는 추억의 경험들을 조금씩 꺼내어 보고 살며시 미소지을 수 있을 것이다. | |
| 다양한 매체로<br>맛보기 | 관련 매체 :과자도둑(TV동화 행복한 세상)<br>관련 도서 : 『아우를 위하여』 / 황석영 / 다림<br>『세마리 아저씨』 / 아리가와 히로(오근영 ) / 살림 | |
| 어떻게 읽을까 | 1. 각 인물이 처한 상황이 어떠한지 생각하면서 읽어 봅시다.<br>2. 더불어 살아가는 사회에서 우리가 가져야할 바른 마음가짐에 대해서 생각하면서 읽어 봅시다.<br>3. 힘들고 어렵게 살아가는 이웃들의 생활을 생각하면서 읽어 봅시다. | |
| 무엇을 토론할까 | 1. 〈꽃밥〉에서 연이 아버지가 연이를 돌보지 못하는 것은 이해할 만한 일인가요?<br>2. 상대적 빈곤감을 느낄 때 이를 극복할 수 있는 방법에는 어떤 것이 있을까요?<br>3. 상대방의 약점을 나의 강점으로 이용하는 것에 대해서 어떻게 생각하는가? | |
| 무엇을 써 볼까 | 1. 어떤 이유에서는 부모가 자식을 돌보지 않는 것은 잘못이라는 것에 대해서 논술해 봅시다.<br>2. 상대적 빈곤감을 느낄 때 이를 극복할 수 있는 방법에는 어떤 것이 있는지 논술해 봅시다.<br>3. 상대방의 약점을 나의 강점으로 이용해서 다툼이나 경쟁에서 이기는 것에 대해서 어떻게 생각하는지 논술해 봅시다. | |

# 초등학교 교과별 추천도서로 만든

# 6학년

# 2009 개정 교육과정 초등학교 교과별 추천도서목록

| 학년 | 도서명 | 저자명<br>(역자명) | 출판사 | 연도 | 교과 |
|---|---|---|---|---|---|
| 초6 | 수요일의 전쟁 | 게리D<br>슈미트 | 주니어랜덤 | 2008 | 국어 1-(5) |
| 초6 | 열세살의 논리여행 | 데이비드A<br>화이트 | 해냄 | 2004 | 국어 2-(4) |
| 초6 | 둥글둥글 지구촌 인권이야기 | 신재일 | 풀빛 | 2009 | 국어 1-(2)<br>도덕 (10) |
| 초6 | 1940년 열두살 동규 | 손연자 | 계수나무 | 2009 | 국어 1-(1)<br>사회 3-(1) |
| 초6 | 나는 진짜 나일까? | 최유정 | 푸른책들 | 2009 | 국어 2-(5) |
| 초6 | 너 정말 우리말 아니? | 이어령 | 푸른숲 | 2009 | 국어 1-(5) |
| 초6 | 뉴스 속에 담긴 생각을 찾아라 | 손성진 | 주니어김영사 | 2007 | 국어 1-(4) |
| 초6 | 소나기밥 공주 | 이은정 | 창비 | 2009 | 도덕 1-(1) |
| 초6 | 책과 노니는 집 | 이영서 | 문학동네 | 2009 | 국어 1-(1)<br>사회 2-(2) |
| 초6 | 새를 보면 나도 날고 싶어 | 이상권 | 우리교육 | 2007 | 국어 2-(3) |
| 초6 | 안네의 일기 | 안네 프랑크 | 지경사 | 2008 | 국어 2-(3) |
| 초6 | 자전거 도둑 | 박완서 | 다림 | 1999 | 국어 1-(1) |
| 초6 | 나의 라임 오렌지나무 | 바스콘셀로<br>스 | 동녘 | 2006 | 국어 1-(5) |
| 초6 | 하늘을 만지다 | 크리스티안<br>비니크 | 산수야 | 2009 | 국어 1-(5) |
| 초6 | 마사코의 질문 | 손연자 | 푸른책들 | 2005 | 국어 1-(1)<br>사회 1-(3) |
| 초6 | 마법사의 조카 | C.S.루이스 | 시공주니어 | 2001 | 국어 1-(1)<br>2-(3) |
| 초6 | 몽실 언니 | 권정생 | 창비 | 2007 | 국어 1-(1)<br>2-(3) |
| 초6 | 꽃들에게 희망을 | 트리나<br>폴러스 | 소담 | 1991 | 국어 1-(1)<br>2-(1) |
| 초6 | 어린왕자 | 생 텍쥐페리 | 비룡소 | 2005 | 국어 1-(1)<br>2-(3) |
| 초6 | 반대개념으로 배우는 어린이 철학 | 오스카<br>브르니피에 | 미래아이 | 2008 | 국어 1-(4)<br>2-(4) |
| 초6 | 난 두렵지 않아요 | 프란체스코<br>다다모 | 중앙 M&B | 2009 | 국어 2-(1)<br>사회 2-(1) |
| 초6 | 무기 팔지 마세요 | 위기철 | 청년사 | 2009 | 국어 2-(4)<br>사회 2-(2) |
| 초6 | 옛날 옛날에 셈돌이가 | 왕규식 | 민들레 | 2008 | 수학 (8) |
| 초6 | 어린이를 위한 우리 겨레 수학이야기 | 안소정 | 산하 | 2005 | 수학 |
| 초6 | 지구를 구하는 경제책 | 강수돌 | 봄나무 | 2005 | 사회 2-(2) |
| 초6 | 한국사 편지 1~5 | 박은봉 | 책과함께어린이 | 2009 | 사회 1학기<br>전단원 |

| 학년 | 도서명 | 저자명 (역자명) | 출판사 | 연도 | 교과 |
|---|---|---|---|---|---|
| 초6 | 생생 역사유적지 | 김남석 | 주니어랜덤 | 2006 | 사회 1-(1), 1-(3) |
| 초6 | 공간으로 본 민주주의 | 서경석 | 아지북스 | 2008 | 사회 1-(1) |
| 초6 | 더불어 사는 행복한 정치 | 서해경 외 | 청어람주니어 | 2009 | 사회 2-(1) |
| 초6 | 위풍당당 질리 홉킨스 | 캐서린 패터슨 | 비룡소 | 2006 | 사회 2-(1) |
| 초6 | 아픔을 딛고 미래로 향하는 베트남이야기 | 김현아 | 아이세움 | 2009 | 사회 2-(2) |
| 초6 | 한국사 상식 바로잡기 1 | 박은봉 외 | 책과 함께 어린이 | 2008 | 사회 |
| 초6 | 한국의 역사를 바꾼 전투 | 햇살과나무꾼 | 아이세움 | 2009 | 사회 |
| 초6 | 주니어 지식채널e 1 | EBS 지식채널ⓔ (엮은이) | 지식채널e | 2009 | 재량 |
| 초6 | THE NEW 어린이가 지구를 살리는 50가지 방법 | 물병자리 | 물병자리 | 2009 | 과학 2-3 실과 (8) |
| 초6 | 교과서 속 물리 | 초등 과학사랑 | 길벗스쿨 | 2008 | 과학 |
| 초6 | 오늘은 지구 지키는 날 | 마이클 드리스콜 | 미래아이 | 2008 | 과학 1-(3) |
| 초6 | 최열아저씨의 지구온난화이야기 | 최열 | 환경재단도요새 | 2009 | 과학 2-(2,3,4) 실과 (8) |
| 초6 | 바람소리 물소리 자연을 닮은 우리 악기 | 청동말굽 | 문학동네 | 2008 | 음악 |
| 초6 | 그림이 말을 거는 생각미술관 | 박영대 | 길벗어린이 | 2009 | 미술 (1), (12) |
| 초6 | 명화 속의 영웅 이야기 | 안느-카트린비베-레미 | 거인 | 2008 | 미술 (6) |
| 초6 | 신윤복의 풍속화로 배우는 옛 사람들의 풍류 | 최석조 | 아트북스 | 2009 | 미술 |
| 초6 | 세상을 껴안는 영화읽기 | 윤희윤 | 문학동네어린이 | 2009 | 재량 |
| 초6 | 커피우유와 소보로 빵 | 카롤린 필립스 | 푸른숲 | 2006 | 재량 |
| 초6 | 어린이 양성평등 이야기 | 권인숙 | 청년사 | 2008 | 재량 |

# 수요일의 전쟁

게리 D. 슈미트

| 도 서 명 | 수요일의 전쟁 | |
|---|---|---|
| 도서정보 | 게리 D. 슈미트 / 주니어랜덤 / 2008년 / 392쪽 / 9800원 | |
| 분 류 | 목적(정서표현) / 분야(사회) / 시대(현대) / 지역(미국) | |
| 관련 교과/<br>관련 교육과정 | 국어 | 6학년 1-(5) 마음을 나누며 |
| 어떤 책일까 | 매주 수요일 오후, 홀링은 담임선생님과 교실에서 단 둘만의 시간을 보내야 합니다. 선생님은 아무래도 나를 죽도록 지겹게 만들 작전인 듯 셰익스피어의 책들을 읽게 하십니다. 그러나 후드후드는 점점 그 책에 빠져들게 되고, 선생님도 점점 좋아집니다. 베트남 전쟁의 군인으로 나가신 베이커 선생님과 남편과, 영양사 비지오 선생님의 남편, 마틴 루터 킹과 케네디 대통령을 따르는 홀링의 누나, 홀링 반에 있는 부모를 잃고 구호단체의 도움으로 미국에 온 베트남 소녀를 통해 당시의 상황을 엿볼 수 있습니다. 전쟁이 벌어지고 있던 그 시절, 홀링 후드후드는 셰익스피어의 작품과 함께 성장해갑니다.<br>장난꾸러기 홀링은 베이커 선생님과 함께 셰익스피어를 공부하며 점차 성장해갑니다. 로미오와 줄리엣 같은 사랑과 우정, 그리고 전쟁의 슬픔까지도 따뜻하게 받아들이며 자라는 홀링을 통해 즐거움과 행복을 느낄 수 있습니다. | |
| 다양한 매체로 맛보기 | 관련 도서: 『베니스의 상인』(셰익스피어)/ 『맥베스』(셰익스피어)/ 『햄릿』(셰익스피어) | |
| 어떻게 읽을까 | 1. 글에 나오는 셰익스피어의 작품을 찾아 비교하며 읽어 봅시다.<br>2. 글의 배경인 베트남 전쟁의 원인과 결과에 대해 생각하며 읽어 봅시다.<br>3. 주인공 홀링 후드후드가 마주한 위기 상황들을 정리하고 각각 어떻게 대처했는지를 생각하며 읽어 봅시다. | |
| 무엇을 토론할까 | 1. 후드후드의 아버지가 생각해 낸 건축 아이디어를 메릴 리의 아버지가 가져간 것은 올바른 것일까요?<br>2. 홀링의 사진으로 학교 안을 도배한 더그 스위텍 형의 행동은 정당한 것일까요?<br>3. 마틴 루터 킹의 비폭력주의의 장단점을 토론해 봅시다. | |
| 무엇을 써 볼까 | 1. 주인공 홀링의 입장이 되어 집을 나갔다가 돌아온 누나에게 가족의 소중함을 담아 편지를 써 봅시다.<br>2. 전쟁이 사라져야 하는 이유에 대해 논술해 봅시다.<br>3. 베이커 선생님 같은 분이 곁에 있다면 나누고 싶은 고민을 써 봅시다. | |

# 열세살의 논리여행

데이비드 A. 화이트

| 도 서 명 | 열세 살의 논리여행 | |
|---|---|---|
| 도서정보 | 데이비드 A. 화이트 / 해냄 / 2004년 / 199쪽 / 8000원 | |
| 분 류 | 목적(정보전달) / 분야(인문) / 시대(현대) / 지역(한국) | |
| 관련 교과/<br>관련 교육과정 | 6학년 국어 | 6학년 2-(4) 문제와 해결 |
| 어떤 책일까 | 이 책은 청소년들을 대상으로 오랜 기간 논리 수업을 했던 디폴 대학의 철학교수가 어린이들을 위해 쓴 책입니다. 다년간의 풍부한 노하우로 자연스럽고 흥미롭게 어린이들을 논리의 세계로 안내합니다. "나의 친구는 몇 명이나 될까?"라는 질문을 통해 '우정은 유용성과 즐거움, 도덕성에 기반을 둔다'고 생각한 아리스토텔레스의 철학을 소개합니다. 이 과정에서 우정이란 무엇인지에 대해 생각해보게 하고, 친구의 소중함에 대해 깨닫게 도와줍니다. "5년 전의 나와 지금의 나는 똑같은 사람일까?"라는 질문을 통해 자기 정체성에 대해 생각해볼 기회도 줍니다.<br>이와 같은 질문에 답하는 과정에서 어린이들은 다양성의 세계를 배우게 됩니다. 그리고 논리력과 사고력, 창의력을 개발시키게 됩니다. 다양한 소재의 질문을 통해 폭넓은 상식을 쌓는 것은 자연스럽게 이루어질 것입니다. | |
| 다양한 매체로<br>맛보기 | 관련 도서: 『반갑다 논리야』 『논리야 놀자』 『고맙다 논리야』 / 위기철/ 『머릿속을 헤엄치는 생각 물고기』 / 최은규 | |
| 어떻게 읽을까 | 1. 각 철학자들의 의견을 찾아보며 읽어 봅시다.<br>2. 생각 상자 안에 있는 일상생활의 문제를 적용하며 읽어 봅시다.<br>3. 내 생활에 논리가 필요한 부분을 생각하며 읽어 봅시다. | |
| 무엇을 토론할까 | 1. 친구를 살리기 위해 거짓말을 해야 한다면 어떻게 할까? 이처럼 나쁜 의도가 아닌 선의의 거짓말을 하는 것은 옳은 일일까요?<br>2. 다른 사람을 도와주는 자선은 꼭 해야 하는 의무일까요?<br>3. 나, 우리 집, 우리 반에서 해결해야 할 문제를 골라 토론으로 해결해 봅시다. | |
| 무엇을 써 볼까 | 1. 진정한 우정이란 무엇인지 생각해 보고 평소에 미안한 마음을 갖고 있던 친구에게 편지를 써 봅시다.<br>2. 영화에서처럼 로봇이 세상을 지배하는 시대가 올지도 모른다. 기술이 인간을 지배하지 않게 하려면 어떻게 해야 할지 논술해 봅시다.<br>3. 사람들이 사는 모습 속에서 논리적이지 않은데도 불구하고 당연히 여기는 일을 찾아 문제를 제기하는 글을 써 봅시다. | |

# 둥글둥글 지구촌 인권 이야기

신재일

| 도 서 명 | 둥글둥글 지구촌 인권 이야기 | |
|---|---|---|
| 도서정보 | 신재일 글 / 풀빛 / 2009년 / 156쪽 / 9,500원 | |
| 분 류 | 목적(정보전달) / 분야(사회) / 시대(현대) / 지역(전체) | |
| 관련 교과/<br>관련 교육과정 | 사회 6-2 | 6학년 1.우리니라의 민주정치 2) 보호해야 할 인권 |
| | 도덕 6학년 | 6학년 10. 평화로운 지구촌 |
| 어떤 책일까 | 이 책은 어린이들에게 세상을 이해하는 넓은 시각을 키워주고 더불어 살아가는 방법에 대해 이야기 하고 있다. 민주화, 세계화, 정보화 라는 3개의 큰 틀을 활용해서 인권을 이야기하고 있으며 우리가 행복해지기 위해서는 인권이라는 가치가 우뚝 서야한다. 자신의 인권을 당당하게 외치고, 타인의 인권도 정당하게 존중해 줄 때 모두가 행복한 사회가 된다고 이야기하고 있다.<br>이 책에서 사람이라면 기본적으로 누려야하는 권리와 옛날부터 현재까지 인권을 찾기 위해 노력한 사람들의 흥미진진한 이야기들이 책 속에 가득하다. 책을 읽으며, 인권의 소중함을 가슴깊이 새기는 계기가 될 것이다. | |
| 다양한 매체로<br>맛보기 | 관련 매체 : 지식채널e(BLACK) (미국의 우상),<br>국가인권위원회(www.humanrights.go.kr)<br>관련 도서 : 『인권변호사 조영래 』/박상률 / 사계절<br>『희둥이네 할머니』/송 언 / 현암사 | |
| 어떻게 읽을까 | 1. 세계인권선언의 탄생배경을 중심으로 인권이란 무엇인지 진정한 의미를 알아본다.<br>2. 민주화와 인권, 세계화와 인권, 정보화와 인권을 중심으로 알아두어야 할 내용은 밑줄을 그으면서 읽어 봅시다.<br>3. 글을 읽는 동안 스스로 문제제기를 해 보면서 읽어 보자. | |
| 무엇을 토론할까 | 1. 무한경쟁 속에서 인권은 잘 이루어질까요?<br>2. 인권을 향한 첫걸음 프랑스 혁명과 인권선언을 중심으로 이야기 해보자.<br>3. 인권을 누리지 못하는 우리사회 약자들은 누구이며 그들을 위한 우리의 할 일들은 무엇이 있는지 의견을 나누어 보자. | |
| 무엇을 써 볼까 | 1. 우리나라의 인권운동은 프랑스와 비교해서 어떻게 다른지 설명해 보자.<br>2. 정보화 사회란 무엇이며 정보화 사회에서 개인에게 발생되는 여러가지 문제점들을 중심으로 논술 해 보자.<br>3. 세계화란 무엇이며 세계화에 반대하는 이유를 근거를 들어 설명 해 보자. | |

# 1940년 열두 살 동규

손연자

| 도 서 명 | 1940년 열두 살 동규 | |
|---|---|---|
| 도서정보 | 손연자 글 / 계수나무 / 2009년 / 232쪽 / 11,000원 | |
| 분　류 | 목적(정서표현) / 분야(인문) / 시대(근대) / 지역(한국) | |
| 관련 교과/<br>관련 교육과정 | 국어 6-1 | 6학년 첫째마당/ 삶과 이야기 2.아름다운 삶 |
| | 사회 6-1 | 6학년 3. 대한민국의 발전 1)나라를 되찾기 위한 노력 |
| 어떤 책일까 | 일제 강점기 말, 일본에게 나라를 빼앗겼던 그 아픈 시대의 끝에 소년 동규가 있다. 어느 날 동규는 수상한 숯장수를 만나며 삶에 변화가 생긴다. 동규와 친구들은 숯장수에게 우리 무술 택견을 배우고, 나라를 지키고 싶다는 꿈을 키워간다. 하지만 점점 험악해지던 시대 상황은 동규와 동규의 가족을 죄어 오게 된다.<br>우리 민족은 나라를 잃었던 경험이 있다. 그러나 국권을 되찾은 지 60년이 지난 지금 세대에게는 독립을 위해 힘썼던 이들의 이야기가 멀게 느껴질지도 모른다. 하지만 역사는 덮으라고 있는 게 아니라 돌아보고 반성하며 앞날을 내다보라고 있는 것이다. 이 책은 일제에 맞서 제 근본을 가르쳐 주기 위해 노력한 어른들과, 절망적인 현실 속에서도 옳은 일을 하는 어린 동규의 모습을 그리고 있다. | |
| 다양한 매체로<br>맛보기 | 관련 도서: 『반갑다 논리야』 『논리야 놀자』 『고맙다 논리야』 / 위기철/<br>『머릿속을 헤엄치는 생각 물고기』 / 최은규 | |
| 어떻게 읽을까 | 1. 일제 강점기 시대의 역사적 흐름을 생각하며 읽어 봅시다.<br>2. 일제 강점기 시대를 힘겹게 살아가는 동규네 가족의 아픔을 생각하며 읽어 봅시다.<br>3. 1940년 열두 살 동규를 통해 본 아픈 역사를 우리는 어떻게 인식할 것인지 생각해본다. | |
| 무엇을 토론할까 | 1. 어려운 상황에서도 자신이 옳다고 생각한 것을 행동으로 옮길 수 있을까요?<br>2. 우리는 역사소설을 왜 읽고 무엇을 생각하려고 하는 것일까요?<br>3. 할아버지의 회초리는 열두 살 동규에게 어떤 깨달음을 주기 위한 것이었을까요? | |
| 무엇을 써 볼까 | 1. "어린 너희들의 정신이 살아 있어야 나라가 산다. 동규야 너는 길들여지지 마라. 어디서든 조선 사람으로서 당당하게 행동해라." 본문의 이 내용은 무엇을 가르치려 함인지 자신의 생각을 써 봅시다.<br>2. 2010년 열세 살 우리는 무엇을 고민하고 있는지 각자의 생각을 써 봅시다.<br>3. 선조들이 목숨 걸고 찾아준 이 나라에 동규가 온다면 제일 먼저 무엇을 할 것인지 생각하며 자신의 생각을 써 봅시다. | |

# 나는 진짜 나일까

최유정

| 도 서 명 | 나는 진짜 나일까 | |
|---|---|---|
| 도서정보 | 최유정 글 / 푸른책들 / 2009년 / 232쪽 / 9,500원 | |
| 분 류 | 목적(정서표현) / 분야(인문) / 시대(현대) / 지역(한국) | |
| 관련 교과/<br>관련 교육과정 | | 6학년 다섯째 마당/행복한 만남 1.손을 맞잡고 |
| | 국어 6-2 | 6학년 첫째마당/마음의 결을따라 2.이야기 속으로 |
| 어떤 책일까 | 이 책을 쓰는 내내 주변의 많은 아이들과 어른들을 생각했다는 작가의 말처럼 주인공 건주와 시우의 이야기는 우리들의 이야기일 수 있다. 저마다 '마음의 감기'를 앓고 있기 때문이다. 아빠의 폭력에 시달리는 건주는 학교에서 거친 말과 행동으로 아이들에게 따돌림을 당하고, 선생님들에게는 골칫거리로 인식된다. 그러다가 전학 온 시우와 친구가 되지만, 시우가 이기적인 반장 은찬이와 어울리며 건주를 배신하게 된다. 시우는 곧 쌓여 가는 거짓과 편견 속에서 건주를 둘러싼 진실과 건주에 대한 우정을 깨닫고, 그동안 건주는 상담 선생님과 만나며 마음의 상처가 조금씩 아문다. 시우는 용기를 내어 진실을 밝힌다.<br>건주와 시우를 둘러싼 관계를 통해 가짜와 진짜 우정을, 건주를 둘러싼 사건들을 통해 어른들의 편견과 진실을, 부모가 아이를 대하는 태도를 통해 욕심과 사랑에 대해 물으며 진지한 고민과 묵직한 감동을 준다. | |
| 다양한 매체로 맛보기 | 관련 매체 : 우리들의 일그러진 영웅 (영화)<br>관련 도서 : 『나는 선생님이 좋아요』 / 하이티니겐지로 /양철북<br>『 나쁜 친구』/미레일러 회스글 / 청어람주니어 | |
| 어떻게 읽을까 | 1. 건주를 슬프게 하는 것들은 어떤 것들이 있는지 살펴본다.<br>2. 나는 내가 아닌 것 같다는 시우는 어떤 갈등이 있는지 살펴본다.<br>3. 상담선생님의 역할을 통해 아이들의 치유되는 과정을 살피며 읽어 봅시다. | |
| 무엇을 토론할까 | 1. 등장인물 건주, 시우, 은찬이의 성격들을 비교 해 보고 각자가 가지고 있는 문제점들을 이야기 해 보자.<br>2. 같은 경험을 가지고 있는 상담선생님께서 건주에게 다가가듯 우리는 주위의 이런 친구들에게 어떻게 도움을 줄 수 있을까요?<br>3. 시우가 처한 문제를 함께 고민해 보고 나라면 어떻게 해결할 것인지 이야기 해 보자. | |
| 무엇을 써 볼까 | 1. 은찬이의 존재가 학교에서 비추어지는 모습은 모순을 가지고 있다. 우리 주변에도 있다면 교실의 모습을 토대로 자신의 의견을 써 봅시다.<br>2. 시우가 용기를 낼 수 있었던 계기를 중심으로 진정한 용기란 무엇인지 각자의 의견을 써 봅시다.<br>3. 나는 진짜 나일까? 각자가 생각하는 나는 어떤 사람인지 써 봅시다. | |

# 너 정말 우리말 아니?

이어령

<table>
<tr><td>도 서 명</td><td colspan="2">너 정말 우리말 아니?</td></tr>
<tr><td>도서정보</td><td colspan="2">이어령 글 / 푸른숲 / 2009년 / 132쪽 / 9,500원</td></tr>
<tr><td>분 류</td><td colspan="2">목적(정보전달) / 분야(인문) / 시대(현대) / 지역(한국)</td></tr>
<tr><td rowspan="2">관련 교과/<br>관련 교육과정</td><td>국어 6-1</td><td>6학년 다섯째마당/마음을 나누며 1.소중한 우리말</td></tr>
<tr><td>국어 6-1<br>말.듣.쓰기</td><td>6학년 다섯째마당/마음을 나누며 1.소중한 우리말</td></tr>
<tr><td>어떤 책일까</td><td colspan="2">너 정말 우리말 아니? 이 책의 제목처럼 진짜 우리말을 얼마나 알고 있을까요? 사람이 되다'에서 왜 사람이 되어 가는 존재라고 했을까, 물에 빠졌을 때 왜 '나 살려'라고 하지 않고, '사람 살려'라고 하는 걸까, 우리말은 왜 의성어와 의태어가 발달했을까? 등 우리말의 특징과 그 특징 속에 담긴 우리의 문화, 조상들의 지혜를 읽어 나갈 수 있다.<br>우리말 어원에 대한 이어령 선생만의 특별한 해석과 교과서에 담긴 문법 이야기를 쉽고 재미있는 이야기로 만날 수 있으며, 일본어·영어·프랑스어의 비교를 통해 언어에 담긴 각 나라의 독특한 정서를 함께 알아볼 수 있다.</td></tr>
<tr><td>다양한 매체로<br>맛보기</td><td colspan="2">관련 매체 : 우리말 나들이 ( TV )<br>관련 도서 : 『나만 모르는 우리말』 / 김슬옹 외 / 모멘토<br>『우리말을 바로 알고 옳게 쓰자 』/정재도 / 창비</td></tr>
<tr><td>어떻게 읽을까</td><td colspan="2">1. '말이 살아 움직인다'고 하는 의미를 깊이 생각하며 읽어보자.<br>2. 사람의 마음을 움직이는 말은 어떤 힘을 가지고 있는지 알아본다.<br>3. 책을 통해 이어령 선생님께서 들려 주시는 우리말에 관한 내용을 메모하듯 밑줄을 그으며 읽어보자.</td></tr>
<tr><td>무엇을 토론할까</td><td colspan="2">1. '말은 생각이 사는 집'이라는 의미는 무엇일까요?<br>2. 되살려야할 우리말은 어떤 것들이 있는지 이야기 해 보자.<br>3. 토씨 하나가 세상을 바꾼다? '아' 다르고 '어' 다르다? 올바른 언어 사용에 대해 이야기 해 보자.</td></tr>
<tr><td>무엇을 써 볼까</td><td colspan="2">1. '사람의 마음을 움직이는 말'이 갖는 언어생활의 중요성을 본문에서 찾아 이를 근거로 의견을 써 봅시다.<br>2. 우리들의 언어생활에서 알게 모르게 잘못 사용되어지는 소중한 우리말들은 없었는지 각자의 생각을 써 봅시다.<br>3. 우리말의 우수성을 다른 나라 언어와 비교해서 근거를 들어 논술 해 보자.</td></tr>
</table>

# 뉴스 속에 담긴 생각을 찾아라

손성진

| 도 서 명 | 뉴스 속에 담긴 생각을 찾아라 | |
|---|---|---|
| 도서정보 | 손성진 글 / 주니어김영사 / 2007년 / 187쪽 / 9,500원 | |
| 분 류 | 목적(정보전달) / 분야(사회) / 시대(현대) / 지역(한국) | |
| 관련 교과/<br>관련 교육과정 | 국어 6-1<br>쓰기 | 6학년 넷째마당/ 의견을 모아서<br>6학년 (1)말과 글에 담긴 생각 |
| | 국어 6-2 쓰기 | 6학년 넷째마당 /문제와 해결 (1) 생활 속에서 |
| 어떤 책일까 | 우리가 살고 있는 사회현상을 보고 읽을 수 있는 힘은 어디에서 생기는 것일까? 이것이 논술식 사고의 시작이 아닐까? 논술은 입시를 위해 존재하는 것이 아니라 우리들이 생활해 나가는데 필요한 논리적 사고, 즉 생각하는 힘을 키울 수 있기에 논술교육은 필수적인 사항이다. 우리들의 이야기, 시사문제는 논술의 좋은 소재이다.<br>이 책은 신문에서 주로 다루는 문제들을 중심으로 30개의 주제를 담고 있으며 각각의 주제에 대해서 깊이 생각 해 볼 수 있도록 구성되어졌다. 스스로 글을 쓰고 이해하는데 도움이 되도록 글쓰기 전에 알아야 할 내용, 시사상식과 지식, 어휘의 확장을 위해 알아두어야 할 한자어로 구성되어 있다. 이 책을 통해 세상을 바라보고 세상을 읽을 수 있는 힘이 길러질 수 있을 것이다. | |
| 다양한 매체로<br>맛보기 | 관련 매체 : 데이비드 게일(영화), 지식채널e (두 얼굴의 사나이)<br>관련 도서 : 『주니어 생각의 탄생』 / 로버트 루트번스타인 외 / 에코주니어 『어린이시사마당』 / 우리누리 / 중앙M&B | |
| 어떻게 읽을까 | 1. 각 주제별로 알아두어야 할 내용들과 요점을 꼼꼼이 여러번 읽어서 자기 언어가 될 수 있도록 한다.<br>2. 각 주제와 관련된 인물, 시사상식과 지식부분은 객관적인 사실, 근거가 되므로 주의 깊게 읽도록 한다.<br>3. '더 생각 해 보기' 부분에서는 각 주제별로 스스로 질문을 만들어 보도록 하자. | |
| 무엇을 토론할까 | 1. 희생정신과 책임감은 무슨 관계이며 왜 소중한 것일까요?<br>2. 농산물 개방, 어떻게 대처해야할까요?<br>3. 한류열풍은 우리에게 어떤 이득을 줄까요? | |
| 무엇을 써 볼까 | 1. 쓰레기 소각장을 주민들의 마찰 없이 만들 수 있는 방법에 대해서 각자의 의견을 써보자.<br>2. 지적재산권 보호는 무엇이며, 어떻게 보호 받아야 하는지 논술문을 써 봅시다.<br>3. 자살의 이유가 정당화 될 수 있을까? 자살을 막을 수 있는 방법에 대해서 논술문을 써 봅시다. | |

# 소나기밥 공주

이은정

| 도 서 명 | 소나기밥 공주 | |
|---|---|---|
| 도서정보 | 이은정 / (주)창비 / 2009년 / 161쪽 / 8,500원 | |
| 분 류 | 목적(정서표현) / 분야(인문) / 시대(현대) / 지역(한국) | |
| 관련 교과/<br>관련 교육과정 | 도덕 | 6학년 1-(1). 정직한 행동 |
| 어떤 책일까 | 공주는 학교 급식 시간 때마다 소나기밥을 먹는다. 살림이 가난하여 학교에서 먹는 식사가 가장 영양가 있는데다가 아빠가 술을 너무 많이 마셔서 재활원에 가 있기 때문이다. 그러던 중 배가 너무 고픈 나머지 같은 건물 202호에 배달된 식품을 엉겁결에 가로채고 만다. 이후로 공주는 풍부한 재료로 저녁 식사를 하지만 맛도 없고 소화도 되지 않고 먹어도 먹어도 허기가 진다. 결국 급체해서 쓰러지고 만다. 공주는 자신을 병원에 데려다 준 202호 아주미니께 솔직하게 말씀드리고 그에 대한 책임으로 행복마트에서 열흘 간 아르바이트를 한다. 아르바이트 마지막 날 마트 사장이 챙겨주는 재료를 안고 돌아오면서 맛있는 음식을 해서 202호 식구들과 나누어 먹을 행복한 생각을 한다.<br>이 책은 가난하고 힘든 환경에서 열심히 살아가려는 한 여자아이의 이야기를 담담하게 표현하고 있다. 독자는 난생 처음 한 도둑질에 죄책감을 느끼고 괴로워하다가 진실 앞에 바로 서는 공주를 보면서 많은 생각을 하게 될 것이다. | |
| 다양한 매체로 맛보기 | 관련 매체 : 눈물의 밭문서(TV 동화 행복한 세상)<br>관련 도서 : 『아빠가 나타났다』 / 이송현 / 문학과지성사<br>『나는 뻐꾸기다』 / 김혜연 / 비룡소 | |
| 어떻게 읽을까 | 1. 공주가 처한 상황을 생각하면서 읽어 봅시다.<br>2. 공주가 저녁 식사 때마다 체하면서도 끊임없이 먹고 또, 허기를 느끼는 이유를 생각하면서 읽어 봅시다.<br>3. 공주와 공주 아빠가 서로를 생각하는 마음을 느끼면서 읽어 봅시다. | |
| 무엇을 토론할까 | 1. 공주와 같은 소외계층의 사람들에게 줄 수 있는 도움에는 어떤 것이 있을까요?<br>2. 공주가 202호에 배달될 물건을 자기 것이라고 말한 것은 괜찮은 일인가?<br>3. 범인을 안 202호 아주머니가 공주를 행복마트로 데리고 간 것은 잘한 일인가요? | |
| 무엇을 써 볼까 | 1. 우리 사회의 소외계층 사람들을 도울 수 있는 방법에 대해서 논술해 봅시다.<br>2. 공주가 202호에 배달될 물건을 자기 것이라고 말한 행동에 대한 내 의견을 까닭을 들어가며 써보자.<br>3. 범인이 공주인 것을 안 202호 아주머니가 공주를 행복마트로 데리고 간 일을 어떻게 생각하는지 까닭을 들어가며 써보자. | |

# 책과 노니는 집

이영서

| 도 서 명 | 책과 노니는 집 | |
|---|---|---|
| 도서정보 | 이영서 글 / 문학동네 / 2009년 / 192쪽 / 9,500원 | |
| 분 류 | 목적(정서표현) / 분야(인문) / 시대(근대) / 지역(한국) | |
| 관련 교과/<br>관련 교육과정 | 국어 6-1 | 6학년 첫째마당 -삶과 이야기 2.아름다운 삶 |
| | 사회 6-1 | 6학년 2. 근대사회로 가는 길 2)새로운 사회로의 움직임 |
| 어떤 책일까 | 이 책은 서학(천주교)이 들어오고 천주교가 탄압을 받던 조선말 전문 필사쟁이 아버지를 둔 주인공 장이라는 아이의 이야기이다. 장이라는 아이의 눈을 통해 사회와 개인의 이데올로기, 지식계층과 일반 백성들의 생활사 및 문제의식 등 혼란에 휩싸인 시대상을 세밀하면서도 섬세하게 그려 내고 있다.<br>"역사물의 교훈주의를 깨끗하게 뛰어넘어 본격적인 역사동화의 장을 열고 있다."는 평을 받고 있다. 대부분의 역사동화들은 문학적 향상보다는 학습적 효과와 연결 지으려는 경우가 있으나 이 작품은 안일한 구성과 상투적인 이야기 전개를 벗어 던진 독창적인 역사동화이다. 이 책을 통해 오늘을 사는 어린이들이 보다 깊고 따듯한 마음으로 우리 사회와 역사에 눈을 돌릴 수 있을 것으로 기대된다. | |
| 다양한 매체로<br>맛보기 | 관련 매체 :<br>관련 도서 : 『1940년 열두살 동규』 / 손연자 / 계수나무<br>『몽실언니』 /권정생 / 창비 | |
| 어떻게 읽을까 | 1. 이야기의 사건과 배경의 관계를 잘 파악하며 읽어 봅시다.<br>2. 주인공 장이의 눈에 비친 사회의 갈등 요소들은 무엇인지 파악하며 읽어 봅시다.<br>3. 그 시대의 책의 의미를 다시 한번 생각하며 읽어 봅시다. | |
| 무엇을 토론할까 | 1. 아버지의 죽음을 통해 본 천주교가 당시는 종교보다도 어떤 의미가 더 강했을까요?<br>2. 서학이 당시 피지배층들 사이에 유행했던 논리는 무엇이었을까요?<br>3. 책과 노니는 집을 꿈꾸었던 동이의 꿈은 이루어질까요? | |
| 무엇을 써 볼까 | 1. 책의 역사적 배경이 되는 서학은 당시 사회에 어떤 영향을 미쳤는지 써 봅시다.<br>2. 당시 지배층 홍교리는 어떤 인물이며, 동이의 눈에는 어떤 사람으로 보였는지 써 봅시다.<br>3. '책과 노니는 집'의 언문 현판을 세 사람은 어떻게 했을까?<br>뒷 이야기를 한번 써 보자 | |

# 새를 보면 나도 날고 싶어

이상권

| 도 서 명 | 새를 보면 나도 날고 싶어 | |
|---|---|---|
| 도서정보 | 이상권 / 우리교육 / 2007년 / 139쪽 / 8500원 | |
| 분 류 | 목적(사회적 상호작용) / 분야(사회) / 시대(현대) / 지역(한국) | |
| 관련 교과/<br>관련 교육과정 | 6학년 국어 | 6학년 2-(3) 삶의 무늬 |
| 어떤 책일까 | 이 책은 평생 새를 사랑하며 연구해 온 새 박사 원병오 선생님이 살아온 이야기를 친근한 말투로 엮은 책입니다. 원병오 선생님은 여섯 살 때부터 아버지와 함께 새 공부를 시작하고 그 후에도 어린 시절의 꿈을 이루기 위해 노력합니다. 전쟁을 비롯한 온가 어려움을 겪으면서도 새를 연구하고 조사하고, 보호하는 일을 멈추지 않습니다. 기장 아끼는 새인 '북방쇠찌르레기'의 다리에 가락지를 달아 북으로 보내고, 그를 통해 전쟁 때 헤어진 아버지의 소식을 듣게 되는 모습은 가슴 뭉클하게 다가옵니다.<br>원병오 선생님의 모습을 통해 어려운 환경 속에서도 자신이 이루고자하는 꿈을 위해 노력하는 것이 얼마나 중요한 것인지 알게 될 것입니다. 또한 우리가 새들을 비롯한 천연기념물을 왜 보호해야하는지, 어떻게 노력해야하는지 생각해보는 기회가 될 것입니다. | |
| 다양한 매체로<br>맛보기 | 관련 도서: 『하늬와 함께 떠나는 철새여행』 /윤무부/ 『세밀화로 그린 보리 어린이 새 도감』 /김현태/<br>관련 매체: 나는 2억5천만 원입니다.(ebs지식채널e) | |
| 어떻게 읽을까 | 1. 원병오 선생님이 공부하던 시절과 지금 우리가 공부하는 시대의 환경을 비교하며 읽어 봅시다.<br>2. 동·식물을 사랑하는 원병오 선생의 마음이 잘 드러난 부분을 찾아보며 읽어 봅시다.<br>3. 원병오 선생님이 새를 연구하기 위해 어려운 환경을 어떻게 극복했는지 정리하며 읽어 봅시다. | |
| 무엇을 토론할까 | 1. 연구를 위하여 새를 잡아 박제하는 것을 옳은 것일까요?<br>2. 천연기념물로 지정된 새를 새장 안에서 보호하며 키우는 것은 새를 위해 옳은 것일까요?<br>3. 여러 가지를 많이 아는 사람과 원병오박사님처럼 한 분야의 전문가 중에 어떤 사람이 나을까요? | |
| 무엇을 써 볼까 | 1. 원병오 박사가 공부를 계속 하는 동안, 가족들의 많은 희생이 있었습니다. 부인에게 고마운 마음을 전하는 편지를 써 봅시다.<br>2. 몸에 좋다면 무엇이든 잡아먹는 사람들에게 동물을 보호해야하는 이유를 알리는 글을 써 봅시다.<br>3. 천연기념물을 보호하기 위해 우리가 할 수 있는 일에는 무엇이 있는지 방안을 제시하는 글을 써 봅시다. | |

# 안네의 일기

안네 프랑크

<table>
<tr><td>도 서 명</td><td colspan="2">안네의 일기</td></tr>
<tr><td>도서정보</td><td colspan="2">안네 프랑크 / 지경사 / 2008년 / 215쪽 / 8500원</td></tr>
<tr><td>분 류</td><td colspan="2">목적(정서표현) / 분야(사회) / 시대(근대) / 지역(네덜란드)</td></tr>
<tr><td>관련 교과/<br>관련 교육과정</td><td>6학년 국어</td><td>6학년 2-(3) 삶의 무늬<br>따뜻한 마음</td></tr>
<tr><td>어떤 책일까</td><td colspan="2">안네는 독일의 프랑크푸르트에서 유대인인 아버지 오토 프랑크와 어머니 에디트 프랑크 사이의 둘째 딸로 태어났습니다. 1933년 히틀러가 집권한 뒤 유대인 차별 정책이 심해지자 안네 일가는 네덜란드의 암스테르담으로 이민을 왔지요. 1939년 제2차 세계 대전이 일어나고 이듬해 봄 네덜란드는 독일에 항복을 했습니다. 안네는 1941년 6월 12일 처음 일기를 쓰기 시작했는데, 이때 이미 네덜란드에서도 유대인들이 잡혀가기 시작했습니다. 1942년 7월 6일, 안네의 가족은 나치스를 피해 은신처로 숨었어요. 판 단 씨 가족 세 명, 뒤셀 씨 모두 여덟 명이서 은신처 생활을 하였지요. 일기장 '키티'를 벗 삼아 은신처 생활을 견디는 안네의 모습을 통해, 어려운 상황에서도 희망을 잃지 않고, 꿋꿋하게 살아가는 용기를 배우게 될 것입니다.</td></tr>
<tr><td>다양한 매체로<br>맛보기</td><td colspan="2">관련 매체: 인생은 아름다워(영화)<br>관련 도서: 『하늘과 바람과 별과 시』 /윤동주/</td></tr>
<tr><td>어떻게 읽을까</td><td colspan="2">1. 시간의 변화에 따라 안네의 심경이 어떻게 변화하는지 생각하며 읽어 봅시다.<br>2. 안네가 추구하는 삶의 모습은 무엇인지 생각하며 읽어 봅시다.<br>3. 내가 안네와 같은 상황이라면 어떻게 생활했을지 상상하며 읽어 봅시다.</td></tr>
<tr><td>무엇을 토론할까</td><td colspan="2">1. 같은 나라에서 다른 민족 사람들이 사는 것은 바람직하지 못한 일인가요?<br>2. 전쟁은 갈등을 해결하는 좋은 방법인가요?<br>3. 학생이 이성 친구를 사귀는 것이 나쁜 것일까요?</td></tr>
<tr><td>무엇을 써 볼까</td><td colspan="2">1. 은신처 안에서 생활했던 안네에게 용기를 주는 편지를 써 봅시다.<br>2. 역사적으로 비판 받는 유태인을 박해하는 정치를 폈던 히틀러이지만, 그를 따르는 사람들이 많이 있었습니다. 이것과 연결 지어 지도자가 갖추어야 하는 조건이 무엇이 있는지 생각해보고, 히틀러는 어떤 지도자였는지 평가해봅시다.<br>3. 독일인들은 세계 2차 대전이 끝난 후 지금까지도 여러 차례 유태인에게 사과의 메시지를 전달하고 있습니다. 오랜 시간이 지난 일이지만 사과를 하는 것이 왜 중요한 것일까요?</td></tr>
</table>

# 자전거 도둑

박완서

| 도 서 명 | 자전거 도둑 | |
| --- | --- | --- |
| 도서정보 | 박완서 / 다림 / 1999년 / 184쪽 / 7000원 | |
| 분 류 | 목적(정서표현) / 분야(사회) / 시대(현대) / 지역(한국) | |
| 관련 교과/<br>관련 교육과정 | 6학년 국어 | 6학년 1. 삶과 이야기 |
| 어떤 책일까 | 이 책은 우리가 살아가면서 중요하게 생각해야하는 것이 무엇인지 알려주는 6편의 이야기가 실려 있습니다. 누구보다 성실하게 열심히 살아가던 수남이는 바람이 심하게 불던 어느 날 세워 둔 자전거가 넘어지면서 남의 자동차를 들이받는 사고를 맞아 어쩔 수 없이 자전거 도둑이 되고 맙니다. 한뫼는 정성껏 기른 닭이 낳은 달걀을 팔아 도시로 수학여행을 가지만 텔레비전 쇼에서 달걀을 하찮게 여기는 것을 보고 크게 충격을 받습니다. 그렇지만 자신의 도덕성을 지켜줄 수 있는 어른을 찾아 시골로 향하고, 한뫼는 도시아이들에게 앙갚음 대신에 아름다운 자연을 보여주기로 마음먹습니다.<br>이 책을 읽는 동안, 우리가 잊기 쉬운 것들 가장 중요한 것이 무엇인지 알게 될 것입니다. 당장 눈앞의 이익과 편리함을 중요하게 여기는 사람들이 많아지고 있는 요즘, 깨끗한 마음을 되찾을 수 있는 힘을 기르게 해주는 책입니다. | |
| 다양한 매체로<br>맛보기 | 관련 매체: '육남매'(MBC 드라마)<br>관련 도서: 『몽실언니』 /권정생 | |
| 어떻게 읽을까 | 1. 글쓴이의 입장이 되어 그 상황에 나는 어떻게 행동했을지 생각하며 글을 읽어 봅시다.<br>2. 글쓴이가 이 글을 통해 전하고자 하는 것이 무엇인지 생각하며 읽어 봅시다.<br>3. 행복의 의미가 무엇인지 생각하며 읽어 봅시다. | |
| 무엇을 토론할까 | 1. 도시와 농촌의 삶이 어떻게 다른지 비교해 봅시다.<br>2. 우리나라 사람들의 사망 원인 중 자살은 몇 % 인지 알아 봅시다.<br>3. 세계 여러 나라의 GDP 순위와 행복도 순위를 비교하여 봅시다. | |
| 무엇을 써 볼까 | 1. '달걀은 달걀로 갚으렴'에서 선생님은 도시와 농촌의 학생들이 서로의 생활을 배우는 것이 좋다고 합니다. 도시와 농촌의 학생들이 서로의 생활을 이해하고 체험하는 좋은 방법에는 무엇이 있을지 써 봅시다.<br>2. '마지막 임금님'에서 임금님은 행복해 보이는 사나이에게서 많은 것을 빼앗아버립니다. 이를 통해 행복의 조건이란 무엇이 있는지 알아보고, 내가 생각하는 행복이란 무엇인지 논술해봅시다. | |

# 나의 라임오렌지 나무

J.M.바스콘셀로스

| 도 서 명 | 나의 라임오렌지 나무 | |
|---|---|---|
| 도서정보 | J.M.바스콘셀로스 / 동녘 / 2006년 / 303쪽 / 9000원 | |
| 분 류 | 목적(정서표현) / 분야(사회) / 시대(중세) / 지역 | |
| 관련 교과/<br>관련 교육과정 | 6학년 국어 | 6학년 1-(5) 마음을 나누며<br>6학년 2. 나눔과 어울림 |
| 어떤 책일까 | 이 책은 가난과 무관심 속에서도 순수한 영혼을 간직한 사랑스런 꼬마 악동 제제의 아름다운 성장을 담았습니다. 브라질의 한 가난한 가정, 아빠는 일자리를 잃었고, 여섯 살 나이부터 공장에서 일을 해야 했던 엄마는 여전히 파김치가 되도록 공장에서 일을 합니다. 누나들도 온종일 공장이나 집에서 일을 해야 하고 감수성이 풍부한 제제는 사랑과 보살핌도 받지 못하고 자주 혼나고 매를 맞습니다. 미워하려고 해도 미워할 수 없는 사랑스런 악동 제제에게 뽀르뚜가라는 커다란 존재의 아저씨가 다가옵니다. 다섯 살 꼬마 제제와 라임오렌지나무 밍기뉴, 뽀르뚜가의 아름다운 사랑과 우정 이야기는 보는 내내 사람들의 마음을 따뜻하고 또 아리게 해줍니다.<br>이 책을 통해 마음 속 작은 새를 다시 한 번 찾아보게 되고, 제제와 함께 성장하게 될 것입니다. 철이 든다는 것이 무슨 의미인지 곰곰이 생각해 보게 하는 기회가 될 것입니다. | |
| 다양한 매체로 맛보기 | 관련 도서 : 『너도하늘말나리야』 / 이금이 / 『소나기』 / 황순원<br>관련 매체: 영화 '아홉 살 인생'(윤민호 감독) | |
| 어떻게 읽을까 | 1. 시간의 흐름에 따라 주변사람들을 대하는 제제의 마음이 어떻게 변화하는지 정리하며 읽어 봅시다.<br>2. 제제의 입장에서 가족들의 성격을 정리하며 읽어 봅시다.<br>3. 내가 만약 제제라면 가족들을 위해 무엇을 할 수 있는지 생각하며 읽어 봅시다.<br>4. 이 소설의 배경이 되는 브라질의 경제상황과 우리나라가 IMF를 겪었을 상황을 비교하며 읽어 봅시다. | |
| 무엇을 토론할까 | 1. 어린아이들이 대중가요를 뜻도 모른 채 쉽게 따라 부르는 것에 대해 어떻게 생각하는지 자신의 생각을 말해 봅시다.<br>2. 가정이나 학교에서 교육상의 이유로 체벌을 하는 것에 대한 자신의 생각을 말해 봅시다.<br>3. 내가 생각하는 우정은 무엇인지 말해 봅시다. | |
| 무엇을 써 볼까 | 1. 가. 에드문드 아저씨는 제제에게 '조숙해서 곧 철이 들 것이다.'라고 말합니다. 철이 든다는 것은 어떤 의미이고, 에드문드 아저씨는 왜 그렇게 말했을까요?<br>2. 나. 제제는 다섯 살 꼬마아이인데 장난이 심해서 하루에 한번 이상 맞기도 하고, 심하게 맞을 때에는 며칠 앓아눕기도 합니다. 아버지, 잔디라 누나, 제제가 되어 각각의 입장에서 자신은 어떻게 행동했을지 생각해보고, 그 이유를 적어 봅시다.<br>3. 다. 제제는 항상 '망나니', '악마'라고 불리며 거의 매일 혼나고 매를 맞습니다. 그러나 담임선생님이나 뽀르뚜가 앞에서는 다르게 행동합니다. 왜 그랬을까요? | |

# 하늘을 만지다

크리스티안 비니크

| 도 서 명 | 하늘을 만지다 | |
|---|---|---|
| 도서정보 | 크리스티안 비니크 /산수야 / 2009년 /223쪽 / 9,000원 | |
| 분 류 | 목적(정서표현) / 분야(인문) / 시대(현대) / 지역(독일) | |
| 관련 교과/<br>관련 교육과정 | 국어 6-1 | 6학년 다섯째마당/마음을 나누며 (2)나눔과 어울림 |
| 어떤 책일까 | 주인공 열세 살 소녀 스벤야의 성장통을 그 또래의 아이들이라면 공감할 수 있는 발랄하고 위트 넘치는 언어로 독일작품이지만 어느 나라 어느 시대에서도 공감하고 가슴을 설레게 하는 첫사랑이야기를 그리고 있다. 씩씩하고 자신감 넘치는 스벤야의 신체적 콤플렉스를 통해 또래의 아이들이 겪을 수 있는 일상의 문제들도 진지하게 고민하고 있다.<br>수수께끼로 가득찬 사춘기 아이들의 사랑은 신비하다 못해 복잡하고 어렵다. 이처럼 복잡한 사랑을 통해 아이들이 인생을 조금씩 배워나가고 있으며 스벤야처럼 원하는 것을 얻기 위해 적극적으로 다가가야 한다고 말하고 있다. 그것이 사랑이든 무엇이든 간에 이를 통해 인생을 좀 더 깊이 이해하게 될 것이다. | |
| 다양한 매체로<br>맛보기 | 관련 매체 : 슈팅 라이크 베컴(영화)<br>관련 도서 : 『나의 라임오렌지 나무』 / 마우루 데 바스콘 셀루스 / 지경사 『첫사랑』/이금이/푸른책들 | |
| 어떻게 읽을까 | 1. 외국작품을 통해 문화의 차이를 비교해 가며 읽어보자.<br>2. 스벤야의 행동을 통해 공감이 가는 부분들을 주인공이 되어 읽어보자.<br>3. 사춘기를 겪고 있는 스벤야에게 부모님들이 인생의 선배로서 대화하는 부분에서 작가의 의도를 파악하며 읽어보자. | |
| 무엇을 토론할까 | 1. 스벤야의 행동에서 가장 공감 가는 부분에 대해 서로 이야기 나누어 보자.<br>2. 사춘기 신체적 콤플렉스를 극복하기 위한 좋은 방법들을 이야기 해 보자.<br>3. 열병처럼 급작스럽게 다가오는 첫사랑에 대해 어떻게 대처해 나갈 수 있는지 각자의 의견을 나누어 보자. | |
| 무엇을 써 볼까 | 1. 본문의 스벤야의 말처럼 "왜 하필 나는 나를 사랑하지도 않는 사람을 사랑하는 걸까?", "왜 우리는 사랑하는 사람을 스스로 선택할 수 없을까?"근본적인 물음에 각자의 답변을 써보자.<br>2. 주인공이 갖고 싶어 하는 것을 적극적으로 구하기 위해 한 행동은 사랑을 얻기 위한 방법과 어떻게 다를까? 의견을 써 봅시다.<br>3. 마지막에 몇 주간에 벌어진 일들에 대해 친구 릴리에게 쓸 편지를 각자가 써 봅시다. | |

# 마사코의 질문

손연자

| 도 서 명 | 마사코의 질문 | |
|---|---|---|
| 도서정보 | 손연자 글 / 푸른책들 / 2009년개정판 / 208쪽 / 9,500원 | |
| 분　　류 | 목적(정서표현) / 분야(인문) / 시대(근대) / 지역(한국) | |
| 관련 교과/<br>관련 교육과정 | 국어6-1 | 6학년 첫째마당/ 삶과 이야기　2.아름다운 삶 |
| | 사회6-1 | 6학년 3. 대한민국의 발전 (1)나라를 되찾기 위한 노력 |
| 어떤 책일까 | 일제강점기시대에 우리 민족이 겪은 고난과 한 민족을 그토록 억압하고도 반성하지 못하는 일본인들에 대한 이야기이며, 일제의 생체실험을 당했던 윤동주 시인, 관동대지진 당시 학살당한 조선인들, 일본군 위안부로 끄려간 조선 여자들의 이야기를 어린이들이 이해하기 쉽도록 역사의 진실을 생생하게 일깨워주는 역사동화이다.<br>일본인 소녀의 입으로 일본인의 죄를 묻는 이야기와 일제강점기 우리민족이 겪은 수난을 생생하고 절실하게 그려낸 9편의 작품이 들어있는 동화집이다. 이 책을 통해 '역사는 이미 지나간 과거'라는 인식에서 벗어나 지난 역사가 아직도 우리 삶에 영향을 미치고 있으며, 앞으로 우리 후손들에게도 미칠 수 있다는 역사인식을 새롭게 가질 수 있기를 기대한다. | |
| 다양한 매체로<br>맛보기 | 관련 매체 : 지식채널e (공습)<br>관련 도서 : 『동생을 찾으러』 / 방정환 / 보물창고<br>『칠칠단의 비밀 』/ 방정환/ | |
| 어떻게 읽을까 | 1. 9편의 이야기의 배경이 되는 역사적인 사실을 인식하며 읽어 봅시다.<br>2. '역사란 이미 지나간 과거'가 아닌 지금도 우리와 소통하는 관계에 있음을 인식하며 읽어 봅시다.<br>3. 역사책에 나오는 일제강점기의 우리민족의 수난과 고통을 함께 느끼며 읽어 봅시다. | |
| 무엇을 토론할까 | 1. 역사적 진실을 밝혀야 하는 이유는 무엇일까요?<br>2. 아직도 자행되는 일본의 역사왜곡에 대해서 이야기 해보자. | |
| 무엇을 써 볼까 | 1. 마사코가 할머니에게 던진 질문에 대한 답변을 각자 마사코에게 직접 써 보도록 하자.<br>2. 마사코의 질문을 통해 무엇을 말하려고 하는 것인지 각자의 의견을 써 봅시다.<br>3. 히로시마 원폭은 일본인 마사코의 할머니와 우리의 할머니가 느끼는 역사적 인식이 서로 다르다. 서로 다른 관점을 중심으로 논술 해보자. | |

# 마법사의 조카

C.S 루이스

| 도 서 명 | 마법사의 조카 | |
|---|---|---|
| 도서정보 | C.S 루이스 / 시공주니어 / 2001년 / 252쪽 / 8,500원 | |
| 분 류 | 목적(사회적 상호작용) / 분야(인문) / 시대(현대) / 지역(영국) | |
| 관련 교과/<br>관련 교육과정 | 국어 | 6학년 1,2학기 첫째 마당 / 셋째 마당 |
| 어떤 책일까 | 마법사의 조카는 나니아 연대기라는 판타지 소설의 1권에 해당하는 책입니다. 나니아 연대기는 1950년대에 영국 옥스퍼드 대학교의 C.S 루이스라는 교수가 쓴 어린이 소설입니다.<br>이 책의 주인공은 어처구니없는 악독한 마법사를 외삼촌으로 둔 디고리입니다. 디고리는 선과 악의 구도 가운데에서 여러 모험을 겪습니다. 악의 화신인 마녀 제이디스와 선한 창조자인 사자 아슬란 사이에서 겪는 아이들의 모험.<br>디고리는 마녀 제이디스의 유혹을 물리치고 아슬란이 세운 나라 나니아를 보호할 사과 나무 한 그루를 심어야 합니다.<br>흥미진진한 아이들의 모험담. 마법사의 조카를 접하기 시작했다면 나니아 연대기의 다른 책들도 피해갈 수 없을 것입니다.<br>그만큼 재미있으니까요. | |
| 다양한 매체로<br>맛보기 | 관련매체 : 사자,마녀 그리고 옷장 (영화)<br>관련도서 : 『나니아 연대기 시리즈』 / C.S 루이스 / 시공 주니어 | |
| 어떻게 읽을까 | 1. 디고리와 폴 리가 성숙해 가는 모습을 주목해주세요.<br>2. 아슬란은 매우 특별한 존재입니다. 아슬란은 어떤 존재일지 상상해보세요.<br>3. 디고리의 간절한 소망이 무엇이고 그 소망을 어떻게 이루게 되는지 잘 살펴보세요. | |
| 무엇을 토론할까 | 1. 우리 주변에 제이디스와 앤드루 외삼촌 같은 악한 사람이 있다면 그들을 어떻게 대해야할 것인지 토의해보자.<br>2. 우리에게 유혹이 되는 나쁜 것들은 무엇이 있는지 이야기해보자.<br>3. 우리가 사는 이 세상은 어떻게 시작되었을지 생각해보자 | |
| 무엇을 써 볼까 | 1. 아슬란은 어떤 존재일까? 상상해서 써보자.<br>2. 제이디스와 앤드루 외삼촌에게 편지를 써보자.<br>3. 내 안에 제이디스나 앤드루 외삼촌 같은 모습은 없는지 생각해보고 이를 글로 설명해보자. | |

# 몽실언니

권정생

| 도 서 명 | 몽실언니 | |
|---|---|---|
| 도서정보 | 권정생 / 창비 / 1984년 / 286쪽 / 8,000원 | |
| 분 류 | 목적(사회적 상호작용) / 분야(인문) / 시대(현대) / 지역(한국) | |
| 관련 교과/<br>관련 교육과정 | 국어 | 6학년 1,2학기 첫째 마당 / 셋째 마당 |
| 어떤 책일까 | 착하디 착하고 성실하디 성실한. 그래서 그녀가 겪은 세월이 서럽고 안타까운 몽실언니. 몽실언니는 가난과 전쟁으로 고통스러웠던 이 땅의 현대사를 다루고 있습니다. 그리고 그 역사의 한 켠에서 고요하면서도 육중한 무게로 삶을 살아낸 우리들의 할아버지들과 할머니들의 삶을 이야기합니다.<br>몽실언니의 기구한 삶을 통해 우리를 돌아보고 어떻게 살아갈 것인지 생각할 수 있습니다.<br>다 읽고 나면 어딘지 모르게 마음이 편치 않아지는 책. 그 불편함은 이 책이 말하는 바가 삶에 대한 진실을 담고 있기 때문일 겁니다. | |
| 다양한 매체로<br>맛보기 | 관련 매체 : 正生 (영상물-지식채널 e)<br>관련 도서 : 『한국사 편지 5 』 / 박은봉 / 책과함께어린이 | |
| 어떻게 읽을까 | 1. 몽실언니가 겪는 고난과 우리 나라 역사를 함께 생각하며 읽어보세요.<br>2. 몽실언니가 만나는 여러 사람들의 모습을 몽실언니의 시선으로 바라보세요.<br>3. 할아버지, 할머니께 6.25전쟁 때의 사람들의 삶의 모습에 대해 물어보세요. | |
| 무엇을 토론할까 | 1. 내가 몽실언니라면 어땠을지 생각해보세요.<br>2. 몽실언니가 살아가는 모습을 보고 느낀 점을 이야기해보세요.<br>3. 몽실언니의 주변 사람들 중 선한 사람과 악한 사람을 구분해보세요. | |
| 무엇을 써 볼까 | 1. 몽실언니에게 편지를 써보자.<br>2. 6.25전쟁에 대한 정보를 찾아보고 그 원인과 결과를 설명해보자.<br>3. 이 소설을 지은 권정생 선생님의 삶을 간략하게 보여주는 영상물을 보고 권정생선생님의 삶에 대한 자신의 생각을 써보자. | |

# 꽃들에게 희망을

트리나 폴러스

| 도 서 명 | 꽃들에게 희망을 | |
|---|---|---|
| 도서정보 | 트리나 폴러스 / 소담 / 1991년 / 286쪽 / 6,500원 | |
| 분 류 | 목적(사회적 상호작용) / 분야(인문) / 시대(현대) / 지역(유럽) | |
| 관련 교과/<br>관련 교육과정 | 국어 | 6학년 1,2학기 첫째 마당 / 셋째 마당 |
| 어떤 책일까 | 처음에 이 책을 접하면, 글자도 그리 많지 않고, 그림도 그닥 인상적이지 않은 이 책이 어째서 그리 유명한지 궁금해 하게 될 겁니다. 그러나 이 책을 '접하는' 수준에서 끝나지 않고 이 책의 내용을 하나하나 깊이 있게 이해하게 되면, 이 책의 위대함이 어디에서 오는 것인지 알 수 있습니다.<br>경쟁이 주는 두려움을 극복하지 못한 채, 무지가운데 살아가는 수많은 애벌레들이 등장합니다. 그리고 그 애벌레들은 매우 열심히, 자신과 다른 동료들을 짓밟습니다. 그것이 의미하는 바가 무엇인지 잘 알지도 못한 채 말입니다.<br>이 책은 참된 인생의 목표는 무엇이 되어야 하는가, 라는 쉽지 않은 화두를 던집니다. 다른 사람의 시선에 의해 판단되는 것이 아닌, 나의 주관에 따라 가늠하는 것이 아닌, 말 그대로 참된 인생의 진짜 목표. 그것이 무엇이냐는 겁니다.<br>몇 안 되는 글자로 사람들의 삶의 핵심을 간결하고도 깔끔하게 간파하여 드러낸 이 책의 내용은, 바쁜 오늘을 살아가는 우리 모두가 읽고 가슴에 새겨야 할 것입니다. | |
| 어떻게 읽을까 | 1.삽화(그림)을 주의깊게 살펴보세요.<br>2.여러 성향의 애벌레들은 우리 사람의 삶의 누군가를 가리킵니다. 애벌레와 사람을 관계 짓도록 하세요.<br>3.나의주변 사람들은 사람의 삶의 목표가 어떠해야한다고 이야기 하나요? 어떤 사람의 말이 참된 것인지 잘 생각하며 읽어봅시다.<br>4.이 책을 쓴 트리나 폴러스가 지금 어떤 삶을 살고 있는지 알아보세요. | |
| 무엇을 토론할까 | 1. 우리 주변에 지나친 경쟁이 깃들어 있는 모습에 대해 이야기 나눠보세요.<br>2.호랑 애벌레는 왜 노랑 애벌레의 간청을 뿌리치고 애벌레 기둥으로 다시 찾아갔을까요?<br>3.왜 이 책의 제목은 '꽃들에게 희망을'일까요? 꽃은 전혀 나오지 않는데 말입니다. | |
| 무엇을 써 볼까 | 1.애벌레 기둥에서 힘겹게 살아가는 애벌레 한 마리의 일기를 상상해서 써보세요.<br>2.나는 어떤 삶을 살고 싶은지 생각하고 그 생각을 정리해보세요.<br>3.다른 친구에게 이 책을 권하는 글을 써보세요. | |

# 어린왕자

생 텍쥐페리

<table>
<tr><td>도 서 명</td><td colspan="2">어린왕자</td></tr>
<tr><td>도서정보</td><td colspan="2">생 텍쥐페리 / 비룡소 / 2000년 / 127쪽 / 8,000원</td></tr>
<tr><td>분 류</td><td colspan="2">목적(사회적 상호작용) / 분야(인문) / 시대(현대) / 지역(프랑스)</td></tr>
<tr><td>관련 교과/<br>관련 교육과정</td><td>국어</td><td>6학년 1,2학기 첫째 마당 / 셋째 마당</td></tr>
<tr><td>어떤 책일까</td><td colspan="2">어린이들은 흥미를 잘 느끼지 못하는 어린이 책.<br>이 책에 대한 일반적인 평입니다. 이 책은 주로 어른들이 읽는 어린이 책으로 소개됩니다. 실제로 많은 사람들이 어린 시절에도 이 이야기를 접하지만, 특별한 감흥을 받는 사람은 별로 없습니다. 어른이 되고 난 뒤에 읽어야 가슴 저미는 시적 감동이 밀려오는 것을 느끼게 됩니다.<br>어린 학생들이 이 책을 읽어야 하는 가장 큰 이유는, 언젠가 자신이 어른이 되었다는 것을 느끼기 위함일 겁니다. 대부분의 학생들은(특별한 몇몇을 제외하고) 어린 왕자의 아이다움, 이기적이면서 연약한 장미꽃, 여우가 던져주는 관계의 화두에 대해 잘 이해하지 못할 것입니다. 그러나 시간이 지나면서 이 책을 읽은 어린 학생들이 어른이 되어가게 되면 이 이야기가 얼마나 가슴의 밑바닥을 훑는 것인지 깨닫게 될 것입니다.<br>그 때를 위해서, 이 책을 읽으세요.</td></tr>
<tr><td>다양한 매체로<br>맛보기</td><td colspan="2">관련 매체 : 지식채널e 마지막 비행 (영상물)</td></tr>
<tr><td>어떻게 읽을까</td><td colspan="2">1. 삽화(그림)을 주의깊게 살펴보세요.<br>2. 어린 왕자는 왜 지구에 왔을까요? 그 이유를 잘 파악해보세요.</td></tr>
<tr><td>무엇을 토론할까</td><td colspan="2">1. 어린 왕자가 자신의 별을 떠나 지구에 온 이유에 대해서 이야기 해보세요.<br>2. 어린 왕자가 만난 여러 사람들에 대한 자신의 생각을 이야기 해보세요.</td></tr>
<tr><td>무엇을 써 볼까</td><td colspan="2">1. 어린왕자는 어떻게 되었을까요? 죽은 것으로 끝났을까요? 자신의 생각을 써보세요.<br>2. 내가 어린 왕자를 만난다면, 어떤 이야기를 나눌 수 있을까요?</td></tr>
</table>

# 반대 개념으로 배우는 어린이 철학

오스카 브르니피에

<table>
<tr><td>도 서 명</td><td colspan="2">반대 개념으로 배우는 어린이 철학</td></tr>
<tr><td>도서정보</td><td colspan="2">오스카 브르니피에 / 미래아이 / 2008년 / 80쪽 / 14,000원</td></tr>
<tr><td>분 류</td><td colspan="2">목적(설득) / 분야(인문) / 시대(현대) / 지역(유럽)</td></tr>
<tr><td rowspan="2">관련 교과/<br>관련 교육과정</td><td>국어6-1</td><td>6학년 넷째마당/ 의견을 모아서 1.말과 글에 담긴 생각</td></tr>
<tr><td>국어6-2</td><td>6학년 넷째마당/ 문제와해결 2.지혜를 모아</td></tr>
<tr><td>어떤 책일까</td><td colspan="2">어린이들의 논리력과 창의력을 키우기 위해 '철학'이 꼭 필요하다. 처음부터 철학을 만나기란 쉽지 않다. 이 책은 12쌍의 반대 개념들이 들어있다. 각각의 반대말을 서로 비교하면서 그 의미를 생각하게하고 하나의 질문을 통해 한 쌍의 반대말들을 서로 이어줍니다. 그리고 각각의 반대말이 어떤 점에서 서로를 필요로 하는지를 결론으로 보여주고 있다.<br>이 책은 프랑스와 유럽 어린이들의 수준에 맞춰 만들어진 어린이를 위한 철학책이다. 가장 큰 특징은 추상적인 철학의 개념을 상상력을 자극하는 아름다운 그림을 통해 눈으로 보여줌으로 어렵게만 느껴지던 철학의 세계로 아이들을 푹 빠져들게 해 줄 것이다.</td></tr>
<tr><td>다양한 매체로<br>맛보기</td><td colspan="2">관련 도서 : 『 좀 다를 뿐이야』 / 이와카와 나오키 / 중앙M&B<br>『 모모 』 / 미하엘 엔더 / 비룡소</td></tr>
<tr><td>어떻게 읽을까</td><td colspan="2">1. 각각의 반대 개념들을 서로 비교하면서 그 의미를 생각하며 읽어 봅시다.<br>2. 각각의 반대말이 어떤 점에서 서로를 필요로 하는지 깊이 사고하며 읽어보자.<br>3. 추상적이지만 핵심적인 내용들을 자주 활용할 수 언어가 되도록 반복하여 읽어 봅시다.</td></tr>
<tr><td>무엇을 토론할까</td><td colspan="2">1. 우리는 왜 반대말에 대해 생각해 보아야할까요?<br>2. 본질은 언제나 겉모습을 통해 나타날까? 존재와 현상에 대해 이야기해 보자.<br>3. 나는 어떤 원인이 만들어낸 결과일까? 아니면, 어떤 결과에서 비롯된 것일까?</td></tr>
<tr><td>무엇을 써 볼까</td><td colspan="2">1. 나 자신(자아)와 다른 사람(타인)에 대해서 개념을 써서 정리 해보자.<br>2. 우리는 홀로 객관적인 진리를 표현할 수 있을까? 반대개념을 쓰고 정리해보자.<br>3. 철학적인 사고의 필요성에 대해서 써보자.</td></tr>
</table>

# 난 두렵지 않아요

프란체스코 다다모

| 도 서 명 | 난 두렵지 않아요 | |
|---|---|---|
| 도서정보 | 프란체스코 다다모 글 /주니어랜덤 / 2009년 29쇄 / 218쪽 / 8,000원 | |
| 분 류 | 목적(정서표현) / 분야(인문) / 시대(현대) / 지역(파키스탄) | |
| 관련 교과/<br>관련 교육과정 | 국어 6-2 | 6학년 둘째마당 / 더 나아가기 (인권과 가치) |
| | 사회 6-2 | 6학년 1. 우리나라의 민주정치 2) 보호해야할 인권 |
| 어떤 책일까 | 이 책은 파키스탄의 소년 이크발 마사흐라는 실제 인물에 관한 이야기이다. 이크발은 집안의 집 때문에 네 살때 카펫공장에 끌려가 인간이하의 대접을 받으며 일하다가 1992년 공장을 탈출해 소년 운동가로 변신한다. "난 두렵지 않아요"라는 책제목은 전세계 어린이의 해방을 위한 투쟁의 상징이 된 주인공 이크발이 한 말이다. 이크발은 2000년 어린이 노벨상이라 불리는 '세계 어린이상 '첫 수상자로 선정되기도 하였다.<br>카펫공장에서 강제노동에 시달리고 있는 많은 아이들의 권익을 위해 활동하다가 열 세살 어린나이에 살해된 아름다운 소년 이크발의 실제 이야기를 다룬 소설입니다. 용기있는 행동이란 무엇인지 생각할 수 있을 것이다. | |
| 다양한 매체로<br>맛보기 | 관련 매체 : 지식채널e (착한 초콜릿) (파키스탄의 아이 이크발)<br>관련 도서 : 『청년노동자 전태일 』/ 위기철 /사계절<br>『땅콩선생 드디어 인권교육하다』/전국사회교사모임/우리교육 | |
| 어떻게 읽을까 | 1. 지금도 세계 곳곳에서 인권문제들이 문제가 되고 있는 상황들을 생각하며 읽어 봅시다.<br>2. 파키스탄에서 자행되고 있는 어린이들의 노동인권문제에대해서 생각하며 읽어 봅시다.<br>3. 진정한 용기란 무엇인가? 이크발이 진정 아름다울 수 있는 이유는 무엇일까? 생각하며 읽어 봅시다. | |
| 무엇을 토론할까 | 1. 이크발의 용기는 어디에서부터 오는 것이었을까요?<br>2. "나는 두렵지 않아요"라고 말한 이크발처럼 나라면 그 상황에 어떻게 했을까요?<br>3. 의문의 죽음을 당한 이크발은 누구에 의해 , 왜 살해당했을까요? | |
| 무엇을 써 볼까 | 1. 인권이란 무엇이며 어떻게 지켜내야 하는 것인지 각자의 의견을 써보자.<br>2. 의문의 죽음을 당할 수 밖에 없었던 사회 구조적 모순을 써보자.<br>3. 우리나라의 아름다운 청년 전태일과 아름다운 소년 이크발의 공통점을 써보자. | |

# 무기 팔지 마세요

위기철

| 도 서 명 | 무기 팔지 마세요 | |
|---|---|---|
| 도서정보 | 위기철 글 / 청년사 / 2002년초판 / 229쪽 / 8,000원 | |
| 분 류 | 목적(설득) / 분야(인문) / 시대(현대) / 지역(한국,미국) | |
| 관련 교과/<br>관련 교육과정 | 국어 6-2 | 6학년 넷째마당/ 문제와 해결 -더 나아가기<br>6학년 (우리는 정말로 전쟁을 싫어하나요) |
| | 사회 6-2 | 6학년 2. 함께 살아가는 세계 (2) 지구촌의 여러 문제 |
| 어떤 책일까 | 장난감 칼, 총, 장난감 탱크 등은 흔히 아이들이 가지고 노는 장난감들입니다. 어릴 때 무심코 가지고 놀았던 장난감을 통해 자신들도 모르게 생기는 폭력성에 대해서 어느 날 보미는 반에서 작은 총알 하나를 통해 장난감을 넘어서서 무기가 될 수 있다는 점을 생각하고 작은 실천을 시도하는 의식의 변화를 가져온다.<br>이 책은 보미와 친구들이 벌인 '장남감무기 반대운동'은 '전쟁 반대 운동'으로 이어진다. 이 일은 미국의 제니퍼 그린에게 영향을 주었고 '진짜엄마모임'에도 큰 영향을 미친다. 우리 주위에서 일어나고 있는 작은 일들에 관심을 갖고 남들과 다른 시각에서 고민하고 작지만 큰 변화를 가져오는 보미와 제니퍼 그린의 행동을 따라가며 읽어보자. 전쟁과 평화에 관한 작은 고민이 시작 될 것이다. | |
| 다양한 매체로<br>맛보기 | 관련 매체 : 지식채널e (공습)<br>관련 도서 : 『전쟁은 왜 일어날까』 / 질 페로 / 다섯수레<br>『 안네의 일기 』 / 안네프랑크/ 대교베텔스만 | |
| 어떻게 읽을까 | 1. 장난감 무기들은 정말 어린이들에게 폭력성을 심어 줄 수 있는 것인지, 생각 없이 판매되어지는 장난감들의 실상에 대해서 생각하며 읽어보자.<br>2. 무기판매와 전쟁은 어떤 관계가 성립되는 것인지 깊이 있게 생각 해 보자.<br>3. 보미와 제니퍼 그린의 작은 의식의 전환은 무엇이었는지 함께 고민하며 읽어본다. | |
| 무엇을 토론할까 | 1. 언론 매체 등을 통해 '평화'를 외치며 시위 하는 모습을 보며, 왜 평화를 부르짖는 것인지 함께 이야기 나누어 보자.<br>2. 사회 곳곳에서 벌어지고 있는 분쟁에는 어떤 문제점들을 가지고 있으며 그것을 해결하기 위한 노력들은 무엇이 있는지 이야기 해 보자.<br>3. 보미의 작은 실천을 통해 현상을 인식하는 의식전환에 대해서 이야기 해보자. | |
| 무엇을 써 볼까 | 1. 보미가 진만이 어머니를 설득하는 장면을 생각하며 보미가 되어 진만이 어머니에게 보내는 의견을 써 봅시다.<br>2. 우리 주위에도 작은 실천을 통해서 문제를 해결하고자 하는 일들이 있다면 논술 해 보자.<br>3. 보미가 사물을 인식하고 행동으로 옮기는 과정들을 책 내용을 근거로 전개과정을 써 봅시다. | |

# 옛날 옛날에 셈돌이가

왕규식

| 도 서 명 | 옛날 옛날에 셈돌이가 | |
|---|---|---|
| 도서정보 | 왕규식 / 민들레 / 2008년 / 142쪽 / 9000원 | |
| 분 류 | 목적(정보전달) / 분야(과학) / 시대(현대) / 지역(한국) | |
| 관련 교과/<br>관련 교육과정 | 6학년 수학 | 6학년 (8) 문제푸는 방법 찾기 |
| 어떤 책일까 | 이 책은 대안학교의 교사들이 학생들과 함께 탐구하고 토론하고 가르치며 얻은 경험을 담아 엮은 책입니다. 옛이야기 속에서 수학의 재미를 찾아내어 아이들이 수학을 즐겁고 재미있게 익힐 수 있도록 도와줍니다. 최진사 댁에서 이십 리, 수돌이 집에서 십 리 떨어진 곳에 있는 산삼은 어떻게 찾을까요? 삼형제에게 서른다섯 마리 말을 공평하게 나누어 주려면 어떻게 해야 할까요? 저울을 사용하지 않고 큰 코끼리의 몸무게를 어떻게 잴 수 있을까요? 흥미진진한 옛이야기 속에서 도형과 수를, 수학 속에서 감동과 교훈도 찾을 수 있습니다. 이 책을 통해 수학이 재미없고 따분한 것이 아니라 세상을 살아가는 데 꼭 필요하다는 것을 느끼게 될 것입니다. | |
| 다양한 매체로<br>맛보기 | 관련 도서: 『피타고라스 구출작전』/김성수/『20인의 수학자 편지』/ 고수유/ 『세상 밖으로 날아간 수학』/이시하라 키요타카/ | |
| 어떻게 읽을까 | 1. 옛날이야기의 주인공이 되어 문제를 해결하며 읽어 봅시다.<br>2. 우리나라의 무게(섬, 말, 되, 홉)와 다른 나라들이 공통으로 사용하는 무게 단위(그램, 킬로그램, 세제곱센티미터)는 어떻게 다른지 생각하며 읽어 봅시다.<br>3. 하루 동안 그림자가 지나가는 길 방위를 생각하며 읽어 봅시다. | |
| 무엇을 토론할까 | 1. 화폐를 통일한 유럽연합은 어떤 장점과 단점이 있을까요?<br>2. 인구수가 점점 늘어난다면 한정된 공간에서 살아가야 하는 우리는 어떻게 준비를 해야 할까요?<br>3. 외국은 수학시간에 계산기를 사용합니다. 계산기로 수학문제를 계산해되 되는지 토론해 봅시다. | |
| 무엇을 써 볼까 | 1. 길이를 재는 단위가 없었다면 어떤 일이 생겼을까? 길이를 재는 단위가 없다고 생각하고 일기를 써보자.<br>2. '쥐섬'의 이야기처럼 우리는 다른 생명들과 어울려 살아가야한다. 이와 관련하여 내가 할 수 있는 일을 써보자.<br>3. 수학이 없는 세상을 상상하며 시를 써 봅시다. | |

# 어린이를 위한 우리 겨레 수학 이야기

안소정

<table>
<tr><td>도 서 명</td><td colspan="2">어린이를 위한 우리 겨레 수학 이야기</td></tr>
<tr><td>도서정보</td><td colspan="2">안소정 글 / 이연수 그림 / 산하 / 2005년 / 192쪽 / 8,000원</td></tr>
<tr><td>분 류</td><td colspan="2">목적(정보전달) / 분야(과학) / 시대(근대) / 지역(한국)</td></tr>
<tr><td rowspan="2">관련 교과/<br>관련 교육과정</td><td>5학년 수학</td><td>6학년 1학기 6. 평면도형의 둘레와 넓이<br>6학년 2학기 6. 넓이와 무게</td></tr>
<tr><td>6학년 수학</td><td>6학년 5. 겉넓이와 부피 / 6. 비와 비율<br>6학년 2. 입체도형 / 4. 원과 원기둥</td></tr>
<tr><td>어떤 책일까</td><td colspan="2">우리는 지금 서양에서 들어온 숫자와 기호로 수학을 배운다. 그래서 수학은 서양에서 들어온 학문이라고 생각하기 쉽지만, 사실 우리나라에서도 삼국시대부터 수학을 연구해 왔다. 이 책은 지금 학교에서 배우는 수학을 옛날 우리 선조들은 어떻게 공부했는지 살펴보면서, 우리 전통수학을 쉽게 이해할 수 있도록 돕는 책이다.<br>이 책에서 다루는 도형의 넓이 구하기, 원주율, 비례식, 분수 등에 관련된 내용들은 학교에서 일반적으로 배우는 내용과 비슷하면서도 풀이방법 면에서는 색다르고 재미있다. 어린이들은 이 책을 읽으며 수학의 다양성과 우리 선조들의 지혜를 느낄 수 있을 것이다.</td></tr>
<tr><td>다양한 매체로<br>맛보기</td><td colspan="2">관련 도서: 어린이를 위한 수학의 역사 / 후지와라 야스지로 / 살림어린이</td></tr>
<tr><td>어떻게 읽을까</td><td colspan="2">1. 이 책에서 언급된 우리 전통 수학의 풀이법대로 수학 교과서에 나오는 문제들을 풀어 본다.<br>2. 수학 문제를 푸는 여러 가지 방법들을 자유롭게 생각해 본다.<br>3. 우리 전통 수학에 대해 더 폭넓게 공부해 본다.</td></tr>
<tr><td>무엇을 토론할까</td><td colspan="2">1. 서양의 수학과 우리 전통 수학의 우열을 가릴 수 있을까요?<br>2. 왜 현대에는 서양의 수학을 주로 연구하게 되었을까요?<br>3. 전통 수학에 대해 공부하면 어떤 점이 좋을까요?</td></tr>
<tr><td>무엇을 써 볼까</td><td colspan="2">1. 우리나라의 수학자들에 대해 정보를 찾아, 설명하는 글로 써 봅시다.<br>2. 조선시대와 현대의 길이 단위를 비교하여 설명하는 글을 써 봅시다.<br>3. 우리 전통 수학의 특징을 글로 정리해 보자.</td></tr>
</table>

# 지구를 구하는 경제 책

강수돌

| 도 서 명 | 지구를 구하는 경제 책 |
|---|---|
| 도서정보 | 강수돌 글 / 봄나무/ 2005년 초판 / 176쪽 / 9,500원 |
| 분 류 | 목적(정보전달) / 분야(사회과학) / 시대(현대) / 지역(한국) |
| 관련 교과/<br>관련 교육과정 | 사회 6-2 — 6학년 2.함께 살아가는 세계<br>6학년 1)인터넷으로 하나가 된 지구 |
| 어떤 책일까 | 어린이들을 위한 경제관련 내용을 담은 도서가 많지만 이 책을 쓰신 강수돌 교수님이 어린이들에게 들려주고 싶은 경제란 무엇인가? 를 다른 시각에서 이야기 하고 있다. 흔히 경제를 '돈벌이 경제'로 인식하는 것에서 '살림살이 경제'를 새로 배우고 실천 해야 한다고 '생각바꾸기'를 강조하고 있다.<br>많이 만들고 많이 팔아서 돈만 많이 벌면 행복해질 거라고 생각했는데, 알고 보니 그것이 아니었던 것에 대해서 20가지의 문제제기와 끊임없는 질문들을 쏟아내고 그것을 스스로 반문 해 보는 이야기가 책을 읽어가면서 다른 경제 책과는 전혀 다른 지구를 구하는 '살림살이 경제'가 무엇인지를 배우게 될 것이다. |
| 다양한 매체로<br>맛보기 | 관련 매체 : 지식채널e (세상을 바꾸는 사소함의 힘) (납세자)<br>관련 도서 :『이야기로 배우는 어린이 경제교실 』/ 매일경제부 / 매일경제신문사<br>『어린이경제원론』/김시래 외 / 명진출판사 |
| 어떻게 읽을까 | 1. 우리생활 속 깊이 숨어있는 경제논리들이 무엇인지 밑줄을 그으며 읽어보자.<br>2. 20가지의 질문들에 스스로 답을 찾아가 보고 문제에 대한 본질은 무엇인지 깊이 생각 해 보며 읽어 보도록 한다.<br>3. '돈벌이 경제'와 '살림살이 경제'의 차이점이 무엇인지 책 속에서 던진 질문을 먼저 생각 해 보고 스스로 반문 해 보고 책을 읽어 보도록 하자. |
| 무엇을 토론할까 | 1. 경제를 '돈벌이 경제'로만 보면 정말 중요한 것이 보이지 않는 다고 한다. 그것이 무엇일까요?<br>2. 돈이 많으면 정말 행복해질까요? 3. 왜 가난한 사람은 더 가난해지고, 부자는 더 부자가 될까요? |
| 무엇을 써 볼까 | 1. 지구를 구하는 살림살이 경제란 결국 무엇을 이야기 하는 것인지 책 속에 있는  질문을 근거로 논술 해보자.<br>2. '농산물 개방 결사반대'를 외치는 농민들은 왜 쌀을 수입하면 안 된다고 하는지 각자의 의견을 써 봅시다.<br>3. 저축은 많이 할수록 좋은 걸까? 경제적인 면에서 각자의 의견을 써보자. |

# 한국사 편지 1,2,3,4,5권

박은봉

| 도 서 명 | 한국사 편지 1,2,3,4,5권 | |
|---|---|---|
| 도서정보 | 박은봉 글 / 책과함께어린이 / 2009년 / 215쪽 / 11,000원 | |
| 분 류 | 목적(정보전달) / 분야(사회) / 시대(전체) / 지역(한국) | |
| 관련 교과/<br>관련 교육과정 | 사회 6-1 | 6학년 1학기 전단원 |
| 어떤 책일까 | 엄마가 딸에게 들려주는 역사편지 이야기로 200만 독자가 함께 읽은 '사진과 그림으로 보는 한국사 편지'의 2009년 개정판이다. 유적지를 직접 답사하고 찍은 사진이 추가되고 그림들이 개정판에서 조금 달라진 점이 있다. 이 책의 특징은 교과서와 다른 시각에서 역사를 인식 해 가도록 작가가 던지는 질문들을 통해 독자 스스로 생각하고 판단 해 보는 과정들이 흥미롭다.<br>하나의 역사적 사건들의 원인과 결과에 따르는 역사의 필연성과 역사적 사실들은 과거와 현재 우리가 서로 소통할 수 있도록 책을 구성하고 있다. 책을 읽어가면서 마치 옛이야기를 듣고 있듯이 술술, 다른 사람에게도 전달 할 수 있도록 쉽고 재미있게 이야기가 전개되고 있다. | |
| 다양한 매체로<br>맛보기 | 관련 매체 : 지식채널e ( 어머니께 보내는 편지 )<br>관련 도서 : 『이이화선생님이 들려주는 이야기 한국사1,2』 / 이이화 / 파란하늘 『마주보는한국사 교실 』 / 오강원 외 / 웅진주니어 | |
| 어떻게 읽을까 | 1. 역사적 사건 연대만 외우려고 하지 말고 책속의 질문에 대해서 깊이 생각하며 읽어 봅시다.<br>2. 하나의 사건은 반드시 원인이 있고 그 결과는 다른 사건의 원인이 되기도 하는 것들에 대해서 스스로 반문하고 생각하며 읽어보자.<br>3. 책속에 나온 역사부도를 설명할 수 있도록 다른 지도와 비교하면서 읽어보자 | |
| 무엇을 토론할까 | 1. 신석기 시대를 왜 농업혁명이라고 했을까요?<br>2. '남북국 시대'를 주장하는 중요한 근거는 무엇일까요?<br>3. 세도정치에 대해서 이야기 해보자. | |
| 무엇을 써 볼까 | 1.실학이란 무엇이며, 실학의 탄생배경에 대해서 논술해보자.<br>2. 김구와 이승만 두 독립 운동가들의 서로 다른 주장에 무엇인지 쓰고 각자의 의견을 논술해보자.<br>3. '식민지사관'이란 무엇이며 무엇을 위한 연구였는지 써보자. | |

# 생생 역사유적지

김남석

| 도 서 명 | 생생 역사 유적지 |
|---|---|
| 도서정보 | 김남석 / 주니어랜덤 / 2006년 / 187쪽 / 11500원 |
| 분 류 | 목적(정보전달) / 분야(사회) / 시대(고대-현대) / 지역(한국) |
| 관련 교과/<br>관련 교육과정 | 6학년 사회: 6학년 (1) 1.우리 민족과 국가의 성립<br>6학년 3. 유교를 정치의 근본으로 삼은 조선 |
| 어떤 책일까 | 우리나라는 긴 역사와 전통을 가지 나라입니다. 우리나라가 태어나고 수많은 일들이 있었습니다. 찬란한 문화를 꽃피우기도 하고, 전쟁과 나라를 잃는 슬픔도 겪었습니다. 우리나라 곳곳에는 이런 역사와 함께한 인물과 사건에 얽힌 유적들이 함께 생생하게 살아있습니다. 이 책은 교과서를 중심으로 학생들이 알아야 할 인물과 사건을 위주로 구성이 되어 있습니다. 재미있고 사실적인 글과 생생한 사진을 통해 역사를 체험할 수 있습니다.<br>학생들은 역사가 따분하고 지루한 것, 현재 우리 생활과는 관련이 없는 것이 아니라 지금 우리의 모습이 있게 한 뿌리라는 생각을 하게 될 것입니다. 그리고 책을 통해 직접 우리나라 구석구석을 돌아보며 여행을 하는듯한 기분에 푹 빠지게 될 것입니다. |
| 다양한 매체로<br>맛보기 | 관련 매체: 어린이 역사 드라마 '점프'(ebs)<br>관련 도서: 『어린이 문화재 박물관』/문화재청 엮음 / 『한국사편지』/ 박은봉 |
| 어떻게 읽을까 | 1. 각 시대별로 역사 인물과 유적을 정리하며 읽어 봅시다.<br>2. 내가 그 시대에 살았다면 어떻게 행동했을지 책에 등장하는 인물의 입장이 되어 생각하며 읽어 봅시다.<br>3. 사건 위주로 읽지 말고 시대 배경을 생각하며 읽어 봅시다. |
| 무엇을 토론할까 | 1. 어린 조카 단종을 내쫓고 왕위를 빼앗은 세조의 행동은 옳은 것일까?<br>2. 군신관계를 요구해왔던 청나라와 화의를 한 것은 올바른 선택이었을까요?<br>3. 현재 우리가 사는 모습 속에서 역사를 통해 배울 수 있는 점을 토론해 봅시다. |
| 무엇을 써 볼까 | 1. 단종을 위해 목숨을 바친 사육신에게 편지를 써 봅시다.<br>2. 백범 김구는 광복된 조국이 둘로 나뉘는 것을 바라지 않았지만 남과 북으로 갈라지게 되었다. 통일을 위해서는 어떤 노력이 필요할지 써 봅시다.<br>3. 역사를 가장 잘 알아야 하는 사람을 정해 책소개 내용을 써 봅시다. |

# 공간으로 본 민주주의

서경석

| 도 서 명 | 공간으로 본 민주주의 | |
|---|---|---|
| 도서정보 | 서경석 / 아지북스 / 2008년 / 140쪽 / 10000원 | |
| 분 류 | 목적(정보전달) / 분야(사회) / 시대(현대) / 지역(한국) | |
| 관련 교과/<br>관련 교육과정 | 6학년 사회 | 6학년 1-(1) 우리나라의 민주정치<br>-우리생활과 정치 |
| 어떤 책일까 | 이 책은 과거와 미래가 함께 '공존'하는 공간으로 민주주의를 살펴보고 있습니다. 이 책에서는 신문사와 방송국을 통해서 '언론의 자유'를, 학교를 통해서 '정의'를, 교회와 성당·절을 통해서 '양심의 자유'를, 5·18 민주화 운동과 6월 민주 항쟁의 무대였던 광장을 통해서 '국민의 저항권'을, 청계천 평화시장에서 목숨을 불살랐던 전태일을 통해서 '인권과 노동 3권'을, 사이버 공간을 통해서 '열린 민주주의'를 되새겨 보고자 하였습니다.<br>제대로 알기 어려운 민주화 운동이 무엇인지, 민주화 현장에서 벌어진 사건을 통해 민주 시민의 가치와 태도를 배울 수 있습니다. 너무나 당연해서 무관심하기 쉬운 민주주의의적 가치, 민주화를 향한 많은 희생들을 되새겨주고 다른 사람과 함께 더불어 살아가는 것이 얼마나 소중한지 알게 해 줄 것입니다. | |
| 다양한 매체로<br>맛보기 | 관련 도서: 『청년 노동자 전태일』 / 위기철 / 『국회의사당』 / 임현정/<br>『우리 민주주의가 신났어』 장수하늘소 | |
| 어떻게 읽을까 | 1. 민주주의의 개념을 찾고, 민주주의가 발달한 과정을 순서대로 정리하며 읽어 봅시다.<br>2. 다른 나라의 민주주의 발달 과정과 우리나라 민주주의 발달 과정을 비교하며 읽어 봅시다.<br>3. 당시 시대를 살았던 부모님께 이야기를 듣고 비교하며 읽어 봅시다. | |
| 무엇을 토론할까 | 1. '촛불 문화제'는 잘못된 시위일까? 정당한 의사 표현일까요?<br>2. 인터넷을 통한 정치참여는 큰 효과를 거둘 수 있을까요?<br>3. 여러 사람 의견을 따르는 게 과연 올바른 결정방법일까요? | |
| 무엇을 써 볼까 | 1. 근로기준법을 지켜달라고 말한 후 쓰러진 전태일에게 편지를 써 봅시다.<br>2. '전자 민주주의'란 무엇이며, '전자 민주주의'가 자리 잡기 위해서 필요한 것이 무엇인지 써 봅시다.<br>3. 학교생활에서 민주주의가 필요한 부분을 찾아 써 봅시다. | |

# 더불어 사는 행복한 정치

서해경 외

| 도 서 명 | 더불어 사는 행복한 정치 | |
|---|---|---|
| 도서정보 | 서해경.이소영 글 / 청어람주니어 / 2009년 / 288쪽 /12,000원 | |
| 분 류<br>관련 교과/ | 목적(설득) / 분야(사회) / 시대(현대) / 지역(한국) | |
| | 사회 6-2 | 6학년 1.우리나라의 민주정치<br>6학년 (1) 우리 생활과 정치 (3) 국민의 권리와 의무 |
| 관련 교육과정 | 사회 4-1 | 6학년 3. 새로워지는 우리 시.도(1)지방자치와 주민생활 |
| 어떤 책일까 | 더불어 사는 행복한 정치라는 책 제목처럼 누구에 의해서가 아닌, 우리들의 참여와 관심으로 함께 만들어 가는 사회를 위해 우리가 마땅히 알아야 할 내용들을 이야기하고 있다.<br>이 책을 통해 우리는 정치는 정치가들에 의해서만 이루어지는 것이 아니라 아이들이 살아가는 일상생활에서도 계속해서 이루어진다는 것을 새삼 깨닫게 될 것이다. 그리고 정치의 진짜 속성에 대해 생각하게 되고, 왜 어린 나이에도 정치에 대해 알아야 하며, 정치를 해야 하는지 깨닫게 되는 발판을 마련할 수 있을 것이다.<br>각 장마다 나오는 〈생각이 깊어지는 자리〉에서는 다양한 질문을 통해 정치가 우리 생활과 얼마나 밀접한 관계를 맺고 있는지 아이들 스스로 인지할 수 있도록 돕고 있다. | |
| 다양한 매체로<br>맛보기 | 관련 매체 : 각 시민단체 사이트, 지식채널e (투명인간)<br>관련 도서 : 『민주시민을 키우는 어린이 정치』/ 김은경 글 / 리젬<br>『공간으로 본 민주주의』/서경석/ 아지북스 | |
| 어떻게 읽을까 | 1. 아이들의 놀이 속에도 정치는 숨어있다. 생활 곳곳에 숨어있는 정치란 무엇일까? 생각하며 읽어 보자.<br>2. 책의 구성 중 '생각이 깊어지는 자리'를 통해 깊이 있게 사고할 수 있도록 글을 읽어 봅시다.<br>3. 우리도 혹시 '이디어트'가 아니었는지 생각하며 읽어보자. | |
| 무엇을 토론할까 | 1. 민주주의의 탄생과정을 통해 참여의 의미를 서로 이야기 해 보자.<br>2. 우리들이 할 수 있는 정치참여에는 어떤 것들이 있는지 각자의 생각을 이야기 해 보자.<br>3. 우리교실에서 민주적이지 못한 일들이 있었다면 어떤 것들이 있었는지 각자의 경험을 이야기 해보자. | |
| 무엇을 써 볼까 | 1. 정치가가 언론을 장악한다면 어떤 일이 벌어질지 써 보고 우리의 대응방안을 제시 해 보자.<br>2. 우리나라의 촛불문화제는 어떻게 평가받아야 한다고 생각하는지 찬, 반의 의견을 근거로 논술해 보자.<br>3. 시민의 의미는 무엇인지 살펴보고 민주주의의 참의미는 무엇인지 써 봅시다. | |

# 위풍당당 질리 홉킨스

캐서린 패터슨

| 도 서 명 | 위풍당당 질리 홉킨스 | |
|---|---|---|
| 도서정보 | 캐서린 패터슨 / 비룡소 / 2006년 / 243쪽 / 7500원 | |
| 분 류 | 목적(사회적 상호작용) / 분야(사회) / 시대(현대) / 지역(미국) | |
| 관련 교과/ 관련 교육과정 | 6학년 사회 | 6학년 2-(1) 우리나라의 민주정치<br>- 국민의 권리와 의무 |
| 어떤 책일까 | 이 책은 1979년 뉴베리 명예상과 내셔널 북 어워드를 받은 작품으로, 당찬 열한 살 소녀 질리가 세 번째 위탁모인 트로터 아줌마를 만나면서 벌어지는 일들을 질리의 시선으로 생생하게 그려냈습니다.<br>가는 곳마다 '무시무시한 질리'로 불리는 이 소녀는 세 살 때 엄마에게 버려진 후 위탁 가정을 전전하며 살아가고 있습니다. 이런 질리를 맞이 준 것은 하마만큼 몸집이 큰 위탁모 트로터 아줌마와 아줌마의 뒤에 숨어 지내는 겁쟁이 윌리엄 어니스트입니다. 크고 작은 사건이 계속 되는 가운데 질리는 점점 마음을 열고 이들을 가족으로 받아들이며 지내는데 외할머니가 질리를 데려가고자 하시며 나타나게 됩니다.<br>이 책은 가족의 의미에 대해 생각해 보게 합니다. 실제로 질리를 낳지 않았지만 정성으로 질리를 돌보는 트로터 아줌마, 친남매는 아니지만 서로를 아끼며 챙겨주는 어니스트와 질리를 통해 따뜻한 가족이 무엇이며 서로에게 어떻게 힘이 될 수 있는지 느끼게 합니다. 더불어 '위탁가정'에 대한 이해를 통해 다양한 형태의 가족이 존재한다는 것을 알게 될 것입니다. | |
| 다양한 매체로 맛보기 | 관련 매체: 빨강머리 앤 | |
| 어떻게 읽을까 | 1. 질리의 입장이 되어 가족의 의미를 생각하며 읽어 봅시다.<br>2. 시간이 지남에 따라 트로터 아줌마와 어니스트를 대하는 질리의 태도가 어떻게 변화하는지 알아보며 읽어 봅시다.<br>3. 국가에서 질리를 위해 어떤 일을 해주고 있는지 생각하며 읽어 봅시다. | |
| 무엇을 토론할까 | 1. 질리가 캘리포니아행 차를 타고 가려고 했으나 경찰이 질리를 다시 데려갑니다. 질리가 보호를 받아야하는 걸까요, 아니면 자유롭게 엄마를 찾아갈 수 있게 해주어야 하는 걸까요.<br>2. 질리의 친엄마는 질리를 낳은 후 질리를 돌보지 않고 떠나버립니다. 이런 어머니의 행동은 옳은 것일까요? | |
| 무엇을 써 볼까 | 1. 질리가 캘리포니아로 떠나려 하다가 경찰서로 돌아오게 되었을 때 트로터 아줌마의 입장이 되어서 질리에게 편지를 써 봅시다.<br>2. 질리는 아저씨와 함께 시의 아름다움에 푹 빠지게 됩니다. 시나 글에 빠진 경험을 수필로 써 봅시다.<br>3. 가족의 의미는 무엇이고 어떤 역할을 하는지 자신의 생각을 적어 봅시다. | |

# 아픔을 딛고 미래로 향하는 베트남 이야기

김현아

| 도 서 명 | 아픔을 딛고 미래로 향하는 베트남 이야기 | |
|---|---|---|
| 도서정보 | 김현아 글 / 아이세움 / 2009년 / 200쪽 / 11,000원 | |
| 분 류 | 목적(정보전달) / 분야(사회) / 시대(현대) / 지역(한국) | |
| 관련 교과/ 관련 교육과정 | 사회 6-2 | 6학년 2. 함께 살아가는 세계<br>6학년 (1) 변화하는 세계의 여러 나라 |
| | 도덕 6학년 | 6학년 10. 평화로운 지구촌 |
| 어떤 책일까 | 이 책은 베트남에서 한국으로 시집 온 민짜오 아줌마가 조카 히엔에게 편지를 쓰는 것으로 시작합니다. 자신의 딸인 별이가 베트남에 별 관심이 없는 것을 안타깝게 여겨 방학을 맞아 딸을 베트남에 보내고 안내를 언니의 아들인 히엔에게 부탁합니다.<br>히엔은 민짜오 이모의 청을 받아들여 별이와 별이 친구들을 데리고 베트남 곳곳을 안내합니다. 베트남의 길거리, 집의 모습, 음식 문화, 베트남의 전통의상인 아오자이 등을 구경하지요. 별이와 친구들은 히엔의 안내로 학교에 가서 베트남의 신화와 사회 구조에 대해서도 알게 되고, 베트남의 역사에 대해서도 공부하게 됩니다. 그 과정 속에서 별이는 자신이 대한민국 단군의 자손이지만, 역시 마찬가지로 베트남의 시조인 락 롱 뀐과 어우 꺼의 자손이라는 것을 깨닫게 됩니다.<br>어느 한쪽을 선택하는 것이 아니라, 좀 더 새로운 미래의 인류로서 자라날 수 있다는 것도 알게 되는 별이를 통해 다문화 가정에 관한 이야기를 다루고 있다. | |
| 다양한 매체로 맛보기 | 관련 매체 : 러브인 아시아 ( TV )<br>관련 도서 : 『커피우유와 소보로 빵』 / 카로린 필립스 / 푸른숲 『블루시아의 가위 바위 보』 /김중미 / 창비 | |
| 어떻게 읽을까 | 1. 다문화 가정, 다문화라는 의미를 되새기며 읽어 봅시다.<br>2. 주인공 별이의 눈을 통해 엄마가 들려주려고 했던 메시지는 무엇이었을까? 책에서 여행안내를 따라 읽어보며 살펴보자.<br>3. 별이가 새롭게 인식하게 된 자신의 정체성을 생각하며 별이와 같은 주위의 친구들을 생각하며 그들을 이해해 보자. | |
| 무엇을 토론할까 | 1. 베트남역사를 '단결과 저항의 역사'라고 하는데 우리나라의 역사와 비교해 보고 이야기 해 보자.<br>2. 별이가 베트남을 여행하면서 갖게 된 자아정체성은 무엇이었을까? 3. 엄마는 별이에게 무엇을 이야기 해 주려고 했을까요? | |
| 무엇을 써 볼까 | 1. 베트남의 역사를 통해 우리나라와의 관계가 어떻게 발전되고 있는지 앞으로 아픔을 딛고 함께 나아갈 길을 써 봅시다.<br>2. 다문화가정에 대한 많은 프로그램들이 있는데 여러분들은 어떤 의견을 제안하고 싶은지 각자의 의견을 써 봅시다.<br>3. 별이를 통해 본 다문화가정의 친구들이 새롭게 인식하고 우리와 서로 소통해야 할 일들은 무엇이 있는지 논술 해 보자. | |

# 한국사 상식 바로잡기1

박은봉 외

| 도 서 명 | 한국사 상식 바로잡기1 | |
|---|---|---|
| 도서정보 | 박은봉 외 / 책과함께어린이 / 2008년 / 128쪽 / 9,500원 | |
| 분 류 | 목적(정보전달) / 분야(사회) / 시대(전체) / 지역(한국) | |
| 관련 교과/<br>관련 교육과정 | 사회 6-1 | 6학년 전단원 |
| 어떤 책일까 | 온달은 바보가 아니니다? 문익점은 목화씨를 몰래 감춰 온 것이 아니다? 고려 태조 왕건의 성은 처음부터 왕씨가 아니다?,,,,,, 등의 잘못 알려진 20가지의 역사 상식을 명쾌하게 바로잡은 참신한 서술방식이 다른 역사책과 구별되는 특징이다. 교과서의 잘못된 내용을 안내하면서도 아이들과 이야기하듯 놀이처럼 전개되는 책속의 이야기가 흥미롭다.<br>'인물에 관한 잘못 된 상식' 과 '말의 유래에 관한 잘못된 상식'의 두 구성을 중심으로 16가지의 이야기 전개와 '하나 더 바로잡자'의 4가지 이야기로 틀린 상식은 짧게 다루고, 왜 틀렸는지에 대해서는 또렷하게 밝혀두었다. 책을 다 읽을 즈음이면 잘못 알고 있는 다른 사람들의 상식도 이야기하듯 전달하여 고쳐 줄 수 있으리라 기대된다. | |
| 다양한 매체로<br>맛보기 | 관련 매체 : 서울역사박물관(www.museumseou.kr)<br>관련 도서 : 『한국사 뒷 이야기 』 / 박은봉 /실천문학사<br>『한국사를 뒤흔든 20가지 전쟁』/이광희 / 웅진 | |
| 어떻게 읽을까 | 1. 잘못 알고 있는 상식은 무엇이며 그것의 진실은 무엇인지 어느 관점에서의 잘못인지 살피며 읽어 봅시다.<br>2. 20가지의 잘못알고 있는 역사상식에 대해서 설명하는 자료나 근거들을 밑줄 그으며 깊이 있게 읽어 보도록 한다.<br>3. 스스로 역사에 대한 호기심을 가지고 작가에게 질문을 던져보며 읽어 보도록 하자. | |
| 무엇을 토론할까 | 1. 상식은 누구나 알고 있는 지식을 말하는데 왜 이렇게 잘못알고 있는 상식이 역사에는 많을까요?<br>2. 책에서 다루지 않았지만 스스로 호기심이 생기는 역사상식에 대해서 이야기 해보자.<br>3. 역사는 끊임없이 몰랐던 사실이 밝혀지고 새롭게 해석된다는 작가 선생님의 말을 각자 어떻게 생각하는지 이야기 해보자. | |
| 무엇을 써 볼까 | 1. 일본의 역사 왜곡은 지금도 끊임없이 자행되고 있는데 이 책에서 나온 김정호의 '대동여지도'를 근거로 논술해보자.<br>2. 누가 명성황후를 고아라고 했는지, 거기에는 어떤 음모가 있었는지 설명해보자.<br>3. 일본의 식민지 사관은 무엇이며 그 의도는 무엇인지 잘못된 역사와 관련지어 논술해보자. | |

# 한국의 역사를 바꾼 전투

햇살과 나무꾼

| 도 서 명 | 한국의 역사를 바꾼 전투 | |
|---|---|---|
| 도서정보 | 햇살과 나무꾼 글 / 아이세움 / 2009년 / 160쪽 / 9,000원 | |
| 분 류 | 목적(정보전달) / 분야(사회) / 시대(전체) / 지역(한국) | |
| 관련 교과/<br>관련 교육과정 | 사회 6-1 | 6학년 전과정 |
| 어떤 책일까 | 이 책은 한국의 역사를 바꾼 중요한 전투를 이야기로 꾸몄다. 가깝게는 일제 강점기 독립군의 투쟁에서부터 멀게는 고구려, 백제, 신라가 한반도의 패권을 차지하기 위해 경쟁하던 삼국 시대에 이르기까지, 전쟁의 역사 속에는 우리 겨레의 삶을 위협하던 문제가 있고 시대가 해결해야 했던 과제가 있다. 이러한 문제를 해결하여 사회를 계속 유지할 것인가, 아니면 그러지 못하고 무너질 것인가?<br>전쟁과 전쟁에 얽힌 이야기를 통해 이러한 역사와 교훈을 되새기게 하고자 쓰였다. 뿐만 아니라 전쟁에서 빠뜨릴 수 없는 지혜의 대결, 곧 전략과 전술이 어떻게 세워지고 실현되는지를 이야기 형식으로 재미있게 엮어, 마치 소설을 읽듯 쉽게 읽어 나가다 보면 자연스럽게 역사에 대한 교양과 상식을 쌓을 수 있도록 했다. | |
| 다양한 매체로<br>맛보기 | 관련 매체 : KBS역사스페셜 ( TV ), 한국민족문화대백과사전<br>관련 도서 : 『엄마가 들려주는 국난극복이야기 전쟁의 역사』 / 신정현/ 가교출판<br>『살아있는 한국사 교실』 / 전국역사교사모임 /휴머니스트 | |
| 어떻게 읽을까 | 1. 깊이 있는 정보를 위해 알아 두어야 할 지식부분은 밑줄 그으며 읽도록 하자.<br>2. 전쟁은 그 시대가 가지고 있는 필연성의 문제이기도 하며 뒤에 나타날 문제의 원인제공이기도 하다. 역사의 흐름을 느끼며 읽어보자.<br>3. 왜 전쟁의 이야기를 읽어야 하는지 생각하며 중요한 내용을 밑줄 그으며 읽어보자. | |
| 무엇을 토론할까 | 1. 역사는 전쟁의 연속, 전쟁의 역사라고 하는 뜻은 무엇일까?<br>2. 왜 전쟁의 역사를 읽어야할까요?<br>3. 역사를 바꿀 만큼 중요한 전쟁이라고 생각하는 것은 무엇이었는지 각자의 의견을 말해보자. | |
| 무엇을 써 볼까 | 1. 광개토대왕과 관련 있는 관미성전투의 발발 배경과 그 의미를 써 봅시다.<br>2. 전쟁과정에서 문제가 해결되면 그 사회는 유지되지만 그렇지 못하면 무너진다. 책속의 전쟁의 예를 들어 설명해 보자.<br>3. 전쟁은 그 시대가 가지고 있는 문제이기도 하며 뒤에 나타날 문제의 원인제공이기도 하다. 책속에서 찾아 써보자. | |

# 주니어 지식채널 e 1

EBS 지식채널제작팀

| 도 서 명 | 주니어 지식채널 e 1 | |
|---|---|---|
| 도서정보 | EBS지식채널제작팀/ 지식채널 / 2009년 / 171쪽 / 11,500원 | |
| 분 류 | 목적(설득) / 분야(사회) / 시대(전체) / 지역(전체) | |
| 관련 교과/<br>관련 교육과정 | 재량 | 6학년 매체활용교육 |
| 어떤 책일까 | EBS '지식채널e'는 5분간의 짧은 영상을 통해 '지식'을 다루는 TV 방송프로그램에 메시지를 좀 더 보완해서 책으로 출판된 것이다. 기존의 지식을 다룬 다른 프로그램들과의 차별성으로 강렬한 영상만큼이나 많은 호응을 얻고 있다.<br>TV프로그램들이 교육현장에서 매체활용교육으로 종종 이용되고 있는데 특히 '지식채널e'는 새로운 교육 자료로도 많은 호응을 얻고 있다.<br>이 책은 어린이들의 눈높이에 맞춰 20편의 방송분을 선별하여 4개의 큰 영역으로 구성하였다. 어린이들에게 세상을 바라보고, 세상을 보는 다른 눈으로 세상과 소통하는 힘을 키워주는 책이다. | |
| 다양한 매체로 맛보기 | 관련 매체 : EBS지식채널<br>관련 도서 : 『10대들이 궁금해하는 세계 최고의지식』/잰 페인/명진<br>『 생각 깨우기 』/ 이어령 / 푸른숲 어린이 | |
| 어떻게 읽을까 | 1. 그림, 사진, 삽화를 통해 짧은 글을 읽으며, 스스로 느낌에 충실하자.<br>2. '왜?','어떻게?'를 스스로에게 반문해 보자.<br>3. 우리가 보고, 들었던 것들 뒤에 숨어있는 이야기에 귀기울여 보자. | |
| 무엇을 토론할까 | 1. 심장이 좋아하는 감정을 중심으로 각자의 경험을 이야기 나누어 보자<br>2. 사람들은 언제 가장 행복감을 느낄까요?<br>3. 장애를 극복한 대표적 인물인 헬렌 켈러가 장애를 극복한 그후의 일생에 관해서 이야기 해 보자. | |
| 무엇을 써 볼까 | 1. 공정무역운동이란 무엇이며, 어떠한 목적으로 전개되고 있는지 논술해보자.<br>2. '여섯 명의 시민들 이야기'에서 '노블레스 오브리주'의 참뜻을 써보자.<br>3. 설명만을 강조하는 교육에서 '지식채널e'을 통해 달라진 점이 있다면 무엇이 있는지 써보자. | |

# THE NEW 어린이가 지구를 살리는 50가지 방법

소피자브나 어스웍스 그룹

<table>
<tr><td>도 서 명</td><td colspan="2">THE NEW 어린이가 지구를 살리는 50가지 방법</td></tr>
<tr><td>도서정보</td><td colspan="2">소피자브나 어스웍스 그룹 글/ 물병자리 / 2009년 / 220쪽 / 10,000원</td></tr>
<tr><td>분 류</td><td colspan="2">목적(정보전달) / 분야(기타) / 시대(현대) / 지역(미국)</td></tr>
<tr><td rowspan="2">관련 교과/<br>관련 교육과정</td><td>과학 6-2</td><td>6학년 3. 쾌적한 환경</td></tr>
<tr><td>실과 6학년</td><td>6학년 8. 환경을 살리는 나의 생활<br>6학년 (1)생활자원과 환경 (2) 재활용품만들기</td></tr>
<tr><td>어떤 책일까</td><td colspan="2">이 책은 아픈 지구를 건강하게 만드는, 어린이들이 쉽게 따라할 수 있는 50가지 방법이 수록된 환경보호 실천서다. 어릴 때부터 친환경습관이 몸에 밴 아이가 자라면서 그의 행동 하나하나는 평생 지구를 살리는 첩경이 된다. 냉장고 문의 고무패킹에 음식이 끼거나 더러워지면 냉장고 냉기가 빠져나가 전력소모의 원인이 된다. 간단히 패킹 부분만 청소해도 모르게 빠져나가는 에너지를 절약할 수 있는 것이다.<br>가족들과 친구들과 함께 에너지 절약을 위한 작은 실천을 통해 집, 학교 등을 친환경적인 공간으로 바꿀 수 있는 손쉬운 제안들이 많다. 직접 실천해보는 행동을 통해 심각한 환경오염에 대한 자연스런 인지와 대안적인 삶을 깨달으며 자연과 더불어 살아가는 공동체의식까지 고양시킨다.</td></tr>
<tr><td>다양한 매체로<br>맛보기</td><td colspan="2">관련 매체 : 불편한 진실 , 북극의 눈물( TV ), 환경단체 사이트<br>관련 도서 :『오늘은 지구 지키는 날』/ 마이클 드리스콜/ 미래아이<br>『최열 아저씨의 지구촌 환경이야기 1,2』/ 최 열 / 청년사</td></tr>
<tr><td>어떻게 읽을까</td><td colspan="2">1. 책을 읽으며 스스로 할 수 있는 방법을 터득할 수 있고 따라 해 본다.<br>2. 나의 실천이 크건 작건 그것은 모든 환경문제와 연결되어 있다는 것을 생각하며 읽도록 한다.<br>3. 소개된 사이트에 접속하여 전 세계 어린이들과 간접경험을 나누어 볼 수 있도록 하자.</td></tr>
<tr><td>무엇을 토론할까</td><td colspan="2">1. 책을 읽고 내가 지금 실천하고 있거나 오늘 당장 실천 할 수 있는 것들은 무엇이 있는지 이야기 해보자.<br>2. 요즘 전 세계가 고민해야 할 지구의 문제는 무엇이 있나요?<br>3. 집, 학교에서 실천할 수 있는 일들을 구체적으로 이야기 해 보자.</td></tr>
<tr><td>무엇을 써 볼까</td><td colspan="2">1. 현명한 에너지 시용에서 우리가 실천할 수 있는 일들을 적어보자.<br>2. 우리의 소비생활에는 무엇이 문제였는지 근거를 들어 논술해 보자.<br>3. 우리가 지구온난화를 막는데 도움을 줄 수 있는 일들을 써 봅시다.</td></tr>
</table>

# 교과서 속 물리

초등과학사랑

| 도 서 명 | 교과서 속 물리 | |
|---|---|---|
| 도서정보 | 초등과학사랑 / 길벗스쿨 / 2008년 / 170쪽 / 8800원 | |
| 분 류 | 목적(정보전달) / 분야(과학) / 시대(현대) / 지역(한국) | |
| 관련 교과/<br>관련 교육과정 | 6학년 과학 | 6학년 전단원 |
| 어떤 책일까 | 이 책은 골치 아프고 어렵게만 느껴지는 물리를 놀이하듯 쉽게 익힐 수 있도록 소개하고 있습니다. 우리 주변에서 볼 수 있는 놀이터의 시소나, 목욕탕에서의 경험, 나침반, MP3에서 물리의 원리를 배웁니다. 힘과 운동, 에너지와 열, 소리와 빛, 전기와 자기 등 물리에 고나해 꼭 알아야 할 핵심 정보부터 그와 관련된 상식까지 이야기를 주고받듯 쉽게 익힐 수 있습니다. 현직 초등학교 선생님들이 교과서에서 직접 가려 뽑은 내용들을 정확하고 쉽게 알려주는 책입니다.<br>과학 교과서에서 배우는 내용을 생각하며 읽으면 될 것입니다. 처음부터 차례대로 읽어도 되고, 차례를 보고 읽고 싶은 부분을 찾아 읽어도 좋습니다. 즐겁고 신나게 공부하는 꼬마 물리학자가 되는 지름길을 안내하고 있습니다. | |
| 다양한 매체로<br>맛보기 | 관련 매체: 과학 실험 사이펀(ebs)<br>관련 도서: 『물리가 물렁물렁』/닉 아놀드/『레일리가 들려주는 빛의 물리이야기』/정완상/ | |
| 어떻게 읽을까 | 1. 교과서의 내용과 관련되는 부분을 찾아 읽어 봅시다.<br>2. 일상생활에 적용되는 부분을 알아보며 읽어 봅시다.<br>3. 물리의 기본 원리를 이해하며 읽어 봅시다. | |
| 무엇을 토론할까 | 1. 현재 많이 사용하고 있는 화석 에너지를 대신할 수 있는 에너지는 어떤 것이 있을까요?<br>2. 지레의 원리를 이용한 일상생활의 도구는 어떤 것들이 있을까요?<br>3. 신용카드처럼 자석의 원리를 이용한 물건에는 자석을 가까이 하면 안 됩니다. 왜 그런지 논하여 봅시다. | |
| 무엇을 써 볼까 | 1. 전자석의 원리를 써 봅시다.<br>2. 에너지를 절약하기 위해서 우리가 할 수 있는 일들은 무엇이 있을지 써 봅시다.<br>3. 일상 생활에서 개선이 필요한 물건을 골라 물리학자에게 건의하는 형식으로 편지를 써 봅시다. | |

# 오늘은 지구 지키는 날

마이클 드리스콜, 데니스 드리스콜

<table>
<tr><td>도 서 명</td><td colspan="2">오늘은 지구 지키는 날</td></tr>
<tr><td>도서정보</td><td colspan="2">마이클 드리스콜, 데니스 드리스콜 / 미래아이 / 2008년 / 92쪽 / 11000원</td></tr>
<tr><td>분 류</td><td colspan="2">목적(정보전달) / 분야(과학) / 시대(현대) / 지역(한국)</td></tr>
<tr><td>관련 교과/<br>관련 교육과정</td><td>6학년 과학</td><td>6학년 3. 쾌적한 환경</td></tr>
<tr><td>어떤 책일까</td><td colspan="2">이 책은 기상학자인 아버지와 작가인 아들이 함께 쓴 환경 이야기입니다. 우리가 살고 있는 지구를 여행하면서, 다양한 환경에 대한 정보를 제공합니다. 환경이 어떻게 이루어져있고 그곳에서 사람과 동식물이 어떻게 적응하여 살아가고 있는지 등을 알려줍니다. 이 책은 크게 '물', '땅', '공기' 총 3편으로 구성되어 있습니다. 각 편마다 소재에 대한 다양한 과학적 정보를 제공하며, 환경오염에 대한 해결책을 과학적으로 안내합니다. 우리가 일상생활에서 할 수 있는 일들을 알려줍니다.<br>이 책은 사람이 혼자서 살아가는 존재가 아니라 커다란 생태계 안에서 동식물과 함께 어우러져 살아가고 있다는 것을 알게 해줍니다.</td></tr>
<tr><td>다양한 매체로<br>맛보기</td><td colspan="2">관련 매체: 북극의 눈물(MBC 다큐멘터리)<br>관련 도서: 『어린이가 꼭 알아야 할 환경이야기』/프랑스와 미셀/『최열 아저씨의 지구촌 환경 이야기 1,2』/최열</td></tr>
<tr><td>어떻게 읽을까</td><td colspan="2">1. 공간별로 환경과 사람, 동식물이 어떻게 영향을 주고받으며 사는지 정리하며 읽어 봅시다.<br>2. 환경오염을 줄이기 위해 실생활에서 내가 할 수 있는 일이 무엇이 있는지 적용하며 읽어 봅시다.</td></tr>
<tr><td>무엇을 토론할까</td><td colspan="2">1. 선진국이 제안한 CO2 배출량을 제한하는 법이 이제 공장을 많이 짓기 시작하는 개발도상국에게 불리한 법이라고 한다. 그렇다면 선진국과 개발도상국은 각각 어떻게 해야 할까요?<br>2. 한정된 자원을 아껴쓰기 위한 방안은 무엇이 있을까요?</td></tr>
<tr><td>무엇을 써 볼까</td><td colspan="2">1. 점점 빙하가 녹아 살 곳을 잃어가는 북극곰이 입장에서 사람들에게 편지를 써 봅시다.<br>2. 중국의 황사가 우리나라에 영향을 끼치는 것처럼 한 나라의 자연현상이 다른 나라에 영향을 줄 때에는 어떻게 해야 하는지 논술해봅시다.</td></tr>
</table>

# 최 열 아저씨의 지구온난화이야기

최 열

<table>
<tr><td>도 서 명</td><td colspan="2">최 열 아저씨의 지구온난화이야기</td></tr>
<tr><td>도서정보</td><td colspan="2">최 열 글 /환경재단도요새 / 2009년 13쇄 / 234쪽 / 12,000원</td></tr>
<tr><td>분 류</td><td colspan="2">목적(정보전달) / 분야(사회) / 시대(현대) / 지역(전체)</td></tr>
<tr><td rowspan="2">관련 교과/<br>관련 교육과정</td><td>과학6-2</td><td>6학년 2. 일기예보 3.쾌적한 환경 4.계절의 변화</td></tr>
<tr><td>실과6학년</td><td>6학년 8. 환경을 살리는 나의 생활</td></tr>
<tr><td>어떤 책일까</td><td colspan="2">지난 100년 동안 지구의 평균 기온이 섭씨 0.6도 올랐고, 그 사이 우리나라 평균 기온은 1.5도 올랐다. 지금 당장 우리는 지구온난화의 주범인 이산화탄소 배출을 줄이는 일을 시작하지 않으면 안 된다. 그래야만 아름답고 푸른 지구별에서 우리가 자연과 더불어 오래 살아갈 수 있기 때문이다.<br>'이상한 봄소식', '불길한 징조들', '탄소를 잡아라', '지구의 미래' 라는 4개의 커다란 주제를 담고 지구를 지키기 위한 이야기 여행이 시작된다. '아하! 그렇구나!'와 '지식의 창고' 코너들을 꼼꼼이 읽어가면서 알게 되는 몰랐던 놀라움 사실과 다 읽을 즈음이면 어린이 환경지킴이가 되어 우리생활 속에서 살아 움직이는 환경교과서가 되기에 충분한 책이다.</td></tr>
<tr><td>다양한 매체로<br>맛보기</td><td colspan="2">관련 매체 : 불편한 진, 얼음왕국-북극의 여름이야기 (영화)<br>관련 도서 : 『환경아, 놀자 』/ 환경교육센타/ 한울림어린이<br>『푸른 별의 환경파수꾼』/ 문명식 외 / 푸른나무</td></tr>
<tr><td>어떻게 읽을까</td><td colspan="2">1. '지식의 창고'와 '아하 그렇구나!' 의 코너는 정확한 인식이 필요한 부분이므로 새롭게 알게 된 사실을 중심으로 밑줄을 그으면서 읽어봅시다.<br>2. 고작 섭씨 6도 때문에 벌어지는 불길한 징조들의 원인이 무엇인지, 심각성에 대해 깊이 생각하며 읽어보자.<br>3. 탄소를 잡을 수 있는 실천사항들은 무엇이 있는지 할 수 있는 작은 실천사항들을 짚어가며 읽어보자.</td></tr>
<tr><td>무엇을 토론할까</td><td colspan="2">1. 최 열 아저씨가 제안하는 31가지를 중심으로 우리들의 실천사항들을 이야기 해 보자.<br>2. 고작 섭씨 6도 때문에 나타난 불길한 징조들은 무엇을 예고하는 있는지 이야기 해 보자.<br>3. 지구의 기후이상변화에 대해서 책속 이야기를 근거로 이야기 해 보자.</td></tr>
<tr><td>무엇을 써 볼까</td><td colspan="2">1. 지구온난화방지를 위해 지금 당장 실천 할 수 있는 일들을 20가지씩 적어보자.<br>2.지구 온난화 문제에 선진국이 제일 먼저 솔선수범해야 하는 이유를 책속의 근거를 들어 논술해보자.<br>3. '환경마지노선'에 대해서 책속이야기를 근거로 의견을 써보자.</td></tr>
</table>

# 바람소리 물소리 자연을 닮은 우리 악기

청동말굽

| 도 서 명 | 바람소리 물소리 자연을 닮은 우리 악기 | |
|---|---|---|
| 도서정보 | 청동말굽 / 문학동네 어린이 / 2008년 / 48쪽 /12000원 | |
| 분 류 | 목적(정보전달) / 분야(예술) / 시대(중세) / 지역(한국) | |
| 관련 교과/<br>관련 교육과정 | 6학년 음악 | 6학년 전통기악 |
| 어떤 책일까 | 이 책은 우리나라 전통 악기를 8가지의 재료로 나누어 살펴보고 있습니다. 명주실, 대나무, 박, 흙, 가죽, 쇠붙이, 돌, 나무로 만들어진 악기가 어떻게 소리를 내는지 어떤 소리가 나는지 차근차근 설명하면서 악기의 이름과 관련된 유래와 흥미로운 이야기를 함께 해 주고 있습니다. 또한 악기를 만드는 장인의 모습이나 연주하는 모습을 생동감 있게 표현하고 있습니다.<br>서양식 음악에만 익숙해져 있는 우리에게 전통 악기의 유래와 특징 등을 알려주면서, 관심을 갖게 해 줄 것입니다. 그리고 우리 조상들이 자연을 닮은 소리를 내고자 했다는 것을 통해 자연과 하나 되고자 하는 마음을 알게 될 것입니다. | |
| 다양한 매체로<br>맛보기 | 관련 도서: 『하늘만큼 땅만큼 재미있는 우리음악』/엄성은/『얼쑤절쑤 사물놀이』/고수산나/『우리소리는 좋은 것이여』/송언/ | |
| 어떻게 읽을까 | 1. 악기를 만드는 재료의 특성에 따라 악기의 종류를 구분하며 읽어 봅시다.<br>2. 재료에 따라 악기를 만드는 방법이 어떻게 다르지 알아보며 읽어 봅시다.<br>3. 때와 장소에 따라 연주하는 방법이 어떻게 다른지 정리하며 읽어 봅시다. | |
| 무엇을 토론할까 | 1. 퓨전 국악은 우리 음악을 친근하게 만들어주는 것일까? 아니면 우리 전통 음악을 훼손하는 것일까요?<br>2. 사람들이 전통 음악을 많이 찾지 않는 까닭은 무엇일까요?<br>3. 빠르고 화려한 겉모습을 자랑하는 음악만 좋아하는 청소년들의 태도를 나쁘게만 봐야 할까요? | |
| 무엇을 써 볼까 | 1. 우리 전통악기를 연주해보거나, 연주하는 것을 들어본 적이 있을 것입니다. 우리 전통 음악을 들었을 때와 서양악기의 음악을 들었을 때 각각의 느낌은 어떤지 써 봅시다.<br>2. 우리 전통 음악을 세계에 널리 알릴 수 있는 방안은 무엇이 있는지 써 봅시다.<br>3. 가장 배우고 싶은 우리가 무엇인지 소개하고 이유를 써 봅시다. | |

# 그림이 말을 거는 생각 미술관

박영대

| 도 서 명 | 그림이 말을 거는 생각 미술관 | |
|---|---|---|
| 도서정보 | 김영대 글 / 길벗어린이 / 2009년 / 240쪽 / 15,000원 | |
| 분　류 | 목적(정보전달) / 분야(예술) / 시대(현대) / 지역(한국) | |
| 관련 교과/<br>관련 교육과정 | 미술 6학년 | 6학년 1. 상상표현<br>6학년 (작품에 나타난 상상의 세계 감상하기) |
| | 미술 6학년 | 6학년 12. 현대미술 (여러 가지 방법으로 감상하기) |
| 어떤 책일까 | 이 책은 그림이 말을 걸듯 어렵게만 느껴지는 현대미술을 알기 쉽고 재미있게 감상하는 방법을 알려준다. 자연스럽게 미술 작가의 생각을 읽어내고, 작품을 통해 스스로 마음껏 상상 해 보는 즐거움을 경험하게 된다. 어린이들이 미술작품과의 대화를 더 이상 숙제가 아닌 개인적 차원의 즐겁고 유익한 예술 활동으로 느끼기를 바라는 사가의 마음이 담겨 있다.<br>33개의 현대미술 작품을 통해 독자들에게 이야기 하고 싶은 8가지 주제를 전시관 형태로 구성하였다. 이 전시관을 지나며 독자들은 자연스럽게 미술 작가의 생각을 읽어내고, 이를 통해 스스로 마음껏 상상하는 즐거움을 느끼게 될 것이다. | |
| 다양한 매체로<br>맛보기 | 관련 매체 : (http://www.artontv.kr)<br>(http://www.kbs.co.kr/2tv/sisa/tvgallery/vod)<br>관련 도서 : 『아빠와 떠나는 유럽 미술여행』 / 강두필/아트북스 『나도 피카소가 될 수 있어요』 / 이주헌 / 다섯수레 | |
| 어떻게 읽을까 | 1. 책속의 미술 작품들이 나에게 무엇을 말하려고 하는 걸까? 생각하며 읽어 봅시다.<br>2. 미술작품은 보는 것이 아닌, 서로 소통하는 것임이 무엇인지 생각하며 읽어보자.<br>3. 작가가 각 주제별로 이야기 하고 있는 것이 내게는 어떻게 마음에 와 닿는지 느끼며 읽어보자. | |
| 무엇을 토론할까 | 1. 각자 가장 잘 소통되어졌던 작품은 무엇인지 책속에 예를 들어 설명 해 보자.<br>2."오래보고 자주 보면 친근해 질 수 있다"는 작가선생님의 말씀처럼 나에게도 그런 작품이 있었는지 이야기 해 보자.<br>3. 학생의 인권이 교권 등 모든 권리에 앞선다. | |
| 무엇을 써 볼까 | 1. 말이 없는 작품은 우리를 상상의 세계로 안내한다. 각자가 생각하는 작품 감상에 대해 의견을 써 봅시다.<br>2. 다른 사람들과 다르게 느꼈던 작품이 있다면 무엇이었는지 작품과 느낌을 써 봅시다.<br>3. 33개의 작품 중에서 가장 감명 깊게 읽은 내용과 작품을 소개하고 이유를 써 봅시다. | |

# 명화 속의 영웅이야기

안느-카트린 비베-레미

| 도 서 명 | 명화 속의 영웅이야기 | |
|---|---|---|
| 도서정보 | 안느-카트린 비베-레미 / 거인 / 2008년 / 176쪽 / 9000원 | |
| 분 류 | 목적(정보전달) / 분야(예술) / 시대(고대) / 지역(그리스 로마 | |
| 관련 교과/<br>관련 교육과정 | 6학년 미술 | 6학년 2-(6) 여러 나라의 미술여행 |
| 어떤 책일까 | 제우스의 아들 헤라클레스는 어렸을 때부터 엄청난 힘을 발휘하였습니다. 하지만 질투심 많은 제우스의 아내 헤라는 이를 못마땅하게 여겨 복수를 결심합니다. 헤라는 헤라클레스가 어른이 되었을 때 자신의 손으로 사랑하는 아들을 죽이게 합니다. 괴로운 죄책감에 쌓인 헤라클레스에게 파티아의 여사제는 티린스의 왕 에우리스테우스를 찾아가 그가 명령하는 일들을 완수하라는 신탁을 듣습니다.<br>이 책은 옛 이야기 속 영웅들의 모습을 세계적으로 유명한 명화 · 조각들과 함께 보여줍니다. 헤라클레스와 함께 모험을 떠나면서 신화를 눈으로 직접 보는 듯한 기분을 느낄 것입니다. | |
| 다양한 매체로<br>맛보기 | 관련 매체: '헤라클레스'(애니메이션)<br>관련 도서: 『만화로 보는 그리스 로마 신화』 / 토머스 불핀치<br>『한눈에 반한 서양 미술관』 / 장세현 | |
| 어떻게 읽을까 | 1. 신화 이야기와 그림을 연결지어보며 읽어 봅시다.<br>2. 그리스 로마 신화에 나오는 신들의 성격을 정리하며 읽어 봅시다.<br>3. 그림과 조각품들의 특징을 살펴보며 읽어 봅시다. | |
| 무엇을 토론할까 | 1. 고대 그리스 사람들은 중요한 결정을 내릴 때 신전에 가서 신탁을 받았다. 이것은 합리적인 것일까요?<br>2. 헤라클레스가 12가지 과업을 달성하면 두 아들을 죽인 죄를 없앨 수 있을까요?<br>3. 발전된 과학문명 시대를 사는 우리에게 신화는 과연 필요할까? | |
| 무엇을 써 볼까 | 1. 자신의 아들이 12가지 과업을 달성하기 위해 고생하고 있는 모습을 보는 제우스의 마음을 어땠을까요? 제우스의 입장이 되어 일기를 써 봅시다.<br>2. 그리스 로마 신화의 나오는 신의 성격과 비슷한 인물을 뉴스나 신문에서 찾아 써 봅시다.<br>3. 인간 대표가 되어 신들의 잘못을 꼬집는 항의문을 써 봅시다. | |

# 신윤복의 풍속화로 배우는 옛 사람들의 풍류

최석조

| 도 서 명 | 신윤복의 풍속화로 배우는 옛 사람들의 풍류 |
|---|---|
| 도서정보 | 최석조 글 / 아트북스 / 2009년 /208쪽 / 11,000원 |
| 분 류 | 목적(정보전달) / 분야(예술) / 시대(근대) / 지역(한국) |
| 관련 교과/<br>관련 교육과정 | 미술 |
| 어떤 책일까 | 이 책은 옛 그림을 보는 법, 그 속에 숨겨진 이야기들을 발견해 가는 즐거움이 있다. 신윤복의 풍속화 13점을 커다란 도판으로 감상하는 동시에, 그림의 세부도를 중간 중간 풍부하게 실어서 이해를 돕고자 했으며, 중간 중간 어린이와 청소년의 이해를 돕기 위한 팁도 풍부하게 넣었다. 어려운 단어나 이해하기 힘든 개념은 풀어썼고, 옛 사람들의 삶과 풍속에 대한 설명도 빼놓지 않았다.<br>"한 점의 그림 속에는 한 권의 책 못지않은 이야기가 들어 있다"는 작가의 말처럼 그림을 읽는다는 건 그리 만만한 일이 아니다. 하지만 친절한 옛 그림학교 선생님의 구수한 입담으로 옛 그림에 대해 듣다 보면 그 풍성한 이야기들이 귀에 쏙쏙 들어와 재미있게 그림을 이해할 수 있고 어느새 옛 그림이 친숙하게 느껴질 것이다. 소개하는 그림들이 풍속화이다 보니 옛 사람들의 생활과 풍속에 대해 알게 되는 것 또한 빼놓을 수 없다. |
| 다양한 매체로<br>맛보기 | 관련 매체 : 국립민속박물관<br>관련 도서 : 『김홍도의 풍속화로 배우는 옛 사람들의 삶』 / 최석조 / 아트북스 『옛 그림 속으로 풍덩』 / 장세현 / 아이세움 |
| 어떻게 읽을까 | 1. 옛 그림을 보는 법에 대해 느끼고 생각하며 읽어 봅시다.<br>2. 풍속화 속에 숨겨진 옛 사람들의 생활상들을 살피며 읽어보자.<br>3. 무엇을 볼까요? 더 얘기 해 보아요. 보충학습 등 책의 다양한 구성을 잘 살피며 읽어 봅시다. |
| 무엇을 토론할까 | 1. 김홍도와 다르게 느껴지는 것이 있다면 이야기 해 보자.<br>2. 신윤복만의 독특한 작품의 특징은 무엇이라고 말할 수 있을까요?<br>3. 이 책을 통해 옛 그림이 갖는 숨은 이야기들에 대해 이야기 해 보자. |
| 무엇을 써 볼까 | 1. 책 속의 풍속화 한 작품을 마치 이야기 하듯 풀어서 써 봅시다.<br>2. 요즘 미술경매를 보면 옛 그림의 진위여부로 문제가 많다. 이 문제를 어떻게 생각하고 있는지 의견을 써 봅시다.<br>3. 옛 그림을 보며 새롭게 알게 된 점이 무엇인지 써 봅시다. |

# 세상을 껴안은 영화 읽기

윤희윤

| 도 서 명 | 세상을 껴안은 영화 읽기 | |
|---|---|---|
| 도서정보 | 윤희윤 글 / 문학동네 / 2009년 / 296쪽 / 11,000원 | |
| 분 류 | 목적(정서표현) / 분야(예술) / 시대(현대) / 지역(전체) | |
| 관련 교과/<br>관련 교육과정 | 재량 | 6학년 매체활용교육 |
| 어떤 책일까 | 이 책은 차별받고 소외된 인물들이 등장하는 영화30선을 통해 인권문제를 함께 다루고 있다. 나아가 더 넓은 세상을 껴안아 보자는 취지에서 현재의 소수자는 물론 SF영화 속 미래의 소수자와 과학 윤리까지도 화두로 끄집어내고 있다. 장애인, 미혼모, 새터민, 성적소수자뿐 아니라 과학의 발전으로 대두된 외계인, 로봇, 클론 등과 인간의 갈등이 어떤 시각으로 그려지는지 이야기 하고 있는 책이다.<br>인권감수성을 높이는 영화 30선을 중심으로 각각의 영화이야기 나오고, 이야기 뒤에 나오는 상식 두 컷과 함께 나눌 이야기에서 서로 고민 해 보고 소통할 수 있기에 충분한 책이다. 책을 다 읽을 즈음이면 영화란 삶의 진정성을 보여주고, 복잡하고 어려운 이야기를 꺼내기에 효과적인 교육매체임을 알게 될 것이다. | |
| 다양한 매체로 맛보기 | 관련 매체 :<br>관련 도서 : 『영화 속에 과학이 쏙쏙』 / 최원석 / 이 치<br>『물리학자는 영화에서 과학을 본다 』 / 정재승 / 동아시아 | |
| 어떻게 읽을까 | 1. 전에 보았던 영화에 관한  내용이면 줄거리를 다시 한번 확인하며 주제와 관련된 영상을 상상하며 읽어 봅시다.<br>2. 영상을 텍스트 매체로 이동하여 이야기를 통해 상상하며 읽어본다.<br>3. 영화를 보면서 느꼈던 감동을 텍스트를 보며 '시사상식'과 '함께 나눌 이야기'를 꼭 짚어본다. | |
| 무엇을 토론할까 | 1. 영화에서 감독이 영화 속 사람들의 시선을 슬로우 모션으로 처리하는 경우는 무엇을 위한 의도일까요?<br>2. 여러분이 생각하는 영웅과 영화를 보고 나서 느껴지는 영웅은 어떤 모습인가요?<br>3. 영상과 텍스트를 읽고 느끼는 감동의 차이가 있을까요? | |
| 무엇을 써 볼까 | 1. '투모로우'에서 지구온난화의 주범은 무엇이며 최악의 사태를 막기 위한 노력은 무엇인지 써 봅시다.<br>2. '갓센드'에서  생명공학의 발전은 누구를 위한 것인지 윤리적 측면에서 논술해 보자.<br>3. 영상이 텍스트로 처리되었을 때의 장, 단점을 써보자. | |

# 커피우유와 소보로 빵

카롤린 필립스

| 도 서 명 | 커피우유와 소보로 빵 | |
|---|---|---|
| 도서정보 | 카롤린 필립스 / 푸른숲 / 2006년 / 199쪽 / 8500원 | |
| 분 류 | 목적(설득) / 분야(사회) / 시대(현대) / 지역(독일) | |
| 관련 교과/<br>관련 교육과정 | 6학년 재량 | 6학년 민주시민 교육 |
| 어떤 책일까 | 이 책은 인종차별이라는 무거운 주제를 부담스럽지 않게 표현하며 아이들이 쉽게 다가갈 수 있도록 쓴 책입니다. 피부가 검어서 '커피우유'라는 별명을 얻은 샘과, 얼굴에 주근깨가 많아서 '소보로빵'이란 별명을 갖게 도니 보리스가 벌이는 여러 가지 사건들은 슬픔을 넘어서 웃음과 감동을 줍니다. 사회와 친구들로부터 정신적·육체적으로 차별 대우를 받으며 정체성의 혼란을 겪는 아이의 심리, 그 속에서도 피어나는 따뜻한 우정을 볼 수 있습니다.<br>외국인 노동자의 자녀이자 유색인종이라는 이유로 폭력과 따돌림에 시달리는 열 살 소년의 이야기를 통해 사람들의 나와 다른 사람에 대한 의식 변화가 필요하다는 메시지를 주고 있습니다. 이 췍을 통해 타인을 따뜻하게 받아들이는 넓은 마음을 기를 수 있을 것입니다. | |
| 다양한 매체로<br>맛보기 | 관련 매체: 러브 인 아시아(KBS 1 TV)<br>관련 도서: 『완득이』/김려령/ | |
| 어떻게 읽을까 | 1. 평소에 우리와 겉모습이 다른 한국국적의 사람을 어떻게 바라보았는지 되돌아보면서 읽어 봅시다.<br>2. 샘의 가족을 대하는 보리스 가족의 태도와 소냐 가족의 태도를 비교하면서 읽어 봅시다.<br>3. 샘을 미워하기만 했던 보리스의 태도가 어떻게 변화하는지 살펴보며 읽어 봅시다. | |
| 무엇을 토론할까 | 1. 외국인 노동자가 우리나라에 들어와서 일을 하는 것은 우리나라 사람들의 일자리를 빼앗는 것인가?<br>2. 외국인 노동자가 하고 있는 일은 자국민들이 기피하는 일들이 많다. 이런 일들을 대신해주는 것이 긍정적이라고 보는 견해가 있는데 이것은 옳은 것인가? | |
| 무엇을 써 볼까 | 1. 영문도 모른 채 화염병을 던지는 사람들을 피해 집안에 숨어있던 샘에게 따뜻한 마음을 담아 편지를 써 봅시다.<br>2. 보리스의 부모님처럼 편견을 갖고 외국인을 바라본 적이 있었는지 생각하며, 우리가 외국인 노동자들을 대하는 태도가 어떠한지 써 봅시다.<br>3. 여러 가지 이유로 우리나라에 들어와 있는 외국인과 노동자들과 또 피부색이 다른 친구들과 잘 지낼 수 있는 방법에는 무엇이 있을까요? | |

# 어린이 양성평등 이야기

권인숙

| 도 서 명 | 어린이 양성평등 이야기 | |
|---|---|---|
| 도서정보 | 권인숙 / 청년사 / 2008년 / 208쪽 / 9800원 | |
| 분 류 | 목적(설득) / 분야(사회) / 시대(현대) / 지역(한국) | |
| 관련 교과/<br>관련 교육과정 | 재량 | 6학년 양성평등 교육 |
| 어떤 책일까 | 이 책은 여러 해 여성학 강의를 하고 계신 여성학자 권인숙 선생님이 어린이들을 위하여 쓴 책입니다. 남녀의 생물학적 차이가 반드시 사회 문화적 차이로 연결되는 것이 아니라는 것을 깨닫게 해 주는 책입니다. 외모지상주의와 남녀 성정체성에 대해 이야기 하고 있습니다. 우리가 그동안 깨닫지 못하는 사이에 갖고 있던 남자와 여자의 불평등 의식을 올바른 시각에서 바라보게 합니다.<br>양성평등은 여자와 남자가 같아지는 것도 아니고, 달라지는 것도 아닙니다. 남자이기 때문에, 여자이기 때문에 갇혀있는 사람마다의 개성이나 능력, 역할을 자유롭게 열어주기 위한 생각입니다. 이 책은 어린이들이 밝고 건강한 성역할을 갖고 살아가는데 큰 도움이 될 것입니다. | |
| 다양한 매체로<br>맛보기 | 관련 도서: 『아빠사자와 행복한 아이들』/야노쉬/ 『홍당무 리제와 독수리』/마르틴 아우어/ | |
| 어떻게 읽을까 | 1. 집에서 부모님의 역할을 생각하며 글을 읽어 봅시다.<br>2. 다른 나라의 영화나 드라마를 본 경험을 떠올려 우리나라의 성 역할과는 어떤 공통점과 차이점이 있는지 생각하며 읽어 봅시다.<br>3. 차이와 차별의 차이점을 생각하며 읽어 봅시다. | |
| 무엇을 토론할까 | 1. 출석번호를 부여할 때 남자부터 시작하는 것은 옳은 것일까?<br>2. 남자와 여자의 가사노동은 어떻게 나누는 것이 좋을까요?<br>3. 우리반 교실의 양성평등은 어느 수준인지 토론해 봅시다. | |
| 무엇을 써 볼까 | 1. 남자여서(여자여서) 억울한 경험이 있었던 적이 있었나요? 있었다면 어떤 일이 있었는지, 그리고 그 때의 기분은 어땠는지 써 봅시다.<br>2. 마른 몸을 위해 무리한 다이어트를 하다가 목숨을 잃은 모델이 있습니다. 이것과 연결하여 진정한 아름다움이란 무엇인지 써 봅시다.<br>3. 남자답다, 여자답다라는 말이 칭찬이 되려면 어떤 모습이어야 하는지 써 봅시다. | |

# 초등학교 교과별 추천도서로 만든 독서토론 가이드북 Ⅱ

## 찾아보기

# 찾 아 보 기

-ㄱ-

- ㄴ -



- ㄷ -

-ㄹ-



-ㅁ-



-ㅂ-

## - ㅅ -

-ㅇ-

-ㅈ-

-ㅊ-



-ㅋ-



-ㅌ-

-ㅍ-



-ㅎ-

초등학교 2009 개정 교육과정에 따른
독서토론 가이드북 II

초판 1쇄 인쇄 2010년 11월 5일
초판 6쇄 발행 2018년 7월 4일

지은이 임영규, 권일한, 임병용, 김태년, 손나영
신윤경, 최수진, 박정애, 한선혜, 김정

펴낸이 정봉선
마케팅 박찬익

펴낸곳 정인출판사
130-070 서울시 동대문구 용두동 129-162호
Tel 922-1334, Fax 925-1335

E-mail junginbook@naver.com
등록 1999년 11월 20일 제6-0467호
ISBN 978-89-94273-10-5
978-89-94273-09-9 (세트)

값 10,000 원

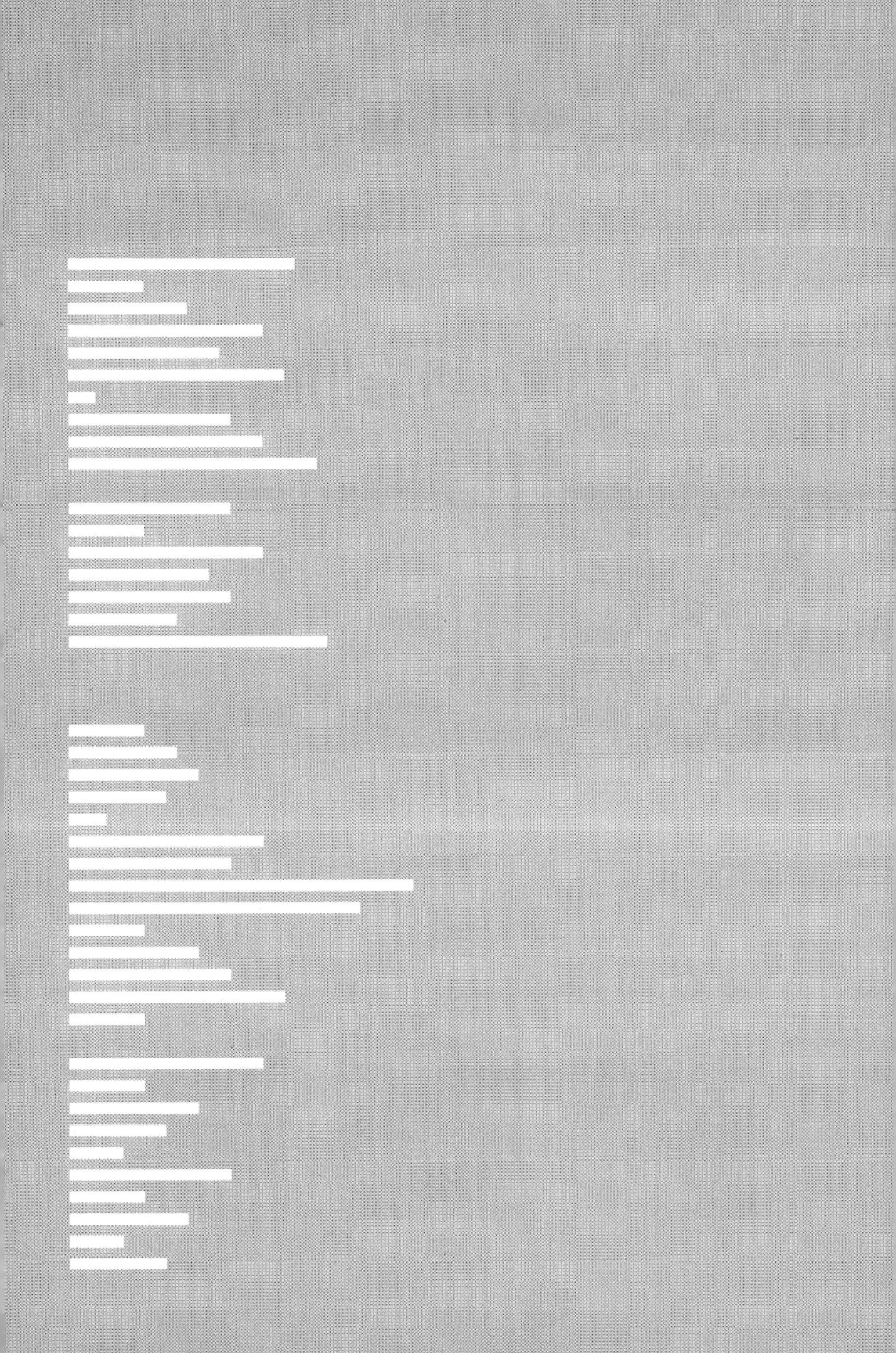

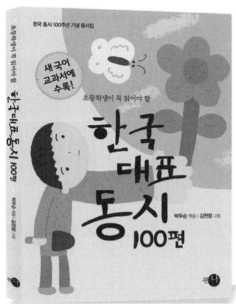

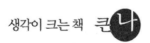

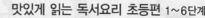

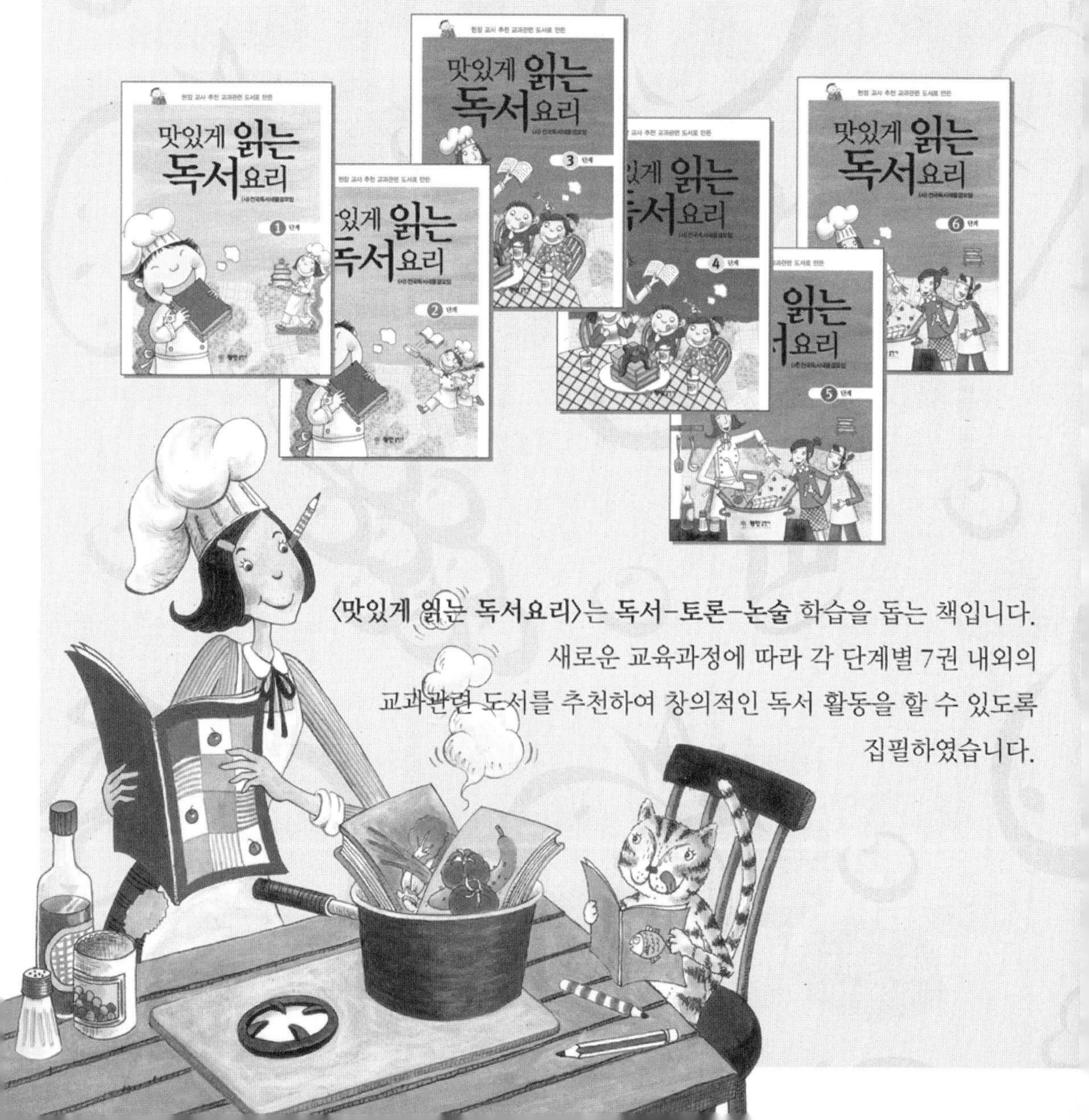

이 책은 대상도서에 대한 심도 있는 사고와 다양한 독서활동을 목적으로 하였으며, 워크북의 활용시 단시간 내 책을 읽고 문제를 대충 풀어내기보다는 시간을 두고 각 부분을 차근차근 의미를 생각해 가며 정리하는 것이 좋습니다.
이런 활동을 하다 보면 학생들은 조금씩 완전하고, 부드러우며 정확한 사람에 가까워지게 될 것입니다. 학습자 개인의 독서활동 지침서나 학교 혹은 독서관련 동아리의 독서활동시 활동자료로 활용이 가능합니다.

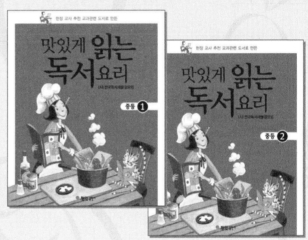